风起云涌十六国

第2部 壮丽前秦

王平客 著

知识产权出版社
全国百佳图书出版单位

图书在版编目（CIP）数据

风起云涌十六国．第2部，壮丽前秦/王平客著．—北京：知识产权出版社，2017.8（2019.6重印）
ISBN 978-7-5130-3241-4

Ⅰ.①风… Ⅱ.①王… Ⅲ.①中国历史－五胡十六国时代－通俗读物 Ⅳ.①K238.09

中国版本图书馆CIP数据核字（2017）第027481号

内容提要

公元350—394年，十六国政权有前凉、前燕、前秦以及淝水之战后出现的后燕、后秦、西秦与后凉。在这一时期，苻坚当为第一雄主，慕容儁虽然消灭冉魏夺得中原，可惜英年早逝，其国虽在慕容恪辅佐下达到极盛，然而随着慕容恪的病逝，其国又盛极而衰，最终被前秦消灭。前凉、仇池、代国只固守一隅，最终都被前秦吞并。壮丽的前秦有如昙花一现，淝水战后，土崩瓦解，前秦也随之走向灭亡，让人为之惋惜。

责任编辑：李　娟　　　　　　　　　　责任印制：孙婷婷

风起云涌十六国．第2部，壮丽前秦
FENGQIYUNYONG SHILIUGUO. DI2BU, ZHUANGLIQIANQIN

王平客　著

出版发行	知识产权出版社 有限责任公司	网　　址	http://www.ipph.cn
电　　话	010-82004826		http://www.Laichushu.com
社　　址	北京市海淀区气象路50号院	邮　　编	100081
责编电话	010-82000860转8689	责编邮箱	aprilnut@foxmail.com
发行电话	010-82000860转8101	发行传真	010-82000893
印　　刷	北京建宏印刷有限公司	经　　销	各大网上书店、新华书店及相关专业书店
开　　本	720mm×1000mm　1/16	印　　张	24.5
版　　次	2017年8月第1版	印　　次	2019年6月第2次印刷
字　　数	390千字	定　　价	48.00元

ISBN 978-7-5130-3241-4

出版权专有　侵权必究
如有印装质量问题，本社负责调换。

序　言

　　历史在继续，文化在发展，永无止境。历史是一种全方位演进的过程，忘记历史的民族是没有前途的民族，割断历史或被割断历史的民族更是前途黯淡的民族。全人类五千年文明不断的民族唯有我中华民族，这是非常值得深思的大问题，也是我们建立民族文化自信心最关键的前提和基因。

　　世界上民族林立，国家众多，几百个政权，芸芸众生，几十亿人口，其他国家和民族的文化都出现断层，如今的埃及已不是五千年前的埃及，如今的希腊不复是三千年前的希腊。现代的情诗也不比《诗经》中的情诗高明，那种真情流露和比兴手法的委婉表白倒是更感人。春节、元宵节、端午节、中秋节的过法现代和唐宋时期也没有什么本质的不同，只是多点现代化的因素而已。这真是人类发展史上的奇迹和唯一。

　　现在的世界正是文化大整合的时代，中国文化将为人类寻找到最适合的文化提供最基本的框架，在重新构建全人类文化的过程中，中国文化将遇到空前的机遇。其实这是我们的先圣早就具有的"为天地立心，为生民立命，为往圣继绝学，为万世开太平"博大情怀的一种现实性的发展。因此，挖掘、继承、宣传、弘扬我们的优秀文化而造福全人类便是我们这一代中国人义不容辞的使命。

　　文化是通过历史传承连续的，中国的政治历史曾经出现过大的危机，两次大分裂都超过三百年，这就是汉末到隋唐之间和五代两宋时期。但奇怪的是经过几百年的大分裂还能够统一，而在大分裂的时期几乎所有的政权都有统一华夏版图的意愿，都不承认对方政权的合理性，大一统的文化观念是背后的决定力量。而我们重新回顾这样的历史演进过程便是非常必要的了。在东晋开始就出现的十六国时期，北方政权更迭如同走马灯一般，历史事件纷乱，人物众多，有许多在中国历史人物名单上都是有份的。而在北方建立政权的最主要的五个少数民族便是匈奴、鲜卑、羯、羌、氐，被历史记载的有十六个国家，这便是学术界经常说的"五胡十六国"。这段历史很少引起人们的注意，故很少有这方面知识的图书。李跃进先生的系列著作《风起云涌十六国》即将填补这种空白，这本身就是极有价值和意义的。

我并不认识李跃进先生，但他撰写的《风起云涌十六国.第2部,壮丽前秦》却请我作序，忽然有一种机缘巧合的感觉，于是便借此机缘谈谈我对于历史文学的看法，当然是以评价本书为旨归的。

我对于现在播出的历史题材的电视连续剧多数都非常不满，因为距离历史真实太远，许多是为吸引人的眼球而胡编乱造的。正确记载历史事实，正确解读历史人物便是摆在我们面前的一个极其重要而严肃的任务，故我一直在关注这方面的图书和影视作品。当我接受作序之任务而阅读全书时，感觉忽然找到了：这便是我寻寻觅觅的一种表达方式，在以历史文献为基础上进行合理推断，补充文献不足的缺憾，而一定要符合历史逻辑和生活逻辑，在客观描述中再现历史真实，从而表现历史人物的性格。作者之所以笔名为王平客，大概就含有追求平实客观的意思吧。

我以为，这种题材的文学作品应该把握的尺度是，我不敢说必定如此，但谁都不能说必定不如此。即时间、地点、人物、事件的主要因素绝对没有错误，如同钉子一般钉在作品的叙事线索上，期间的情节甚至细节可以根据生活经验和逻辑进行合理的推测与补充。而李跃进先生写作的原则和我的这种观点暗合，大概也是一种缘分吧。

在阅读全书后，掩卷深思，我感觉本书有如下优长。

第一，全书注意历史真实的再现，以正史文献为依据展开叙述，全书几次提到《资治通鉴》《北史》《晋书》中的记载，在记载不同的地方并有自己的分析，这样就会给读者提供一个思考的方向和线索。如在第7章《苻元才诚桥败谢尚，慕容评邺城亡冉魏》中关于玉玺的去向，作者便分析说："我们且不说《晋书》与《资治通鉴》关于这一件事的记载有出入，就说《晋书》中的前后记载也有明显出入。《晋书》中的《冉闵传》记载戴施率百余勇士进入邺城，得到玉玺后派何融带着玉玺出城送到寿春谢尚处，而《晋

序　言

书》中的《谢尚传》记载戴施派何融率百余勇士进入邺城得到玉玺奔回枋头。"这是很有启发性的，而且关系到中国历史上文化含量最丰富涉及历史人物历史故事最多的和氏璧衍生品传国玺的流传过程，故颇有价值。这种考证分析还有一些地方，再如关于淝水之战中谢玄、谢安的东晋部队直接战败的是已经到达淝水岸边的三十万军队，后续的七十万大军驻扎在什么地方，苻坚失败完全可以逃跑到那里，而几乎所有的正史文献都没有交代。这种分析具有启迪作用，是值得我们再进一步考证和思索的。这就给读者以很强的可信度。而历史题材的作品可信度才是第一位的。

第二，全书结构宏大，采用章回体，每章标题都采用基本对仗的方式，符合中国历史文学的传统和人们的阅读习惯。按照历史发展的线索采取顺叙的方式，给人以清晰的印象。在时间地点上完全依照历史来写。地点交代非常清楚，这是非常关键的，历史最需要时空观，最需要有一定的坐标。本书在地点方面最见功夫，许多地名都用括号的方式标注现代具体地点。如"邺城（河北省临漳县西南香菜营乡邺镇村）"；"冉闵与慕容恪所部在中山郡魏昌县（河北省无极县东北）的廉台村遭遇"，两处均准确标明现代的村镇所在地，十分具体。这在叙述历史故事中是十分必要的。而且在距离较远的地方重复出现时依旧标明，这样可以免去读者的翻检之劳，虽然占据一些版面，但也是可以的。而实在考证不清楚的也如实标明，具体地点不清楚，这种"缺如"精神也值得提倡。

第三，人物行为和语言的描写增强了可读性，而知识性和可读性构成此类图书价值的双翼，缺一不可。如第6章在描写冉闵时写道"冉闵说罢披上战袍，跨上朱龙马，左手两刃长矛，右手带钩铁戟，点将出城。"从坐骑到武器都有所交代，生动形象。而冉闵可谓是十六国时期第一勇士，后面的一段文字写道"冉闵果真勇猛异常，面对重重包围，如入无人之境，矛戟飞舞，挡者无不落马而亡。冉闵杀了不到半个时辰，终于突出重围，猛击朱龙马，向东逃去。慕容恪志在必胜，下令将士纷纷追击。朱龙马一口气奔跑了二十余里地，突然倒地而亡。冉闵跌下马背，被纷纷追至的前燕将士生擒。"对于冉魏皇帝使者常炜的忠贞，前燕重臣慕容评的贪婪，前秦谋士王猛的智慧与才能，前燕大臣慕容恪的儒将风范和国家栋梁的历史作用，都在具体事件中表现出来，人物性格很鲜明。此类描写还有很多，不再一一列举，读者诸君自可领会。

第四，作品在具体历史进程的叙述中展示了这样的观点：人民才是历史前进动力的潜在源。谁获得人民的支持和拥护谁便可以强大而获取政权，否则必败无疑。而获取人民支持的根本原因就是继承中国三皇五帝以来的仁义礼智信的优秀传统，爱护人民，公平正义，在发展经济富裕百姓的基础上重视教育和恢复传统文化，国家很快就会强大起来。

本书的核心是前秦，而前秦的主要人物是苻坚。苻坚之所以使前秦富裕强大的根本原因之一，就在于重视教育重视传统。第47章有两段文字写到苻坚在这方面的努力："苻坚又关注学校的教学。苻坚非常注重儒学，对于那些不是正道的东西，一律禁止，在学校中不得学习。苻坚还亲自来到太学，考察学生的经仪学习情况。根据各自成绩，提拔任用了上等学生八十三人。自永嘉之乱以来，学校大都被废，到苻坚时又逐渐兴起。"最后一句的总结很重要，没有礼义伦常的人便是所谓的衣冠禽兽，而这种精神面貌便成为大乱不息的根本原因。后面又写道："苻坚为了大力启用关东六州士人，还于372年三月颁下诏书称：'关东之民学通一经、才成一艺者，在所以礼送之。在官百石以上，学不通一经、才不成一艺者，罢遣还民。'从此诏可见，关东百姓只需学通一经、才成一艺的，所在州郡县就要将其推荐为官，而那些百石以上的官员，如不具备此才的，就要遣乡为民。"可见苻坚对于儒学的恢复之功，使前秦朝野又开始具有君臣父子的伦理纲常，这种对于传统的继承非常关键，是重塑人格精神的必须手段。而苻坚使前秦逐渐强大繁荣的精神武器正在此点。苻坚的失败则在于违背了这种精神而穷兵黩武，在准备不充分的情况下就悍然发动对东晋的战争。继承优秀传统就成功，获得人民的支持就成功，违背就失败，失去民心就失败，这便是历史的经验。类似的叙述不时出现在书中，这是一条暗的线索，即人心向背便是成败的原因。毛泽东主席说："人民，只有人民，才是创造世界历史的动力。"这是颠扑不破的真理。

序 言

孔子在回答子张的问话时，曾经说："殷因于夏礼，所损益，可知也。周因于殷礼，所损益，可知也。其或继周者，虽百世，可知也。"孔子一句话预测三千年的历史走向，而本书及其前后姊妹篇便是对这一历史走向的文学展示。

当然，本书也不是完美无瑕的，在叙事简明，描写生动，突出重点人物性格的细节描写方面都有提升的空间。作者很年轻，正是乘风破浪，高歌猛进的文学创作的高峰期，期待下一本书及以后的作品更精彩。

毕宝魁

2017年元旦序于沈阳恒大城三千斋

目 录

第1章　慕容儁南下占幽州　苻建业西进取关中 / 1
第2章　贾世固射牛降前燕　苻建业称王建前秦 / 7
第3章　常炜从容出使前燕　封奕施计谋取逄约 / 11
第4章　慕容恪不战取中山　司马昱巧书劝桓温 / 16
第5章　苻健称帝张琚称王　殷浩北伐姚襄归晋 / 20
第6章　慕容恪魏昌擒冉闵　慕容评邺城围冉智 / 24
第7章　苻元才诚桥败谢尚　慕容评邺城亡冉魏 / 28
第8章　慕容儁蓟城登帝位　苻元才龙黎败王擢 / 32
第9章　遭羞辱张遇反苻健　再北伐殷浩战姚襄 / 36
第10章　张祚夺位斩杀忠臣　桓温北伐驻军灞上 / 41
第11章　慕容儁蓟城忌吴王　王景略灞上见桓温 / 45
第12章　苻坚丧父承袭王爵　苻健勤政再立太子 / 49
第13章　苻生继位杀害忠臣　张瓘起兵反击张祚 / 53
第14章　慕容恪广固征段龛　苻长生长安杀重臣 / 57
第15章　慕容恪广固战段龛　前秦使凉州说张瓘 / 61
第16章　杀强平苻生施暴政　败姚襄桓温取洛阳 / 65
第17章　慕容恪广固降段龛　慕容垂漠北败敕勒 / 69
第18章　败姚襄邓羌施计策　杀苻生苻坚称天王 / 73
第19章　苟太后密谋杀苻法　慕容儁迁都讨冯鸯 / 77
第20章　吕世明晋阳战张蚝　慕容评并州胜张平 / 81
第21章　苻永固长安斩樊世　慕容儁邺城革旧制 / 85

第22章	荀中郎山茌杀贾坚	可足浑邺城害段妃 / 89
第23章	李绩邺城评论太子	王猛长安怒杀强德 / 93
第24章	杀张瓘宋混辅朝政	攻前燕谢万遭败绩 / 97
第25章	患重病慕容儁去世	受器重王景略升迁 / 101
第26章	慕容恪诛杀慕舆根	慕容暐不用李伯阳 / 105
第27章	苻永固长安理国政	慕容恪河内败吕护 / 109
第28章	杀张邕张天锡辅政	灭张平苻永固选才 / 113
第29章	攻打洛阳吕护亡身	奏议迁都桓温遭拒 / 117
第30章	黄河南慕容评略地	姑臧城张天锡夺位 / 121
第31章	贬公爵苻永固治国	克洛阳慕容恪论兵 / 125
第32章	击匈奴苻永固亲征	辅国政慕容恪施恩 / 129
第33章	慕容恪归政慕容暐	慕容厉击败诸葛攸 / 133
第34章	王景略略阳伐剑岐	张天锡枹罕讨李俨 / 137
第35章	慕容恪患病逝邺城	苻永固派使探前燕 / 141
第36章	苻永固派兵讨四公	慕容暐拒绝援苻廋 / 145
第37章	治理荫户悦绾病亡	北伐前燕桓温用兵 / 149
第38章	苻永固派邓羌援燕	慕容垂袭桓温获胜 / 153
第39章	使前秦梁琛忠前燕	遭谋害吴王奔龙城 / 157
第40章	慕容垂长安投苻坚	慕容评邺城朽朝纲 / 161
第41章	王景略统兵入洛阳	慕容垂中计离长安 / 165
第42章	慕容令起兵攻龙城	王景略率部伐前燕 / 169
第43章	试探邓羌王猛抚将	决战潞川前秦得志 / 173
第44章	擒慕容暐前燕灭亡	封王景略苻坚行赏 / 177
第45章	赦君臣苻坚抚关东	降杨纂前秦灭仇池 / 181
第46章	前凉吐谷浑双称藩	苻坚王景略共理政 / 185
第47章	任丞相王猛回长安	替王猛苻融镇邺城 / 189
第48章	反挑衅前秦克梁益	用天象众臣劝苻坚 / 194

目 录

第49章	平叛乱前秦固益州	举哀痛苻坚失王猛 / 198
第50章	张天锡姑臧斩秦使	苻永固河西克凉州 / 202
第51章	灭代国行唐公统兵	遭内乱什翼犍遇害 / 206
第52章	苻永固长安显骄色	谢安石建康辅朝政 / 210
第53章	攻打襄阳苻丕挂帅	袭击彭城彭超请缨 / 214
第54章	襄阳城苻丕擒朱序	盱眙县谢玄胜彭超 / 218
第55章	和龙城苻洛反苻坚	中山郡吕光擒苻洛 / 222
第56章	迁族人氏民镇四方	挂珠帘苻坚生奢欲 / 226
第57章	信谶言苻坚忆王雕	统雄兵吕光征西域 / 230
第58章	会群臣苻坚谋东晋	同车辇道安劝苻坚 / 234
第59章	苻坚灞上议征东晋	桓冲三路北伐前秦 / 238
第60章	征伐东晋苻坚挂帅	攻克寿阳苻融轻敌 / 242
第61章	苻融命丧淝水河边	苻坚败投慕容垂部 / 246
第62章	别苻坚慕容垂北上	讨翟斌慕容垂南下 / 250
第63章	慕容垂荥阳称燕王	慕容农列人聚英豪 / 254
第64章	慕容农列人斩石越	慕容垂邺城建后燕 / 258
第65章	慕容楷威德服王晏	慕容泓起兵入关中 / 262
第66章	略冀州慕容麟建功	建后秦姚景茂称王 / 266
第67章	慕容冲进驻阿房宫	慕容垂追杀丁零部 / 270
第68章	慕容垂撤兵离邺城	慕容冲率部逼长安 / 274
第69章	求援兵苻永叔派使	讨丁零慕容垂用兵 / 278
第70章	苻永固出战慕容冲	姚景茂屠杀新平城 / 282
第71章	邺城北燕军胜晋兵	五将山吴忠俘苻坚 / 286
第72章	慕容垂坑杀丁零部	姚景茂缢死苻永固 / 290
第73章	幽平冀后燕平叛乱	勇士城国仁建西秦 / 294
第74章	晋阳城苻丕封边将	武威郡吕光杀梁熙 / 298
第75章	慕容永继位称藩臣	慕容垂称帝平叛乱 / 302

第76章　长安城姚景茂称帝　南安郡符文高封王／306

第77章　攻上邽符文高即位　救北魏慕容麟出征／310

第78章　慕容垂东阿攻温详　慕容隆历城败张愿／315

第79章　慕容垂黎阳攻翟辽　后燕国境内平叛乱／319

第80章　攻后秦符文高东进　夺新平姚景茂鞭尸／323

第81章　吕世明凉州平叛乱　慕容麟阴山破贺兰／327

第82章　符文高血战姚景茂　慕容农阻截翟魏兵／332

第83章　姚景茂杏城败秦将　符文高安定战姚苌／336

第84章　慕容垂黎阳灭翟魏　姚子略胡空救窦冲／340

第85章　中山城后燕谋西燕　马毛山姚兴杀符登／344

第86章　围长子后燕亡西燕　战平川西秦灭前秦／348

附录：本书中的国家及主要人物／353

后　　记／376

第1章　慕容儁南下占幽州　苻建业西进取关中

公元350年二月，三十二岁的前燕王慕容儁决定南下逐鹿中原。

慕容儁字宣英，是前燕第一位君王慕容皝的次子，也是嫡子。慕容儁尚未出生之时，其祖父慕容廆常说："我积累福德仁义，我的子孙当有中原。"慕容儁出生后，慕容廆又说："此儿骨相不寻常，我家后继有人了。"慕容儁长大后，身材魁梧，高八尺二寸，博览群书，有文韬武略。348年九月，慕容皝病逝，慕容儁继位为燕王。慕容儁继承的前燕，已经征服高句丽、夫馀国，消灭宇文鲜卑，基本完成了东北地区的统一。

当时，相对安定的华夏大地并没有统一，西晋时期的十九个州被四个国家所分占。南部的东晋占七个州，分别是扬州、荆州、广州、交州、梁州、益州、宁州。中原的后赵占十个州，分别是幽州、并州、冀州、青州、兖州、豫州、徐州、司州、雍州、秦州。东北的前燕、西北的前凉各占一个州，分别是平州、凉州。后赵不仅占据中原富庶之地，还占据着扬州、荆州、凉州部分郡县，是当时最强的国家。

349年四月，后赵皇帝石虎在邺城（今河北省临漳县西南）病逝，十一岁的太子石世继位，石虎的皇子义孙们马上展开了激烈的皇位争夺。五月，前往关中赴任的彭城王石遵起兵进入邺城称帝，贬在位只有三十三天的石世为谯王，废黜石世生母刘太后为刘太妃，不久又诛杀母子二人。此时的慕容儁便开始关注局势，等待时机南下。

十一月，武兴公冉闵（石虎义子冉瞻之子）杀掉在位只有一百八十三天的皇帝石遵，拥立义阳王石鉴为帝，从此冉闵独擅朝政。350年闰正月，冉闵又杀掉在位只有一百零三天的石鉴，以及石虎的二十八个孙子，自己即位称帝，定国号为魏，史称冉魏。三月，驻守襄国（今河北省邢台市）的新兴王石祗称帝，使得后赵得以苟延残喘。但此时的后赵已是日薄西山、气息奄奄了。

就在冉闵称帝不久，前燕王慕容儁认为南下时机已到。慕容儁令世子慕容晔留守龙城（今辽宁省朝阳市），任内史刘斌为大司农，与典书令皇甫真共同辅佐慕容晔。接着，慕容儁兵分三路向后赵进发：东路两万兵马由前锋都督慕容霸率领，从徒河（今辽宁省锦州市）进发；西路由慕舆于率领，从蠮螉塞（今居庸关）入关；中路主力兵马由慕容儁亲自率领，以慕容恪、鲜于亮为先锋，从卢龙塞（今河北省迁西县北）进抵后赵境内。

先说东路军在前锋都督慕容霸率领下不日到达三陉（今河北省滦县），离后赵征东大将军邓恒驻守的乐安（今河北省乐亭县）只有百里之地。邓恒获报非常惊恐，下令焚烧粮草，率部撤往幽州刺史王午驻守的蓟城（今北京市）。慕容霸派南部都尉孙泳带领一支人马快速进入乐安，扑灭残火，抢救粮草。慕容霸又传令在北平（今河北省遵化市）、乐安二郡境内征集粮草，并率部到达临渠（今河北省香河县）与慕容儁率领的中路军会师。三月，慕容儁、慕容霸大军到达无终（今天津市蓟县），离蓟城不足两百里。王午担心无力守城，遂只留少部兵马由将领王佗带领坚守蓟城，自与刚刚到来的邓恒一道南下近五百里，在冀州境内的鲁口（今河北省饶阳县）驻防。三月五日，慕容儁所部攻克蓟城，生擒守将王佗并斩首。慕容儁还决定迁都蓟城。接着，慕容儁、慕容霸所部继续南下不日抵达范阳郡（今河北省涿州市），后赵范阳郡太守李产打开城门，迎接慕容儁兄弟入城，并以范阳郡所属的八个县全部归降前燕。慕容儁仍命李产为范阳郡太守。此时西路慕舆于大军也取得节节胜利，幽州各郡基本平定。慕容儁任兄弟慕容宜为代郡（今河北省蔚县）城郎，孙泳为广宁郡（今河北省涿鹿县）太守。

350年三月二十四日，慕容儁命慕舆句为蓟中留事，驻守蓟城，自与兄弟慕容霸率大军继续南下冀州境内，攻击驻守鲁口的王午、邓恒。慕容儁、慕容霸所部到达一个叫清梁（今河北省清苑县南）的地方时，正是傍晚时分，慕容儁下令扎营。却说清梁离邓恒、王午驻守的鲁口不足百里，慕容儁在此扎营的消息很快被邓恒、王午探得。邓恒决定派部将鹿勃早连夜前往偷袭。鹿勃早遂率数千人马连夜北上，很快到达清梁。鹿勃早闯入了前锋都督慕容霸的大营，慕容霸及众将士一无所知。当鹿勃早一半人马进入营地时，慕容霸才从睡梦中惊醒。慕容霸铠甲都来不及穿就投入战斗，亲手斩杀十余人，鹿勃早的攻势被阻。这时慕容儁也获知敌兵来偷袭，连忙传令加强戒

第1章 慕容儁南下占幽州 苻建业西进取关中

备。慕容儁不明偷袭兵马数量，担心不敌，对折冲将军慕舆根说道："敌势锐不可当，应当暂且退避。"慕舆根神色严肃地说道："我众彼寡，力量悬殊，是故敌人乘夜来战，以图侥幸取胜。大王南下正是为了寻敌作战，此时正当极力迎战，不应有任何疑惑。大王只管高枕而卧，臣等自会为大王破敌。"慕容儁仍感不安，内史李洪陪同慕容儁出了大营，来到一座高高的坟冢之上扎营，而慕舆根则带领左右精勇数百人前往迎战鹿勃早。李洪安顿了慕容儁之后，也率骑兵前来助战。鹿勃早不能取胜，率部撤退，前燕将士追击四十余里地，鹿勃早仅一人得以逃脱。第二日，慕容儁仍对鹿勃早的偷袭心有余悸，遂放弃攻打鲁口，北返蓟城。此次慕容儁南下，基本占领幽州各郡。

据守枋头（今河南省浚县东南淇门渡）的氐族蒲氏也趁后赵内乱准备逐鹿中原了。说起氐族蒲氏，要从蒲洪讲起。285年，蒲洪出生于秦州略阳郡临渭县（今甘肃省秦安陇城），其先人世代为西戎酋长。蒲洪家的池中长出蒲草，有五丈长，当地人都称他家为蒲家，于是就以蒲为姓。蒲洪出生时，大雨不止，遂起名为洪。蒲洪好施舍，多机变有谋略，勇猛威武，善于骑射。333年石虎派兵攻上邽（今甘肃省天水市）时，下令将秦州境内的氐羌族人共十万户全部迁至关东一带，还任蒲洪为龙骧将军驻守枋头，任姚弋仲为奋武将军驻守滠头（今河北省枣强县东北）。349年初，后赵梁犊之乱时，蒲洪率族人参与平定，石虎擢升蒲洪为车骑大将军、开府仪同三司、都督雍秦诸军事、雍州刺史，改镇关中。石遵即位后，石闵劝石遵下旨免去蒲洪都督雍秦诸军事。蒲洪接旨后，怒返枋头，并派人暗向东晋归降。石鉴即位后畏惧蒲洪族势强大，又下旨任蒲洪都督关中诸军事、征西大将军、雍秦二州刺史。蒲洪召集属下商议是否接受石鉴的任职。主簿程朴建议与后赵和解，并以列国形式与赵国并存。蒲洪听后大怒道："我难道不能当天子？说什么列国？"当即将程朴推出斩首。350年闰正月，接到蒲洪降书的东晋朝廷任蒲洪为冀州刺史、征北大将军、都督河北诸军事，蒲洪三子蒲健（字建业）为右将军、监河北征讨前锋诸军事。

与蒲洪一同东迁的羌族首领姚弋仲非常忠于后赵，一直在滠头拥兵反抗石闵，听闻蒲洪投降东晋，遂派其子姚襄率兵五万前往讨伐。蒲洪率兵迎击，大胜姚襄。蒲洪于是自称大都督、大将军、大单于、三秦王，并根据谶言"草付应王"改姓为苻。苻洪任雷弱儿为辅国将军，梁楞为前将军兼左长史，鱼遵为右将军兼右长史，段陵为左将军兼左司马，赵俱、牛夷、辛牢为从事中郎，氐族另一部首领毛贵为单于辅相。

苻洪据守枋头对抗邺城（今河北省临漳县西南香菜营乡邺镇村）冉闵，还击败前来征讨的姚襄。不仅如此，苻洪还一边暗与东晋勾结，一边自立为王，各路英雄一时拿他没有办法。但有一个人却用计害死了苻洪，此人便是一心想回到邺城投奔冉闵的汉族将领麻秋。麻秋于350年正月底返回邺城途经枋头时，被苻洪所派的四子苻雄擒获。苻洪没有杀掉麻秋，还对麻秋甚厚，并任麻秋为军师将军。是年三月，麻秋摆酒宴请苻洪。苻洪欣然前往，岂料麻秋在酒中下了毒，苻洪饮酒后，感到五脏六腑剧烈疼痛。世子苻健赶来，当场将麻秋斩杀。苻洪强忍剧痛，对苻健说道："我之所以没有入关，就是认为中州将会平定，现在不幸中了麻秋这个竖子之计，我命不久矣。我死之后，你等赶紧入关，中州之事，不是你们兄弟几个能够对付的。"苻健含泪点头，苻洪随即去世。

苻洪去世后，苻健立即去掉大都督、大将军、三秦王等称号，只接受东晋朝廷的官职。苻健还派其叔父苻安前往建康，向东晋朝廷报丧。然而就在350年三月，在襄国称帝的石祗任苻健为镇南大将军、都督河南诸军事，开府仪同三司、兖州牧。对于石祗的任命，苻健不想接受，准备按其父遗言，西进夺取关中。但这时的关中自后赵车骑大将军王朗离开后，长安已被王朗的司马杜洪接管。杜洪自称东晋征北大将军、雍州刺史，还任张琚为司马，关中夷人汉人纷纷响应。苻健担心继续采用东晋的任命会让杜洪看出他脱离后赵谋取关中的打算，遂又接受了石祗的任命。

苻健还做了一些部署，以表明自己接受都督河南诸军事的任命：任从事中郎赵俱为河内郡（今河南省沁阳市）太守，驻防温县（今河南省温县西），任从事中郎牛夷为安集将军，驻防怀县（今河南省武陟县）。苻健还在枋头大兴土木，建造宫殿，劝课农桑，以示长久驻守枋头。部众之中有一些自作聪明的人知道苻健只不过是做做样子，等待时机而已，遂并不用心耕种。苻健非常生气，当场杀掉几个这样的人。

就在苻健暗暗准备西进并等待时机之时，时机很快就来了。350年四月，

第1章　慕容儁南下占幽州　苻建业西进取关中

后赵新任皇帝石祗派汝阴王石琨率十万兵马前往邺城，攻打冉魏。此时的冉闵在外部强敌众多的情形下，竟无故诛杀齐王李农及其三个儿子。尽管如此，拥有十万兵马的石琨仍对冉闵十分畏惧，直到六月，兵马才到达邯郸（今河北省邯郸市）。镇南大将军刘国也从繁阳（今河南省内黄县）前来会师，准备一同讨伐冉闵。冉闵获报后赵两路兵马南北前来夹击，派卫大将军王泰率一支兵马北上邯郸迎战石琨。邯郸一战，石琨所部大败，死者数以万计。刘国听闻石琨大败，也退驻繁阳。八月，后赵各地据守的将领再次联合准备讨伐邺城冉闵。就在冉闵与后赵各路兵马连番激战之时，苻健认为时机已到。苻健自称晋朝征西大将军、都督关中诸军事、雍州刺史，公开表明夺取关中的决心。苻健还任贾玄硕为左长史，梁安为右长史，段纯为左司马，辛牢为右司马，王鱼、程肱、胡文等为军咨祭酒。苻健下令所有部众，全体拔营西进，以右将军鱼遵为前锋。不到十日，鱼遵即抵达盟津（今河南省孟津县东黄河渡口），在盟津修建黄河浮桥，以备大军南渡黄河。苻健一路经怀县、温县会同赵俱、牛夷所部随后也到达盟津。苻健决定兵分两路，以侄扬武将军苻菁为北路，率七千人从轵关（今河南省济源市西）西上，其弟辅国将军苻雄为南路，率五千人南渡黄河沿潼关（今陕西省潼关县）西上，苻健随南路军行进。在盟津黄河渡口分别时，苻健紧紧抓住已故兄长之子苻菁的手说道："你等从黄河北岸西进，我从黄河南岸西进，如若不顺，你死河北，我死河南，从此无法再见。"南路大军渡过黄河之后，苻健下令立即烧毁浮桥。

这时据守长安的杜洪获报苻健兵分两路正向长安挺进，大怒，派人给苻健送去一封言辞傲慢的书信。杜洪又任张据的兄弟张先为征虏将军，并令其前往潼关迎战苻健。苻健接到杜洪的书信，阅罢大怒，传令其弟苻雄准备战斗。两日后，张先所部与苻雄所部在潼关发生激战，张先所部大败。张先逃回长安后，杜洪开始担心，知道苻健不可小觑。杜洪下令关中各处守将准备迎战，并召其弟杜郁领兵迎战苻健。岂料杜郁竟然离开长安，率部自行向苻健投降。此时的苻健各部都已入关，苻健又命苻雄在渭河之北攻城略地。当时渭北氐酋毛受、徐磋及羌酋白犊纷纷斩杀杜洪使节，向苻健归附，还送子为质。从北路向关中挺进的苻菁及前锋鱼遵所经过的城池、村落也都纷纷归降。九月底，固守长安的杜洪再派征虏将军张先率兵北出长安，在渭水北岸迎战苻菁。苻菁大败张先，并生擒张先。长安四周的郡县城寨听闻张先被擒，遂纷纷宣称归附苻健。十月，苻健长驱直入进逼长安，杜洪、张琚不能固守长安，遂出奔司竹（今陕西省周至县东南司竹园）。

第2章　贾世固射牛降前燕　苻建业称王建前秦

　　350年八月，前燕刚刚占领不久的幽州代郡（今河北省蔚县）境内发生叛离事件，原来是代郡人赵榼率三百余户百姓叛离前燕，归附后赵并州刺史张平。蓟城（今北京市）里的前燕王慕容儁接报后没有派兵去追击赵榼，也没有西越太行山去攻打张平。此时的慕容儁决定抓住时机再次南下夺取城池。却说是月，后赵各地据守的将领再次联合，前往邺城（今河北省临漳县西南香菜营乡邺镇村）讨伐冉魏皇帝冉闵。据守石渎（今邺城西南四十余里）的卫军将军张贺度、据守黎阳（今河南省浚县）的建义将军段勤、据守繁阳的镇南大将军刘国及将领靳豚不日会师于昌城（今河南省南乐县境内），离邺城只有一百余里。消息传到邺城，冉闵大怒，连忙传令迎战。冉闵派卫大将军王泰与将领崔通、周成率步骑兵十二万前往黄城（今地不详），自率精锐兵马八万作为后继。冉闵所部与张贺度联军在苍亭（今山东省阳谷县北古黄河渡口）激战，张贺度等部大败，士兵死亡两万八千人。冉闵与后赵兵马大战的消息传到蓟城，慕容儁决定再度南下，到冀州境内夺取郡县。为防止再次出现叛离事件，慕容儁下旨将幽州西部的广宁（今河北省涿鹿县）、上谷（今河北省怀来县）二郡的百姓迁到幽州东部的北平郡徐无县（今河北省遵化市东）境内，将幽州最西部的代郡百姓迁到幽州最东部的凡城（今河北省平泉县南）境内。

　　九月，慕容儁亲率辅国将军慕容恪、辅弼将军慕容评、记室参军封裕等正式南下。慕容儁此次南下，志在夺取冀州东部的章武郡（今河北省大城县）、河间郡（今河北省献县）及渤海郡（今河北省南皮县）。慕容儁所部不日即一连攻克了章武郡、河间郡。慕容儁任慕容评为章武郡太守、封裕为河间郡太守。慕容儁又派慕容评继续南下攻打渤海郡。

　　且说慕容评所部准备出发之时，慕容儁对慕容评说道："听闻渤海郡有一位六十余岁的人名叫贾坚（字世固），曾在石虎的赵国朝廷任殿中督。冉闵称帝后，贾坚离开邺城回到家乡渤海郡，率数千户百姓以抗冉闵，也拒不归附燕国。孤听闻贾坚很有才能，一心想将贾坚收为己用，请辅弼将军一定要招降贾坚，切不可伤其性命。"慕容评领命出发。

数日后，慕容评所部到达渤海郡，对渤海郡围而不攻，还派人招降贾坚。岂料贾坚拒不投降，慕容评只得下令强攻，但命令将士一定要生擒贾坚，不得有任何伤害。渤海郡城池并不坚固，城内也没有能战之兵，都是贾坚组织起来的一些百姓，根本抵挡不了慕容评的进攻。不到一个时辰渤海郡城池即被攻破，贾坚亦被前燕将士擒获，押至慕容评面前。慕容评看到贾坚被绑，连忙喝令左右松绑。慕容评还笑着对贾坚说道："我家燕王非常欣赏阁下，盼望得到阁下的帮助。"贾坚不为所动，更是一言不发。慕容评遂派人非常恭敬地将贾坚送至慕容儁处。

贾坚到了慕容儁处，慕容儁非常高兴，连忙恳切地对贾坚说道："听闻阁下有才，孤非常想念阁下，恳请阁下帮助孤。"贾坚仍不言语。慕容恪看到贾坚年已六旬，不过是一位老者，对贾坚才能有些不信，遂说道："听闻阁下精于射箭，我等想一睹风采。"慕容恪也担心贾坚年老不能射准，决定找一头牛来让贾坚射击。慕容恪也不等贾坚是否应允，即转身对左右道："来人啊，将一头牛牵至百步之外，让贾公射箭。"贾坚知道这位年轻的将领对他的射箭本领将信将疑，所以才用这么大的一头牛作为箭靶，终于开口言道："我年轻时可以有意让箭不能射中，现在年龄大了，要想射不中反而做不到了。"说完连发两箭，一箭轻拂牛背，一箭轻擦牛腹，只见牛毛射落而肌肤不伤，且上下箭痕一模一样，在场之人无不惊叹。慕容儁看到贾坚如此精于射箭，大喜，连忙下旨任贾坚为乐陵郡太守，治所暂设高城（今河北省盐山县）。一个月后，慕容儁北返幽州蓟城，留下众将守蓟城，自返龙城（今辽宁省朝阳市），拜谒陵庙。

就在前燕王慕容儁二次南下攻城略地不久，自称东晋征西大将军的苻健也在关中称王建国了。350年十一月，苻健正式进入长安城（今陕西省西安市）。因百姓思晋，苻健遂派参军杜山伯前往建康（今江苏省南京市），向东晋朝廷呈报战果，并向东晋征西大将军桓温联络修好。苻健进入长安后，秦州、雍州一带的汉人、夷人大都宣称归降苻健，但据守上邽（今甘肃省天水

第2章 贾世固射牛降前燕 苻建业称王建前秦

市)的后赵凉州刺史石宁拒不向苻健投降。十二月,苻健派其弟苻雄率部西进上邽,攻打石宁。上邽一战,苻雄大获全胜,石宁不敌被杀。至此,苻健经过四个月的奋战,终于实现从枋头(今河南省浚县东南淇门渡)西入关中,还基本占领雍、秦二州。

351年正月,苻健进入长安一个多月了,其左长史贾玄硕等进入苻健的将军府,请求苻健依当年刘备称汉中王的旧例,上表东晋朝廷,请求朝廷任苻健都督关中诸军事、大将军、大单于、秦王。苻健听到贾玄硕等劝其称秦王,非常不悦,大怒道:"我只能当秦王吗?前往晋国的使节尚未返回,我的官爵不是你等能够知道的。"苻健这回倒没有像其父苻洪杀掉程朴那样杀掉贾玄硕,尽管苻健对贾玄硕的建言十分不满。苻健这是想再利用贾玄硕一回。数日后,苻健让右长史梁安暗示贾玄硕等联名奏请苻健称帝。贾玄硕等遂再次进入苻健的将军府,奏请苻健登基称帝,苻健再三推让,最后终于接受劝进,准备先称天王。

正月二十日,三十五岁的苻健在长安即位称天王、大单于,定国号为大秦,史称前秦。苻健又改元皇始,大赦境内。苻健追尊父苻洪为武惠皇帝,庙号太祖。苻健册封妻强氏为天王后,册立长子苻苌为太子。苻健又封次子苻靓为平原公、三子苻生为淮南公、四子苻觌为长乐公、五子苻方为高阳公、六子苻硕为北平公、七子苻腾为淮阳公、八子苻柳为晋公、九子苻桐为汝南公、十子苻廋为魏公、十一子苻武为燕公、十二子苻幼为赵公。苻健原本兄弟四人,两位兄长均被后赵天王石虎杀害,其时只有三十三岁的苻雄一位兄弟。苻雄在苻健入关征战中立下赫赫战功,是苻健的得力助手。苻健遂任苻雄为都督中外诸军事、丞相、车骑大将军、雍州牧、封东海公。苻健还任兄长之子苻菁为卫大将军、封平昌公,负责保卫东西二宫。苻健最后大封群臣:雷弱儿为太尉、毛贵为司空、舅父姜伯周为尚书令、梁楞为尚书左仆射、王堕为尚书右仆射、贾玄硕为中书令、鱼遵为太子太师、天王后强氏之弟强平为太傅、段纯为太保、略阳(今甘肃省秦安县)氐酋吕婆楼为散骑常侍。

351年二月底,后赵并州刺史张平派使前往长安,以并州归降前秦,前秦天王苻健大喜,下诏任张平为大将军、冀州牧,至此,前秦基本拥有雍、秦、并三州。351年三月,苻健开始关注内政治理,派使到所属州郡,察看民情，选用有才能之人。苻健还颁诏降低百姓赋税，禁止豪华奢侈的奇装异服，凡是对百姓不利的后赵暴政全部废除。

且说逃到司竹（今陕西省周至县东南司竹园）的杜洪、张琚一直想重返长安。杜洪与张琚商议请驻守汉中郡（今陕西省汉中市）的东晋梁州刺史司马勋出兵援救。四月，司马勋亲率步骑兵三万人北上，准备攻打关中。前秦天王苻健获报司马勋率兵来攻，准备亲自带领兵马西出长安迎击司马勋。中书令贾玄硕认为不妥，劝谏道："天王陛下不必亲征，只宜派一将领出战即可。"苻健心中感到不悦，以为贾玄硕又一次看不起他，遂坚决领兵出征。苻健在五丈原（今陕西省眉县西北）迎战司马勋，发生数次激战。苻健屡战屡胜，司马勋只得撤返汉中。

苻健大获全胜，回到长安，众臣出城迎接道贺。苻健看到中书令贾玄硕也来道贺，忽然想起贾玄硕当初只建议自己称秦王而没有建议自己称帝，心中竟越想越气。苻健最后竟决定杀掉贾玄硕而后快。苻健当然也给贾玄硕找了个罪名。数日后，有人告发贾玄硕私通司马勋。苻健接报后大怒异常，当即下旨将贾玄硕及其所有儿子全部诛杀。

第3章　常炜从容出使前燕　封奕施计谋取逄约

　　350年十一月，北方早已进入寒冬之际，邺城（今河北省临漳县西南香菜营乡邺镇村）的冉魏皇帝冉闵休整近三个月后，决定主动率兵攻打襄国（今河北省邢台市）的后赵皇帝石祗。而就在冉闵准备攻打襄国之前，匈奴一支兵马在首领粟特康的带领下前来投奔。冉闵打算接受粟特康的归附以增加自己的兵力。冉闵还决定任其子冉胤为大单于、骠骑大将军，专门统管夷族兵马。光禄大夫韦謏坚决劝谏道："陛下曾发过杀胡令，匈奴人与羯人都是我们的敌人，粟特康今天前来归附，只是为了暂时保住性命，一旦有变，悔之莫及。恳请陛下诛杀这群匈奴，更不要设置大单于的官职。"冉闵听后暴跳如雷，怒杀韦謏及其子韦伯阳。接着，冉闵令太子冉智、大单于冉胤及尚书左仆射刘琦等留守邺城，自率十万兵马北上襄国攻打石祗。石祗固守襄国不敢出城迎战，等待各地守将勤王。冉闵遂一直包围襄国不撤兵。

　　351年二月，冉闵包围襄国一百余日之久，虽然未能攻克襄国，但一时也无人来援救襄国。冉闵一边派人向襄国城里深挖地道，一边派人在襄国城外翻田耕作，修建房屋，准备长期围困襄国。襄国城里的后赵皇帝石祗感到非常恐慌，遂自动去掉皇帝尊号，改称赵王，以期冉闵能够撤兵。接着，石祗派太尉张举悄悄出城前往蓟城（今北京市），向前燕王慕容儁求救，承诺送上传国玉玺。石祗又派中军将军张春悄悄出城前往滠头（今河北省枣强县东北），向右丞相姚弋仲求救。一直忠于后赵的姚弋仲决定派其子姚襄率两万八千骑兵前往援救襄国。姚弋仲还对姚襄说道："冉闵无仁无义，杀害石氏满门。我受石氏厚待，该当为其报仇，只可惜今年已七十二岁了，而且又有病在身，不能亲自率兵前往。你的才能超过冉闵十倍，如若不将冉闵生擒，就不要回来见我。"姚襄领兵出发后，姚弋仲也派人前往蓟城，请慕容儁一同派兵攻打冉闵。这时张举也到了蓟城。慕容儁接受石祗、姚弋仲的请求，派御难将军悦绾率三万兵马南下跟姚襄会师。

再说包围襄国的冉魏皇帝冉闵获知前燕派兵来援救襄国，也开始担忧，遂派大司马从事中郎常炜前往蓟城，向慕容儁请求和解。慕容儁虽已称王，前燕也建国近十五年，但慕容儁非常在意中原国家的传国玉玺。石祗派来的张举坚称传国玉玺在襄国石祗处，但慕容儁将信将疑，担心传国玉玺在邺城冉闵处。慕容儁遂命记室参军封裕问常炜传国玉玺究竟在哪里。封裕见到常炜后，没有马上问传国玉玺的事，而是先质问常炜道："冉闵是石家的养子，为何忘恩负义、犯上作乱，还自称为帝？"常炜从容答道："三国时曹操为宦官所养，没有人知道其生父为谁，可是曹操创立了魏国。如若这不是上天之命，岂能成功？以此类推，何必多问？"封裕又问："传国玉玺到底在哪里？"常炜答道："当然在邺城。"封裕道："张举却说在襄国，我岂能信你？"常炜答道："杀胡之日，邺城的胡人没有一个能够活命的，即使侥幸逃脱的，也是躲在水沟之中。张举怎么能知道玉玺在哪里？张举前来求救，为取信于燕王，只能信口开河。"

封裕遂向慕容儁禀报，慕容儁认为张举之言可信，玉玺当在襄国石祗处。慕容儁命封裕再去问常炜，还派人将木柴置于常炜身旁，恐吓常炜，以期能够得到实话。封裕还对常炜说道："君当三思，不要被烧成一堆灰。"常炜毫无惧色，还严肃地说道："石虎当年残虐凶暴，亲率大军围攻燕国棘城（今辽宁省义县西），虽然未能攻克，但征服燕国的决心从未改变。我国陛下杀掉石氏全族，虽然并不是为了燕国，但燕国听闻仇敌覆亡，应当会有怎样的感受？你们岂能帮助仇敌来责备我国？这岂不是一件十分荒诞的事情呢？至于化为灰土，我听说人死之后，骨肉入土而灵魂升天，承蒙恩惠，就请多加木柴，早点纵火，让我早日将此事诉诸上苍。"

封裕又将常炜之言报与慕容儁，众臣都劝慕容儁杀了常炜，慕容儁说道："常炜不惜为其君王牺牲性命，确是一位忠臣。再说冉闵有罪，与使节何干？"慕容儁遂派人将常炜带至馆驿。当天晚上，慕容儁又派常炜的同乡赵瞻前往规劝常炜道："你为何不说实话？燕王十分恼怒，打算把你送到海边碣石之处，你将怎么办？"常炜平静地说道："我自结发以来，对平民从不欺骗，何况君王？为了迎合别人，扭曲自己的良心，这不是我能够做得到的。就是把我沉入海底，我还是这么说。"常炜说完，躺了下来，面对墙壁，不理赵瞻。赵瞻将常炜之言报与慕容儁，慕容儁下旨将常炜囚于龙城

第3章 常炜从容出使前燕 封奕施计谋取逢约

（今辽宁省朝阳市）。

351年三月，后赵骠骑大将军姚襄、汝阴王石琨的援兵逼近襄国。冉闵连忙派车骑大将军胡睦在上卢水（今河北省新河县境内）迎击姚襄，将领孙威在黄丘（今河北省辛集市境）迎击石琨。胡睦、孙威大败，士兵几乎死光，胡睦、孙威单枪匹马逃回。冉闵决定亲自率兵迎战姚襄、石琨，卫大将军王泰劝阻道："陛下亲围襄国一百多日尚未攻下，而石祇的援兵纷纷到达。陛下一旦离开襄国迎战姚襄、石琨，石祇必将出城追击，陛下将有被前后夹击的危险。再说陛下亲自出马，一旦有失，大事去矣。陛下应当继续围困襄国，先挫挫姚襄、石琨的锐气，寻机再与他们交战。"冉闵认为王泰之言有理，遂打消迎战姚襄、石琨的想法，但军中一位道士法饶进言道："我夜观天象，太白星行经昴宿，当主胡王当灭。陛下此时出战必将一战而胜，切不可错失良机。"冉闵听后，怦然心动，卷起袖子，高声叫道："朕已决定出战，胆敢劝阻者，斩！"冉闵遂撤围所部兵马，离开襄国，前往迎战姚襄、石琨。就在这时，前燕派出的悦绾部也到达襄国一带，与冉闵大营只距数里。悦绾派出少数骑兵，四面散开，拖着扫帚奔跑，尘土漫天飞扬。冉闵的将士看到，非常恐慌。这时姚襄、石琨、悦绾三部一同向冉闵所部发起进击，襄国城里的后赵王石祇也率兵出城来攻冉闵。冉闵大败，只带十余骑兵奔回邺城。尚书令徐机、司空石璞、车骑大将军胡睦、中书监卢谌等均在这场战斗中被杀，还有十万余士卒一同阵亡。

却说邺城里新归降的匈奴人粟特康听闻冉闵大败，遂带领族人大肆报复，屠杀城中汉人。粟特康还俘获大单于冉胤、尚书左仆射刘琦，离开邺城前往襄国，向后赵王石祇投降。石祇下旨杀掉冉胤、刘琦。当冉闵到邺城城下之时，邺城城内早已人心惶惶，到处传言冉闵已经战死。冉闵秘密进入邺城，射声校尉张艾请求冉闵亲到郊外祭祀，以安定人心。冉闵接受张艾的请求，邺城才逐渐安定。冉闵将法饶父子抓获，将二人五马分尸。冉闵还追赠韦謏为大司徒。

冉闵征讨襄国遭败回到邺城，刚刚平息邺城流言，又接报襄国后赵王石祇派将领刘显率兵七万前来攻打邺城，已到达明光宫，离邺城只有二十余里。此时的冉闵听到这个消息，头一回感到惊恐，没有像以往那样直接领兵出战，而是派人去召见卫大将军王泰，想与王泰商议退兵之策。王泰对上次的建言被冉闵拒绝一直耿耿于怀，遂以刀伤未愈为由，不肯去见冉闵。冉闵只得亲自披挂上马，点将出战。冉闵身先士卒，亲自杀敌，刘显大败而逃。冉闵猛击跨下朱龙马去追刘显，一直追到阳平（今河北省馆陶县），杀死刘显三万士兵。刘显非常害怕，连忙派人向冉闵投降，承诺回到襄国后杀掉后赵王石祇以为进身之阶。冉闵接受刘显纳降，遂不再追击刘显，传令回师邺城。

就在冉魏皇帝冉闵击败刘显后不久，冉闵获报刚刚归附的渤海郡（今河北省南皮县）又被前燕给占领了。这事还得细细道来。还是在350年九月时，渤海郡一度被前燕占领。后来渤海郡一个叫逢约的人，趁后赵、前燕战乱，率乡里百姓数千户宣称归附冉魏，冉闵传旨任逢约为渤海郡太守。此时后赵的渤海郡太守刘准也宣称归降冉魏，被冉闵任为幽州刺史，也驻守渤海郡，与逢约一人一半共分渤海郡。渤海郡豪门大族封放是前燕相国封奕的堂弟，也在渤海郡率兵自守，宣称归附冉魏。有逢约、刘准与封放三人驻守渤海郡，冉闵本不该失去渤海郡，但前燕王慕容儁派出相国封奕前往渤海郡，渤海郡就被封奕给智取了。

封奕率领一支兵马来到渤海郡，直抵逢约营前。封奕派人去对逢约说道："我等本是同乡，只是我离开家乡整整四十年了，相会一次十分不易。至于我等之间的冲突不是靠辩论就能解决的，我只盼望与阁下见上一面，以诉渴慕之情。"逢约一直非常尊敬封奕，当即出营与封奕相见。二人都命随从退避，只由马夫牵马，并辔交谈。二人各自谈了平生际遇，最后封奕说道："我等世代都是同乡，情谊十分厚重，唯一盼望的就是让你享受无穷福分，今天终于有机会相见，我一定要把话说完。冉闵趁石氏内乱，坐享现成基业，按理天下当服其强盛，而事实上，大乱才刚刚开始。由此可见，天命不是靠人力能够得到的。燕王世代累积恩德，讨伐叛乱，所向披靡。现在燕国已迁都蓟城，南面已与赵国、魏国相连。远近百姓，扶老携幼，纷纷前来归附。冉闵的灭亡就在早晚之间，成败之势，非常明显。不仅如此，燕王礼贤下士，如若阁下能够改变主意，功劳可比周勃、灌婴，荣耀必将传于后世，何必要成为一个亡国之将而遭受灾祸呢？"

听罢封奕的肺腑之言，逢约一时不能言语。这时勇猛有力的马夫张安，看准时机，按之前封奕交待的计策，推开逢约的马夫，迅速抓住逢约的马缰，挟持逄约回到封奕的大营。封奕也纵马随后而至。封奕忙请逄约下马坐下，笑道："看到阁下犹豫不决，遂替阁下作了决定。挟持了阁下，绝不是为了在下的功名，而是为了阁下及渤海郡百姓的安危。"逄约遂不再多言。

就在这时，慕容儁派出的将领高开也率军抵达渤海郡，刘准、封放开城纳降。慕容儁传旨任封放为渤海郡太守，刘准为左司马，逄约为参军事。因为逄约是被骗而归降，慕容儁又传旨将逄约改名为逄钓。半年后，参军事逄约从蓟城逃回家乡渤海郡，集结旧部叛离前燕。离渤海郡不足百里的前燕乐陵郡（时驻今河北省盐山县）太守贾坚派人传话给乡人，分析成败利害。那些跟随逄约的部众遂纷纷散去，逄约最后投奔东晋。

第4章　慕容恪不战取中山　司马昱巧书劝桓温

　　351年四月，后赵王石祗的将领刘显密降冉魏后，回到襄国（今河北省邢台市）。石祗对刘显密降冉闵一无所知，还准备召集群臣诸将商讨下一步攻打冉闵的计策。岂料刘显一到襄国，即下令所部兵马控制襄国，抓获后赵王石祗、丞相石炳、太宰赵鹿等十余人。刘显下令将石祗等全部诛杀，还将头颅送至邺城（今河北省临漳县西南香菜营乡邺镇村），呈献给冉魏皇帝冉闵。冉闵大喜，当即下诏任刘显为大将军、大单于、冀州牧。冉闵还命人将石祗首级置于闹市，用火焚烧，后赵至此彻底灭亡。后赵灭亡后，冉魏终于摆脱了建国一年多只有邺城一个城池的局面，名义上继承了后赵尚未脱幅的领地：司州、洛州、豫州、兖州、青州、徐州及冀州、扬州、荆州部分郡县。此时的前秦拥有雍州、秦州、并州，前燕拥有平州、幽州及冀州部分郡县，前凉拥有凉州及西域，东晋拥有广州、交州、梁州、益州、宁州及扬州、荆州部分郡县。

　　351年七月，归附冉魏还不到三个月的大将军刘显起兵背叛冉闵，还亲率大军从襄国出发前往邺城攻打冉闵。冉闵获报大怒，连忙披挂上马，出城迎战。刘显不敌冉闵，撤兵返回襄国，竟也自称皇帝。八月，冉魏所属的徐州刺史周成、兖州刺史魏统、荆州刺史乐弘、豫州刺史张遇纷纷宣称脱离冉魏向东晋归降，魏统献出驻守之地廪丘县（今山东省郓城县西北水堡乡），张遇献出驻守之地许昌（今河南省许昌市）。平南将军高崇、征虏将军吕护擒拿驻守洛阳的洛州刺史郑系也向东晋归降。面对襄国刘显的归而复叛及五个州的脱离，邺城的冉闵自然大伤脑筋。然而让冉闵更加不安的是，前燕王慕容儁此时又第三次发兵南下攻打冀州郡县。

　　却说慕容儁第三次派兵南下，是从冀州西路进发。慕容儁的部署是，派辅国将军慕容恪领兵攻打中山郡（今河北省定州市），派辅弼将军慕容评领兵攻打冉魏幽州刺史王午据守的鲁口（今河北省饶阳县）。先说慕容恪攻打

第4章　慕容恪不战取中山　司马昱巧书劝桓温

中山郡。时冉魏中山郡太守是上谷郡（今河北省怀来县）人侯龛。侯龛自知慕容恪善于统兵，不准备出城迎战，而是固守坚固的中山郡城池。慕容恪也知道中山郡城池坚固，如若强行攻城，必将损兵折将，遂决定放弃正面进攻中山郡。慕容恪绕过中山郡径直南下一百余里到达常山郡（今河北省正定县）境内的九门县（今河北省藁城市西北）扎营，打算先攻占常山郡，然后实现对中山郡的战略包围以逼迫侯龛投降。慕容恪这种不战而屈人之兵的谋略深得将士、百姓的赞赏。果然，慕容恪驻扎九门县，尚未派兵征战，驻守在离九门只有百里之地的冉魏赵郡（今河北省高邑县）太守李邦竟以全郡向慕容恪投降。慕容恪妥加安抚李邦将士及赵郡百姓。接着，慕容恪率同李邦所部兵马一道北上准备攻打中山郡。侯龛听闻中山郡南部的常山郡、赵郡均被慕容恪占领，而且慕容恪善待归降将士与百姓，遂决定打开城门，向慕容恪纳降。慕容恪进入中山城，为确保中山郡不再叛离，下令将中山郡旧有将领及豪门大族迁往蓟城（今北京市），士兵、百姓丝毫不受惊扰。慕容恪军令严明，一草一木都不受侵犯。在十六国时期乱世之中，百姓能够遇着这样的军队，都纷纷传扬。再说慕容评攻打鲁口王午。慕容评不日抵达南安（今地不详），逼近鲁口。王午获报，派部将郑生领兵迎战慕容评，慕容评阵斩郑生。慕容评接着率部准备进攻鲁口。岂料慕容评攻打王午多日不克，数月后前燕王慕容儁决定攻打邺城冉闵时，慕容评仍未攻克王午，只得撤围鲁口，与慕容恪一同攻打邺城，此为后话。

　　慕容恪攻克中山郡的消息传到蓟城，前燕王慕容儁大喜，传旨调北平郡（今河北省遵化市）太守孙兴任中山郡太守。孙兴擅长安抚百姓，中山郡遂告安定。不久又有好消息传到蓟城。冉魏所属的据守上党郡（今山西省长治市）的乌桓部酋长库傉官伟率部投降前燕。这时前往襄国援救后赵王石祗的御难将军悦绾也返回蓟城。慕容儁迫不及待地向悦绾询问传国玉玺之事。悦绾说传国玉玺不在襄国，而在邺城冉闵处。慕容儁马上传旨将后赵王石祗派来求救的太尉张举斩杀，释放冉闵的使节常炜。常炜有四个儿子、两个女儿都在中山郡，慕容儁让他们到蓟城来看望父亲。常炜见到儿女安然无恙，非常高兴，连忙上疏谢恩。慕容儁亲笔回复道："卿本不为生计，孤以州里相存耳。今大乱之中，诸子尽至，岂非天所念邪！天且念卿，况于孤乎！"慕容儁还赐常炜美妾一人，谷米三百斛，并让他定居凡城（今河北省平泉县南）。

351年九月，在后赵灭亡五个月后，驻守滠头（今河北省枣强县东北）一直忠于后赵的羌族首领姚弋仲没有归附前燕，更没有归附冉魏，而是派使前往建康（今江苏省南京市）向东晋归降。十月，东晋朝廷颁诏任七十二岁的姚弋仲为使持节、六夷大都督、督江北诸军事、车骑大将军、开府仪同三司、大单于、封高陵郡公，其子姚襄为持节、平北大将军、都督并州诸军事、并州刺史、封平乡县公。

却说中原如此战乱且不断有人归降，东晋朝廷却一直不派兵北伐，似乎仍对两年前褚裒北伐惨败之事心有余悸。但有一人实在坐不住了，因为他上疏请求北伐两年都未获批。此人便是驻守云梦（今湖北省安陆市）的征西大将军桓温。桓温当然知道以司马昱、殷浩当政的朝廷一直在限制他的势力。351年十二月十一日，桓温实在忍无可忍，再次上呈奏章请求北伐。桓温发出奏章的当天即率大军四五万人顺长江而下，驻屯武昌（今湖北省鄂州市）。桓温请求北伐，应当将大军北调，现在却将大军东移，显然有威逼朝廷之意。

桓温大军东移的消息很快传达建康，东晋朝廷大为震动，也非常惊慌。扬州刺史殷浩不想跟桓温发生正面冲突，打算递交辞呈。辅政的会稽王司马昱当然不会同意殷浩辞职，因为殷浩正是他请来削弱桓温势力的。对于桓温可能独自采取行动，九岁的晋穆帝司马聃更是无计可施。倒是吏部尚书王彪之有些办法，他对司马昱说道："殷浩这是在为自己打算，根本没有为国家打算，更没有为殿下打算。如果殷浩离开朝廷，必将人心惶惶，引起政局不安。到那时，只有天子一人坐在朝堂之上，必须有人承担重责，不是殿下是谁？"司马昱听后觉得有理，但不知如何才能使殷浩不请辞。王彪之又去见殷浩，对殷浩严肃地说道："如若桓温上疏问罪，阁下就是第一个。阁下身负朝廷重责，与桓温之间的猜忌既已形成，阁下就是想做一个普通百姓，恐怕也难以保全性命。阁下应当静观事态变化，再请相王（司马昱）给桓温亲笔修书一封，开诚布公地分析北伐成败利害，桓温一定会班师而返。如果此举不能阻止桓温北伐，我等再奏请皇上下诏制止。如果仍不能制止桓温北伐，再以正义之师对其裁制。阁下为何现在就自乱阵脚呢？"殷浩听后，连忙惭愧地说道："面对大事，在下一直难以决断，近日一直为此事烦忧。今

第4章　慕容恪不战取中山　司马昱巧书劝桓温

日听了阁下之言,终于有了方略。"司马昱的抚军大将军府司马高崧也向司马昱建言道:"大王应当给桓温修书一封,指出北伐的利与弊。如若桓温仍然拒绝不听,大王再发兵讨伐他,谁是王师,谁是叛逆,当非常明晰。"司马昱也觉得可以先给桓温修书一封,苦于不知如何动笔。高崧遂当即坐下替司马昱给桓温修书一封,书信内容如下:

> 寇难宜平,时会宜接。此实为国远图,经略大算,能弘斯会,非足下而谁!但以此兴师动众,要当以资实为本;运转之艰,古人所难,不可易之于始而不熟虑。顷所以深用为疑,在乎此耳。然异常之举,众之所骇,游声噂沓,想足下亦少闻之。苟患失之,无所不至,或能望风振扰,一时崩散。如此则望实并丧,社稷之事去矣。皆由吾呈暗弱,德信不著,不能镇静群庶,保固维城,所以内愧于心,外惭良友。吾与足下,虽职有内外,安社稷,保国家,其致一也。天下安危,系之明德。先存宁国,而后图其外,使王基克隆,大义弘著,所望于足下。区区诚怀,岂可复顾嫌而不尽哉!

且说桓温收到司马昱的书信,阅后非常惶恐,连忙再次上疏谢罪,还下令将兵马由武昌回驻原来的防地江陵(今湖北省江陵县)。其实东晋朝廷并不是反对北伐,也不完全是被两年前褚裒北伐惨败而吓怕,东晋朝廷只是担心一旦桓温北伐建功就更加难以控制了。而一个月后殷浩上疏请求北伐时,东晋朝廷马上予以批准,也没有再担心粮草转运的问题。

第5章　苻健称帝张琚称王　殷浩北伐姚襄归晋

352年正月，苻健称天王建立前秦才刚刚一年，丞相苻雄等便奏请苻健由天王即皇帝位。苻健没有拒绝，于是昭告天地，在长安（今陕西省西安市）正式登基称帝。苻健称帝后，所有公爵全部晋升为王爵。苻雄等还上疏认为，单于作为胡人的首领，不应由皇帝兼任，苻健遂将单于一职授予太子苻苌。

就在苻健登基称帝不久，一直想重返长安城的张琚也跟着称王了。还在351年四月时，杜洪、张琚曾请东晋梁州刺史司马勋出兵援救。后来司马勋被苻健击败撤回汉中（今陕西省汉中市），杜洪、张琚就驻扎在离长安只有数十里的宜秋（今陕西省泾阳县西北），没有再回司竹。352年新年刚过，杜洪竟与张琚发生内讧。杜洪自认为出身名门，看不起他这个司马张琚，张琚遂对杜洪怀恨在心。杜洪虽看不起张琚，倒也没有对其下毒手，倒是张琚寻机将杜洪杀掉。张琚还在宜秋自称秦王，改元建昌，也做起一方诸侯来了。

张琚称王的消息很快传到长安，前秦皇帝获报自然不悦。然而面对这位近在咫尺的老对手，苻健并没有立即派兵前往攻打，而是在五个月后才亲率兵马前往征讨。宜秋小城自然不堪一击，张琚被俘。苻健没有留下张琚，而是下令当即斩首。

那么为何苻健要在五个月后才率兵攻打近在咫尺的张琚呢？笔者分析，此时的苻健一定在关注东晋的北伐。说到北伐，东晋朝廷似乎没有兴趣，征西大将军桓温的多次奏请都被辅政的会稽王司马昱巧妙地拒绝了。然而此次奏请北伐的是中军将军、扬州刺史殷浩，司马昱也就准许了。说起北伐，当时的中原早已一片混乱，前燕、冉魏、前秦及各路群豪四处交战，对东晋来说确也是个良机。但殷浩为何偏偏在朝廷刚刚拒绝桓温北伐不久就奏请北伐呢？史书没有详细说明原因。笔者分析，可能与故后赵皇子汝阴王石琨来降有关。352年正月，后赵灭亡已经八个月了，石氏皇室还有一位皇子，那就

第5章　苻健称帝张琚称王　殷浩北伐姚襄归晋

是汝阴王石琨。由于各路豪杰不断混战割据自守，早已没有石氏的一寸领地。此时的石琨自知无力与各位豪杰争夺中原，更不可能恢复后赵，遂决定举家投奔东晋。岂料石琨所投非人，东晋朝廷对这个敌国皇子根本不能接纳，当即下旨将石琨绑缚街市斩首，石氏皇族遂全部灭亡。

东晋朝廷杀掉石琨，可能认为中原一带后赵石氏已不复存在，也不会有人再树起赵国大旗了，逐鹿中原的各路豪杰也就是一盘散沙。东晋朝廷认为，此时北伐正是时候。中军将军、扬州刺史殷浩就第一个坐不住了。尚书左丞孔严听闻殷浩将欲北伐，非常担心招致驻守江陵（今湖北省江陵县）的征西大将军桓温的不满，因为桓温被司马昱以粮草不济为由拒绝北伐才一个月。孔严前来劝谏殷浩道："近来桓温极力要求北伐，实在令人不安，我不知道阁下将用何法平息此事？我以为朝廷重臣当有明确的事务分工，就像当年韩信、彭越专事征伐而萧何、曹参专事朝政。阁下更要效仿廉颇、蔺相如顾全大局的大义及陈平、周勃化敌为友的谋略。"殷浩根本不听。这时右军将军王羲之也写信劝谏殷浩，殷浩仍执意北伐。殷浩上疏皇帝司马聃，准备亲率大军北伐，辅政的会稽王司马昱当即批准。殷浩的部署是，任安西将军谢尚、徐州刺史北中郎将荀羡为督统，进驻寿春（今安徽省寿县），准备向新归附的许昌（今河南省许昌市）、洛阳开进，然后再向中原各处收复失地。

且说谢尚率部进驻寿春后，随即派使前往许昌，要求半年前归降东晋的豫州刺史张遇速速准备，做好策应。岂料谢尚所派的使者态度傲慢，张遇非常不悦。张遇担心东晋朝廷此次北伐，实是为了控制他的领地。想了很久，张遇竟决定背叛东晋，准备向前秦归降。张遇还派将领上官恩率一支兵马前往攻打洛阳，企图将洛阳也控制在自己手中。谢尚从许昌进抵洛阳的计划遂无法实施。谢尚又派督护戴施从仓垣（今河南省开封市西北）北进。岂料半年前归降东晋的荆州刺史乐弘时正驻守仓垣，听闻谢尚对张遇不够尊重，也担心东晋朝廷此次北伐对自己不利。又闻戴施正领一支兵马到达仓垣一带，乐弘遂下令阻止戴施前进。谢尚这一路兵马前进受阻，殷浩遂派荀羡率所部兵马从东部北上，于是年三月抵达淮阴（今江苏省淮安市淮阴区）。朝廷又加授荀羡监青州诸军事、兼兖州刺史。荀羡不久继续北上进抵徐州境内，驻屯于下邳（今江苏省睢宁县西北）。

就在殷浩积极北伐之时，羌族人姚襄开始南下准备归附东晋。352年三月，驻守滠头（今河北省枣强县东北）的故后赵丞相羌族酋长姚弋仲已经身患重病。时年73岁的姚弋仲有子四十二人。姚弋仲对他的儿子们说道："石氏赵国对我家很厚，石氏在世，我当始终为其尽忠。现石氏已亡，中原无主。我自知不久于人世，我死之后，你等当尽快回归晋朝，坚守臣子的气节，不要做出不义之事。"不数日，姚弋仲去世，其子姚襄封锁死讯密不发丧。姚襄谨遵父亲教导，率领六万户族人南下。姚襄一路攻克阳平（今河北省馆陶县）、元城（今河北省大名县）、发干（今山东省冠县）等地，扎营于碻磝津（今山东省茌平县西南古黄河南岸）。姚襄一路攻无不克，还掠夺三千余户百姓。

姚襄传令在碻磝津休整数日。在碻磝津，姚襄任王亮为长史、尹赤为司马、薛赞、权翼为参军。数日后，姚襄即沿黄河继续南下近八百里，到达荥阳（今河南省荥阳市）境内。姚襄这时才给其父姚弋仲发丧。姚襄正要继续南下，不想在麻田（今河南省洛阳东部）遭遇宣称归附前秦的高昌、李历的兵马，姚襄只得下令迎战。岂料一路上未遇强敌的姚襄这一战伤亡惨重。麻田一战，姚襄部阵亡一半人马，达到三万户族人，就连姚襄所乘之马也中流箭而死。姚襄正跳下马背举枪应战，就见兄弟姚苌骑马杀到面前。姚苌对兄长姚襄大声喊道："兄长，快快跨上兄弟战马杀出重围。"姚襄不肯上马，问道："你将如何杀出？"姚苌叫道："只要有你兄长在，那些蠢贼不敢动我一根毫毛。"姚襄遂跃上战马，这时姚襄的又一支兵马杀至，兄弟二人终得以逃脱。姚襄的司马尹赤投降前秦，前秦皇帝苻健任其为并州刺史，镇守蒲阪（今山西省永济市）。

姚襄率族人不久终于抵达东晋境内，东晋朝廷获知姚襄率族人来投，下诏令姚襄驻屯豫州谯郡的谯城（今安徽省亳州市）。姚襄接旨后没有立即到谯城赴任，而是派五位兄弟带领族人先前往谯城，自己单人匹马渡过淮河到达寿春，拜见已为豫州刺史的谢尚。谢尚早就听闻姚襄大名，知其学识渊博，而且擅长清谈，对姚襄非常敬重。听说姚襄单骑来到寿春，谢尚命人撤去卫士，身着平民衣服与姚襄相见。姚襄见到谢尚也非常喜悦，二人一见如故，交谈良久。

关于姚襄南下归晋路线，史书记载让人费解。第一阶段从驻守近二十年的滠头出发，经阳平、元城、发干直到碻磝津。明明是南下归晋，为何一路

第5章 苻健称帝张琚称王 殷浩北伐姚襄归晋

向东两百余里？第二阶段从碻磝津直向西南到达荥阳，长途跋涉八百里，为何不直接南下经兖州、徐州方向归晋，要知道那时的兖州、徐州基本已归附东晋了。更为离奇的是，从碻磝津到达荥阳途中还遭遇前秦兵马的重创，不仅没有写明何人所率的兵马，更没有写明何地遭遇。要知道前秦当时只控制雍秦二州，并州名义上归附，而镇守洛阳的郑系半年前归附东晋，镇守许昌的张遇虽被谢尚逼反准备归附前秦，但其也不在姚襄所经之地。第三阶段麻田之战后得到东晋的任命，前往东南方向的谯城，继而到达寿春拜见谢尚，这一阶段路途长达一千余里。奇怪的是，在麻田再次遭遇前秦兵马，其实麻田并不属前秦所有。笔者认为第二阶段遭遇前秦兵马可能性不大，因而略去，第三阶段遭遇高昌、李历兵马是有可能的，但不一定是前秦的兵马。

352年四月，前秦皇帝苻健接受东晋豫州刺史张遇的归附，还下旨任张遇为豫州牧、征东大将军，仍镇守许昌。殷浩北伐，苻健不用征战即得到豫州刺史张遇，而姚襄归晋，苻健也得到姚襄的司马尹赤。

第6章　慕容恪魏昌擒冉闵　慕容评邺城围冉智

　　352年正月，据守襄国（今河北省邢台市）自称皇帝的匈奴人刘显派兵攻打归属冉魏的常山郡（今河北省正定县），常山郡太守苏亥不能抵敌，派人快马前往邺城（今河北省临漳县西南香菜营乡邺镇村），向冉魏皇帝冉闵奏报。冉闵获报大怒，连忙派大将军蒋干辅佐太子冉智，留守邺城，亲率八千骑兵前往援救常山郡。冉闵的骑兵尚未到达襄国，驻守在枣强县（今河北省枣强县）的刘显的大司马、清河王刘宁竟决定主动向冉闵投降。刘宁的投降，严重削弱了刘显的实力。刘显获报冉闵北上来援常山，也率部南下迎战冉闵。两部兵马发生激烈的战斗，刘显不敌冉闵，遂率部撤回襄国据守。冉闵率部紧追刘显，一直追到襄国城下。刘显知不能敌，便紧闭城门不战。就在冉闵无可奈何之际，刘显的大将军曹伏驹打开城门，迎接冉闵进城。冉闵进入襄国城后，将刘显及其公卿以下百余人全部诛杀，还一把大火焚烧了襄国宫殿，下令将襄国百姓迁到邺城。

　　三月，消灭了刘显、占领了襄国的冉闵军中粮草开始不济。冉闵传令兵马北上，在常山郡与中山郡（今河北省定州市）之间寻求粮草。中山郡已经被前燕占领，属前燕的领地，就是常山郡的北部数县也已归属前燕统辖。冉闵大军在常山与中山之间活动，终于引起前燕王慕容儁的注意。

　　史书记载，351年十二月到352年三月，前燕王慕容儁在旧都龙城（今辽宁省朝阳市）渡过了一个冬天。三月十五日，慕容儁从龙城返回蓟城，并将部分将领的眷属也迁到蓟城，以示决心谋取中原。当慕容儁回到蓟城之时，两个令其不悦的消息也奏呈而至。一个就是冉闵占领襄国，逼近中山。另一个是故后赵立义将军段勤集结万余匈奴人、羯人据守冀州清河国的绎幕县（今山东省平原县西北），自称赵帝，危及前燕的渤海（今河北省南皮县）等郡。慕容儁决定在此开春之际第四次派兵南下。

　　四月五日，慕容儁召集群臣诸将商讨南下用兵，辅国将军慕容恪、辅弼

第6章　慕容恪魏昌擒冉闵　慕容评邺城围冉智

将军慕容评、辅义将军左长史阳骛、相国封奕、建锋将军慕容霸等一同列坐殿前。慕容儁与群臣商议决定，派辅国将军慕容恪率部攻打冉闵，建锋将军慕容霸攻打段勤。慕容儁还准备亲到中山郡以声援二将。慕容儁又一次离开都城蓟城，遂派辅义将军左长史阳骛、相国封奕等留守蓟城。

且说正在常山至中山一带的冉魏皇帝冉闵获报前燕派兵大举来攻，决定亲自领兵迎战。大将军董闰、车骑大将军张温劝谏道："慕容鲜卑乘胜进击，兵锋锐不可当。再说他们兵马多于我们，陛下此时应当暂时南撤，先挫其锐气，等其懈怠之后再增加援兵，方可迎击燕国兵马。"冉闵听罢大怒道："朕正欲消灭这支兵马，收复幽州，斩杀慕容儁，岂能不战而退？更何况领兵前来的不过是慕容恪，朕就被吓得不敢出战，百姓将如何看待朕？"冉闵说罢披上战袍，跨上朱龙马，左手两刃长矛，右手带钩铁戟，点将出城。尚书仆射刘群、大将军董闰、车骑大将军张温等只得纵马跟随。司徒刘茂与特进郎闾看到皇帝冉闵不听劝谏，话未说完早已不见踪影，都叹息道："陛下此次出征，一定不会回来了，我等岂能坐等慕容鲜卑前来侮辱？"二人说完一齐自杀身亡。

冉闵与慕容恪所部在中山郡魏昌县（今河北省无极县东北）的廉台村遭遇。两部兵马交战了十次，前燕兵马均遭败绩。冉闵所部多为步兵，慕容恪所部多为骑兵，冉闵担心平地之上长久作战不是前燕兵马的对手，遂下令所部人马到树林中，试图在树林中与前燕兵马交战。前燕将士十战皆败，又看到冉闵所部退至林中，非常惊恐。慕容恪巡视兵营，看到将士面有惧色，遂对将士说道："冉闵有勇无谋，不过是一个单打独斗的莽汉。冉闵兵马虽是精锐，但已经疲惫不堪，不能持续再战，不然不会退至林中。"参军高开对慕容恪说道："我等骑兵利于平地作战，一旦跟随冉闵进入林中，就对他无可奈何。将军应当派轻骑兵阻截冉闵，还要假装败走，待把冉闵诱至平地之后，方可消灭。"慕容恪采纳了高开的建议，派出一支轻骑兵前往阻截冉闵，且战且走。慕容恪还将主力兵马分为三部，并对将领说道："冉闵勇猛而轻率，兵马数量亦不及我部，是故冉闵一定会拼死而战。我将在大营之中集结兵马，决战一旦开始，你等再从侧翼杀至。"有将领担心道："我等主力伏于侧翼，将军大营只有数千兵马，何以抵敌？"慕容恪胸有成竹地笑道："本将大营只需五千能射骑兵，你等只管放心。"三支主力遂离开大营，伏于

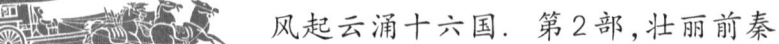

侧翼。

　　三支主力兵马离开之后，慕容恪即将五千善射骑兵所乘之马用铁链锁在一起，结成方阵。不到半个时辰，慕容恪的轻骑兵边战边败回到大营，勇猛无敌的皇帝冉闵纵马追至，刘群、董闰、张温等也一同杀至。冉闵根本没有把慕容恪的五千铁骑放在眼里，猛击跨下朱龙千里马，双手矛戟挥舞如风，冲杀进方阵之中。前燕参军高开带着将士迎战冉闵。冉闵果然勇猛，一口气竟杀掉方阵之中三百余人，高开也身负重伤。冉闵还看到主帅大旗，知道慕容恪就在眼前，遂飞马冲杀过去。就在这时，三面喊声震天，慕容恪的三支主力兵马从侧翼杀至，很快就将冉闵重重包围。冉闵高呼中计，遂不敢恋战，掉转马头，准备杀出重围。冉闵果真勇猛异常，面对重重包围，如入无人之境，矛戟飞舞，挡者无不落马而亡。冉闵杀了不到半个时辰，终于突出重围，猛击朱龙马，向东逃去。慕容恪志在必胜，下令将士纷纷追击。朱龙马一口气奔跑了二十余里地，突然倒地而亡。冉闵跌下马背，被纷纷追至的前燕将士生擒。刘群于混战中被杀，董闰、张温被擒获。冉闵的儿子冉操听闻冉闵兵败被擒，逃奔鲁口，投奔幽州刺史王午。慕容恪传令检点兵马，参军高开因伤势过重而亡，慕容恪甚感痛惜。

　　慕容恪派人快马向中山城里的慕容儁奏报战果，慕容儁获报大喜，下旨令慕容恪镇守中山，自还蓟城。慕容儁还下旨将冉闵押解至蓟城。352年四月二十日，冉闵被押解到蓟城，慕容儁也回到蓟城。慕容儁下令大赦，还叫人将冉闵押至面前。慕容儁责骂冉闵道："你本是个才能低下的奴仆，怎敢狂妄自称帝王？"时年不到三十岁的冉闵大声骂道："天下大乱，像你等这样的夷狄禽兽还自称帝王，何况我中土英雄，为何不能称帝？"慕容儁听后，恼羞成怒，下令将冉闵抽打三百皮鞭。慕容儁还下旨将冉闵押至旧都龙城囚禁。

　　就在慕容儁责骂并鞭打冉闵之时，前方再传捷报：建锋将军慕容霸到达绎幕城下，自称赵帝的段勤听闻冉闵战败被擒，竟与其弟段思聪商议纳城投降，慕容霸不战而收降段勤。慕容儁接报龙颜大悦。五日后，慕容儁决定向冉魏都城邺城发起最后的攻击，以图彻底消灭冉魏。慕容儁将此次攻打邺城的重任交给了辅弼将军慕容评与中尉侯龛。二人率领一万精锐骑兵直奔邺城而去。

第6章　慕容恪魏昌擒冉闵　慕容评邺城围冉智

且说邺城里的冉魏太子冉智与大将军蒋干获报前燕派兵来攻，根本不敢出城迎战，只得下令紧闭城门固守。然而冉智与蒋干没有料到的是，城外的将士大都向慕容评投降。那位新归附冉魏不久的匈奴清河王刘宁虽然没有向慕容评投降，但也想到冉魏已经无力抵挡前燕兵马，遂与其弟刘崇商议，决定率所部三千骑兵西去并州晋阳（今山西省太原市），以投奔张平。

352年五月，慕容评包围邺城数日就是不能攻克。这时邺城里粮草用尽，出现了人吃人的惨象。后赵时期从各地选来的宫女几乎被士兵吃尽。面对如此困境，年纪尚幼的太子冉智只能依赖大将军蒋干。蒋干建议派使向东晋纳降以期得到救援，冉智采纳。蒋干遂派侍中缪嵩与詹事刘猗带着降表前往千里之外的寿春（今安徽省寿县），向东晋安西大将军谢尚求救。缪嵩与刘猗于深夜悄悄缒城而下出了邺城前往寿春。

却说慕容评包围邺城不能攻克的消息传至蓟城，慕容儁也非常着急。慕容儁思虑再三，为确保一举攻克邺城，又派广威将军慕容军、殿中将军慕舆根、右司马皇甫真等率骑兵两万，快马南下支援慕容评围攻邺城。如此部署，围攻邺城的骑兵已达三万，慕容儁还是担心冉闵在世而邺城军民心有所系，会拼死抵抗。慕容儁遂又下旨将囚禁于龙城的冉闵诛杀。冉闵被杀不久，有郡县上奏发生大旱还有蝗灾，慕容儁听后也非常恐惧，以为是冉闵魂灵在作祟。慕容儁连忙又下旨，追封冉闵为武悼天王。

第7章　苻元才诚桥败谢尚　慕容评邺城亡冉魏

352年五月，前秦皇帝苻健率兵击斩张琚后回到长安（今陕西省西安市），随即又派丞相、东海王苻雄（字元才）与卫大将军、平昌王苻菁前往关东（今函谷关以东）攻城略地，不想在豫州许昌县（今河南省许昌市）一带遭遇东晋朝廷殷浩所派的北伐大军。且听笔者慢慢道来。

还是在是年二月时，东晋朝廷赖以抗衡桓温的扬州刺史、中军将军殷浩决定兵分东西两路北伐中原。殷浩对西路大军十分看重，他派安西大将军谢尚率部从许昌进抵洛阳，以收复晋朝旧都。殷浩之所以选择许昌，是因为半年前归降东晋的豫州刺史张遇正驻守许昌，殷浩以图得到张遇的接应。岂料谢尚使者与张遇联络时态度傲慢，张遇一怒又派人向前秦归附，致使谢尚一直驻留寿春（今安徽省寿县），不能向前推进。三月，羌族首领姚襄率部南下归晋，还到寿春拜见谢尚，谢尚兵力为之大增。谢尚、姚襄决定先休整两月，然后再一同率部北上，前往攻打许昌的张遇。

出人意料的是，在这两个月中，谢尚还为东晋朝廷立了一个大功。前面说过，谢尚的督护戴施一直被滞留在仓垣（今河南省开封市西北），不能北上。352年五月，戴施听闻冉魏大将军蒋干派人前来求救，遂设法摆脱乐弘的阻截，一路北上到达棘津（今河南省滑县西南古黄河渡口）。这时蒋干派出的使节缪嵩、刘猗也到达棘津，戴施派人将两位使节截留。戴施对缪嵩、刘猗说道："你二位带着降表前往寿春，不能表明归降晋朝的诚心，必须返回邺城取来传国玉玺方能看出你家太子归降大晋的诚心。"缪嵩、刘猗当然知道传国玉玺对东晋朝廷的重要性，由于东晋朝廷一直未能得到中原传国玉玺，东晋的皇帝被中原国家讽刺为"白板天子"。缪嵩、刘猗二人也知道，如果不回邺城向太子冉智、大将军蒋干禀报此事，戴施是不会让二人继续南下的。二人商量，最后由缪嵩返回邺城禀报，刘猗仍留在戴施处。

从棘津北返邺城有两百余里之地，缪嵩走了数日才到。到了邺城之后，

第7章　苻元才诚桥败谢尚　慕容评邺城亡冉魏

缪嵩又好不容易趁前燕将士夜晚防守不严之机进入邺城。缪嵩将戴施索要传国玉玺一事报与太子冉智、大将军蒋干。太子冉智一时不知如何是好，大将军蒋干也迟疑不决，担心谢尚根本没有办法前来救援邺城。

就在蒋干不能决定之时，暂驻棘津的戴施等不及了。六月，戴施率勇士一百余人从棘津北上邺城，突破慕容评的包围圈，见到蒋干后声称前来协防三台（铜雀台、金虎台、冰井台）。蒋干对戴施突然到来更加害怕，但看到只有百名勇士，心中稍安。这时戴施又欺骗蒋干道："现今燕贼正在城外，道路无法通行，传国玉玺还不能送走。又闻慕容儁也十分想得到传国玉玺，请将军姑且先将传国玉玺交给我保管。我亦会派人快马呈报江东，陛下知道传国玉玺在我这里，就会相信将军的诚意，必将多发兵粮来援。"蒋干听后也觉得有理，遂取出传国玉玺交给戴施。戴施遂公开宣称派督护何融出城迎接粮草，暗地里将传国玉玺交给何融送到枋头（今河南省浚县东南淇门渡）。六月六日，蒋干率邺城内的五千精锐兵马与戴施的百名勇士出城迎战围城的前燕兵马。包围邺城一个月之久的慕容评终于能够与敌人一战，遂派所部三万骑兵向魏晋兵马发起猛烈攻击，魏晋兵马大败，死四千人，蒋干、戴施逃回邺城。

关于戴施得到玉玺的记载，史书记述令人难以相信。首先前燕三万骑兵将邺城包围，蒋干派的使节缪嵩、刘猗如何才能出得了邺城？其次戴施于仓垣被乐弘阻截，如何才能顺利北上到达棘津？第三，缪嵩返回邺城向蒋干禀报戴施索要传国玉玺又是如何进入邺城的？第四，戴施率百余勇士从棘津北上进入邺城，要知道在前燕重兵包围的情况下，一两个人也许可以寻机混入邺城，但百余勇士要想进邺城，只能靠拼死一战，难道前燕三万骑兵如此无能？第五，戴施得到传国玉玺之后，即派何融带着玉玺出城送到东晋，何融如何才能突出重围带着玉玺出城呢？第六，蒋干一直守城不战，来了戴施的百余人就敢出城迎战，且遭遇惨败，实在是无法想象的。最后，邺城城门被马愿打开，慕容评大军进城时蒋干、戴施又能够成功逃脱，更是难以置信。我们且不说《晋书》与《资治通鉴》关于这一件事的记载有出入，就说《晋书》中的前后记载也有明显出入。《晋书》中的《冉闵传》记载戴施率百余勇士进入邺城，得到玉玺后派何融带着玉玺出城送到寿春谢尚处，而《晋书》中的《谢尚传》记载戴施派何融率百余勇士进入邺城得到玉玺奔回枋头。上述所有的疑惑及前后不一致的记载，只能说明一个问题，当时根本没有可能从邺城得到玉玺。在那个非常重视玉玺的年代里，东晋皇帝没有玉玺显得不够正统，所以总是要设法对外宣称已得到玉玺，而这些记载正是为了迎合这种需要，由于不是事实，所以写出来难免会自相矛盾。

言归正传。六月底，驻守淮南郡寿春县的安西大将军谢尚决定与平北大将军姚襄一同北伐，兵锋直指许昌的前秦豫州牧张遇。这时正在关东一带攻城略地的前秦东海王苻雄与平昌王苻菁得到消息，连忙率步骑兵两万前往支援张遇。六月二十五日，前秦、东晋两国兵马在颍水之上的诫桥（今河南省许昌市西北）遭遇。两军遂在这个炎热的夏天展开了一场激烈地战斗。战斗之结果，东晋兵马大败，死亡一万五千人，原本就并不宽阔的颍水为之不流。主将谢尚逃往淮南（今安徽省寿县），姚襄抛弃辎重，护送谢尚一直到芍陂（今安徽省寿县南）。殷浩获报谢尚大败，也将所部南撤至寿春。谢尚因兵败被送交廷尉治罪，幸亏当时临朝称制的皇太后褚蒜子是其外甥女，因而只将谢尚降职为建威将军。殷浩第一次北伐就这样结束了。七月，前秦丞相苻雄将陈留（今河南省陈留县）、颍川（今河南省禹州市）、许昌、洛阳等地五万余户百姓迁到关中居住。前秦皇帝苻健还将豫州牧张遇调回长安任司空，改任右卫将军杨群为豫州刺史，镇守许昌。

就在前秦击败东晋西路北伐兵马之时，前燕王慕容儁正在谋取两处城池，一处是冉魏的都城邺城，一处是王午据守的鲁口（今河北省饶阳县）。自从冉魏皇帝冉闵兵败被俘之后，邺城就一直被慕容评三万大军围困，冉魏亡国已经指日可待。而王午据守的鲁口一直不能攻克，慕容儁只得再度对其用兵。慕容儁还于七月二十九日再次前往中山（今河北省定州市）督战。

却说王午本是后赵幽州刺史，在350年三月慕容儁第一次南下时，与征东将军邓恒一同南撤至鲁口。当时王午还曾派将领鹿勃早在清梁（今河北省清苑县南）偷袭慕容儁。351年四月，后赵灭亡后，王午又归附冉魏。八月，慕容儁又派辅弼将军慕容评去攻鲁口，只是一直未能攻克。后来邓恒去世，王午率部继续据守鲁口。352年八月，王午听闻冉魏皇帝冉闵兵败被俘，不久又被慕容儁诛杀，便在鲁口自称安国王，继续与前燕对抗。慕容儁对鲁口发生的事当然知晓，慕容儁就在中山再次发出命令，派辅国将军慕容

第7章　苻元才诚桥败谢尚　慕容评邺城亡冉魏

恪、辅义将军阳骛、相国封奕等一同领兵再次征讨王午。

先说慕容恪率部攻打鲁口。八月十一日，慕容恪抵达鲁口，鲁口城里的安国王王午不敢出城迎战，下令坚守城池。慕容恪为减少士兵伤亡，没有下令强行攻城，而是传令围困鲁口城池，以使王午粮草不济。王午当然也非常担心慕容恪长期围而不攻。王午遂决定将不久前前来投奔的冉闵之子冉操交给慕容恪，以期慕容恪能够退兵。慕容恪得到冉操之后，果然决定撤兵，但看到城外田间的秋粮已熟，又命将士将田间秋粮收割后再撤离鲁口。王午听闻前燕将士收割秋粮，更加担心鲁口城池再坚，也无法长久固守。

再说慕容评等围攻邺城。八月十三日，慕容评与广威将军慕容军、殿中将军慕舆根、右司马皇甫真等率领的三万兵马包围邺城已近四个月。邺城内粮草早已耗尽能吃的东西也都吃光了。长水校尉马愿等实在无法坚守，决定将城门打开，迎接前燕将士入城。慕容评遂率所部兵马入城。时冉魏大将军蒋干与东晋督护戴施仍在城中，获知城门大开燕兵入城，遂缒城而逃。慕容评将投降的冉魏皇后董氏、太子冉智、太尉申钟及司空条枚等送至蓟城。冉魏尚书令王简、左仆射张乾、右仆射郎肃等不愿投降而自杀。冉魏自此灭亡。冉魏于350年正月建立，352年八月灭亡，历时两年零八个月，只有一位皇帝，起初领地只有邺城一城，实际拥有的领地最多不过邺城之外的冀州部分郡县。

时正在中山的前燕王慕容儁获报慕容评攻克邺城，大喜，就在中山宣称冉魏皇后董氏献出传国玉玺，下旨封董皇后为"奉玺君"，还任冉智为海宾侯、申钟为大将军右长史。慕容儁还命慕容评镇守邺城。

第8章　慕容儁蓟城登帝位　苻元才龙黎败王擢

　　352年十月十一日，前燕王慕容儁从中山郡（今河北省定州市）回到蓟城（今北京市）。这时原后赵各地守将纷纷派使到蓟城向慕容儁归降，慕容儁任王擢为益州刺史、爨逸为秦州刺史、张平为并州刺史、李历为兖州刺史、高昌为安西大将军、刘宁为车骑大将军。有意思的是，原后赵并州刺史张平曾于351年二月底归附前秦，前秦任张平为大将军、冀州牧。随着张平归附前燕，前秦的领地就只有雍州、秦州及洛州部分郡县了。

　　就在慕容儁任职原后赵各地守将不久，一个叫苏林的人在无极（今河北省无极县）聚众起兵，自称天子。慕容儁决定派兵征讨这位天子。闰十月十三日，慕容儁传令正在前方讨伐鲁口（今河北省饶阳县）王午的辅国将军慕容恪前往征讨苏林，还派广威将军慕舆根率一支兵马前往协助慕容恪。却说慕容恪时正驻军冀州博陵郡的安平县（今河北省安平县），离无极不足百里之地。慕容恪当时正在安平县征集粮草、修造攻城器械准备向不足五十里外的鲁口发起新一轮进攻。在接到慕容儁的旨令后，慕容恪即率部前往无极，不久广威将军慕舆根也率部而至。无极城很快被攻破，自称天子的苏林也被杀掉。慕容恪回师向东，准备攻打鲁口。也就在这时，鲁口城内的安国王王午被部下秦兴杀害，而另一部将吕护又杀秦兴，自称安国王。慕容恪遂继续包围鲁口。

　　鲁口虽然没有攻克，但消灭冉魏攻克邺城（今河北省临漳县西南香菜营乡邺镇村），特别是宣称得到传国玉玺之后，前燕群臣诸将都纷纷上疏奏请慕容儁正式登基称帝。十一月十二日，慕容儁颁诏设置文武百官，任辅国将军慕容恪为卫大将军、侍中，国相封奕为太尉，左长史阳骛为尚书令，右司马皇甫真为尚书左仆射，典书令张悕为尚书右仆射，韩恒为中书令，宋活为中书监。第二日，慕容儁登基即帝位，大赦境内，由于宣称得到传国玉玺，遂改元元玺。慕容儁还追尊祖父慕容廆为高祖武宣皇帝，父慕容皝为太祖文

第8章 慕容儁蓟城登帝位 符元才龙黎败王擢

明皇帝。此时东晋正有使节在蓟城，慕容儁对使节说道："你回建康（今江苏省南京市）禀报你的天子，朕已乘中原人才缺乏之际，被中原民众推举为皇帝了。"慕容儁称帝，前燕百姓都认为应验了之前的一个传言。据传还是在后赵石虎时代，石虎曾派人到华山求签，得到一块玉版，上有文字："岁在申酉，不绝如线。岁在壬子，真人乃见。"前燕百姓都认为应在慕容儁的身上。

慕容儁既已称帝，群臣又奏道："大燕接受天命，上承北方之帝黑精之君，命运传承相连，取代晋朝执掌天下。臣等以为陛下应当采用夏朝的历法，周朝的冠冕，旗帜尚黑，牲牡尚玄。"慕容儁准奏。慕容儁下旨对在朝文武及各藩国使节在此参加登基仪式的都官升三级，鲁口、邺城前线将士都有赏赐，阵亡的将士加赠二等，士兵子孙免除赋税。慕容儁又下旨将后赵时期以邺城为治所的司州改为中州，置司隶校尉。慕容儁还在龙城（今辽宁省朝阳市）设置留台，任玄菟郡（今辽宁省沈阳市东）太守乙逸为尚书，专门负责留台事务。353年二月十七日，又一个春天到来之时，慕容儁册立可足浑氏为皇后，世子慕容晔为皇太子，慕容晔此时才从龙城来到蓟城。

353年三月，曾任后赵卫尉的常山郡（今河北省正定县）人李犊聚集数千人，背叛前燕。慕容儁获报后，忙向正在围攻鲁口的卫大将军慕容恪传旨，令其先攻打常山李犊。五月，慕容恪攻克常山，李犊投降。慕容恪接着乘胜东进，继续围攻据守鲁口的吕护。由于慕容恪还有一年才能攻克鲁口，暂且不提。

还是在352年十月时，前燕王慕容儁任故后赵陇西（今甘肃省陇西县）境内的守将王擢为益州刺史，这位与前燕中间隔着前秦的刺史，终于引来前秦的讨伐。岂料前秦对王擢的讨伐，又引发了前秦与前凉的战事。这事还须慢慢道来。

十一月，长安城里的前秦皇帝苻健获报王擢归附东边的前燕，决定派兵前往讨伐。苻健派出的将领是能征善战的皇弟苻雄（字元才）。苻雄于当年四月在许昌（今河南省许昌市）击败谢尚、姚襄，刚刚返回长安不久。时年三十四岁的苻雄接到旨令后，便又马不停蹄西出长安前往陇西。陇西境内的王擢并无多少兵马，根本无力抵挡苻雄的大军。王擢决定放弃陇西，然而无法回到前燕境内，最后竟决定向西边的前凉归降。苻雄暂不想与前凉开战，因而并没有追击王擢，而回师驻防陇东（今甘肃省陇县）。

却说前凉自张寔不奉正朔建国开始，经张茂到张骏时达到三个州极盛的局面。张重华即位后起用谢艾击退了后赵多轮攻击，基本维持了原有的领地。后赵大乱时，张重华未能逐鹿中原，只求守住原有国土。但张重华当然知道前燕、前秦正在中原大地争抢后赵及冉魏灭亡后的领地。张重华也明白与其国邻近的前秦迟早会来争夺疆土，所以当王擢这位老敌手不远千里来到姑臧（今甘肃省武威市）时，张重华就非常优厚地接待了王擢。张重华是想用王擢来抵挡前秦，所以当王擢到来时，立即任命王擢为征虏将军、秦州刺史。可是这个自后赵麻秋征讨后四年多没有战事的国家，竟因王擢来投而惹来一场战争。张重华在得到王擢的归附后，以为兵力大增，竟主动向前秦发起了挑战，终于引发了前凉与前秦之间的一场恶战。这位年仅二十六岁的凉王将在一年后去世，其国随即进入长达十年的内乱之中，国力极力衰退。

353年二月，虽然时令已进入春天，但姑臧城内的寒意还很浓。张重华决定派兵向前秦发起挑战。张重华任王擢为征东大将军，再派将领张弘、宋修会同王擢，率步骑兵一万五千向前秦发起进攻。长安城里的前秦皇帝苻健获报前凉派兵来攻，也非常生气，连忙传令驻守陇东郡的丞相苻雄率兵阻截，同时派卫大将军、平昌王苻菁与领军将军苻愿再率一支兵马前往协同苻雄作战。秦凉两国兵马不久便在一个叫龙黎（今陕西省千阳县南）的地方遭遇，发生了激战。这场战斗，由于苻雄以逸待劳，再加上苻菁与苻愿的助战，前凉兵马大败，将士战死达一万两千人，几乎全军覆没。前凉将领张弘、宋修被擒，主帅王擢率余部三千人逃回前凉。消息传到长安，苻健大喜。为加强秦州的防守，苻健决定任苻愿为秦州刺史，镇守秦州天水郡上邽县（今甘肃省天水市）。苻健还下旨令苻雄与苻菁继续驻守陇东。

姑臧城里的凉王张重华获报张弘、宋修被擒，将士战死一万两千人，悲痛异常，身穿孝服为阵亡将士举哀痛哭。张重华还派人到阵亡将士家中吊唁、厚恤。张重华发誓定要报得此仇，决不就此罢休。张重华遂再向王擢授予兵权，命其再次率兵择机攻打前秦的秦州。

五月，张重华终于下达命令，派征东大将军王擢率部前往秦州，攻打前秦秦州刺史苻愿。张重华这回应当是作了充分的准备，给王擢的兵马达到两

第8章 慕容儁蓟城登帝位 苻元才龙黎败王擢

万。也许苻健与苻雄没有料到张重华会这么快又卷土重来,因而没有作任何准备。当王擢大军抵达秦州的上邽城下时,不要说长安城里的苻健不知,就连驻守在三百里外的苻雄也一无所知。镇守上邽城的前秦秦州刺史苻愿只得坚守城池。王擢传令攻城,苻愿无力守城,拼死突围后,一路逃回长安。

张重华终于打了一场胜仗,遂派使前往建康(今江苏省南京市),向东晋朝廷上疏,请求一同发兵征讨前秦。其上疏内容大意为:"赵国石虎早已自毙,余者也成了游魂,正在寻机发难。臣现派遣前锋都督裴恒,率步骑兵七万,远出陇上,等候圣朝的威武之师。山东(今崤山以东)的纷乱不足为惧,关中长安乃膏腴之地,应当快速荡平。"张重华还在奏疏中表明心迹:"臣守卫西方荒远之地,山河悠远,重山阻隔。天子六军誓师出征,臣不能列于听受之末;纵有威武猛将,亦不能参加庆功之次。瞻云望日,臣因孤高疾俗而愤慨,正义难伸而伤怀。臣虽手抚宝剑慷慨激昂,然心中情义凝固郁结。"东晋朝廷收到奏疏已是数月之后,确也派使回诏,升任张重华为凉州牧。一年后果有桓温北伐前秦,此为后话。

第9章　遭羞辱张遇反苻健　再北伐殷浩战姚襄

353年六月，前秦秦州刺史苻愿逃回长安，皇帝苻健非常不悦。然而让苻健不悦的事接踵而至。第一件就是前往仇池（今甘肃省西和县西）征讨杨初的左卫将军苻飞也打了败仗。第二件就是归降不久的司空张遇起兵谋反。这里说说张遇谋反之事。也就是这年的夏天，张遇到达长安整整一年了。一年前跟随张遇到达长安的，还有张遇的后母韩氏。时年三十六岁的苻健看到韩氏貌美，就纳入后宫，册封为昭仪。岂料这位善于侍奉人的苻健自从称王称帝后就不一样了，有时不免有些得意。苻健见到张遇常常开玩笑地说道："朕纳了卿的后母，卿也就是朕的儿子了。"年龄与苻健相差并不大的张遇听了心中不是个滋味。然而让张遇更为难堪的是，苻健常常在众臣面前甚至在朝会上还开这样的玩笑。张遇感到无比羞愧，越想越气，竟打算谋杀苻健。张遇先派心腹之人秘密与关中诸将联络，起兵背叛前秦向东晋归降。关中有五处守将决定响应张遇，这五处守将是：池阳（今陕西省泾阳县）的孔持、鄠县（今陕西省户县北）的刘珍与夏侯显、雍城（今陕西省凤翔县）的乔秉、司竹（今陕西省周至县东南司竹园）的胡阳赤及灞城（今陕西省西安市东北）的呼延毒。张遇又与中黄门刘晃交往，密谋夜间刺杀皇帝苻健。

七月，在作了充分地准备之后，张遇决定趁苻雄率领前秦精锐兵马在外且苻愿、苻飞兵败的时机起事。张遇与刘晃约好时间，在一个夜晚由刘晃打开宫门，张遇再带兵入宫，可以一举杀掉苻健。与此同时，张遇已派人向五处守将联络准备起兵一举夺取关中。这是个快要入秋的夜晚，刘晃正在等待时辰为张遇打开宫门，岂料这时皇帝苻健传刘晃入见。刘晃非常担心的事终于发生了，那就是苻健派刘晃出宫办事。刘晃无法拒绝皇帝的旨意，只得将与张遇的约定放下硬着头皮出宫。张遇根本不知道刘晃已经出宫，在约定的时间仍然率兵来到宫门。宫门没有打开，大内守兵就到了，结果是张遇兵败被杀。尽管张遇谋反败露被杀，关中大规模的叛乱却随之开始了，五处守将

第9章　遭羞辱张遇反苻健　再北伐殷浩战姚襄

一齐聚众起兵，达数万人，纷纷派使向东晋驻守江陵（今湖北省江陵县）的征西大将军桓温及驻守寿春（今安徽省寿县）的中军将军殷浩请兵。

且说苻健虽然逃过一劫，但关中五将响应张遇而背叛，确也让苻健甚为苦恼。苻健随即宣布尚书左仆射鱼遵为司空以接替张遇之职。苻健又令东海王苻雄、平昌王苻菁率部两万回师长安。九月，二王回到长安，苻健才松了一口气。苻健随即又作了一些部署，派苻菁率一支兵马前往长安城东南方向的上洛郡（今陕西省商洛市商州区）驻守，还任步兵校尉郭敬为荆州刺史镇守丰阳川（今陕西省山阳县）以防东晋北伐。苻健接着开始发兵征讨各处叛将，派苻雄前往池阳讨伐孔持，派苻雄长子清河王苻法与左卫将军苻飞前往鄠县讨伐刘珍与夏侯显。十一月，苻雄攻陷池阳，阵斩孔持。十二月，苻法与苻飞攻陷鄠县（今陕西省户县），斩刘珍与夏侯显。苻雄刚到长安，苻健又令这位皇弟马不停蹄前往长安西南百里之外的司竹攻打胡阳赤。354年正月，苻雄攻陷司竹，胡阳赤兵败逃往灞城，投靠呼延毒。此为后话，暂且不提。

353年十月，驻守寿春的殷浩获报张遇降前秦又背叛，前秦五处守将派使来降，以为自己的计谋已成，遂准备北上夺取关中。说到殷浩第二次北伐，且让笔者详细交代一下经过。

殷浩第二次北伐开始于352年八月，当时右军将军王羲之再次写信劝谏殷浩。这位将在五个月之后写出天下第一行书——《兰亭序》的王羲之给殷浩的书信内容如下：

> 今以区区江左，天下寒心，固已久矣，力争武功，非所当作。自顷处内外之任者，未有深谋远虑，而疲竭根本，各从所志，竟无一功可论，遂令天下将有土崩之势；任其事者，岂得辞四海之责哉！今军破于外，资竭于内，保淮之志，非所复及，莫若还保长江，督将各处复旧镇；自长江以外，羁縻而已。引咎责躬，更为善治，省其赋役，与民更始，庶可以救倒悬之急也！使君起于布衣，任天下之重，当董统之任，而败丧至此，恐阖朝群贤未有与人分其谤者。若犹以前事为未工，故复求之分外，宇宙虽广，自容何所！此愚智所不解也。

王羲之又给辅政的会稽王司马昱写信道：

> 为人臣者谁不愿尊其主，比隆前世；况遇难得之运哉！顾力有所不及，岂可不权轻重而处之也！今虽有可喜之会，内求诸己，而所忧乃重于所喜。功未可期，遗黎歼尽，劳役无时，征求日重，以区区吴、越经纬天下十分之九，不亡何待！而不度德量力，不弊不已，此封内所痛心叹悼而莫敢吐诚者也。'往者不可谏，来者犹可追。'愿殿下更垂三思，先为不可胜之基，须根立势举，谋之未晚。若不行，恐麋鹿之游，将不止林薮而已！愿殿下暂废虚远之怀，以救倒悬之急，可谓以亡为存，转祸为福也。

从王羲之的两封信可以看出，王羲之认为东晋只有区区吴越之地，不可能谋略天下十分之九的北方，淮河都难以坚守，不如退守长江。对于王羲之的劝谏信，殷浩与司马昱都不接受。352年九月，殷浩即率部北上进驻泗口（今江苏省淮安市），不久又转驻寿春（今安徽省寿县）。殷浩派刚任河南郡太守的戴施据守石门（今河南省荥阳市北），派荥阳郡太守刘遁据守仓垣（今河南省开封市西北）。由于军费开支大，殷浩还废除了东晋建立三十六年之久的太学。

殷浩到达寿春后，时驻守寿春的安西大将军谢尚响应殷浩北伐，于是年十月派冠军将军王侠攻打许昌。前秦刚任豫州刺史不久的杨群不敌，率部退守弘农郡（今河南省灵宝市东北）。不久东晋朝廷将谢尚调回建康（今江苏省南京市）任给事中，驻防石头城（今江苏省南京市西北）。此后整整一年时间，殷浩的北伐没有任何行动。殷浩这是在等待机会，因为殷浩秘密派人联络前秦重臣丞相雷弱儿、尚书左仆射梁安等，承诺他们若能杀掉苻健，就让他们镇守关中之地。可是机会一直没有到来，反而与南下归晋的平北大将军姚襄发生了冲突。

却说姚襄于352年六月与谢尚攻打许昌遭败后一直驻屯历阳（今安徽省和县）。姚襄看到前燕、前秦势力不断壮大，认为北伐很难成功，遂决定在淮河两岸开荒种地，训练士卒。353年九月，殷浩听闻姚襄不仅无意北伐，

第9章　遭羞辱张遇反苻健　再北伐殷浩战姚襄

还在淮河一带开荒种地,兵马日渐强盛,非常不悦。不善于化敌为友,却善于化友为敌的殷浩派人无故捉拿姚襄的几位兄弟,把他们囚禁起来。不仅如此,殷浩还派刺客去刺杀姚襄。令殷浩意想不到的是,他所派的这些刺客不仅不刺杀姚襄,还将实情告知姚襄。姚襄非常生气,下令做好戒备。行刺不成,殷浩决定再派兵前往攻打姚襄。殷浩密令魏憬带领五千兵马偷袭姚襄。姚襄击败了魏憬,还吞并了魏憬的兵马。殷浩获报魏憬兵败,非常憎恨姚襄,上疏朝廷将姚襄由镇守之地谯城(今安徽省亳州市)改镇梁国蠡台县(今河南省虞城县),同时推荐姚襄为梁国(今河南省商丘市)内史。殷浩又派龙骧将军刘启接替姚襄镇守谯城。

且说姚襄获知魏憬子弟不断往来于寿春,猜测魏憬来攻一定是殷浩所派,遂感到非常担忧,决定派参军权翼到寿春拜见殷浩。殷浩见到权翼,责怪道:"我与姚将军同是君主的臣下,休戚与共。然而姚将军经常独断专行,有失辅车相依的道理,这岂是我所希望发生的事情吗?"权翼也是能言之人,不慌不忙地说道:"姚将军英雄盖世,手下强兵数万。姚将军之所以不辞遥远来归晋朝,是因为朝廷有道、众臣贤能的缘故。现将军轻信谗言,与姚将军有了隔阂,我认为首先猜忌的,是您而不是姚将军。"殷浩生气道:"姚将军生性豪放不羁,随意生杀,又纵容小人抢夺我的马匹,君王臣下的行为,原本是这样的吗!"权翼辩道:"姚将军归附朝廷,怎会滥杀无辜?而那些邪恶作乱之徒,王法尚且不容,杀了他们又有什么害处呢?"殷浩急了:"那么,为何抢夺我的马匹呢?"权翼从容说道:"将军认为姚将军勇猛刚健,难以控制,最终定会讨伐他,所以他才夺取您的马匹想用来自卫啊。"殷浩为了掩饰对姚襄的猜忌,笑着说道:"哪里到了这种地步?"

到了十月,殷浩获报前秦内部发生叛乱,以为雷弱儿、梁安等大事已成,遂率七万兵马从寿春起程正式北伐,打算攻取洛阳修复皇家陵墓。殷浩还派姚襄为前锋,一同北伐。殷浩哪里知道,姚襄早已防备他,还打算寻机报复。姚襄接到命令后,立即率部北上,并准备在中途伏击殷浩。姚襄估计殷浩所部即将到达,遂派士兵假装逃散,实是伏于道旁。殷浩获报姚襄逃散,遂以不听命令为由,下令追击。殷浩终在一个叫山桑(今安徽省蒙城县)的地方遭遇姚襄伏击,殷浩大败,一万余人被俘杀,辎重全部丢失,殷浩逃到谯城投奔刘启。姚襄接管殷浩余部,命兄长姚益固守山桑,自率兵马进入淮南郡（今安徽省寿县）。十一月，谯城里的殷浩派部将刘启、王彬之进攻姚益据守的山桑，姚襄获报从淮南反击，斩杀刘启、王彬之。姚襄又回师淮南据守芍陂（今安徽省寿县南）。不久，姚襄又南渡淮河向东到达盱眙（今江苏省盱眙县），招抚流民，部众达七万人。姚襄遂在其管辖之地任命太守县令，开荒种地，劝课农桑。姚襄还派人前往建康，指控殷浩罪状，同时也向朝廷谢罪。辅政的会稽王司马昱以皇帝司马聃名义下诏，任与姚襄友善的谢尚都督江西、淮南诸军事，兼豫州刺史，镇守历阳。至此，殷浩的北伐宣告结束，后面等待他的是他所抗衡的实力派人物桓温的弹劾。

第10章　张祚夺位斩杀忠臣　桓温北伐驻军灞上

353年十月，姑臧（今甘肃省武威市）城里的前凉王张重华一病不起。张重华自知不久于人世，决定册立世子。时年二十七岁的张重华共有两个儿子，长子张曜灵才十岁，次子张玄靓才四岁。张重华还有一位庶长兄和一位弟弟。庶长兄张祚年龄不详，弟弟张天锡时年十六岁。张重华决定册立张曜灵为世子，由兄长张祚辅政。

张祚是什么样的人呢？张祚字太伯，博学雄武，倒也有些政才，但其荒淫无道，为人狡诈，善于内外顺承。张祚早就与比自己年长十岁左右的张重华生母马氏通奸，还勾引张重华的妻子裴氏。张祚还与张重华的亲信右长史赵长、尉缉等结为异姓兄弟。对于这样一位兄长，张重华不仅不察，还以为其有周公之才，准备托孤。都尉常据劝张重华将张祚调出京城，张重华反对道："孤正欲使其担任周公之职，辅佐幼子，君说的这是什么话？"军师将军谢艾因抵挡后赵有功，很受张重华的宠爱，但由于张重华左右亲信的嫉妒，最后又一次被外任为酒泉郡（今甘肃省酒泉市）太守。谢艾听闻张重华将交由张祚辅政，非常担忧，连忙上疏道："奸佞之人一旦掌权必将控制朝政，国家必将面临危险，请恩准臣回京侍奉左右。"谢艾还明确指出："长宁侯张祚与赵长等将发动变乱，殿下应当将他们逐出朝堂。"张重华准备接纳谢艾的建言。十一月十日，张重华病情加重，亲手拟诏，任谢艾为卫将军、监中外诸军事，回姑臧辅佐幼君。张祚、赵长等竟将此诏密不发出。

十一月十八日，张重华去世，世子张曜灵继位，称大司马、凉州刺史、西平公。赵长假传张重华遗诏，任长宁侯张祚都督中外诸军事、抚军大将军，辅佐朝政。十二月，右长史赵长、尉缉等建言道："时局仍很艰难，祸乱尚未平定，应由年长者担任君王。张曜灵年纪太小，应当改立长宁侯张祚。"张重华的母亲马太后早就宠爱张祚，自然接纳了赵长的建言。马太后下旨废黜张曜灵，改封长宁侯。张祚遂自任大都督、大将军、凉州刺史、凉公。张祚夺位，最担心的人就是酒泉太守谢艾。不久张祚终于寻机将谢艾杀害，自此越发骄奢淫逸。张祚不仅与张重华的生母马太后、妻子裴氏通奸，还奸淫张骏、张重华宫中其他妃妾。

转年正月，凉公张祚在赵长与尉缉的劝进下，决定称帝。张祚还为此颁下诏书，内容如下：

> 昔金行失驭，戎狄乱华，胡、羯、氐、羌咸怀窃玺。我武公以神武拨乱，保宁西夏，贡款勤王，旬朔不绝。四祖承光，忠诚弥著。往受晋禅，天下所知，谦冲逊让，四十年于兹矣。今中原丧乱，华裔无主，群后佥以九州之望无所依归，神祇岳渎罔所凭系，逼孤摄行大统，以一四海之心。辞不获已，勉从群议。待扫秽二京，荡清周魏，然后迎帝旧都，谢罪天阙，思与兆庶，同兹更始。

张祚称帝后，册封妻辛氏为皇后，子张太和为太子，弟张天锡为长宁王，子张庭坚为建康王，张曜灵之弟张玄靓为凉武侯。张祚称帝采用八佾之舞，设置文武百官。张祚还把本年年号"建兴"四十二年改为"和平"元年，正式公开使用自己的年号。说到前凉各王的年号，笔者还想再详述一下。318年三月司马睿称帝改元"太兴"时，凉州的张寔不奉正朔，仍坚持使用西晋最后一位皇帝司马邺的年号"建兴"，而其时司马邺已被杀数月。张寔虽没有自己的年号，但他的做法已经表明脱离朝廷悄悄建立前凉了。之后的张茂、张骏、张重华其实都有自己的年号（据考证，张茂年号为永元，张骏年号为太元，张重华年号为永乐），只是悄悄使用，对外仍在坚持使用被杀多年的司马邺的年号。当到了张祚时，则公开放弃"建兴"年号，直接使用自己的年号"和平"。张祚的做法，已完全体现出前凉作为一个国家而存在。

对于张祚称帝，尚书马岌极力劝阻，张祚怒而免其职。郎中丁琪也冒死劝谏道："自武公（张轨）以来，凉州世代保持忠义的节操，虽与江东远隔万里，仍忠心耿耿，坚守大业已五十多年了。黎民之所以举颈向西遥望，四海之所以注目大凉，皇天保佑，士民效死，正是因为先公道义高于彭、昆，忠贞超过西伯，不远万里仍向晋朝保持虔敬，始终没有二心的缘故。也正因

第10章 张祚夺位斩杀忠臣 桓温北伐驻军灞上

为如此，大凉才能够凭一州之力，抵挡崩天之虏，兵马年年出动，而不言疲惫。陛下虽然凭借圣武雄姿继承大业，功勋德行并不比先公更高，而行改朝换代之事，臣窃以为不可。华夷各族之所以归依大凉，义兵之所以不远万里前来归附，都是因为陛下尊奉的是晋朝。陛下一旦称尊，四方英雄必将争高竞强，一隅之地怎能抵挡中原之师？恳请陛下三思。"张祚大怒，下旨将丁琪推出宫门斩首。

不说前凉张祚称帝，且说东晋征西大将军桓温准备北伐前秦了。354年正月，由于中军将军、扬州刺史殷浩连续两次北伐，粮草用尽自不必说，还没有取得一次战果，朝廷内外怨声载道。驻守江陵（今湖北省江陵县）的桓温趁此机会上疏弹劾殷浩，以图将这个朝廷借以与己抗衡的重臣除掉。说起桓温与殷浩，自幼齐名，原本没有太大的矛盾。347年三月，桓温平定成汉，声名大振。348年八九月间，朝廷辅政的会稽王司马昱为防止桓温独擅朝政，遂利用时为扬州刺史的殷浩与桓温抗衡，殷浩也欣然接受。七年来，桓温虽未能控制朝政，但其地方之事，朝廷也无法过问。现在桓温上疏指控殷浩，朝廷只得将殷浩贬为平民，放逐到扬州东阳郡的信安县（今浙江省衢州市）。殷浩被放逐后，每天用手在空中书写"咄咄怪事"四字。殷浩被罢免之后，桓温就开始控制朝政了。后来桓温认为殷浩有德有才，担任尚书令或仆射以作为文官的表率比较合适，其它事务与其才不符。桓温遂写信给殷浩，准备推荐其为尚书令，殷浩非常高兴，欣然接纳，并准备回信。殷浩也许过于激动，对回信内容左改右改，信封的封口也是拆了又封，封了又拆，最后竟将一张空白的信纸放入信封寄出。桓温看到空白回信，非常生气，从此与殷浩断绝往来。不久，朝廷升会稽郡（今浙江省绍兴市）内史王述为扬州刺史。

354年二月，桓温亲率四万步骑兵从江陵（今湖北省江陵县）出发，开始北伐。桓温的行进路线是，水军从襄阳（今湖北省襄阳市）穿过均口（今湖北省均县丹江入汉江之口）抵达南乡（今河南省淅川县南），步兵从淅川（今河南省淅川县）前往武关（今陕西省商洛市）。桓温还令梁州刺史司马勋从汉中（今陕西省汉中市）经子午谷北上，直逼前秦都城长安。

三月，桓温的先头兵马到达上洛郡（今陕西省商洛市商州区），与驻守此地的前秦荆州刺史郭敬展开激战。郭敬不敌被擒。桓温兵马继续向西北方向推进，很快到达青泥（今陕西省蓝田县东南），离长安不足百里。此时从西路进击前秦的司马勋部也进入前秦领地，开始攻城略地并大肆抢夺。前凉秦州刺史王擢获报桓温北伐，也率部向东进逼陈仓（今陕西省宝鸡市），以响应桓温。

且说长安城里的前秦皇帝苻健，正在平定因张遇谋反而引发的五处守将叛乱。五处已平定三处，正要派兵讨伐灞城呼延毒、雍城乔秉，就获报桓温兵分两路杀向长安，前凉王擢也逼近陈仓，可以说前秦到了生死存亡的关头。三十八岁的苻健连忙召集群臣诸将商讨对策。苻健准备兵分三路抵挡桓温、司马勋、王擢，丞相苻雄认为宜集中兵力先击退桓温，其它两路不足为患。苻健还打算亲自领兵出战，太子苻苌认为父皇应当坚守长安小城，不可亲率大军出战。苻健遂派太子苻苌率东海王苻雄、淮南王苻生、平昌王苻菁、北平王苻硕等领兵五万人到峣关（今陕西省蓝田县南）集结，准备迎战桓温。苻健还传旨将关中地里的粮食提前收割，以坚壁清野等待桓温。

四月二十二日，桓温主力兵马抵达蓝田（今陕西省蓝田县），与前秦兵马展开激战。前秦淮南王苻生单枪匹马杀入敌阵，东晋很多将士被斩马下。苻生勇猛异常，杀进杀出十余次。桓温亲自督战，将士个个奋勇当先，前秦兵马虽有苻生勇猛杀敌，仍遭大败，一路回撤。四月二十五，桓温所部推进到灞上（今陕西省西安市东）扎营。苻苌等退至城南扎营。苻健亲率老弱残兵六千坚守长安小城。苻健将最后一支精锐兵马三万人交由大司马雷弱儿率领，命其与苻苌会师，共同抵挡桓温。驻军灞上的东晋征西大将军桓温，不断接到长安附近郡县的降书，桓温派人安抚百姓，恢复生产。百姓听闻东晋朝廷大军就在灞上，争相带着酒肉前来慰问，男女夹道围观。有些老年人激动得泪流满面，说道："想不到今天还能看到朝廷的军队。"五月，前凉秦州刺史王擢攻陷陈仓，斩杀前秦扶风郡（今陕西省泾阳县西北）太守毛难。东晋梁州刺史司马勋也到达秦岭北麓。尽管另两路大军正向长安城逼近，桓温仍没有下令攻打长安城，而是一直驻守灞上达一个月之久。

第11章　慕容儁蓟城忌吴王　王景略灞上见桓温

后赵末年中原大乱时，有四人占据城池，聚众自立。这四人是乐陵（今山东省乐陵市）人朱秃、平原（今山东省平原县）人杜能、清河（今河北省清河县）人丁娆及阳平（今山东省冠县东）人孙元。353年十一月，朱秃等看到前燕不断壮大，自知无力对抗前燕，便向前燕归降。前燕皇帝慕容儁接受四人归降并给四人加授官职：朱秃为青州刺史、杜能为平原郡太守、丁娆为立节将军、孙元为兖州刺史。

十二月，慕容儁接到远在鲁口（今河北省饶阳县）围攻安国王吕护的卫大将军慕容恪的奏疏。奏疏再一次推荐重用慕容霸。却说慕容霸时为给事黄门侍郎，有文有武，也是慕容儁的兄弟，但慕容儁就是不愿重用慕容霸。可以说，慕容家族兄弟不和的老毛病又一次在慕容儁身上显现。史书记载，慕容恪已经不止一次向皇兄慕容儁推荐慕容霸了，但慕容儁一直拖着不理。此时抚军将军慕容军、左将军慕容彭等也上疏认为慕容霸有盖世之才，应当委以大任。慕容儁终于任慕容霸为安东大将军、使持节、北冀州刺史，并令慕容霸镇守常山（今河北省正定县）。

也许慕容霸镇守常山，让围攻鲁口的慕容恪没有后顾之忧，慕容恪便加强了对鲁口的围攻，以图早日克复鲁口。353年五月慕容恪收降常山郡的李犊后，便一直围攻据守鲁口的安国王吕护。岂料慕容恪此次围攻鲁口长达一年时间。慕容恪作为十六国时期的名将，为何攻打一个小小的鲁口用时这么久？原来慕容恪用兵不仅爱惜属下将士，也爱惜敌方将士，常常采用不战而屈人之兵以减少伤亡的战术。在没有好的攻略之时，慕容恪宁愿长期围攻，也不强行攻城。

354年二月底，慕容恪包围鲁口将近一个年头了。慕容恪谋算鲁口城里的粮草也不多了，此时若发起进攻，安国王吕护必将无力坚守。慕容恪决定在这个春天到来之际发起对鲁口的进攻。此时鲁口城里的吕护粮草确实开始不济。而且吕护也一定获知，前燕已派慕容霸镇守常山，朱秃等四人也已归降前燕，冀州各郡基本被前燕平定。此时的吕护已无心坚守城池。就是鲁口城内的士兵被围一年，也早已没有斗志，都不愿再为吕护守城。三月，鲁口城破，吕护逃往千里之外的河内郡野王县（今河南省沁阳市）。慕容恪进入鲁口，妥加安抚百姓，冀州各郡县遂完全平定。不久，吕护又派其弟前往蓟城向慕容儁请降，慕容儁任吕护为河内郡（今河南省沁阳市）太守。

却说前燕以平州为基础经过四年的南下征战，到354年四月时已经完全占领幽州、冀州及以邺城（今河北省临漳县西南香菜营乡邺镇村）为中心的中州（西晋、后赵时为司州）部分郡县，青州、兖州、徐州还有将领归附。慕容儁大为开心，决定大封诸王。慕容儁首先封叔父抚军将军慕容军为襄阳王，左将军慕容彪为武昌王，镇南将军慕容评为上庸王、司徒、骠骑将军。慕容儁又封兄弟卫将军慕容恪为太原王、大司马、侍中、大都督、录尚书事，安东将军慕容霸为吴王，左贤王慕容友为范阳王，散骑常侍慕容厉为下邳王，散骑常侍慕容宜为庐江王，宁北将军慕容度为乐浪王，慕容桓为宜都王，慕容逮为临贺王，慕容徽为河间王，慕容龙为历阳王，慕容纳为北海王，慕容秀为兰陵王，慕容岳为安丰王，慕容德为梁公，慕容默为始安公，慕容俊为南康公。慕容儁还封其子慕容暐为中山王，慕容咸为乐安王，慕容亮为勃海王，慕容温为带方王，慕容涉为渔阳王。慕容儁最后传旨，升尚书令阳骛为司空，仍兼尚书令。

慕容儁此次封王，虽然给兄弟慕容霸封了吴王，但猜忌仍然没有消除。由于慕容恪等人的极力推荐，慕容儁才任慕容霸为北冀州刺史，镇守常山郡。然而不久慕容儁又传旨任慕容霸为冀州刺史，改镇信都（今河北省冀州市）。就在慕容霸刚刚到达信都时，慕容儁又传令慕容霸改镇故都龙城（今辽宁省朝阳市），还要慕容霸改名。慕容儁为何要慕容霸改名呢？这还得说一说慕容霸名字的来历。原来前燕第一任燕王慕容皝在位时，对慕容霸非常看重，认为此儿"终能破人家，或能成人家。"因而为其取名为"慕容霸"。慕容皝甚至还想将世子之位传于慕容霸。文武百官都劝阻不能废长立幼，慕容皝才作罢。但慕容皝对慕容霸的宠爱超过世子慕容儁。慕容儁对这位兄弟一直心存嫉妒，慕容儁的皇后可足浑氏也不喜欢慕容霸，更不喜欢慕容霸的王妃段氏。慕容儁不仅不愿对慕容霸委以重任，还对慕容霸这个具有霸气的

第11章　慕容儁蓟城忌吴王　王景略灞上见桓温

名字十分讨厌，总想寻机令其改名。后来总算找到了机会。慕容霸一次骑马摔了下来，把牙齿撞掉一颗，慕容儁听后要其改名为慕容䩄，后来看到谶文上说䩄这个字有祥瑞之意，又令其去掉"夬"旁而改名为慕容垂。慕容霸的名字由"霸"到"垂"，确实一落千丈。慕容垂到了东北之后，勤于政事，深得东北百姓爱戴。慕容儁得知后，非常不悦，遂又将慕容垂调回蓟城。

却说东晋征西大将军桓温北伐击败前秦兵马，于354年四月二十五日，驻军灞上（今陕西省西安市东）。一个月过去了，桓温一直没有向长安城发起进击。随同桓温一同北伐的顺阳郡（今河南省淅川县东）太守薛珍数次劝桓温攻打长安，桓温始终不能接受。薛珍遂自率一部兵马袭击长安，虽未能攻破长安，但也获得一些粮草辎重。据守灞城（今陕西省西安市东北）背叛前秦皇帝苻健的呼延毒及兵败来投的胡阳赤也派人来见桓温，愿随桓温一同行动。尽管如此，桓温仍未能下令所部进击长安。而就在这时，长安城里的苻健却分兵一路主动向东晋兵马发起进击。苻健命丞相苻雄率骑兵七千向驻守白鹿原（今陕西省西安市东南部）的桓温之弟桓冲所部发起攻击，以图取得局部胜利以挫挫桓温北伐军的锐气。苻雄不负所望，一战击败桓冲。桓温获报桓冲战败，更没有决心向长安城发起攻击。苻健又派苻雄率部向西，迎击经过子午谷前来会攻前秦的东晋梁州刺史司马勋。苻雄又击败司马勋，司马勋退至女娲堡（今地不详）。

五月，桓温仍在灞上，一个叫王猛的人前来拜见。王猛字景略，青州北海郡剧县（今山东省昌乐县）人，其家后来迁往魏郡（今河北省临漳县）。王猛小时家境贫困，曾以卖畚箕为业。有一回王猛到洛阳卖畚箕，有一个人愿以高价买其畚箕，但身上没有带钱，并说其家离得不远，要王猛跟他去取。王猛看其价高，就跟去他家。去时并不觉得路远，忽而来到一座深山之中，见一老者，须发皆白，坐在胡床之上。老者左右有十几个人，其中一人引王猛上前拜见。老者说道："王公为何要拜？"说完真的给王猛十倍的价钱来买他的畚箕，还派人送他回去。王猛走出深山，回头一看，原来是中岳嵩山。王猛容貌英俊身材魁梧，博学好读兵书。王猛为人庄重刚毅，气度雄浑，从不把小事放于心中。王猛与人交往，心神不合之人，一概不交，很多浮华之士都看不起他笑话他，王猛对此悠然自得，不屑一顾。王猛少年时曾到邺城游历，时人都不赏识他。只有高平郡（今山东省巨野县南）人徐统识其才，想用其为官，王猛却逃到西岳华山隐居。王猛胸怀大志，期望遇到龙颜之主。

却说王猛前往拜见桓温时，年已三十岁。王猛身穿粗布短衣来到桓温营前，桓温请其入内坐下。王猛坐下后，一边手捉虱子，一边侃侃而谈，纵论天下大势，旁若无人。桓温对王猛所言也甚为惊异，遂将心中不解之事问于王猛道："我奉天子之命，率十万精锐到此，为民讨逆除残贼，而三秦的英雄豪杰却无人前来，这却是为何？"王猛答道："明公不远千里，深入贼境，长安近在咫尺，明公却并不率军渡过灞水，百姓无法知道明公心中所想，因而豪杰不愿到来。"王猛此言正说到桓温心坎里了，桓温正是不敢跨出这关键一步，甚至可以说是其人性之弱点。桓温一时无言以对，沉默良久才说道："江东没有人能够与你相比。"桓温决定任王猛为军咨祭酒，王猛说要回华山请示师傅。王猛回到华山将此事问于师傅，师傅言道："你和桓温岂能并存，此间自可富贵，何须远行？"王猛遂决定留了下来。

五月底，桓温军中粮草不济，派人到田间收割麦子，岂料早已被前秦将士收割。桓温看到夏季到来，天气转热，粮草不济，前方又遭败绩，决定南撤。六月一日，桓温大军开始撤退，还逼迫三千余户百姓一同南迁。灞城的呼延毒、胡阳赤也率部随同桓温南撤。顺阳郡太守薛珍还想再次袭击长安，但由于桓温下令撤退，只好作罢。桓温还派人联络王猛，又以高官督护之职请王猛一同南下，王猛辞让。

且说长安城里的前秦皇帝苻健获报桓温撤退，遂令太子苻苌率兵追击。苻苌身先士卒，身中流箭仍勇猛作战，桓温所部连遭败绩。当桓温所部东撤至潼关（今陕西省潼关县）时，战死及逃亡的将士有一万余人。桓温北伐未能进击长安，现又连遭败绩，顺阳郡太守薛珍开始抱怨，多次在将士面前说其部袭击长安收获不少，还说长安城并不难攻，只是桓温太过谨小慎微。桓温听了此言，非常生气，下令将薛珍杀掉。

第12章　苻坚丧父承袭王爵　苻健勤政再立太子

　　354年六月，前秦终于抵挡了东晋征西大将军桓温的北伐，逃过了一劫。桓温一路东撤，前秦太子苻苌带伤一直追击到潼关（今陕西省潼关县）。前秦皇帝苻健命随苻苌追击桓温的光禄大夫赵俱为洛州刺史，镇守宜阳（今河南省宜阳县），以图谋取尚被东晋控制的洛阳，同时传令苻苌回师。接着，苻健在长安城里又与兄弟苻雄商讨继续扫平关中残余势力。三十六岁的苻雄时为丞相、都督中外诸军事，是苻健西进关中的首功之臣。自入关四年来，苻雄东征西讨，又为前秦定鼎关中打下坚实的基础。此次抵挡桓温北伐大军，苻雄先取得击败桓冲的胜利，又取得击退司马勋的胜利，可以说功勋卓著。现在桓温大军已经撤出关中，但关中尚有两处敌将尚未平定，一处是一年前响应张遇谋反据守雍城（今陕西省凤翔县）的乔秉，一处是共同据守陈仓（今陕西省宝鸡市）的司马勋与王擢。司马勋本于月前刚被苻雄击败，但没有南越秦岭返回汉中（今陕西省汉中市），而是向西到达陈仓，与前凉秦州刺史王擢会合。苻健决定派苻雄率兵西进，先打陈仓的司马勋、王擢，再攻雍城的乔秉。

　　且说前凉秦州刺史王擢响应桓温北伐，于354年五月攻陷陈仓，斩杀前秦扶风郡（今陕西省泾阳县西北）太守毛难。王擢还派人前往姑臧（今甘肃省武威市），向前凉皇帝张祚奏报，说东晋桓温善于用兵，且志向难测。张祚获报后，考虑到自己已经称帝，已公开与东晋决裂，担心桓温此次北伐会连前凉一起征讨。想到这里，张祚又非常担心王擢背叛自己而投向桓温。张祚遂一不做二不休，决定派人行刺王擢。岂料行刺没有成功，事情又遭败露。张祚担心王擢回师来攻，遂下令集结兵马准备东征前秦，实是为了让大军处于紧急状态，必要时准备向西退守敦煌（今甘肃省敦煌市）。六月，张祚获报桓温已经撤出关中，终于松了一口气，下令大军解除紧急状态。不久，张祚又听说东晋梁州刺史司马勋兵败也到了陈仓，与王擢一同据守陈仓，遂又担心王擢与司马勋过于亲密，竟任牛霸为秦州刺史以接替王擢，并传令牛霸率部三千前往攻打王擢。

这时，前凉新任秦州刺史牛霸尚未到达陈仓，前秦丞相苻雄就先到了。从长安向西到达陈仓，三百余里，一马平川，苻雄所部骑兵只需数日就到达陈仓城下。苻雄下令向陈仓城发起攻击。陈仓城里的司马勋、王擢派将出城迎战，不敌被杀。司马勋、王擢此时也知道桓温大军已经撤出关中，遂无心守城，决定撤退。苻雄下令追击，司马勋、王擢大败，司马勋逃回汉中，王擢逃回略阳（今甘肃省秦安县）。王擢怎么也没有想到在他西逃之时，牛霸正从西边向他杀来，此为后话，暂且不提。苻雄收复陈仓后，随即北上数十里之地，攻打据守雍城的叛将乔秉。岂料雍城没有攻下，年轻的丞相苻雄就倒下了。六月二十日，无病无痛的苻雄突然去世，所部兵马遂放弃攻打雍城，向东撤回长安。

长安城里的前秦皇帝苻健获报苻雄征讨雍城时突然去世，伤心异常，痛哭流涕。当苻雄遗体运至长安时，苻健早已哭得吐血。苻健大声哭道："难道上天不让朕平定四海吗？为何这么早地夺走朕的元才（苻雄字元才）呢？"苻雄的王妃苟氏、庶长子苻法、嫡子苻坚、苻融、苻双、苻忠等看到苻雄的遗体，都失声痛哭。苻雄身为辅国元勋，权势上比君王，但苻雄谦逊仁爱，遵奉法度，一直被苻健视作周公，苻健常常说："元才就是朕的姬旦。"苻雄不仅得到苻健的器重，也得到群臣诸将的敬重。时在长安城里的群臣诸将都悲痛异常。苻健下旨追封苻雄为魏王，并由苻雄的嫡子、十七岁的苻坚袭其东海王爵。

苻坚字永固，其母苟氏在怀孕其之前，曾在漳水游玩，在西门豹祠求子。当天晚上苟氏梦与神交，怀孕十二个月才生下苻坚。苻坚出生时，一道神光照耀其家庭院，苻坚背上隐隐约约出现一道红色文字："草付臣又土王咸阳。"苻坚双手过膝，目有紫光，其祖父苻洪奇而爱之。苻坚七岁时，聪明机智，且与其先辈们一样，好施舍。那位有识人之才的高平郡（今山东省巨野县南）人徐统看到苻坚后觉得其不一般，对左右说道："这个小孩子有霸王之相。"苻坚八岁时将老师请到家中要求读书，祖父苻洪笑道："我等戎狄异族，世代只知饮酒，今天却要求学呀。"遂欣然允许。苻健入关时，梦见天神派朱衣赤冠使者前来命其授苻坚为龙骧将军。第二天，苻健即设坛授

第12章　苻坚丧父承袭王爵　苻健勤政再立太子

苻坚为龙骧将军，还流着泪对苻坚说道："你祖父从前就被受为龙骧将军，今天你又受神明之命为龙骧将军，能不奋发吗？"苻坚挥剑策马，意气风发，士卒无不畏服。苻坚孝顺父母，胸怀大志，心胸开阔，博学有才，爱交英雄豪杰，吕婆楼、强汪、梁平老都与其友善。

苻雄丧事毕，苻健又派太子苻苌西出长安，攻打雍城的乔秉。太子苻苌自与桓温的作战中身中流箭，一直也没有得到好好地休养，便再次领兵西进。354年八月，苻苌攻破雍城，斩杀乔秉，关中自此完全平定。苻健获报大喜，下旨对此次抵挡桓温北伐的将领进行论功行赏：任太尉雷弱儿为丞相，司空毛贵为太傅，太子太师鱼遵为太尉，淮南王苻生为中军大将军，平昌王苻菁为司空。

关中平定，周边一时无战事，皇帝苻健决定专心国政，每天不停地处理政务，多次召集公卿各类臣属，商讨治国大计。苻健决心将后赵时期的暴政全部除去，让百姓安居乐业。苻健还下诏与百姓约法三章，降低赋税，不大修宫殿，专心政事，优待老人，重视儒学。苻健还在平朔门设来宾馆，用以怀柔远方之人。苻健勤于政事，可偏偏老天不垂怜，关中出现饥荒，谷米一升值布一匹。苻健下旨免除百姓赋税，减少膳食，撤去乐器，穿白衣上朝，不进正殿。百姓对苻健的做法非常赞颂，都用心耕作，确实得到休养生息。

354年十月，天气入冬，前秦太子苻苌箭伤复发，不治去世。皇帝苻健非常痛惜，前秦一时无太子。十一月，前凉原秦州刺史王擢来到长安向苻健归降。原来前凉新任秦州刺史牛霸受皇帝张祚之命到略阳攻打王擢，王擢战败，遂率部来归。苻健接受王擢的归降，还任其为尚书。此时前秦自去年五月秦州刺史苻愿被王擢击败逃回长安后，秦州一直无刺史。苻健遂重新任上将军啖铁为秦州刺史。十二月，苻健的叔父苻安用时四年多从东晋辗转回到长安，苻健任其为大司马、骠骑大将军、并州刺史、封武都王，镇守蒲坂（今山西省永济市）。

前秦境内的饥荒没有过去，蝗虫又漫天成灾。355年二月，从华山直到陇山，青草全被蝗虫吃光，牛马只能互吃对方身上的毛。苻健带领百姓艰难度日，传旨各郡县注重春耕。四月，农事稍闲，苻健才开始考虑册立太子一事。苻健有十二个儿子，长子苻苌伤逝，尚有十一个儿子。强皇后打算立小儿子晋王苻柳为太子，苻健却打算立三子淮南王苻生为太子。

苻生生于335年，小时就是个无赖，性情粗鲁，祖父苻洪非常讨厌他。苻生自幼就少了一只眼睛。还是在苻生小的时候，其祖父苻洪问侍者道："我听说瞎眼的人哭泣只有一行眼泪，是这样吗？"侍者答道："是这样的。"一旁的苻生听后，非常不快，拔出佩刀刺向自己，顿时鲜血直流，苻生说道："这是另一只眼在流泪。"苻洪大吃一惊，用鞭子抽打苻生，苻生大叫道："我生来不怕刀刺，就是受不了鞭打。"苻洪骂道："你如果不改，我就将你贬做奴隶。"苻生答道："可不就成了石勒了。"苻洪听后非常害怕，连忙光着脚就上前掩其口，叫他不要乱说。苻洪后来对苻健说道："这个孩子很残暴，如若不除掉他，将来会祸害家人。"苻健准备杀掉苻生，苻雄劝止道："孩子长大后就会变好，不至于要杀掉他啊。"苻健遂作罢。苻生长大后，勇猛好杀，力有千钧，徒手能与猛兽格斗，跑起来能赶上快马，刺杀骑射，为一时之冠。

对于这样一个儿子，苻健为何要立其为太子，只因苻健听闻有一句"三羊五眼"的谶言。苻健认为三羊应当六只眼，五只眼说明少了一只眼，当应验在苻生身上。355年四月，苻健颁诏册立苻生为太子。苻健还任司空苻菁为太尉，尚书令王堕为司空，司隶校尉梁楞为尚书令，鱼遵不再担任太尉，由太子太师升为太师。

第13章　苻生继位杀害忠臣　张瓘起兵反击张祚

355年六月六日，前秦皇帝苻健患病，宫外传言其病甚重。苻健兄长之子平昌王苻菁听闻苻健病重，准备谋反。却说苻菁在苻健入关、稳定关中及抵挡东晋北伐等战役中，立下汗马功劳，深得苻健的信任。苻健先任苻菁为卫大将军，负责保卫东西二宫。在击退东晋桓温北伐之后，苻健论功行赏，任苻菁为司空。苻雄死后，苻健又任苻菁为太尉，兵马大权交给了苻菁。史书记载，苻菁谋反，并非反苻健，而是对册立残忍凶暴的苻生为太子不满，打算杀掉苻生，由自己继位。但要知道，苻生再可恶，毕竟是皇帝苻健所立，反苻生如同反苻健。六月十日，这可是个炎热的天气，太尉苻菁率兵突然进入东宫，企图杀死太子苻生。岂料那天苻生不在东宫，而在西宫侍奉父皇。苻菁没有找到苻生，以为皇帝苻健已经驾崩，太子一定在西宫接受遗诏。苻菁遂率兵直奔西宫。到了西宫东掖门，宫门守卫将士不肯开门，苻菁下令攻击东掖门。这时西宫里的皇帝苻健听报太尉平昌王苻菁谋反，正在攻击西宫大门，大怒异常。苻健强忍病痛，登上端门，集结卫士，传旨抵抗。跟随苻菁谋反的士兵看到皇帝好好地站在端门之上，顿时溃散，扔下兵器逃去。苻菁被擒，苻健历数其罪并斩其首，其他跟随者一概不追究。

苻健杀了苻菁之后，传旨任镇守蒲坂（今山西省永济市）的大司马、骠骑大将军、并州刺史、武都王苻安为都督中外诸军事，接替苻菁掌管兵权。六月十四日，苻健自知命不久矣，遂召集重臣托孤。太师鱼遵、丞相雷弱儿、太傅毛贵、司空王堕、尚书令梁楞、尚书左仆射梁安、尚书右仆射段纯、吏部尚书辛牢等八人一同接受遗诏，共同辅佐新皇帝苻生。苻健还单独对太子苻生说道："六夷酋长和各位大臣如若不听你的，你可以逐渐除掉他们。"六月十五日，苻健去世，年三十九岁，谥号景明皇帝，庙号高祖。苻健趁后赵末年天下大乱之机，于350年八月从枋头（今河南省浚县东南淇门渡）开始西进关中，十一月进入长安。351年正月，苻健称天王建前秦。苻健在关中的四年多，逐步平定关中诸部势力，击退东晋桓温的北伐，为前秦打下坚实的基础。苻健还非常勤于政务，关心百姓疾苦，深得关中百姓爱戴。但苻健立苻生为继承人，为前秦朝廷带来了两年多的混乱。

六月十六日，二十一岁的太子苻生在太极殿登基继位，大赦境内，改元寿光。岂料朝会之后，大臣们纷纷认为，一个新年尚未开始，不应当马上改元，就是宣布改元，也要等到下一年正月再使用新的年号。苻生还是在做太子时就非常宠信的太子门大夫赵韶、太子舍人赵诲及著作郎董荣忙将这种议论传到苻生那里。苻生听后大怒，问是谁说的，谁说就杀了谁。赵韶、赵诲及董荣说很多大臣都在议论。苻生下令一定要查出第一个说这话的人。经过一番穷追猛查，终于查出第一个说这话的人是尚书右仆射段纯。苻生根本不考虑段纯是八位托孤大臣之一，下旨立即将段纯杀掉。

七月，苻生尊奉生母强氏为皇太后，册封妃梁氏为皇后。梁皇后即是八位托孤大臣之一尚书左仆射梁安的女儿。苻生册封太后、皇后之后，马上为自己的三大宠信升官加爵，任赵韶为尚书右仆射接替段纯，任赵诲为中护军，任董荣为尚书。八月，苻生又封与自己早就十分交好的卫大将军苻黄眉为广平王，封前将军苻飞为新兴王。苻黄眉是前任皇帝苻健兄长之子，也就是苻生的堂兄。苻生还下旨征召驻防蒲坂的叔父苻安回京，兼任太尉，并任兄弟晋王苻柳为征东大将军、并州牧，接替苻安镇守蒲坂。苻生又任兄弟魏王苻廋为镇东大将军、豫州刺史，镇守陕城（今河南省陕县）。

不久苻生又开杀戒。八月底，中书监胡文、中书令王鱼对皇帝苻生说道："近来臣等夜观天象，看到大角星旁出现孛星，荧惑星进入东井星座。大角星是皇帝的星座，东井星座则是大秦国区域。卦象表明，不出三年，秦国将有大丧，还将有大臣被杀。臣等恳请陛下修德以避之。"胡文与王鱼利用天象来劝苻生，本想希望苻生不要滥杀忠臣，注重以德治国，岂料苻生以此为机大开杀戒。苻生说道："皇后与朕共临天下，其死可应验大丧。太傅毛贵、尚书令梁楞、尚书左仆射梁安作为托孤重臣，其死可以应验大臣被杀"胡文与王鱼听后，非常惊恐，再也不敢多言。九月，苻生果然下旨杀掉梁皇后及太傅毛贵、尚书令梁楞、尚书左仆射梁安。太傅毛贵还是梁皇后的舅父。至此八位托孤大臣已被杀四位，而苻生继位还不到三个月。

第13章　苻生继位杀害忠臣　张瓘起兵反击张祚

不说前秦新皇帝苻生正在逐步铲除八位托孤大臣，且说前凉皇帝张祚于354年十一月逼走秦州刺史王擢，到355年七月的半年多来，张祚一直荒淫无道，上下怨声一片。张祚不仅没有收敛，还准备削弱河州刺史张瓘的势力，岂料这一举动引来张瓘的起兵反抗。作为张骏时期就担任河州刺史的张瓘，当时镇守枹罕（今甘肃省临夏县），其兵力、势力都很强大。不仅如此，张瓘也是前凉张氏族人，张祚对其非常忌惮。张祚首先下旨，调张掖郡（今甘肃省张掖市）太守索孚镇守枹罕，派张瓘率部征讨境内一处背叛的匈奴人。接着，张祚又派将领易揣、张玲率步骑兵一万三千人以一同征讨匈奴部为名，前往攻击张瓘。张祚如此谋划，按说张瓘一时也不会知道其真实意图，应当不会出现什么意外，但还是走漏了风声。张掖郡一个叫王鸾的人善于占卜，对皇帝张祚进言道："陛下，大军此次出动，一定不会回来，大凉将有危险。"王鸾还指出张祚的三个不义之举，张祚听后暴跳如雷，骂道："你这是在妖言惑众，左右给朕推出斩首！"王鸾在临刑时还大声说道："我死之后，军败于外，王死于内，必定如此！"张祚又下旨屠灭王鸾全族。

张祚屠灭王鸾全族的消息传到枹罕，河州刺史张瓘才知道张祚原是要除掉自己。张瓘马上放弃征讨背叛的匈奴，将已经到来接替其镇守枹罕的索孚杀掉。张瓘又传檄各州郡，废黜张祚帝位，仍为长宁侯，拥立凉宁侯张曜灵复位。张瓘的檄文刚刚发出，又报易揣、张玲大军已过黄河，离枹罕不足百里。张瓘下令迎战易揣、张玲。易揣、张玲不敌，兵败北逃，张瓘率部渡过黄河追击，一直向都城姑臧（今甘肃省武威市）追去。姑臧城内一片恐慌。

却说前凉骁骑将军宋混的兄长宋修冒犯了皇帝张祚，担心张祚杀掉他们，二人于355年八月向西逃走，准备到家乡敦煌郡（今甘肃省敦煌市）。宋混、宋修一路上竟也集结了一万多兵马。现在听闻张瓘正率部前往姑臧讨伐张祚，宋混、宋修遂也率部返回姑臧，以响应张瓘。

张祚获报两路兵马来攻，确也非常着急。张祚听说张瓘传檄拥护张曜灵，遂派将领杨秋胡将十二岁的张曜灵带至东苑，拉腰杀害，将尸体埋于沙坑之中，谥号为"哀公"。宋混、宋修听报张祚杀掉张曜灵，遂为张曜灵举哀。闰九月，宋混大军抵达姑臧城下。城里的张祚下令严守城门，不得让宋混大军入城。张祚还做了一件愚蠢的事。张祚听说张瓘的兄弟张琚及儿子张嵩就在姑臧城内，遂下旨捉拿二人，准备诛杀。岂料二人获得消息，紧急召集壮士百余人，扬言道："张祚凶暴，家兄大军已到城东，胆敢对抗的屠灭三族。"接着又大开城门，迎接宋混大军入城。姑臧城里一时混乱。

　　曾经拥立张祚的领军将军赵长等看到宋混大军入城，非常惊恐，知道无法再跟随张祚，遂入宫逼迫马太后下旨，立张重华的小儿子——六岁的张玄靓为君主。而这时从河州逃回的将领易揣等率军入宫，将赵长等当场诛杀。这时的皇宫大殿之上，皇帝张祚也慌作一团，手按剑柄，厉声叫喊，命左右奋力抵抗。但此时的张祚早已失去军心，士兵无人愿为其拼命，倒是这些士兵趁乱将张祚杀死。宋混下令将张祚首级砍下，悬于高竿，又将张祚尸体拖到路旁示众。宋混又将张祚的两个儿子杀掉。姑臧城里百姓欢呼雀跃，高呼万岁。宋混、张琚遂拥立张玄靓为大将军、凉州牧、西平公，大赦境内，再次使用西晋最后一位皇帝晋愍帝的年号"建兴"，本年即为建兴四十三年。不数日，河州刺史张瓘大军到达姑臧，又推举张玄靓为凉王，张玄靓任张瓘为都督中外诸军事、使持节、尚书令、凉州刺史、封张掖公，任宋混为尚书仆射。

　　张瓘入京辅政，前凉境内有人不服。第一个是陇西郡（今甘肃省陇西县）人李俨，李俨宣称不接受新凉王的统辖，还使用东晋朝廷的年号，是年为永和十一年，陇西一带很多人归附李俨。张瓘获报后，连忙派秦州刺史牛霸前往讨伐。可是就在牛霸起程不久，西平郡（今青海省西宁市）卫缉也占领城池对抗张瓘。张瓘遂又派兄弟张琚领兵攻打并击败卫缉。就在牛霸讨伐李俨兵败溃散而回之时，酒泉郡（今甘肃省酒泉市）太守马基聚众起兵反对张瓘。张瓘又派司马张姚、王国讨伐马基，马基兵败被杀。至此，三处反叛尚有陇西李俨一处未平。

第14章 慕容恪广固征段龛 苻长生长安杀重臣

354年四月，前燕皇帝慕容儁大举封王之后，一时注重休整，没有再发动战事。然而一年半之后，慕容儁不得不再次考虑对外用兵，此事还得从前燕乐陵郡太守慕容钧与青州刺史朱秃发生的矛盾说起。却说慕容钧是慕容儁的叔父慕容翰的儿子，早年曾随其父慕容翰逃亡到段氏鲜卑、宇文鲜卑。慕容钧后来回到前燕任乐陵郡太守，驻屯在厌次县（今山东省阳信县东南）。朱秃也是乐陵郡人，后赵末年聚众起兵，于353年十一月归附前燕，被慕容儁任命为青州刺史，也驻扎在厌次。慕容钧自认为是慕容皇家子弟，不仅看不起朱秃，还经常侮辱朱秃。354年七月，朱秃实在忍无可忍，率兵攻打慕容钧，慕容钧兵败被杀。朱秃杀了慕容钧，想到前燕皇帝慕容儁定会动怒而派兵来攻，遂率部南下三百余里，到达青州的广固（今山东省青州市），投奔自称齐王的段龛。

段龛何许人也？段龛是辽西郡（今河北省迁安市）段氏鲜卑首领段辽之弟段兰的儿子。338年，后赵天王石虎率兵攻打辽西，消灭段氏鲜卑，段兰北投宇文鲜卑。343年，宇文鲜卑将段兰押送后赵，石虎命其带领五千鲜卑人回到令支（今河北省迁安市）驻守，替后赵镇守边疆。段兰去世后，其子段龛带领族人继续镇守令支。349年后赵内乱，段龛率部南下于350年正月先占陈留郡（今河南省开封市东南），再于是年七月向东占领广固，自称齐王。351年正月，段龛归附东晋，于是年二月被东晋任命为镇北大将军，封为齐公。当朱秃来投时，段龛以广固为据点已拥有青州大部领地。段氏鲜卑与慕容鲜卑有姻亲，段龛与慕容儁是表兄弟，而吴王慕容垂还娶了段末杯的女儿为妃。段龛当然也知道慕容儁早已趁后赵内乱之际，南下夺取幽冀二州，目前尚未向邻近的青州、兖州用兵。段龛或许认为慕容儁不会来抢他这位表兄弟的青州。但段龛哪里知道，他收留了朱秃就已经让慕容儁不悦了，毕竟朱秃杀了慕容钧，也叛离了前燕。

朱秃杀慕容钩并逃奔段龛一事，前燕皇帝慕容儁自然很快就得到消息，但慕容儁并没有马上发兵征讨。慕容儁此时正在关注被俘的原冉魏太子冉智，慕容儁对冉智仍然不放心。354年九月，有人向慕容儁奏报，说冉智准备谋反，并且黄门侍郎宋斌等也一同参与。慕容儁遂下旨将冉智、宋斌等全部诛杀。

又一个冬天快要到来了，慕容儁又像以往一样，在这个非常寒冷的冬天回到故都龙城（今辽宁省朝阳市）过冬。355年四月，整整半年过去了，慕容儁在东北大地完全春暖花开之际回到了都城蓟城。又一次这么长的时间待在龙城，幽州、冀州的百姓都在议论纷纷，认为慕容儁打算将都城迁回龙城。幽、冀一带甚至出现拥兵自守的坞堡。朝会之上，有官员向慕容儁建议派兵讨伐这些坞堡。慕容儁说道："那些小人因朕外出巡视，心中疑惑才拥兵自保。朕现在既已回到蓟城，人心马上就会安定，无须派兵征讨。"

慕容儁没有对外用兵，却有五郡前来归附。就在慕容儁回到蓟城不久，有使来报：归附晋国的兰陵郡（今山东省枣庄市东南）太守孙黑、济北郡（今山东省平阴县）太守高柱、建兴郡（今山西省阳城县西北）太守高盆及归附秦国的河内郡（今河南省沁阳市）太守王会、黎阳郡（今河南省浚县）太守韩高都愿向燕国归降。对于这些实际控制领地之外的郡县来归，慕容儁非常高兴，但也非常清楚，这些人今天来归，明天就可能叛离。就是没有叛离，也不会真心归附，姚襄就是这样的一位。354年三月时，羌族首领姚襄就宣称归附燕国。一年来，姚襄率领族人仍在盱眙（今江苏省盱眙县）一带积蓄粮草、壮大兵马。355年五月，姚襄率部向北挺进到兖州陈留郡外黄县（今河南省民权县西北），接着又折向西南，占领豫州颍川郡许昌县（今河南省许昌市）。慕容儁非常清楚，姚襄名义上归附前燕，实际仍在寻找割据之处。

面对周边复杂形势，慕容儁仍没有对外用兵。慕容儁正与其给事黄门侍郎申胤商讨有关礼制的问题。申胤认为有大功的臣子剑履上殿、入朝不趋虽是古例，但如若没有这样特殊功劳的人，这个礼法宁愿空缺。慕容儁要求将此事交由太常商讨后再定。申胤又说当今太子过于谦恭，其礼仪接近臣子，这不符合规定。太子有统领天下的重任，不可与诸王戴着同样的帽子出游，这样无法辨明贵贱。太子之冠当饰有九根飘带。慕容儁认为不可行，

第14章　慕容恪广固征段龛　苻长生长安杀重臣

不予接纳。

355年十月，已有一年半之久没有战事的前燕终于决定对外用兵，此事还与段龛的一封来信有关。段龛在信中以中表身份指责慕容儁不该自称皇帝，就是称帝也不是正统，最好和他一样向晋朝称藩。慕容儁对这位中表之亲收留朱秃早就不满，现在却又来指责慕容儁称帝一事，慕容儁更是大为恼火。慕容儁遂不再顾及与段龛的中表之亲，决定派兵征讨。355年十一月，慕容儁传旨派大都督太原王慕容恪率慕容尘、阳骛等前往青州征讨段龛。慕容恪等遂在这个寒冷的冬天领兵出征。

前秦皇帝苻生继位不到三个月就杀掉八位托孤大臣中的四位，还杀了梁皇后。不久，苻生又因准备重用亲信的家人而逼死忠臣。苻生三大亲信中的尚书右仆射赵韶与中护军赵诲都是洛州刺史赵俱的堂兄弟。与这两位堂兄弟极为不同，赵俱倒是一位忠臣。由于赵韶、赵诲深得苻生的宠信，苻生也就对赵俱青眼有加，决定升赵俱为尚书令，以接替被杀的梁楞之职。两位堂兄弟连忙将这个好消息告知驻守宜阳（今河南省宜阳县）的赵俱。赵俱回到长安，怒骂二位堂兄弟道："你们这两个东西，竟连祖宗都不顾，做出这种灭门的事情。毛贵、梁楞、梁安有什么罪？竟被诛杀。我又有什么功劳，却要取代他们？你们好自为之，我可能就要死了。"赵俱遂上表称病，坚决辞让尚书令一职。赵俱也知道皇帝苻生是个什么样的君主，知道难以拒绝，最终忧虑过度而死。苻生遂任司空王堕的外甥杜郁为洛州刺史，接替赵俱。前秦一时没有尚书令，苻生当然也不会罢休，又于355年十一月任吏部尚书辛牢为守尚书令。苻生还不忘记给三位亲信趁机升职：尚书右仆射赵韶为尚书左仆射、尚书董荣为尚书右仆射、中护军赵诲为司隶校尉。

对于赵韶、赵诲、董荣等扰乱朝纲，丞相雷弱儿非常痛恨。雷弱儿是南安郡（今甘肃省陇西县东）羌族人的首领，很早就跟随苻洪。雷弱儿性情耿直，看不惯的事总是要说出来。朝堂之上，雷弱儿常常当着皇帝苻生与众臣的面，指责赵韶、赵诲、董荣等败坏朝纲。雷弱儿见到赵韶、赵诲、董荣等更是咬牙切齿，毫不掩饰自己的愤怒。赵韶、赵诲、董荣等对雷弱儿也是恨之入骨，一个一个到皇帝苻生面前说雷弱儿的坏话，苻生也就信了。355年十二月，苻生下旨将雷弱儿屠灭三族，雷弱儿及其九个儿子、二十七个孙子全部被杀。雷弱儿被杀，跟随氐族苻氏多年的羌人渐生叛离之心。

苻生不仅滥杀大臣，就是在大丧期间，其游乐饮宴仍如平常。苻生平时接见臣属时，总是将刑具放在身边，左右侍从更是箭上弦、刀出鞘。苻生即位没有多久，从皇后、嫔妃、公卿直到奴仆被杀五百余人。苻生的杀人手段也非常残忍，有的砍断双腿，有的拉断肋骨，有的锯断脖子，有的开肠挖肚，朝廷内外无不惊恐万状。

不久，八位托孤大臣之一的司空王堕又得罪董荣及刚任侍中的强国。王堕性情刚直不阿，对董荣、强国等凭着阿谀奉承获得高位而十分厌恶。每次太极殿朝会时，王堕从不跟他们说一句话。有好心的人劝诫王堕道："尚书右仆射董荣地位尊贵，又得到皇上的宠信。你应当稍加委屈与他交往。"王堕听后立即怒道："董龙（董荣的小名）是什么鸡狗？国士岂能与他说话？"

356年正月，董荣、强国以天象变化对皇帝苻生说道："臣等夜观天象，近日将有大灾，应当让尊贵的臣子应验受责。"苻生说道："尊贵的臣子只有大司马（苻安）与司空（王堕）。"董荣马上说道："大司马是皇室至亲，不可以诛杀。"苻生遂传旨将王堕绑至法场诛杀。法场之上，董荣骂王堕道："你今天还敢把我董龙比作鸡狗吗？"王堕对董荣怒目而视，大声斥责。由于洛州刺史杜郁是王堕的外甥，尚书左仆射赵韶非常厌恶他，又向皇帝苻生进谗言，诬陷杜郁驻守的宜阳与东晋控制的洛阳相距不到百里，常常密与东晋守将来往，早就成了东晋的内奸。苻生遂又传旨将杜郁斩杀。

就在苻生杀掉王堕、杜郁不久，苻生对另一位托孤大臣也起了杀心。还是在这年正月，苻生在太极殿大宴文武，命尚书令辛牢为掌酒官。苻生正喝得尽兴之时，看到还有大臣没有倒下，认为他们没有喝多，马上对辛牢大怒道："为何不把他们灌醉？竟然还有人坐着没有倒下。"说完取出身边弓箭，朝辛牢射出一箭，辛牢当场毙命。众文武遂无人敢不尽兴，不久太极殿中横七竖八，躺满一地，官帽全都滚落，苻生哈哈大笑。至此，八位托孤大臣只剩太师鱼遵一人。

第15章　慕容恪广固战段龛　前秦使凉州说张瓘

355年十二月，前燕大都督、太原王慕容恪的大军到达青州境内，逼近黄河。这时皇帝慕容儁千里传旨慕容恪道："段龛兵马正盛，如若其派兵沿黄河布防，你部无法渡河时，则不妨放弃段龛，先率部向西，攻打据守野王（今河南省沁阳市）的吕护。击败吕护后即可班师回蓟城（今北京市）。"慕容恪与阳鹜、慕容尘等商讨认为大军千里到此，不可轻易言退。至于攻打野王的安国王吕护，尚须向西再行进千里，更不宜马上作出这样的决策。慕容恪打算先试探一下段龛的反应，再作决定。慕容恪于是派出轻装兵马到达黄河岸边，准备渡河舟船，借以观察段龛的动向。

且说广固（今山东省青州市）城里的齐王段龛获报前燕慕容恪率部已经进抵黄河对岸，只想坚守广固城，根本没有沿黄河排兵设防。却说段龛有一位兄弟名叫段罴，勇猛善战而且足智多谋。段罴认为应当在黄河设防，连忙去见兄长段龛并说道："慕容恪不但善于用兵，而且兵马众多。如若听任慕容恪大军渡过黄河，逼近广固城下，到那时我等就是想投降，恐怕已经来不及了。请兄长固守广固城，派兄弟率精锐兵马到黄河边抵御。如若一战获胜，兄长再率部出城参战，定将燕军完全消灭。如若兄弟此战不能获胜，兄长可以派使纳降，必能保住千户侯的地位。"段龛不能接受段罴的建议，认为慕容恪不敢渡过黄河，即使渡过黄河，到时再出城迎战也不迟。段罴再次请求领兵到黄河边抵挡慕容恪，段龛就是不许。段罴还要再劝，段龛一怒之下竟将段罴杀掉了。

356年正月，慕容恪看到段龛没有任何反映，遂传令所部大军开始渡河。渡过黄河，慕容恪大军一路向广固挺进。当慕容恪大军离广固城只有百里之地时，段龛开始发慌，马上亲自披挂上马，和兄弟段钦、右长史袁范、王友辟闾蔚等率兵马三万出城迎战。正月三十，两军在淄水展开激战。这时的北方依然十分寒冷，燕齐数万兵马浓烈的战火使得淄水为之沸腾。慕容恪善于部署，段龛只会硬战，一日下来，段龛兵马死伤无数。段钦、袁范当场战死，辟闾蔚身负重伤。段龛见势不妙，率少数兵马逃回广固城中，试图以这个广为坚固的青州城来抵挡慕容恪的大军。慕容恪听说段龛的王友辟闾蔚是一位贤能之人，遂派人寻找。当找到辟闾蔚时，辟闾蔚已因伤势过重而死亡。慕容恪接着传令所部进抵广固城下，将广固城团团包围。

二月，包围广固的慕容恪也知道广固城池非常坚固，易守难攻。慕容恪为了减少不必要的伤亡，没有下令强行攻城，而是决定一边包围，一边向广固之外归属段龛的其它城池招降。这一招果然有效，段龛任命的徐州刺史王腾竟率部从驻守之地阳都（今山东省沂南县南）前来归降。慕容恪仍命王腾驻守阳都，保持原来官职。慕容恪遂继续包围广固。由于慕容恪要在十个月之后才能攻克广固，暂且按下不提。

话说前秦皇帝苻生自继位，到356年正月的半年多中，一连杀掉七位托孤大臣，还重用三位亲信，滥杀还在不断。苻生为何如此迫不及待地杀掉托孤重臣？这与苻生天性残暴当然不无关系，但我们必须知道，真实的历史已无从知晓，史书中的记载一定有其片面性。首先，苻生即位时已二十一岁，这个年龄可谓小又不小，大又不大。如果苻生再小一点，也许能够与这八位托孤重臣正常相处，如果苻生再大一些，也许就不需要这八位托孤重臣，可能就不会有如此的杀戮。再者，苻生少了一只眼，天生有缺陷，一直被人看不起，心里一定很自卑，也一定会产生一种报复的心理。这样的人一旦做了帝王，那些有本领、有权势的大臣往往会成为其眼中钉。如果这些大臣再倚老卖老来个认真辅佐的话，那一定死得更快。还有一个重要原因，苻生后来是被苻坚起兵杀掉的，苻坚夺了苻生的帝位。夺位总不是件正当的事，但为了歌颂这个夺位者，后来写史的人必须尽量将被夺的人写得很坏，以便说明夺位者的正当性。但我们必须清楚地看到，尽管史书上对苻生的记载多为负面的内容，但苻生的杀戮还是有一定的目标的，苻生也没有穷兵黩武对外四处征伐。苻生在位期间甚至还派使劝前凉前来归附，不能不说是大功一件。说到前秦派使到前凉，史书记载很有意思。《资治通鉴》上载，驻守蒲坂（今山西省永济市）的晋王苻柳派参军阎负、梁殊出使前凉。这让人百思不得其解。苻柳有什么资格派使与别国联络劝降，而且苻柳驻守于长安城东边

第15章 慕容恪广固战段龛　前秦使凉州说张瓘

数百里外的蒲坂,怎么可能派使到长安城西边的凉州去?这将长安城里的皇帝苻生置于何地?若从大的方面来说,就是谋反。再看看《晋书》中的《苻生载记》,原来出使前凉是苻生的旨意,是苻生让苻柳派出两位使者前往凉州的。《资治通鉴》上为何要这样写?无非是不想让劝降前凉的功劳归苻生所有。写史之人带有个人喜好,读史之时要能有所辨别。

356年二月,苻生听报前凉皇帝张祚被杀,六岁的张玄靓继位,都督中外诸军事张瓘辅政,苻生打算派使劝降。苻生又听闻晋王苻柳处有两位能言之人,遂将此事交给苻柳,并让苻柳修书一封,劝张瓘来降。苻柳派参军阎负、梁殊带着书信出使前凉。阎负、梁殊二人从蒲坂出发,一路向西,经长安、上邽(今甘肃省天水市),再渡黄河前后历经两千余里到达姑臧(今甘肃省武威市)。张玄靓年幼没有接见二位来使,辅政的张瓘代为接见。以下是双方精彩的对话。

张瓘说道:"凉州世代忠诚节义,遥奉晋朝,在下作为晋朝臣子,没有境外之交,君等为何到此?"

阎负、梁殊说道:"秦国陛下以敬肃明察继承大统,八方归心,光照四海,通达天地。晋王(苻柳)认为秦凉相邻,友好情谊,由来已久。晋王与君虽然山河隔阻,但风尚相通道义相合,不想使当年羊祜、陆抗二公独美于前。晋王更想与君共放光明,结交玉帛之好,因而不远千里而来,有何奇怪的?"

张瓘说道:"羊、陆只是一时之事,也不是纯正之臣应有之事。凉州六代重光,忠贞不贰,如若与晋王结交玉帛之好,便是上违先公纯诚雅志,下背河西万民遵奉晋朝的大义。"

阎负、梁殊说道:"昔微子去殷,项伯归汉,虽然违背君主与亲人,但史书赞其先觉。今晋之残余,逃至江东,天命已去,沦绝已久,所以贵国先王立即改变主意,称臣二赵(汉赵、后赵)。这就是神算而不拘泥于定法,见机而作。君公欲想称制河西,兵马不敌秦国,若想归附晋朝,却又违背先王意旨。不如效仿从前窦融附汉之法、近依先王归赵之事。必将世代永传,福祉永享。"

张瓘说道:"中原无信,好食誓言。从前与石氏通好,转眼就遭侵袭。中原如此风尚,昔日已有所鉴,今日不足以再论相通结好之事。"

阎负、梁殊说道:"三皇五帝的政风尚且不同,而羯赵奸诈,大秦信义,岂能同日而语?张先、杨初拥兵自重,不贡大秦,先帝派兵擒获而饶恕其罪,还赐爵加封。当今陛下道合天地,慈弘山海,信符阴阳,御物无际,二赵岂能相比?"

张瓘说道:"秦国兵马强盛,教化美好,应当先取江东,天下自然尽归秦国,为何委屈晋王派使前来讲和呢?"

阎负、梁殊说道:"先帝大圣神武,开创鸿基,国运必将隆盛。江南百姓断发文身,道义衰落,陛下以为江东当用武力才能征服,而凉州可以用义感化,所以派使先来修好。如若君公不能见机行事,大秦将回师西指,正可缓江东数年之命,而凉州不保矣。"

张瓘说道:"大凉地跨三州(河州、凉州、沙州),拥兵十万,西到昆仑,东依黄河。进攻尚且有余,何况自守呢?秦国不足为患。"

阎负、梁殊说道:"贵国险要,怎比崤函之固?五郡兵马,怎比雍秦二州?张琚、杜洪凭借羯赵之资,依据天然险固,指挥三秦锐卒,尽用关中富饶,竟有囊括关中、席卷四海之志。岂料大秦先帝神矛一指,张琚、杜洪即刻土崩瓦解,关中不知不觉换了主人。贵国如不归附,秦国陛下挥动百万大军西指,君公如何抵挡?何不尽快追随先王,向大秦称藩呢?"

张瓘笑道:"此事当由主上决断,在下不能做主。"

阎负、梁殊说道:"凉王虽然天生英明聪慧,但年纪尚幼,君公身居伊、霍之位,见机行事,当在君公。"

张瓘听罢担心前秦真的派兵来攻,刚刚辅政也不希望为河西引来战火。张瓘遂奏报张玄靓,派使向前秦称藩。前秦皇帝苻生遂对张玄靓加授职爵。

苻生不仅派使劝降前凉,还派兵抵挡了前燕、东晋兵马的两处进攻。也就是苻生对张玄靓加授职爵不久,东晋将领刘度攻击前秦青州刺史袁朗驻守的上洛郡卢氏县(今河南省卢氏县),而前燕将领慕舆长卿攻击前秦幽州刺史强哲驻守的裴氏堡(今山西省垣曲县东南)。对于两处刺史被攻,苻生并没有荒淫到不加过问的地步。苻生当即传旨,派前将军、新兴王苻飞领兵援救卢氏迎击刘度,派建节将军邓羌领兵援救裴氏堡迎击慕舆长卿。苻飞尚未到达卢氏,刘度即闻风撤退。邓羌则在裴氏堡击败慕舆长卿,俘虏慕舆长卿及其两千兵马。苻生在位期间,值得称道的事,也就两三件,这两件可以算上。

第16章　杀强平苻生施暴政　败姚襄桓温取洛阳

　　356年三月，关中冬去春来，前秦皇帝苻生在太极殿召集群臣商讨修筑渭河大桥一事。金紫光禄大夫程肱认为正值春耕，不宜征调劳力。苻生认为春耕即将结束，可以征调关中百姓前来渭河修桥。苻生还说如若现在不加紧修筑，三月后渭河水涨，将无法再修，渭水两岸百姓何时才能方便通行。程肱坚决认为不可影响农耕，极力劝谏苻生不要下旨修桥。苻生一怒之下，反而下旨将程肱推出殿门斩首。

　　四月，前秦都城长安（今陕西省西安市）狂风大作，掀起房顶，拔掉树木，皇宫内外一片惊恐。这时长安街头谣言四起，说盗贼将发动攻击，宫门白天都紧紧关闭。整整过了五天，长安城才恢复正常。皇帝苻生大为动怒，下旨追查谣言传播者，一律剖胸挖心。苻生的舅舅左光禄大夫强平劝谏苻生道："天象异常，皆因陛下不勤于政事，违背阴阳相和之气所致。恳请陛下与民休养生息，彰明善恶，舍弃猜忌，胸怀山岳般包容之心，降下三春般恩泽，奸邪之事必能停止，凶灾祸乱亦将消失。"苻生听后，大怒异常，大骂强平乃是妖言惑众，传旨用铁锤敲其头颅将其杀死。朝中忠臣已经不多，敢劝之人更是寥寥无几。苻生信任的卫大将军广平王苻黄眉与刚刚出征回师的前将军新兴王苻飞、建节将军邓羌认为强平乃是强太后之弟，也是皇帝苻生之舅，都再三叩头劝阻。苻生根本不听，甚至想把这三个人也一起杀掉，但想到这三个人非常骁勇，又不忍心。苻生遂下旨调苻黄眉到两百里外的冯翊郡（今陕西省大荔县）任太守，苻飞到两百里外的扶风郡（今陕西省眉县）任太守，邓羌到数十里外的咸阳郡（今陕西省咸阳市）任代理太守。最后强平还是被苻生下旨杀害。苻生的母亲强太后获报后，伤心欲绝，愤恨交加，于次月去世，谥号为明德皇后。

　　六月，苻生也听到朝堂内外对其咒骂之声不断，竟然颁下诏书，大放狂言。其诏书内容大意为，朕受皇天之命，统治万邦，自登基即位以来，有何之过,而谤言不断,还被传遍天下?到今天为止,朕所杀之人尚不过千,竟被说成残忍暴虐。路上行人肩并肩,人口并未稀少。朕仍当严刑峻法,谁能把朕怎么样?

355年春天以来,都城长安到潼关(今陕西省潼关县)之间两百余里的地面上,发现大量豺狼虎豹。这些豺狼虎豹白天在道上行走,夜间则攻击百姓,不吃六畜,专吃大人儿童,已有七百余人被吃。百姓不敢下田耕作,只能聚集在一起居住。356年七月,群臣奏请禳灾,皇帝苻生不以为然地说道:"野兽肚子饥饿,当然要吃人,一旦吃饱了,就不会再吃。有什么灾要去禳的?上天岂有不爱民众的,只因犯罪的人太多,所以才助朕杀掉他们罢了。"

苻生凶残无道,连给自己看病的太医也杀。356年十月的一个晚上,苻生吃了很多枣子,第二天早上觉得"龙体欠安"。苻生传太医令程延前来诊治。程延把脉之后对苻生说道:"陛下无病,只因昨晚吃枣太多。"苻生听后非常不悦,怒道:"你又不是圣人,怎知朕昨晚吃枣?"下令当场将程延斩杀。

却说名义上宣称归附前燕的羌族首领姚襄率领族人于355年五月,占领豫州颍川郡许昌县(今河南省许昌市),到356年五月,整整一年过去了。姚襄决定夺取重镇洛阳。当时驻守洛阳两年半之久的将领周成也已宣称脱离东晋,但独自据守洛阳,并不归附何方。六月,姚襄兵临洛阳城下开始攻城。洛阳城池坚固异常,姚襄攻了一个多月都未能攻克。当时正值夏季,天气炎热,攻城将士十分疲乏。356年七月中旬,长史王亮劝诫姚襄道:"将军英名盖世,兵强民附,而今却被困在坚城之下,兵力受挫。如若此时被其他盗贼趁机下手,将军危矣。"姚襄不接纳,仍坚持攻城。

就在姚襄久攻洛阳不下之时,东晋征西大将军桓温再次北伐了。桓温第一次北伐于354年九月回师荆州南郡江陵县(今湖北省江陵县),至此已近两个年头过去了。桓温曾于356年二月上疏朝廷,请求还都洛阳。奏疏上呈十余次,朝廷一直没有采纳。朝廷对还都洛阳当然兴致不高,且不说洛阳周边敌国虎视,就是洛阳守将周成也已背叛。朝廷最终不能拒绝桓温的奏请,虽不同意还都洛阳,但同意先收复洛阳。朝廷颁诏任桓温为征讨大都督、都督司冀二州诸军事,并派桓温率部北上讨伐驻守许昌的姚襄及洛阳的周成。桓

第16章　杀强平符生施暴政　败姚襄桓温取洛阳

温接诏后开始征集粮草、操练兵马，准备第二次北伐。356年七月，桓温从江陵率部开始北伐。桓温先派督护高武率部进驻鲁阳（今河南省鲁山县），辅国将军戴施率部进抵黄河。桓温自率大军随后进发。北伐途中，桓温与众将在楼船之上，北望中原。桓温叹道："让神州大地沉沦，百年大业变为废墟，司徒王衍那些人难逃其责。"一旁的记室参军袁宏说道："时运有兴有废，岂能肯定是那些人的过失？"桓温听后很不高兴，脸色都变了，说道："从前荆州刘表有一头千斤重的大牛，吃的草料是平常牛的十倍，可是驮东西走远路，还不如一头瘦弱的病牛。曹操到了荆州后，就将这头大牛杀了慰劳将士。"桓温此言是嘲笑袁宏只会浪费朝廷俸禄，实际是毫无用处。

356年八月六日，桓温的北伐大军挺进到伊水一带，逼近洛阳。此时的姚襄围攻洛阳已两个月了，仍未能攻破。姚襄获报桓温来伐，遂解除对洛阳的围攻，回师抵抗桓温。姚襄将精锐兵马隐藏在伊水以北的树林中，然后派使去见桓温。使者对桓温说道："将军亲率王师到此，姚襄愿归附天命。请将军命令三军稍作后撤，姚襄定当夹道拜迎。"桓温当然不会同意三军后撤，说道："本将军到此，是为当今陛下光复中原，察看拜谒皇陵，与你家将军无关。你家将军若想前来相见只管来。近在咫尺，无须派使。"使者回复姚襄，姚襄知道桓温已有戒备，遂下令准备迎战。姚襄凭借伊水与桓温兵马交战，桓温也排兵布阵，亲自披甲督战。一个时辰之后，姚襄所部大败，死亡数千人。姚襄知不能敌，遂率数千骑兵逃往洛阳北面的北邙山。当时一直追随姚襄的百姓有五千多人，这些百姓大都抛弃妻子儿女一路从许昌、洛阳跟随。姚襄勇猛而又爱护百姓，虽然他屡战屡败，但百姓一旦得知姚襄在哪里，就扶老携幼，急忙追赶投奔他。桓温的军队中传言姚襄因受伤而死，被桓温抓获的许昌、洛阳的百姓，无不面向北方哭泣。其实姚襄一路向北逃走，桓温大军根本没有追上。一个叫杨亮的人从姚襄那里来投奔桓温，桓温问他姚襄是什么样的人。杨亮说道："姚襄英明神武，胸怀宽广，如同孙策一样，而雄才武略却超过了孙策。"

桓温击败姚襄，洛阳城里的周成也无心再守城，遂打开城门向桓温纳降。桓温将兵马屯于西晋时期的太极殿前，不久又转驻金墉城（今河南省洛阳城西北）。当时的洛阳已经入秋，秋风萧瑟，桓温来到皇陵，逐个拜谒。对于被毁坏的皇陵，就立即下令修葺。桓温还对每个皇陵设置了看守陵园的陵令。桓温又向东晋朝廷上表，请朝廷任镇西大将军谢尚为都督司州诸军事，镇守洛阳。当时谢尚所部还未到达洛阳，桓温遂留下颍川郡（今河南省禹州市）太守毛穆之、督护陈午及河南郡（今河南省洛阳市）太守戴施率两千人驻守洛阳，保卫皇陵。桓温最后把三千多户归降的百姓迁到长江、汉水一带居住。桓温部署完毕，押着周成，班师南返。桓温第二次北伐用时两个月，击败姚襄，俘获周成，收复洛阳。

却说姚襄率领族人及跟随的百姓，北渡黄河，一路到达平阳郡（今山西省临汾市）境内。驻守蒲坂（今山西省永济市）的前秦并州刺史尹赤，曾是姚襄的司马，在352年三月，投降前秦。此时的尹赤听闻旧主姚襄到达平阳，遂又率众投降了姚襄。姚襄不久占据襄陵（今山西省襄汾县）。此时仍宣称归附前燕的并州刺史张平获报姚襄进入并州，正驻扎在襄陵，担心姚襄与其争夺并州，连忙派兵来攻。姚襄不敌，决定与张平和解，结为异姓兄弟，各自罢兵休战。

再说东晋朝廷获报桓温北伐收复洛阳，辅政的会稽王司马昱遂以皇帝司马聃的名义下诏，派司空、散骑常侍车灌等带着符节前往洛阳，修整司马懿、司马师、司马昭、司马炎、司马衷的陵墓。356年十二月，车灌等到达洛阳。十二月十九日，司马聃带领群臣身着孝服，到太极殿哭泣谒拜三天。被桓温推荐为都督司州诸军事的谢尚因病一直未能到洛阳赴任，朝廷遂重新派遣丹阳尹王胡之接替谢尚到洛阳镇守。

第17章　慕容恪广固降段龛　慕容垂漠北败敕勒

356年七月，北方的蓟城（今北京市）已有秋意，又是一个收获的季节。蓟城里的前燕皇帝慕容儁正在等待太原王慕容恪的战报。令慕容儁有些失望的是，慕容恪围攻广固（今山东省青州市）城已快半年了，但一直没有攻克。慕容儁担心慕容恪大军在外太久，于国不利，甚至想传旨慕容恪回师北返蓟城。但慕容恪善于用兵，慕容儁又不便过多干涉，慕容儁只得继续耐心等待。焦急的慕容儁怎么也没有想到在这个秋天到来之际，其太子慕容晔无病无痛突然去世。慕容儁伤心无比，一时不忍重新册立太子。八月，慕容儁伤子之痛仍未消除，但不得不关注前方的战事。

且说慕容恪围困广固半年多了，城内的齐王段龛此时也开始担心广固城池再坚，也经不起长期的围困。段龛知道，城中粮草总有用尽的时候，而城外的慕容恪不仅可以收割田间秋粮，还在督促将士开荒种地，长年围困也不成问题。段龛也不想坐以待毙，决定派将领段蕴于夜间悄悄缒城而下，离开广固前往江东，向东晋朝廷求援。东晋朝廷接报后，下诏派驻守下邳（今江苏省睢宁县北）的徐州刺史荀羡率部随段蕴北上，救援段龛。荀羡字令则，是三国曹魏著名谋士荀彧的六世孙。349年十二月，北伐失败而回的征北大将军褚裒在京口（今江苏省镇江市）病逝，东晋朝廷任时年二十八岁的吴国（今江苏省苏州市）内史荀羡为北中郎将、徐州刺史，驻守京口。荀羡是东晋立国以来最年轻的刺史，世称"荀中郎"。352年二月，殷浩北伐，兵分东西两路，荀羡就是东路。三月，荀羡从驻地京口北上进驻淮阴（今江苏省淮安市）。不久，朝廷又加授荀羡监青州诸军事、兼兖州刺史，镇守下邳。

言归正传。荀羡所部不日到达琅琊郡（今山东省临沂市），离前燕徐州刺史王腾驻守的阳都（今山东省沂南县南）只有百里。荀羡畏惧前燕兵马强盛，竟驻扎在琅琊郡不敢前进。岂料这时王腾竟派出一支兵马向西攻打数百里外的鄄城（今山东省鄄城县北）。荀羡得知这个消息，认为王腾守城兵马不多，遂传令快速北上攻打阳都城。当荀羡所部到达阳都城下时，天降大雨，竟使阳都城墙崩塌。荀羡认为天助，立即下令攻城，王腾兵败被擒。荀羡将王腾斩首示众。荀羡此时离广固只有三百余里，但荀羡十分畏惧慕容恪，仍不敢继续北上。荀羡于是驻扎在琅琊郡等待机会。岂料荀羡在琅琊郡一直等了两个月，等到的却是广固城被攻破的消息。

356年十月，天气开始转冷，广固城里的段龛没有能够得到当年的秋粮，也没有等来东晋的救援兵马。就在这时，城外的前燕将领开始劝主帅慕容恪下令攻城。这位用兵不愿多加伤亡的慕容恪对众将说了一番用兵之道。慕容恪说道："用兵的策略，有时宜缓，有时宜急，不可不作分别。如若敌我势力相当，且敌人在外又有强大的援兵，我军就有腹背受敌的危险，这时攻打不能不急。如若我强敌弱，敌人在外又无援兵，我方力量足以制服敌人的时候，就应当包围敌人，让敌人坐以待毙。兵法中所说的十围五攻，就是这个道理。现今段龛的兵马尚多，还没有出现众叛亲离的苗头。济南（济水之南）之战时，不是段龛的兵马不精锐，只是段龛用兵无术，所以才会失败。如今段龛凭借险阻，坚守城池，上下戮力同心，我若用精锐兵马去攻打他，数日后也能攻克，但我方兵马伤亡一定很多。自中原战乱以来，将士们连短暂的休整都没有，每次想到这里，我就夜不能寐。岂能轻易使用让将士们送死的战术呢？最重要的是把城池攻破，而不在于求功心切。"诸将听后，都感动而佩服地说道："这真不是我们所能想到的。"军中士兵听闻后，人人感动喜悦，遂纷纷筑高墙、挖深壕来继续包围段龛。齐地的百姓也争先恐后地给慕容恪送来粮草。

再说广固城里的齐王段龛粮草已绝，城里开始出现人吃人的惨象。段龛实在不能再守，遂带领全部兵马出城与前燕兵马决战。慕容恪就在包围圈内击败段龛的兵马，同时派出骑兵堵住段龛的回城之门。段龛亲自冲锋，才得以逃回城内，所部全军覆没。这时城里的兵民听闻段龛兵马大败，情绪沮丧，无人再有守城的愿望。356年十一月十四日，寒风凛冽，段龛双手反绑，出城向慕容恪投降，同时将朱秃交出，由慕容恪处置。慕容恪将段龛、朱秃二人押送蓟城，交给皇帝慕容儁处置。慕容恪入城，安抚百姓，齐地遂平。慕容恪还将齐地鲜卑族人、羯族人三千余户迁至蓟城。慕容恪留下慕容尘镇守广固，任尚书左丞鞠殷为东莱郡（今山东省莱州市）太守，章武郡

第17章　慕容恪广固降段龛　慕容垂漠北败敕勒

(今河北省大城县)太守鲜于亮为齐郡(今山东省淄博市东临淄镇)太守，然后与阳骛率部班师北返蓟城。

这里赘述一下鞠殷及鞠彭。鞠殷是鞠彭的儿子，而鞠彭是鞠羡的儿子。五十年前西晋末年，时任东莱郡太守的鞠羡被趁乱起事的王弥杀害。鞠彭后来在前燕朝廷任大长秋，听闻儿子鞠殷在家乡出任太守，写信告诫鞠殷道："王弥和曹嶷一定有子孙后代仍在东莱郡，你一定要很好地招纳抚慰他们，不要计较过去的怨恨，以防引发祸乱。"鞠殷用心查访，在山中找到了王弥的侄子王立、曹嶷的孙子曹岩。鞠殷请王立、曹岩前来相见，与他们结下深厚的情谊。鞠彭得知后，还派人给他们送去车马衣服，东莱郡的百姓从此和睦。

再说驻扎在琅琊郡的东晋徐州刺史荀羡听闻慕容恪攻克广固，知道北上救援无望，青州已基本被前燕占领。作为徐州刺史，荀羡决定南下返回下邳。但荀羡考虑到兖州、豫州基本归东晋所有，所以特地派参军戴遂率两千人前往驻守泰山郡(今山东省泰安市东)。荀羡还听说燕国将领慕容兰正驻守在豫州最北边的鲁郡下城(今山东省泗水县东南)，荀羡决定留下将领诸葛攸、高平郡(今山东省金乡县西北)太守刘庄带领三千人继续驻守琅琊郡，亲率一部兵马北上攻打慕容兰。数日后，荀羡攻破下城，斩杀慕容兰后挥师南返下邳。

且说慕容恪大军回到蓟城，慕容儁大悦，下旨论功行赏。慕容儁看到段龛与朱秃，非常生气，但对二人的处置却截然不同。慕容儁仍然念及与段龛的中表之亲，没有杀掉段龛，还任段龛为伏顺将军。而对于朱秃，由于他杀了慕容钧还叛离前燕，慕容儁似乎更加痛恨，当即下旨用五刑(面部刺字，削去鼻子，砍下双趾，用鞭抽死，剁成肉酱)将朱秃杀死。半年后的357年六月，慕容儁还是下令杀死了段龛，并坑杀了随段龛一同投降的三千多将士。

356年的这个冬天，慕容儁没有去龙城过冬。357年二月二十三日，慕容儁颁诏，册立八岁的慕容暐为太子，半年多没有太子的局面遂告结束。就在357年，一心南下逐鹿中原的慕容儁做了一件重要的决定，那就是向漠北草原用兵。却说慕容儁听闻漠北的草原上敕勒部(在蒙古国北部)近来正盛，有南下大漠之意。慕容儁此时正欲平定中原，担心敕勒部成为其后背之患。

慕容儁遂在这年春天召集群臣诸将商讨对策。慕容儁决定，派抚军将军吴王慕容垂、中军将军慕容虔、护军将军平熙率步骑兵马八万远出漠北，攻打敕勒部。从蓟城到漠北，数千里之遥，且敕勒部作为草原部落，居无定所，此次远征，难度甚大。三十二岁的吴王慕容垂认为要想攻击敕勒部必须马上进发，不要等到秋草长起再攻，那时战马已肥，攻之更难。慕容垂回府与其妃段氏及数子告别后，即率部北征。357年五月中旬，慕容垂所部到达漠北大草原，敕勒部竟然没有料到前燕会派兵远征，其时正在度夏，以期在秋天来临之时，南下抢掠。慕容垂所部八万兵马突然出现在漠北大草原，敕勒部可以说是毫无防备。慕容垂所部骑兵马非常勇猛，大胜敕勒部。敕勒部十万余人不是被杀就是被俘。慕容垂所部还抢得敕勒部骏马十三万匹，牛羊亿万头。敕勒部遭受此次重创，一时不能南顾。

慕容垂大胜敕勒部的消息，不仅传到蓟城，也传遍长城内外，匈奴贺赖部三万五千人在首领贺赖头的率领下，向前燕归降。前燕皇帝慕容儁下旨把他们安置在代郡的平舒城（今山西省广灵县）。

第18章　败姚襄邓羌施计策　杀苻生苻坚称天王

357年四月，据守襄陵（今山西省襄汾县）已经半年之久的姚襄准备到关中去夺取领地。岂料时年二十六岁的姚襄竟然命丧关中。却说姚襄自352年三月离开据守多年的滠头（今河北省枣强县东北），开始南下投奔东晋。姚襄不久与殷浩发生冲突，后来又向前燕归降。姚襄最后又在洛阳与桓温发生激战而北上到达平阳郡的襄陵。五年来，姚襄一直没有找到合适的领地，也一直没有埋葬其父姚弋仲，无论走到哪里，始终带着父亲的灵柩。现在姚襄决定谋取关中，传令所部从北屈（今山西省吉县）西渡黄河，数日后到达杏城（今陕西省黄陵县）驻扎。姚襄接着派堂兄辅国将军姚兰率一支兵马攻打数十里外的敷城（今陕西省洛川县东南），又派兄长曜武将军姚益生、左将军王钦卢各率一支兵马到附近招降羌族、匈奴族人马。不数日，这一带的羌族、匈奴族及归附前秦的汉族百姓五万多户归降姚襄。

姚襄在雍州北部一带招降纳叛的消息传到长安（今陕西省西安市），前秦皇帝苻生虽然凶暴荒淫，但仍大怒异常，当即派苻飞龙率一支兵马北出长安，前往敷城，攻打姚兰。姚兰不敌被擒。姚襄获报连忙率部向南进驻黄落（今陕西省铜川市西南），威逼长安。苻生连忙又派卫大将军广平王苻黄眉、平北将军苻道、龙骧将军东海王苻坚、建节将军邓羌四人率步骑兵一万五千北出长安，投入战斗。姚襄看到前秦又派四位将军率部来战，遂坚守营寨，不战。

数日过去了，姚襄仍不派兵出战，苻黄眉非常着急。建节将军邓羌对一筹莫展的苻黄眉建言道："姚襄先后被桓温、张平打败，其部锐气早已丧失。听闻此人倔强好胜，如若我等擂起战鼓，遍举旌旗，直逼其营门，其一定不堪此辱，定会率兵出战。到那时，我等定能将其擒获。"苻黄眉接纳了邓羌的建言。

357年五月，苻黄眉派邓羌率三千骑兵，向姚襄大营杀来，一直冲到营门口。姚襄看到邓羌所部猛擂战鼓，摇举大旗，一时羞愤交加，怒不可遏。姚襄真的跃上战马，率所部兵马冲出营门迎战。邓羌假装不敌，向后撤退，姚襄竟奋力追击，一直追到数十里外的三原（今陕西省三原县）。这时苻黄眉、苻道、苻坚等从两侧杀至，邓羌又掉转马头回杀过来。姚襄所部兵马大败，姚襄所乘战马黧眉騧突然跌倒，姚襄从马背上跌落下来。前秦将士连忙上前擒拿姚襄，并趁乱将姚襄斩杀。姚襄的兄弟姚苌不敢再战，率部纳降。自此，羌族姚氏归附氐族苻氏近三十年。

苻黄眉等战败姚襄的消息传到长安，苻生大喜。苻生传旨，接受姚苌的归降，还以王爵的礼仪，把姚弋仲的灵柩安葬到其家乡孤磐（今甘肃省甘谷县境内），还用公爵的礼仪将姚襄安葬。苻生平定姚襄，也算为前秦立了大功一件，但其杀人却又开始了。357年五月中旬，苻飞龙及苻黄眉、苻道、苻坚、邓羌等率部回到长安，苻生论功行赏。除了苻黄眉，众将都有赏赐。不仅如此，苻生常常在众人面前侮辱这位受其信任的苻黄眉，苻黄眉十分不悦。苻黄眉觉得苻生开始不信任他，担心性命难保。苻黄眉准备先下手为强，策动将士谋反，起兵杀掉苻生，岂料走漏风声，苻黄眉却被杀掉。苻黄眉一事牵连很多王公亲戚，被杀者甚多。

苻生杀人的魔爪终于伸向最后一位托孤大臣，也是最为德高望重的大臣。这件事起源于苻生的一个梦。一天晚上，苻生梦见一条大鱼在吃蒲草，梦醒之后觉得非常不悦。苻生知道自己家族本姓蒲，是后来才改姓苻的。大鱼在吃蒲草不是表明有人要杀他吗？不久长安街头又传歌谣道："东海大鱼化为龙，男皆为王女为公，问在何所洛门东。"苻生越发觉得这条大鱼不仅要吃掉他，更是要夺他的帝位。那么这条大鱼指的是谁呢？苻生根本没有想到是东海王苻坚，而想到的是太师鱼遵。苻生立即下旨屠灭鱼遵三族：杀掉鱼遵及其七个儿子十个孙子。八位托孤大臣至此全部被杀。金紫光禄大夫牛夷看到鱼遵被杀，非常恐惧，担心祸及自己，遂请求到荆州任刺史。苻生不许，任命牛夷为中军将军，并召见牛夷，戏之道："老牛生性迟缓稳重，善驾车辕，虽然没长骏马的蹄子，但负重百石。"牛夷未能明白苻生话中之意，反而说道："虽然驾着大车，但没有走过险峻的道路。臣愿试拉重车，便知能力如何。"苻生笑道："真痛快！卿嫌责任太轻吗？朕将把鱼遵的爵位授给卿。"牛夷听后更加害怕，回家后就自杀了。

第18章　败姚襄邓羌施计策　杀苻生苻坚称天王

苻生开始沉湎于酒，不分昼夜，群臣初一、十五才能朝见。苻生有时天黑才上朝，群臣很难见到他，大量文告奏疏被搁置。苻生就是上了朝也是发怒，随意杀人。苻生经常采纳奸邪谄媚之言，赏罚不明。苻生是"独眼龙"，非常忌讳"残、缺、偏、只、少、无、不具"这样的字眼，因误说了这些字眼而被杀死的人，不计其数。苻生还喜欢活剥牛、羊、驴、马的皮，活烧鸡、猪、鹅，三五十为一群地放于大殿之中。苻生有时则剥掉死刑犯的面皮，让他们唱歌跳舞，给群臣观看，以为娱乐。苻生曾经问群臣道："自朕即位以来，卿等在外都听到些什么？"有人答道："都说陛下乃圣明君主，都是歌颂太平盛世的话。"苻生怒道："这是在讨好朕！拉出去杀了！"过几天，苻生又问同样的问题，有人答道："陛下的刑罚稍有过分。"苻生马上怒道："你这是在诽谤朕！"这人遂也被推出斩首。皇族及有功旧臣大都被杀，在位王公经常称病在家，就是在路上碰见也不敢交谈。群臣们能保全一天，如同度过十年。还有一回，苻生到阿房，路上见兄妹二人一起行走，苻生就逼二人干非礼之事，二人不肯，苻生竟下令将二人杀掉。

苻生如此残暴，太史令康权以天象冒死来劝道："臣夜观天象，看到三个月亮一同出现，孛星进入太微星座，最后进入东井星座。自上个月以来，一直阴沉不雨。臣以为将有下人谋上之祸，请陛下修德以消灾。"苻生大怒，认为康权是妖言惑众，传旨猛击康权而死。时为357年六月。

这些天象固然不可信，但当时确实有人准备谋杀苻生了。还是在姚襄败亡其弟姚苌投降之时，姚襄的参军薛赞、权翼看到二十岁的东海王苻坚非同寻常，就一直追随苻坚，与苻坚结下情谊。面对苻生如此残暴，无故杀人，薛赞、权翼密与苻坚说道："陛下猜忌残忍，暴虐异常，朝廷内外，人心已散。现今能够继承秦国香火的，除了殿下还有谁？请殿下早作大计，不要让他姓得之。"苻坚不能决定，就去问交情甚厚的尚书吕婆楼。吕婆楼说道："我已是挂在刀环上的人，迟早被杀，不足与谋大事。我的私宅里有一个叫王猛的人，今年三十三岁，他的谋略当代罕见，殿下可以请他来，向他请教。"苻坚遂通过吕婆楼请来王猛，二人一见如故，再听王猛纵论时势，更合心意，自认为是刘备遇到诸葛亮。

特进、御史中丞梁平老也与苻坚甚厚，对苻坚说道："主上毫无理性，公卿和百姓无不愁苦哀号，人人都有叛离之心。南边的晋国、东边的燕国正在寻机发动攻击，战争一旦爆发，家国必将同时不存。这是殿下应当考虑的大事，请殿下早日图之。"听了梁平老之言，苻坚也觉得有理，但仍畏惧苻生勇猛，不敢行动。

　　机会还是来了。一天晚上，皇帝苻生对侍奉他的宫女说道："阿法兄弟亦不可信，明天当除掉他们。"第二天一早，这个宫女就把这一消息告诉了清河王苻法与东海王苻坚。苻法、苻坚不得不下定决心开始行动。苻法与梁平老及特进、光禄大夫强汪率武士数百人，悄悄进入云龙门。苻坚则与吕婆楼率属下三百人，擂起战鼓跟进。这时皇宫守卫将士都放下兵器不作抵抗，并向苻坚归降。当苻坚的士兵进入皇宫时，苻生还醉醺醺地躺在那里。苻生看到士兵，也蓦然惊醒，问左右侍卫道："这些是什么人？"左右答道："他们是贼。"苻生又道："为何不拜？"苻坚的士兵听后，都忍不住笑了起来。苻生又大声叫道："为何不快快下拜，再不下拜者，斩！"苻坚的士兵哪里听苻生的话，连忙将苻生拉到另一个房间。苻坚将苻生贬为越王，不久又杀掉了苻生。苻生于355年六月到357年六月在位，历时两年整，被杀时二十三岁。苻生在位只做了三件有意义的事：派使劝降前凉，派兵抗击东晋、前燕的两处小规模的进攻，消灭姚襄、收降其部族。此外，苻生干的全是凶暴残虐之事。

　　苻法、苻坚兄弟政变杀掉苻生，前秦一时没有皇帝。苻法是苻坚的庶长兄，苻坚认为其是兄长，当继位为皇帝。苻法说道："你是嫡子，而且贤明，应当继位为帝。"苻坚说道："兄长比兄弟年长，应当继位为帝。"这时苻坚的生母苟氏流着泪对群臣说道："国家之事，责任重大，吾儿自知不能当此大任，他日后悔，过在诸君。"群臣都叩头请苻坚即位。苻坚遂在太极殿即位，取消皇帝尊号，改称天王，诸王全都降为公。苻坚杀掉了苻生的宠臣中书监董荣、左仆射赵韶等二十多人，然后大赦，改元永兴。苻坚追尊父苻雄为文桓皇帝，尊生母苟氏为皇太后，立妃苟氏为皇后，立长子苻宏为太子，任清河王苻法为都督中外诸军事、丞相、录尚书事、改封东海公。苻坚又任叔祖右光禄大夫、永安公苻侯为太尉，晋公苻柳为车骑大将军、尚书令。苻坚封弟苻融为阳平公，苻双为河南公，子苻丕为长乐公，苻晖为平原公，苻熙为广平公，苻睿为钜鹿公。苻坚任李威为尚书左仆射，梁平老为尚书右仆射，强汪为领军将军，吕婆楼为司隶校尉，王猛为中书侍郎。

第19章　苟太后密谋杀苻法　慕容儁迁都讨冯鸯

357年六月，苻坚杀苻生即位为前秦天王。八月，苻坚任权翼为给事黄门侍郎，薛赞为中书侍郎，与王猛一起掌管机密要务。九月，苻坚颁诏追认恢复了太师鱼遵、丞相雷弱儿、太傅毛贵、司空王堕、尚书令梁楞、尚书左仆射梁安、尚书右仆射段纯、守尚书令辛牢等人官职，依礼重新安葬，子孙还有在世的，依才录用。

十月，也就是苻坚即位三个月后，并州张平突然派兵攻打前秦边关城池，苻坚接报非常生气。却说并州的张平，最早是后赵的并州刺史，镇守晋阳（今山西省太原市）。351年二月，张平曾向前秦归附，被当时的天王苻健任命为大将军、冀州牧。352年十月，张平又派使向前燕归降，前燕王慕容儁又任命其为并州刺史。357年七月，张平又派使向东晋归降，也被东晋朝廷任命为并州刺史。张平在并州占领新兴郡（今山西省忻州市）、雁门郡（今山西省代县西南）、西河郡（今山西省吕梁市）、太原郡（今山西省太原市）、上党郡（今山西省长治市）等广大区域，各类坞堡营寨三百余个，胡汉民众十余万户。张平不想再依附前秦或前燕，打算与前秦、前燕争夺天下，因而派兵向前秦边关城池发起进攻。苻坚刚刚即位不久，还没有想到要向周边用兵，对于张平来攻，连忙派镇守蒲坂（今山西省永济市）的晋公苻柳出兵抵御，苻坚还给苻柳加授都督并冀诸军事。

就在苻坚一心关注并州战事之时，其母苟太后密谋将其庶长兄苻法杀害了。十一月的一天，苟太后到宣明台游玩，看到东海公苻法门前车水马龙，非常担心苻法权势过大，会对其子苻坚不利。苟太后回宫后，越想越不放心，遂召尚书左仆射李威入宫商议。却说尚书左仆射李威，是苟太后姑妈的儿子，与苻坚的父亲苻雄也十分友善。李威对苻坚一直非常爱护，苻生多次要杀苻坚，都是李威从中化解。李威也看重王猛的才能，常常劝苻坚把大事交给王猛处理。苻坚有一次对王猛说道："李公知你，就像当年的鲍叔牙知管仲一样。"王猛遂把李威当兄长一样看待。李威也深得年轻的苟太后的宠爱，苻坚也像对待父亲一样对待李威。

　　闲言少叙。对于李威这位表兄弟，苟太后当然是无话不说，早已当作知己。史书未能详细记载二人商议的对话，笔者根据想象，可能会有以下的内容。苟太后对李威说，苻法年长，曾多次出征，军中多有心腹将领，而且苻法又是都督中外诸军事，兵权在握，时间一长，苻坚一定驾驭不了他。苟太后还说，从苻法门前人流不断，可以看出苻法交往甚广，权势甚大，这个势头已经显现，不早作准备，就可能来不及了。李威赞同苟太后的看法，也认为苻法才能过人，统兵有方，此次起兵杀苻生，本就是苻法领头的，帝位本该就是他的。只是苻法认为自己是庶出，才将帝位让与苻坚的，不能保证其不垂涎帝位，就是他本人没有这个想法，那些手下心腹难保不会向其劝进。苟太后与李威商量的结果就是，早作打算，尽快将苻法杀掉。但是苻法没有过错却有大功，权势又大，杀是杀不了的，只有赐其一死。李威认为这事不能告诉天王苻坚，因为苻坚仁义，一定会念及兄弟情深，不忍下此诏令。但是谁还能有赐死臣下的权力呢？李威认为只有苟太后自己下懿旨，才能将苻法赐死。

　　年仅二十岁的天王苻坚哪里知道其母后已将毒手伸向兄长，当苻坚得知苻法在东堂被赐死之时，伤心欲绝，连忙奔至东堂。可怜的苻法根本没有造反的打算，在接到赐死的懿旨时，什么话也没有说，当场饮尽毒酒。苻坚来到时，苻法已奄奄一息。苻坚悲痛哀号，口吐鲜血。苻法死后，苻坚下旨，封苻法的儿子苻阳为东海公，承袭父爵，封苻法的另一个儿子苻敷为清河公。苻法死后，苻坚数日都无心进食。

　　357年十二月，苻坚终于从苻法之死的伤痛中恢复过来，开始关注国政的治理。苻坚来到尚书府，由于尚书令晋公苻柳在蒲坂抵御并州张平，只有尚书左仆射李威、尚书右仆射梁平老等人陪同。苻坚在尚书府看到文牍案卷堆放凌乱，非常生气，马上问何人负责此事。李威回报说尚书左丞程卓负责此事。苻坚当即下旨免去程卓之官。苻坚还问谁有本领将这些文案管理妥顺，李威说中书侍郎王猛办事雷厉风行，此等事务不在话下。苻坚随即传旨，将程卓的职事交由王猛处理。接着，苻坚还与李威、梁平老、王猛等商议如何治国理政。众臣认为，先帝苻生在位时，朝政荒废，能臣大多被杀，

第19章　苟太后密谋杀苻法　慕容儁迁都讨冯鸯

朝中正需有能力的大臣，当务之急是选拔人才，尽快让朝中各项政务恢复正常。众臣还认为，冬天很快就要过去，再有一个多月，百姓就开始春耕，朝廷要颁诏，劝课农桑，停止各项不急及不必要的工务，让百姓休养生息。在众臣的建议下，苻坚还下诏，兴办学校，礼敬神灵，表彰有节义之人。最后，苻坚与众臣还商定，要关心贫苦的百姓，对他们要实施救助；还要关心那些没有子女的百姓，为他们找到合适的过继人，以让他们安享天伦。前秦百姓听闻新皇帝苻坚如此关心臣民，都欢欣鼓舞，安居乐业。

我们再回到前燕。357年六月，慕容儁下旨将段龛杀掉，还坑杀了随段龛一同投降的三千多将士。史书未能说明慕容儁杀死这位中表之亲的原因，笔者也难以多言。七月，曾经归附前燕五年之久的并州刺史张平派使向东晋归降，被东晋朝廷也任命为并州刺史。慕容儁对张平的归而复叛，当然非常动怒，但一时也没有派兵前往攻打。慕容儁此时也许正在考虑迁都一事。慕容儁为何要迁都？笔者分析，慕容儁仍想继续向中原一带拓展，兖州、豫州、徐州将是下面的目标。慕容儁一定认为，以蓟城（今北京市）为都已经完成占领幽州、冀州及青州的基业，下一步要想向兖州、豫州、徐州一带拓展，以蓟城为都可能就不太合适。慕容儁想让都城南移，邺城（今河北省临漳县西南香菜营乡邺镇村）就是他十分向往的地方，因为那里不仅更靠南方，且曾是后赵故都，也曾经无比繁盛。经过数月的精心准备，慕容儁决定正式迁都了。十一月十七日，慕容儁颁诏宣布迁都邺城。一个月后的十二月十九日，慕容儁终于如愿以偿，入住邺宫，心情大悦，颁诏大赦天下。这个寒冷的冬天，慕容儁当然是在邺城渡过的，慕容儁还察看了三台，发现三台几经战火，已经破旧。慕容儁下旨对其中的铜雀台进行修葺。

358年正月，冬天还没有过去，迁都邺城才一个月的慕容儁还没有准备四处出征，近在咫尺的冯鸯却让他动怒，以致发兵征讨。却说冯鸯一直据守并州上党郡（今山西省长治市），离邺城不足三百里。冯鸯最早于355年宣称归附东晋，后来在357年归附自立的张平，不久又归附前燕。然而令慕容儁没有想到的是，就在其迁都邺城不久，冯鸯又宣称叛离前燕。对于冯鸯这种反反复复的小人，慕容儁本无须大动干戈，但慕容儁认为冯鸯离邺城这么近，中间就隔着一座太行山，冯鸯的背叛岂不是不把他放在眼里？慕容儁实在忍无可忍，决定马上派兵征讨。此次用兵，慕容儁没有派战功赫赫的太原王慕容恪，而是派另一位重要人物：司徒、骠骑大将军、上庸王慕容评。慕容评自攻克冉魏邺城之后，一直没有再领兵征战，此次慕容儁派其出马，也是希望其能再立战功。

358年二月，慕容评率部穿过太行山，到达上党。慕容评攻克过邺城这样的大城，消灭过冉魏这样的国家，岂能把上党冯鸯放在眼里。慕容评到达上党城下，立即下令攻城，以图一举攻克上党，擒获冯鸯，以早日班师。岂料慕容评攻了数日，上党城依然安然无恙。慕容评决定采用长期围困的方法，不打算再强攻上党。

358年三月，邺城里的皇帝慕容儁获知慕容评围攻上党一个月都没有攻克，非常着急，决定再派领军将军慕舆根率一支兵马前往支援。三月二十日，慕舆根所部到达上党。慕舆根建议慕容评开始攻城。慕容评反对道："上党城池坚固异常，宜作长久围困。"慕舆根却有不同的看法，说道："不然，公到上党已一个多月，一直未与冯鸯交锋，冯鸯一定认为燕国兵马不过如此，其将士遂越发团结，希望侥幸取胜。现在我部刚到，锐气正盛，贼心恐惧，必然离心。冯鸯此时也一定尚无对应之策，此时若攻，攻无不克。"慕容评听后，虽然觉得不悦，但还是采纳了慕舆根的建议，下令攻城。城内的冯鸯部众果真互相猜忌，无心守城，纷纷向慕容评、慕舆根投降。冯鸯带领少量随从逃出上党，一路南下，前往投奔据守野王（今河南省沁阳市）的安国王吕护。

第20章　吕世明晋阳战张蚝　慕容评并州胜张平

358年二月,春天刚刚到来,前秦天王苻坚正派出官员,劝课农桑,关注春耕。苻坚刚即位不久,还不打算对外用兵。苻坚希望给百姓多一些安宁的时间。其实当时的天下战乱频仍,周边一直不太平。就说并州那个张平吧,原来曾经归降过前秦,后来又归降前燕,再后来竟归降东晋,还于357年十月派兵攻打前秦的边关城池。苻坚不想大动干戈,没有派大军讨伐张平,只是派驻守在蒲坂(今山西省永济市)的晋公苻柳率部抵御。按当时苻坚的想法,只要挡住张平,让他不突破黄河西来,就可以了。苻坚此时要的不是并州,苻坚要的是给关中百姓再多些时日休养生息。但前燕迁都邺城(今河北省临漳县西南香菜营乡邺镇村)并派兵进入并州上党(今山西省长治市),苻坚就开始坐不住了。前燕派的是重臣慕容评,苻坚担心前燕下一步开始谋取并州的张平了。苻坚决定御驾亲征,而命尚书左仆射李威、尚书右仆射梁平老、中书侍郎王猛等留守长安(今陕西省西安市)。苻坚并没有想一战而夺得并州,苻坚只是想教训一下那位反反复复的张平,希望他能够继续归附前秦。苻坚此次出征,以建节将军邓羌为前锋督护,率五千骑兵先行进发。苻坚还命鹰扬将军吕光随同出征。吕光,字世明,时年二十二岁,是司隶校尉吕婆楼的儿子。

且说前锋督护邓羌率骑兵五千不日到达并州境内,驻扎于汾水岸边。晋阳(今山西省太原市)城里的张平获报前秦来征,连忙派养子张蚝领兵迎战。张蚝勇猛矫健,力大无比,能将一头牛倒拖而走,无论多高的城墙,张蚝都能一跃而过。张蚝领命后即率部抵达汾水河边。时刚初春,汾水两岸依然寒气逼人。邓羌与张蚝隔水对峙,虽有小战,但谁都不能战胜对方。就这样,邓羌与张蚝僵持了十余天。

三月,前秦天王苻坚率大军终于到达铜壁(今山西省太原市西南),紧逼张平驻守的晋阳城。张平决定率全部兵马出城决一死战,还将猛将张蚝召回参战。张蚝撤离汾水，邓羌也率部加入到苻坚的大军之中。两阵对垒，猛将出列。张蚝早已按捺不住，猛击跨下战马，手持长枪冲入秦兵阵中。在两边战鼓齐鸣声中，张蚝时而杀进时而杀出，如入无人之境，挡者无不毙命。张蚝一连杀进杀出四五次，毫无畏惧。一直在阵前观战的天王苻坚看到张蚝如此勇猛，不仅不忧，反而十分欣赏。苻坚还问前锋督护邓羌，敌阵这员猛将姓甚名谁，邓羌说此人叫张蚝，本姓弓，上党人，是张平的养子，也是张平的得力爱将。苻坚马上传旨定要将张蚝生擒，想收为己用。由于张蚝太过勇猛，苻坚也担心无人敢战，遂出重金悬赏。这时战鼓鸣处，一员年轻将领纵马持枪冲入敌阵，奔向张蚝。张蚝见秦兵终于有将前来应战，大喜，连忙纵马举枪迎战。二人连战三十余回合，不分胜负。这时两边均猛擂战鼓，二将驰马绕场而战，又战了十余回合，秦将突然掉转马首，准备退走。张蚝大叫："哪里走？"连忙用双腿猛夹战马，战马遂奋蹄疾追。秦将突然回身举枪刺来，张蚝不及提防，竟被刺中。这时秦阵中战鼓声、将士欢呼声震天响，张蚝一点不惧，仍欲带伤再战，这时秦阵中邓羌早已纵马赶至，将张蚝生擒于马上。邓羌将张蚝绑缚至正在观战的天王苻坚面前，苻坚大喜。这时那位于敌阵中刺中张蚝的年轻将领也纵马来到苻坚面前，原来是鹰扬将军吕光。苻坚对吕光的英勇大加赞赏。

再说敌阵中正在观战的并州刺史张平，看到爱将张蚝被擒，大惊失色。张平当然知道，他的这位养子勇冠三军，有万夫不当之勇，张平在并州全靠这位张蚝呢。现在张蚝被擒，是死是活尚未可知，张平还有何能力去抵挡前秦兵马，更没有能力在前秦、前燕、东晋之间寻得一方安居之地。张平此时想到的只有投降。张平遂派使向苻坚投降，苻坚接纳张平的再次归降，还下旨任张平为右将军，仍镇守并州，但将其部众三千余人带至长安，以削弱张平。苻坚还亲自为张蚝松绑，任张蚝为虎贲中郎将，作为卫士，带在身边。三月中旬，苻坚从晋阳班师回长安。

苻坚回到长安后，继续关注朝政，关注百姓疾苦，并开始去祭祀土地神灵，以安抚民心。四月，苻坚西出长安，来到雍城（今陕西省凤翔县），祭祀五色帝。五色帝，即青帝、黄帝、白帝、赤帝与黑帝，在秦地百姓中一直得到敬重。秦朝时就曾在雍城建有四座祭坛，即东方青帝坛、中央黄帝坛、西方白帝坛与南方赤帝坛。西汉时，刘邦又增加了一个北方黑帝坛。苻坚此

第20章 吕世明晋阳战张蚝 慕容评并州胜张平

举不仅为了保佑江山稳固,也盼望秦国风调雨顺。六月,苻坚又东出长安,来到河东郡(今山西省运城市),祭祀后土神(后土圣母庙位于山西省运城市平陆和芮城两县交界处)。苻坚在河东祭祀时,还来到黄河边的龙门古渡,看到黄河两岸山峰对立,河水汹涌,不禁转头对一旁的权翼、薛赞叹道:"壮美的山河,险固的山河!汉时娄敬曾言关中四周都是险固之地,此言不虚。"说者无心,听者有意,权翼、薛赞担心年轻的苻坚自认为关中险固而骄傲自满。二人遂道:"臣听说夏朝、商朝的都城并非不险,周朝、秦朝的兵马并非不多,最后却落得城破国亡,身被犬戎屠戮,国被项羽瓜分。这是为何呢?是帝王不修政德的缘故啊。秦国名将吴起也曾说过,在德不在险。臣等深切希望陛下效法尧舜,怀柔四方,不能依赖山河险固。"苻坚听后大悦。九月,苻坚回到长安,又颁下诏书,对那些为父后者,赐爵一级;对鳏寡年老者,赐谷帛各有不等。这些给出的赏赐超过前秦所收田租的一半。

358年九月,邺城里的慕容儁听闻前秦击败并州张平,张平归降前秦,慕容儁非常不悦,传旨派半年前攻克上党(今山西省长治市)的司徒、骠骑大将军、上庸王慕容评不必回师邺城,直接率部一路北上,攻打张平。慕容儁此次还派兵对另外两个据守的反复之人进行征讨:东燕(今河南省延津县东北)的高昌、濮县(今山东省鄄城县)的李历,分别由司空阳骛、乐安王慕容臧率兵前往征讨。慕容儁对高昌、李历用兵,表明其开始在黄河一带攻城略地了。先说说阳骛、慕容臧征讨情况。当时高昌的一位部将守在黎阳(今河南省浚县),以为高昌的北部屏障,阳骛率部一路南下首先逼近黎阳。岂料黎阳城池坚固,阳骛一时不能攻克。而慕容臧也一路南下,一战攻克濮县,李历兵败逃到荥阳(今河南省荥阳市),附近一百余处坞堡也都向前燕归降。

再说慕容评率部攻打并州的消息很快传到晋阳,刺史张平一时非常苦恼。张平刚于半年前遭到前秦的重创,现在前燕又重兵来攻,岂不是雪上加霜?张平在并州也有十多年了,自后赵灭亡大乱以来,张平一直在并州安然无恙。近来反复归附,才引起前秦天王的御驾亲征。但这一亲征可了不得,张平的第一猛将张蚝被前秦生擒活捉了,还被苻坚带走了三千将士,张平的势力一下子大为减弱。张平苦恼的是没有猛将出城迎战,更苦恼是前燕这回派来的是重臣慕容评，慕容评曾经攻克过邺城，近期刚攻克了上党。张平深知，前燕皇帝慕容儁这回是志在必得，大有不攻下并州不罢休的姿态。更为担心的是，前燕为配合慕容评攻打并州，还派另一重臣阳骛与皇子慕容臧在并州南部黄河一带攻城略地，大有包围并州之势。张平还听说，李历兵败后，并州境内已有百余处坞堡向前燕归降，慕容儁又派时任尚书右仆射的悦绾随后来到并州，同时任悦绾为并州刺史，这岂不是准备接管并州？张平也想到向归附国前秦求救，但山高路远，已来不及了。张平也想过再向前燕归降，但又担心慕容儁这回不能接受，而且就是接受了，在前燕撤兵之后，前秦会不会再来攻打一次？张平一时无计可施，遂不再多想，决定兵来将挡、水来土掩。张平连忙将征西大将军诸葛骧传来商议。张平认为并州尚有坞堡一百三十余处，晋阳城里还有数千兵马，仍可一战，不可马上言降。张平遂派诸葛骧领兵出城，依托坞堡抵挡慕容评。

且说慕容评率部一路北上五百余里，逼近晋阳城，途中坞堡并未出兵抵御。慕容评以为晋阳城要比上党难攻，已做好长期围攻的准备，遂驻扎汾水岸边待机。岂料张平最后依赖的征西大将军诸葛骧出城后不仅没有迎战，反而来到慕容评大营，向慕容评投降，同时传令百余处坞堡一同归附前燕。晋阳城里的张平获报诸葛骧率部投降，遂率三千兵马出城，一路南下五百余里，到达平阳郡（今山西省临汾市）。平阳郡已不属并州，但张平仍担心前燕一路追来，遂又悄悄派使向前燕乞降。慕容评不战而屈人之兵，大喜，连忙快马将此消息传到邺城，向慕容儁奏报。慕容儁接报大喜，也快马回旨，传令所有归降之人官任原职。

第21章　苻永固长安斩樊世　慕容儁邺城革旧制

　　358年九月，原本是个收获的季节，前秦国内却发生大旱，收成大为减少。苻坚朝会于太极殿，面对群臣所奏，也是忧心忡忡。太尉苻侯、尚书左仆射李威、尚书右仆射梁平老、中书侍郎兼尚书左丞王猛等都认为此乃天灾，劝苻坚不必过度忧伤，但必须要采取一些措施，方能缓解大旱带来的影响。苻坚首先决定从此每天减少膳食，取消宫廷歌舞，后妃以下宫女不得穿绫罗绸缎。朝会之上还商定几条措施，苻坚均颁诏实行。第一个就是开放山林湖泽，不得为国家专用，民众亦可开采捕捞。第二个就是不要对外用兵，与民休养生息。由于苻坚及时采取有效措施，大旱并没有造成大的灾荒。

　　在政务的管理上，苻坚特别器重王猛，甚至到了不同寻常的地步。就说尚书省的事务吧，当时的尚书令是晋公苻柳，但苻柳一直镇守在河东郡的蒲坂（今山西省永济市），并不能处理尚书省的日常事务。苻坚开始让其叔祖苻侯兼任。苻侯当时已是太尉，对尚书省的事务也是过问不多。而王猛当时虽是中书侍郎，但兼任尚书左丞，也就是说王猛同时身兼中书省与尚书省的官职。当然作为尚书左丞，王猛在尚书省中只是一位小官。但由于王猛深得苻坚的信任，苻坚常把重要事务交由王猛处理，因而王猛实际掌握着大权。王室亲属及一些有功老臣都对这位刚来的王猛非常嫉妒。特进樊世是氐族中的豪杰，在苻健入关及定鼎关中的战事中，立下汗马功劳。樊世非常看不起王猛，认为王猛没有尺寸之功却位居高职，心中愤愤不平，常常当众侮辱王猛道："我等与先帝共创大业，并未执掌大权，你并无汗马之劳，怎也当此大任？这岂不是我等耕种，你来白吃吗？"王猛听后非常生气，毫不客气地回道："还要让你等为我烧饭，岂止是耕种而已。"樊世作为一员猛将，哪里受得了这样的气，听后大怒异常，吼道："我一定要把你的首级挂在长安城门之上，如若食言，我就不活于世。"王猛没有再同他争执，而是进宫拜见天王苻坚，把樊世的话奏报苻坚。苻坚当然是非常信任王猛的，听完王猛所言，当即大怒道："一定要杀掉这个老氐！只有如此，百官方能整肃。"就在这时，外面报特进樊世有要事进宫求见，苻坚听报说道来得正好，遂命传入。樊世行礼毕，看到王猛也在一旁，根本没有把王猛放在眼里，正要开口启奏，就听天王苻坚抢先对王猛问道："朕欲将公主嫁于杨璧，卿以为杨璧这个人如何？"王猛尚未回答，樊世生气地抢言道："杨璧是臣的女婿，早就与小女订了婚，陛下岂能让他再娶公主？"苻坚没有回答，王猛这时大声斥责樊世道："陛下统御海内，你竟敢与陛下争婚，这岂不是与陛下争当天子，还有上下君臣之分吗？"樊世一听，怒火中烧，把王猛恨得咬牙切齿，猛地跳了起来，挥拳就要打王猛。苻坚左右连忙上前拉住樊世，樊世无法靠近王猛，边跳边舞拳头，但就是未能打到王猛。樊世于是破口大骂王猛，天王苻坚实在不忍再听，也看不下去，怒着下旨将樊世推出斩首。

　　苻坚杀了樊世，众多氐族中人都愤愤不平，当然不敢说苻坚的不是，太极殿朝会之上，都一齐争说王猛的不是。苻坚本想通过杀掉樊世，来竖立王猛的威信，看到自己族中之人仍不服气，遂怒骂这些氐族中人，还下令将一些人拉到殿外鞭挞。王猛也知道天王苻坚是在为其立威，因而任由苻坚谩骂、鞭挞其族人，并不劝止。这时权翼看不下去了，对苻坚劝道："陛下宏达大度，驾驭英豪，神武卓绝，记载功勋，宽恕过失，有汉高祖之风，然轻谩之言应当杜绝。"苻坚听后，没有生气，反而笑道："朕之过也。"但从此，公卿以下无不威惧王猛。

　　358年十二月，慕容儁为了谋取东晋、前秦，决定大规模地征兵。慕容儁此次征兵不免显得心切，不仅在数量上非常之多，而且限时也非常之短。也许慕容儁是想尽早地消灭东晋、前秦，以实现天下一统。慕容儁的诏书令各州郡核查统计成年男子，每户只准留下一名，其余全部征召入伍。经统计，按此"留一发兵"的征集方法，可征集士兵一百五十万。慕容儁听报大喜，决定令所征大军在明年春季到洛阳集结。慕容儁想到这么多的兵马三月后就将集结洛阳，感觉东晋、前秦就快被攻克了。慕容儁的想法自然很美好，但并不现实，如此征兵的方法，自古没有，百姓根本不堪忍受。不久，冀州安平国武邑县（今河北省武邑县）一个叫刘贵的人上疏认为，民力凋敝，这种征兵方法千古未有，必将导致土崩瓦解。刘贵在奏疏中还指出当时

第21章　苻永固长安斩樊世　慕容儁邺城革旧制

不合时宜的政事十三件。对地方一个小官员的上疏，慕容儁还是十分重视的，认真地览阅了刘贵的奏疏。慕容儁阅罢亦觉有理，还交付公卿广为商讨，刘贵所奏大多被采纳。对于征兵，慕容儁最后决定采用"三五发兵"之法，即"三丁抽二、五丁抽三"。慕容儁还将大军集结日期定为明年冬季，地点改为邺城。慕容儁时年四十岁，正值壮年，雄姿英发，以图利用此次大规模征兵而一统天下。岂料第二年冬天正要集结兵马之际，这位壮年的皇帝却一病不起了。此为后话。

由于前燕在境内大规模征集兵马，各州郡的使者，马不停蹄，穿梭于道，郡县及百姓苦不堪言。朝会之上，太尉兼中书监封奕向慕容儁奏请道："从今天开始，如若不是军令期限紧迫，任何郡县不得再派使者。征收赋税、调集士兵事宜由州郡办理，州郡以下所派之人，一律返回。"慕容儁接纳了封奕的奏请。

朝会之上，慕容儁还解决了前燕在人才选用方面的不足。在人才的选用上，前燕仍采用魏晋时期的做法，对于不为祖父殓葬者，不可以在朝廷为官。但时任廷尉监的常炜认为在当前的战乱之下，这并不合理，反而让朝廷失去选用优秀人才的机会，他对慕容儁进言道："大燕虽革命创制，至于朝廷铨谟，亦多因循魏晋，唯祖父不殓葬者，独不听官身清朝，斯诚王教之首，不刊之式。然礼贵适时，世或损益，是以高祖制三章之法，而秦人安之。自顷中州丧乱，连兵积年，或遇倾城之败，覆军之祸，坑师沈卒，往往而然，孤孙茕子，十室而九。兼三方岳峙，父子异邦，存亡吉凶，杳成天外。或便假一时，或依嬴博之制，孝子糜身无补，顺孙心丧靡及，虽招魂虚葬以叙罔极之情，又礼无招葬之文，令不此载。若斯之流，抱琳琅而无申，怀英才而不齿，诚可痛也。恐非明扬侧陋，务尽时珍之道。吴起、二陈之畴，终将无所展其才干。汉祖何由免于平城之围？郅支之首何以悬于汉关？谨案《戊辰诏书》，荡清瑕秽，与天下更始，以明惟新之庆。五六年间，寻相违伐，于则天之体，臣窃未安。"慕容儁听后甚觉有理，说道："炜宿德硕儒，练明刑法，览其所陈，良足采也。今六合未宁，丧乱未已，又正当搜奇拔异之秋，未可才行兼举，且除此条，听大同更议。"慕容儁于是下旨将这条制度做了改动，等到天下一统时再重新商议恢复。

尽管慕容儁勇于纳谏，改革旧制，但当时的前燕内部已经出现腐化的迹象。这里举一个事例。还在357年正月时，慕容儁召驻守旧都龙城（今辽宁省朝阳市）的幽州刺史乙逸回京任左光禄大夫。乙逸夫妇共坐一辆小车前往蓟城（今北京市）赴任。到了蓟城，乙逸看到其在朝廷任职的儿子乙璋穿着华丽的衣服，带着数十骑随从，正在道旁迎接。一生忠诚节俭的乙逸非常生气，关上所坐小车之门，不理乙璋。到了城里府第之后，乙逸对乙璋进行了严厉地责备。然而乙璋认为他这样做很正常，没有什么错的，坚决不接受责备。乙逸整天担心其子乙璋在仕途上会遭到失败，可是乙璋不但没有失败，反而步步高升。乙璋后来官至中书令直到御史中丞。乙逸叹息道："我年少时，修身敬业，克己守道，只能做到没有获罪而已。而乙璋对自己从不检点，专干放纵奢侈之事，反而不断得到升官。这不是乙璋的侥幸，而是世道的衰落啊！"从乙逸的感叹，可以看出，前燕七八年来虽然不断取得一个又一个胜利，领地也在不断地扩大，而内部开始腐朽。

第22章　荀中郎山茌杀贾坚　可足浑邺城害段妃

　　358年十二月，驻屯下邳（今江苏省睢宁县西北）的东晋徐兖二州刺史荀羡决定再度率兵北伐。史书未能说明荀羡再度北上用兵的原因，笔者分析可能与其所派的泰山郡（今山东省泰安市）太守诸葛攸被击败有关。却说是年九月，荀羡曾派时任兖州泰山郡太守的诸葛攸，在兖州的濮阳、泰山等地攻城略地，收复边境一带被前燕占据的城池。十月，诸葛攸率部攻打前燕所属的东郡（今河南省濮阳县西南），继而又一路向东北方向的武阳（今山东省莘县西南）攻去，两处均被诸葛攸占领。消息传到邺城（今河北省临漳县西南香菜营乡邺镇村）慕容儁非常生气，也非常担心，担心诸葛攸继续北上，毕竟此时的诸葛攸离邺城不到两百里。此时的慕容儁不仅希望击退诸葛攸，收复所失诸郡县，更想趁机南下占领整个兖州。慕容儁打算将此大任交给一位重要将领。此时的上庸王慕容评正在并州，尚未回师邺城。大都督太原王慕容恪自两年前攻克广固（今山东省青州市），占领青州后，一直在邺城辅政。慕容儁决定派慕容恪前往征讨诸葛攸。慕容儁还快马传旨，令一月前讨伐东燕（今河南省延津县东北）高昌的司空阳骛及讨伐濮县（今山东省鄄城县）李历的乐安王慕容臧，受慕容恪节制，会同作战，以期一举击败诸葛攸，占领兖州。数日后，慕容恪大军到达武阳，与诸葛攸发生激战。诸葛攸怎是能征善战的名将慕容恪的对手，一战而败，向东撤往驻地泰山郡。慕容恪没有就此作罢，率部南渡黄河，准备夺取黄河以南兖州各郡县。

　　慕容恪击败诸葛攸的消息，荀羡也一定获知。荀羡也一定知道前燕也有一位泰山郡太守，就驻守在泰山郡所属的山茌县（今山东省济南市长清区），离诸葛攸的驻守之地只有百里之地。荀羡此次北伐一来支援诸葛攸，二来也要会会前燕的那位泰山郡太守。

　　且说前燕泰山郡太守就是那位神箭手贾坚。贾坚自归降前燕后，开始任乐陵郡太守，驻守冀州渤海郡高城县（今河北省盐山县），后来不断南进，已推进到兖州泰山郡山茌县，被前燕任命为泰山郡太守。当荀羡率部逼近山茌时，贾坚守城兵马只有七百余人，而荀羡兵马数量是其十倍。这时天气阴沉，眼看就要下起雨来。贾坚决定出城迎战，将士们都劝说道："敌人兵马太多，我们兵马太少，不如守城为上。"贾坚却有不同的看法，说道："敌人兵马数量如此众多，我等就是守城也是一死。战亦是死，守亦是死，不如出城杀敌而死。"贾坚还认为，在此寒冬，一旦下雨，攻城将会非常困难。贾坚想在大雨到来之前，先出城杀它一阵，然后再极力守城。年近七旬的贾坚遂披挂上马，手握弓箭，出城迎战，将士个个英勇，也一同出城杀敌。贾坚身先士卒，士气为之高涨，竟一口气杀死晋兵一千余人。贾坚等杀了一阵，又返回城中。这时果真下起雨来，但荀羡仍下令攻城，毕竟荀羡兵马十倍于贾坚，占绝对优势。面对如此众多的敌兵正在攻城，贾坚叹息道："我自结发成年以来，一直立志建立功名，然而每次总是遇到穷途险境，这岂不是命中注定？与其屈辱而生，不如守节而死。"贾坚又转身对将士们说道："现在我等身处险境，无计可施，你等可以离去，我只有一死。"将士们哭泣道："府君不出城，我等情愿一起死。"将士们强把贾坚扶上马背，贾坚说道："如果我想逃，一定不会叫你等先走。现在我当为你等死战，你等速速离去，不要顾我。"这时外面喊声震天，荀羡的兵马四面冲了过来。贾坚冒雨纵马立于河桥之上，手执弓箭，弦声响处，敌兵应声倒地。但晋兵实在太多，有人进入壕沟，砍断桥柱，河桥崩塌，贾坚连人带马陷入河中，被晋兵生擒。山茌城遂被荀羡占领。

荀羡所部进入山茌城，贾坚被绑至荀羡面前。荀羡问贾坚道："你的父亲、祖父，世代都是大晋之臣属，现今朝廷兵马到此，你为何如此忘本、拒绝投降？"贾坚义正词严地说道："不是我等背叛晋朝，而是晋朝自弃中原。百姓既然无主，只有把命运托付给力量强大之人。我既然事奉别人，怎可改变气节！我自从读书立世以来，历经赵、燕，都未曾改变志向，你岂能劝我投降呢！"荀羡仍在责备贾坚，数落贾坚的不是，贾坚愤怒地骂道："小子！做儿女的竟想管教父亲！"荀羡大怒，把他押到院子里淋雨。此时天气已非常寒冷，再淋大雨，贾坚岂能受得了。数日后，贾坚满怀悲愤而死。

前燕青州刺史慕容尘当时镇守在山茌以东三百里外的青州广固，当慕容尘获报荀羡攻打山茌，知道贾坚兵少难以抵敌，连忙派他的司马悦明率一支

第22章　荀中郎山茌杀贾坚　可足浑邺城害段妃

兵马西去援救贾坚。悦明到达山茌时，贾坚已死，悦明下令攻城，荀羡也率部出城迎战。荀羡不敌悦明，大败而撤，山茌又被悦明收复。慕容儁获报贾坚被杀，也非常痛惜，传旨任贾坚之子贾活为兖州任城郡（今山东省济宁市南）太守。

荀羡南撤后，再次患病，而且越来越重。东晋朝廷传旨将荀羡召回京都，任军司郗昙为北中郎将、都督徐兖青冀幽五州诸军事、兼徐兖二州刺史，镇守下邳。荀羡此次北伐兖州未占一城一池，但尚有泰山郡仍在其属将诸葛攸的控制之中。

358年十二月，邺城早已进入冬天，慕容儁一直关注正在开辟的兖州、司州及豫州一带战场。冬季已至，将士在外非常困苦，战事也有所放缓。好在有大司马慕容恪亲自在外带兵，而慕容恪历来非常爱惜士兵，慕容儁遂也不再多虑。慕容恪确也不负重望，在黄河以南地区一连攻克多处城池。然而就在这个寒冷的冬天，皇帝慕容儁、皇后可足浑氏却对吴王慕容垂及其王妃段氏起了谋杀之心。

说起吴王慕容垂，慕容儁心里就非常不快，嫉妒之心油然而生，总想寻机处罚慕容垂。苦于慕容垂才能出众，再加上太原王慕容恪极力举荐慕容垂，慕容儁一直拿他没有办法。而慕容垂的妃子段氏，本是辽西段氏鲜卑首领段末柸的女儿，才高性烈，又自认为出身高贵，对皇后可足浑氏不太尊敬。可足浑氏早就怀恨在心。近来，可足浑氏常常在皇帝慕容儁的耳边吹风，说段王妃如何如何不讲道理，对她如何如何不尊敬。慕容儁听后，也想在这个寒冷的冬天，趁大司马慕容恪不在邺城之机，寻机将慕容垂与段王妃一起收拾了。机会总是会有的，因为有人一直看在眼里，明在心里。能够洞察皇帝、皇后心思的人是谁呢？就是整天在宫中侍奉他们的宦官涅浩。涅浩早就看出皇帝、皇后对慕容垂及段王妃的不满。涅浩想了一个两全的办法，那就是诬告段王妃勾结吴国典书令高弼，利用巫蛊邪术嫁祸于人。吴国是吴王慕容垂的封国，涅浩这样做，不仅要告段氏、高弼，还要把慕容垂牵连进来。慕容儁接到涅浩的奏报，也不管是真是假，马上下旨将段氏与高弼逮捕，交大长秋、廷尉审查处理。在审问时，段氏与高弼意志坚强，始终没有屈招。由于没有招供，严刑拷打更为残酷。时吴王慕容垂也在邺城，知道自己的妃子正在遭受酷刑，痛心异常，但没有办法阻止。慕容垂非常同情段氏，担心她受不了，遂暗中托人给段氏带话道："人固有一死，何必忍受如此苦痛，不如屈打成招。"段氏真是位刚烈明理的王妃，她在听到慕容垂的话之后，对传话之人叹息道："我岂是想死之人？我也想就这样招供，但我深深地知道，一旦我招供，就会为成为叛逆，上对不起祖宗，下连累大王。这样的事，我坚决不能做。"段氏在审问时，据理力辩，条理分明，慕容垂最终得已免于灾难，但段氏却死于狱中。

可足浑氏听闻段氏已死，十分开心，但对慕容儁并未能因此加害慕容垂，有些失望。慕容儁遂下旨将慕容垂再次调到辽东（今辽宁省辽阳市）镇守，出任平州刺史，让他不在京都邺城出现。慕容垂到了辽东后，又娶段氏的妹妹为妃，皇后可足浑氏听闻后，非常生气，要皇帝慕容儁下旨废黜小段王妃。可足浑氏最后竟将自己的妹妹小可足浑氏嫁给慕容垂，还要皇帝慕容儁封小可足浑氏为长安君。慕容垂不敢拒绝小可足浑氏，但对她十分不好，可足浑皇后获知后，对慕容垂更加憎恨。

第23章　李绩邺城评论太子　王猛长安怒杀强德

359年二月，邺城（今河北省临漳县西南香菜营乡邺镇村）的春天才刚刚到来，慕容儁就开始注重教育问题，下旨在显贤里设立小学以教育贵族子弟。慕容儁当然也不忘记关心自己的皇子。时年四十一岁的慕容儁共有八个皇子、一个公主。长子慕容晔已于356年八月去世，次子慕容暐先被封为中山王后被立为太子，另四子慕容咸（慕容臧）、慕容亮、慕容温、慕容涉已于354年四月被分别封为乐安王、渤海王、带方王、渔阳王，还有慕容泓及是年刚出生的慕容冲尚未封王。慕容儁颁诏封慕容泓为济北王、慕容冲为中山王。而慕容儁的清河公主时年三岁。

这日，慕容儁在邺城的蒲池大宴文武，酒兴正酣，开始吟诗作赋，接着又谈经论史。慕容儁谈到周朝灵王长子姬晋为太子，天性聪明，但不幸早逝，周灵王又立次子姬贵为太子，待到姬贵即位为周景王时，国力衰退，连器皿用具都得向下面各诸侯国乞要。慕容儁谈到此，不禁潸然泪下，转身对群臣说道："昔魏武帝曹操追念痛悼仓舒（曹操之子曹冲字），孙权也常常思念皇太子孙登，朕还认为这两位君主喜爱奇才而缺乏大雅风范。自从景先（慕容晔）去世，朕之头发变白，才懂得这两位君主的哀思确是有缘由的，有才气的儿子真的很难得啊。众卿说说，景先如何？朕现在悼念他，是否会为后世责怪呢？"

时任司徒左长史的李绩正参加此宴。说到李绩，且让笔者说一说其为何人。李绩是后赵范阳郡（今河北省涿州市）太守李产之子。后赵末年大乱时，前燕慕容儁南下夺取幽州，于350年三月抵达范阳，太守李产准备为后赵坚守范阳，属下将士都劝李产归附前燕。李产遂打开城门，迎接慕容儁入城，并以范阳郡所属八县全部归降前燕。慕容儁仍命李产为范阳郡太守。李绩时在幽州刺史王午处担任别驾，已随王午南撤至鲁口（今河北省饶阳县）。原本驻守乐安（今河北省乐亭县）的征东大将军邓恒也随王午到达鲁口，获知李产投降前燕，担心李绩对他们不利，遂对王午说道："李绩家在范阳，其父已投降慕容儁，我恐李绩在此将对我等不利，刺史应当将其杀掉。"王午生气地说道："将军这是何言？天下如此之乱，李绩为了大义一直跟随我等，情操之高，古之忠烈不过如此。如若今天因毫无根据的猜忌而被杀害，燕赵壮士还有谁愿意追随我等？"邓恒遂不再多言，但王午仍担心有人借机杀害李绩，遂命李绩北返范阳。李绩回到范阳，见到慕容儁，慕容儁责问道："你为了虚名，连老父亲都不顾了，为何今天才回？"李绩毫不畏惧，从容答道："臣追随旧主人，立志求得小小的节操，殿下以大义取天下，臣不以为回来得迟。"慕容儁大为高兴，厚待李绩。

　　李绩后来一直在前燕朝中任职。慕容晔为太子时，李绩是东宫的中庶子，对太子慕容晔非常了解。当李绩听到慕容儁的问话时，马上答道："臣在太子宫做中庶子时，一直侍奉献怀太子（慕容晔），对太子的禀性、志向、学业，臣不敢说不知。臣闻道义齐备而没有过失，恐怕只有圣人。但先太子大德有八，未闻有失。"慕容儁听后说道："卿之言未免言过其实，姑且说说看。"李绩接着说道："至孝自天，性与道合，此其一也。聪敏慧悟，机思若流，此其二也。沈毅好断，理诣无幽，此其三也。疾谀亮物，雅悦直言，此其四也。好学爱贤，不耻下问，此其五也。英姿迈古，艺业超时，此其六也。虚襟恭让，尊师重道，此其七也。轻财好施，勤恤民隐，此其八也。"慕容儁听了此言，又哭了起来，说道："卿之赞誉，虽已过奖，但此儿若在，朕死亦无忧矣。朕虽不能远效尧舜，把天下禅让给有德之人，但也要近法三王，以使大位世代相传。现太子景茂（慕容暐）年方十岁，年纪尚幼，才艺未成，卿认为其如何？"

　　其时太子慕容暐也参加此宴，听到父皇要李绩评论他，遂竖起耳朵，倾听起来。李绩开口说道："皇太子天姿聪慧，群臣对其敬意与日俱增。但是八德尚未完全具备，还有两个缺点须要改正。一是喜欢郊游田猎，二是陶醉在音乐之中，这两样对太子都有害无益。"慕容儁回头对太子慕容暐道："伯阳（李绩）之言，有如灵丹妙药，汝当引以为戒。"慕容暐虽然只有十岁，但听了此言，从此恨透了李绩。此次宴会之上，慕容儁还向群臣询问了百姓年老贫病、孤寡生活难以自立的情况，对他们赏赐了相应谷物与布帛。

　　数日后，慕容儁做了一个梦，让其心情大为不悦。慕容儁在梦中被后赵

第23章　李绩邺城评论太子　王猛长安怒杀强德

皇帝石虎咬了手臂一口，惊醒之后，非常厌恶憎恨石虎。第二日天明，慕容儁下旨掘开石虎的陵墓，以报复石虎。岂料陵墓掘开，却不见石虎尸体。慕容儁认为石虎一定是虚葬，其尸体一定葬于一个不为人知的地方。慕容儁遂出百金悬赏知晓石虎实葬之处。当日即有一个叫李菟的女子前来声称知晓石虎实葬之处，说就在邺城东明观的下边。慕容儁遂命人将石虎尸身掘出，竟僵而不腐。慕容儁怒气未消，走上前去，朝着石虎尸体踢了几脚，还骂道："你这个死羯胡，竟敢吓活天子。"慕容儁还派御史中尉阳约历数石虎罪行，还用鞭子抽打，最后将石虎尸体投入漳水之中。漳水虽流，但石虎尸体却倚于桥柱不走。十年后，王猛大军消灭前燕时，来到邺城看到此状，遂下令将石虎尸体收葬。王猛还将李菟捉拿诛杀。此为后话。

石虎死于349年四月，到359年二月，十年已过，石虎虚葬空棺是有可能的，东明观下十年僵而不腐也是有可能的。前燕灭亡时为370年，到那时，石虎尸体在漳水之中已又过十年之久，岂能不腐？《资治通鉴》上如此记载一定不实，《晋书》之《慕容儁载记》只记载鞭尸后投入漳水，这是可信的。

话分两头。359年开始了，在这个新的年头里，长安城里的苻坚仍是注重境内治理，坚决不对外用兵。三月一开春，苻坚就亲自到郊外耕田种地，还让其天王后苟氏养蚕。苻坚还打算到河东（今山西省运城市）巡察、祭祀。岂料尚未起程，苻坚获报其境内的平羌护军高离在驻守之地略阳（今甘肃省秦安县）叛变。虽然苻坚不愿对外用兵，但在听到境内有人叛变的消息，还是非常愤怒的。苻坚当即派太尉兼尚书令的叔祖苻侯率兵前往讨伐。从长安向西到达秦州的略阳，七八百里之地，再加上苻侯年老，所以当大军到达略阳尚未攻城时，苻侯就去世了。苻坚获报苻侯去世的消息，已是四月，苻坚不免悲痛异常。苻坚又派时任行咸阳郡（今陕西省咸阳市）太守的骁骑将军邓羌率部前往略阳，与秦州刺史啖铁一同征讨高离。邓羌作为前秦一员猛将，果然名不虚传，一出场就将高离击败，收复略阳。

359年五月，苻坚任时为中书侍郎兼尚书左丞的王猛为咸阳郡太守，接着以尚书左仆射李威、尚书右仆射梁平老等留守长安，与权翼、薛赞等前往河东巡察、祭祀。七月，苻坚返回长安，时出征秦州略阳的邓羌又回师长安，苻坚任其为御史中丞，参与朝政管理。八月，苻坚又升王猛为侍中、中书令、兼京兆尹。说到王猛的官职，在苻坚即位时为中书侍郎，在中书省里不算是最大的官，现在升任为中书令，相当于掌管中书省了。作为行政职务，王猛一开始是尚书左丞，在尚书省里级别可以说非常低，与尚书、尚书仆射、尚书令相差甚远。但作为地方行政职务，这一年中王猛却从咸阳郡太守转任京兆尹。京兆尹就是京兆郡的最高官职，由于都城在京兆郡，所以其职称尹，就相当于前燕的魏尹、东晋的丹阳尹。

王猛到京兆郡任职，就在前秦这个最重要的地方政府中大刀阔斧地干了起来。王猛到任后即声明，不论何人，只要犯法，一定按法论处，充分实现其法制治国之理念。升堂之日，即有多人一齐前来叫冤，王猛觉得这一定是个重要案件，所告之人一定害得百姓不浅，不然不会有这么多人前来叫冤。王猛决定认真处理好这个案件以整肃京城。京兆郡府中有人提醒王猛，不要管这个案件，因为百姓告了不止一日了，涉案人员来头太大，不好办，弄不好会把自己给葬送了。王猛的个性就是认准了的事，一定要执行到底，决不瞻前顾后。王猛经向百姓了解，原来百姓控告的是有人强抢百姓财物与子女，已经多次了，被告之人已经成为长安城的一大祸害，百姓早已不堪忍受。此人不仅公然抢财抢人，还经常酗酒闹事，横行霸道，如同虎狼。王猛再问此人为谁，原来是先帝苻健的皇后强氏的兄弟强德。强德不仅是皇亲国戚，还官居特进、光禄大夫。在王猛看来，只有守法与犯法，没有皇亲国戚与高官厚爵，要说是皇亲国戚与高官厚爵正好可以用来整肃他心中的法纪。王猛查明事实后，决定将强德捉拿斩首。王猛也考虑到强德地位特殊，随即拟奏送报天王苻坚，但又担心一旦奏报，将无法按律论处，遂在送出奏报后，立即将强德斩首。苻坚接报后，当即派使快马加鞭赶往京兆府衙传旨赦免，但其时强德首级已被置于闹市示众，百姓都欢欣鼓舞，高呼青天。

王猛在京兆郡整肃法纪，而御史中丞邓羌在朝中也疾恶如仇，对犯法之人严惩不贷。一个月下来，权贵豪门、皇亲国戚被杀或被免的就有二十多人，朝廷官员上下战栗，奸人恶徒，销声匿迹，百姓路不拾遗、夜不闭户。天王苻坚感叹道："朕今天方知天下有法律矣。"

第24章　杀张瓘宋混辅朝政　攻前燕谢万遭败绩

　　359年六月，前凉在张瓘的辅政下，归附前秦已三年多了。张瓘时任都督中外诸军事、使持节、尚书令、凉州刺史，而凉王张玄靓才十岁，朝政大权完全由张瓘掌控。张瓘辅政情况如何呢？史书上说其"猜忌苛虐，专以爱憎为赏罚"。郎中殷郇劝谏张瓘，张瓘怒道："老虎生下来三天，就会吃肉，不须要人教。"言下之意，其所作所为无须别人说三道四。时间一长，人心背离。然而，对于殷郇之劝，张瓘完全可以不予理睬，但对于一同起兵杀掉张祚的宋混，张瓘则不能不放在心上。宋混时任尚书仆射、辅国将军，为官清正，性情忠直，张瓘非常忌惮。张瓘与其弟张琚暗中商定，先将宋混及其兄弟宋澄杀掉，然后再废黜凉王张玄靓，由自己就任凉王。二人商量妥当，即召集数万兵马到姑臧（今甘肃省武威市）结合，准备发动政变。

　　再说辅国将军宋混也非等闲之人，很快就得到张瓘即将政变的消息，遂跟兄弟宋澄率壮士杨和等四十余骑，秘密进入南城，向各军营宣称："张瓘谋反，我等接到马太后之令，诛杀张瓘。"时间不长，就有两千人响应。这时张瓘也得到消息，马上下令兵马向宋混发起攻击。岂料早就作了准备的张瓘兵马竟不能打败宋混，反而被宋混击败。这时张瓘麾下一名叫玄胪的将领手持长矛猛地向宋混刺来，企图"擒贼先擒王"。宋混掉转马头准备避开，岂料已经来不及了，玄胪的长矛已刺中宋混。宋混所部兵马皆大惊，正要一哄而散。这时宋混高声大笑，原来宋混这日早有准备，身穿厚厚的铠甲，玄胪虽然刺中，但未能刺穿，宋混毫无损伤。宋混兵马为之大振，玄胪亦被当场擒获。张瓘部众见势不妙，遂弃甲而降。宋混下令只捉拿张瓘、张琚兄弟。张瓘、张琚获报兵败，遂一齐自杀。宋混为绝后患，下令将张瓘、张琚兄弟屠灭三族。

　　十岁的凉王张玄靓和马太后面对这场变乱，惊恐不已，听闻宋混兄弟获胜，也算是松了一口气。张玄靓遂传令任宋混为都督中外诸军事、骠骑大将军、酒泉郡侯，代替张瓘辅政。宋混递上奏章，请张玄靓去掉凉王称号，仍称凉州刺史，以示归顺晋朝。当然，尽管如此，前凉仍是一个独立的政权。

宋混将前凉政事部署妥当后，传令将玄胪押至面前。宋混看到玄胪勇猛果敢，已有几分爱惜，遂对玄胪说道："你用矛刺我，我幸而没有受伤，现在我大权在握，你难道不害怕吗？"玄胪抬起头来，毫无畏惧，朗声说道："我深受张瓘厚恩，当以死报答他。我刺你之时，唯恐不能刺穿，其它别无所惧。"宋混欣赏玄胪的侠义，也深信他是个极其忠诚之人，遂为其松绑，视其为心腹。

还是在358年九月时，前燕曾派司空阳骛、乐安王慕容臧率兵前往征讨东燕（今河南省延津县东北）的高昌、濮县（今山东省鄄城县）的李历。阳骛先攻高昌的一位守在黎阳（今河南省浚县）的部将，但因城池坚固，一时未能攻克，而且损失惨重。而慕容臧一路南下，倒是一战攻克濮县，李历兵败逃到荥阳（今河南省荥阳市）。十月，因东晋兖州泰山郡（今山东省泰安市）太守诸葛攸攻打前燕所属的东郡（今河南省濮阳县西南）、武阳（今山东省莘县西南），前燕皇帝慕容儁又派大司马慕容恪领兵征讨诸葛攸。诸葛攸兵败返回驻地泰山郡。慕容恪遂率部向西会合阳骛、慕容臧所部，一同讨伐高昌。高昌哪里能够抵挡前燕三位将领尤其是慕容恪的亲自来攻，遂放弃东燕，逃至白马（今河南省滑县东）。十二月，东晋徐兖二州刺史荀羡趁前燕大军在西部征讨高昌之时，挥军北上泰山郡，联同诸葛攸攻克了山茌城（今山东省济南市长清区），杀害了前燕泰山郡太守贾坚。

359年七月，包围白马达半年之久的慕容恪仍没有强行攻城，一直以长久围城的态势对待高昌。在这个本是收获季节的秋天，高昌无法收割田间秋粮，固守城池变得挨饿待亡。高昌实在不堪前燕的围城压力，最后放弃白马，向西逃往荥阳（今河南省荥阳市）。至此，多次反复归附的割据势力，不是被灭亡，就是被赶到司州西部一带。时在司州西部一带尚有据守河内郡野王县（今河南省沁阳市）的安国王吕护，及刚逃至荥阳的高昌。慕容恪决定挥师南下，向东晋豫州一带夺取郡县城池。

就在慕容恪南下豫州攻城略地之际，一直在兖州境内的东晋泰山郡太守诸葛攸又率部攻打前燕所属城池。359年九月，诸葛攸组成水陆两部兵马两

第24章　杀张瓘宋混辅朝政　攻前燕谢万遭败绩

万人，沿黄河溯流而上，穿过卢县西边的石门（今山东省济南市长清区境内），驻屯黄河中的一座小岛，已进入兖州济北国境内。对于诸葛攸仍在兖州境内活动，前燕皇帝慕容儁当然不会坐视不管，但考虑到大司马慕容恪部正在南下豫州，不便马上调遣其部东顾。慕容儁遂传令于一年前攻克并州的司徒、骠骑大将军、上庸王慕容评南下兖州，迎击诸葛攸。慕容儁还担心慕容评所部南下长途跋涉，用时较长，又派冀州长乐郡（今河北省冀州市）太守傅颜率部先行。至此，慕容评、傅颜共率步骑兵五万南下征讨诸葛攸。两国兵马在兖州济北国境内的东阿县（今山东省阳谷县东北）遭遇。诸葛攸兵马只有两万，而慕容评、傅颜兵马有五万，东阿一战，诸葛攸惨败。

359年十月，前燕慕容恪、慕容评两路大军在豫州、兖州境内接连战胜东晋兵马的消息传到建康（今江苏省南京市）。面对前燕来攻的两位重量级人物，东晋朝廷也作了相应部署。时东晋穆帝司马聃虽年已十七岁，但朝政大权仍由辅政的会稽王司马昱掌控。司马昱命豫州刺史谢万进驻淮南郡下蔡县（今安徽省凤台县）以抵挡慕容恪，命镇守下邳（今江苏省睢宁县西北）的徐兖二州刺史、北中郎将郗昙进驻兖州高平郡（今山东省金乡县西北）以抵挡慕容评。

谢万是个什么样的人呢？谢万是谢奕、谢安的弟弟，时年三十九岁。谢万才能和器量皆优异出众，但器量不及谢安。由于谢万擅长展现自我，故此早有声誉。司马昱就是听闻谢万的名气，才召其为从事中郎。358年，谢万的兄长豫州刺史谢奕去世，谢万出任西中郎将、持节、监司豫冀并四州诸军事，兼豫州刺史。谢万担任豫州刺史，出镇寿春（今安徽省寿县），也就是朝廷北伐大任的重要人物。但谢万自恃才华出众，看不起他人，平时吟诗唱歌，高傲豪纵，不仅不安抚士众，甚至不接触将士。王羲之就非常了解谢万，一直认为谢万出镇豫州，领导军队北伐是违才易务。王羲之曾写信给谢万，劝他要与士卒们同甘共苦，但谢万根本不把王羲之的劝告放在心上。谢万的兄长谢安对此也深为忧虑，也对谢万说道："你身为大军将帅，应当与众将多加接触，以悦其心，岂有你这样傲慢而成大事的？"对于兄长之劝，谢万还是放在心上的，遂召集众将相聚，可是相聚时又什么话也不想说。好久才举起如意，指着四周众将说道："你等都是精兵。"将领们听后，对谢万越发痛恨。谢安听闻后，担忧谢万将有不测，遂亲自来到军中，对各位将领

——拜访，重情相托。

不久，豫州刺史谢万开始率部北伐，沿涡水、颍水逆流而上。也就在同时，徐兖二州刺史郗昙也从驻守之地下邳率部北上。谁知这位年仅四十岁的郗中郎也患起病来，决定放弃前往高平郡，暂退至彭城（今江苏省徐州市）。岂料郗昙这一退可了不得，消息传到谢万那里，谢万竟以为是郗昙遭到前燕的攻击而大败。这位自命不凡、目中无人的豫州刺史谢万却认为前燕兵马一定非常强大，遂下令所部也放弃北上而南撤。主帅惊慌，大军突然不战而撤，兵马也随之崩溃。谢万更是狼狈不堪，不顾将士，只身南逃。将士们准备乘乱将谢万除掉以泄心中之恨，但念及谢安情谊，才放过谢万一条命。谢万不仅没有退驻防守之地寿春，竟一路逃回京城建康。朝廷获报，也非常震怒，当即下诏将谢万贬为平民，同时传旨将郗昙降为建武将军。谢万的这一溃逃，豫州的许昌（今河南省许昌市）、颍川（今河南省禹州市）、谯郡（今安徽省亳州市）、沛郡（今江苏省沛县），全部被前燕占领。

前燕慕容恪、阳骛、慕容臧所部不战而占领豫州多处郡县的消息传到邺城，皇帝慕容儁大喜。这位正值壮年的皇帝马上传旨，调慕容恪、阳骛回京，毕竟慕容恪、阳骛等在外征战已有一年之久。岂料在慕容恪回到邺城不久，这位只有四十一岁的皇帝却一病不起了。

第25章　患重病慕容儁去世　受器重王景略升迁

　　359年十二月，又是一个寒冬，邺城（今河北省临漳县西南香菜营乡邺镇村）里的前燕皇帝慕容儁患起病来。十七日，慕容儁病情加重，召大司马太原王慕容恪入宫。慕容儁对慕容恪说道："朕之病情越来越重，服药仍不见好转。朕自知此病不能痊愈，人生长短，命中注定，自无遗憾。然朕自赵国大乱而南下夺取中原至今，已有十年，所憾之事，唯有秦晋尚未平定。太子景茂（慕容暐）年纪尚幼，恐不能担当大任。朕欲效法春秋时宋宣公传弟不传子，将大位传于卿。"慕容恪听后，非常惊慌。因为慕容恪非常清楚，宋宣公当年打破惯例，传弟不传子，最终引发宋国内乱。慕容恪深知皇兄这是在试探他，连忙说道："太子虽幼，但天性聪慧，必能战胜残敌，使天下大治。臣是何人，岂可乱了正统？"慕容儁听后，气而怒道："朕与卿乃是至亲兄弟，岂能虚情假意？"慕容恪答道："陛下如若认为臣能担当天下大任，为何不能辅佐少主呢？"慕容儁转怒为喜道："如若卿效仿周公，朕还有何虑呢？李绩清廉正直、忠诚坦荡，能够担当重任，卿要善待他。"在慕容恪的极力推荐下，慕容儁又召驻守辽东（今辽宁省辽阳市）的吴王慕容垂回京。

　　这时于去年颁诏征集的各州士兵全部集结于邺城。岂料邺城盗贼四起，每天夜晚抢劫、攻杀，早晨、黄昏时道路都为之阻塞。慕容儁接报后甚为忧虑，遂颁诏降低赋税，以期缓解。慕容儁还发布特别禁令，如盗贼互相告发的，可赐予奉车都尉。这道特别禁令一下发，果然有效，盗贼首领木毂很快被抓获斩杀，盗贼之乱终于得到平息。

　　360年正月，慕容儁准备对刚刚征集的士兵进行大检阅；还准备在检阅之后，派大司马慕容恪、司空阳骛率领这支兵马前往攻打东晋，以图一举消灭东晋，统一江南。正月二十日，慕容儁强忍病痛，冒着凛冽寒风，举行检阅大典。检阅结束后，慕容儁病情更加严重，遂暂停南征计划。当日，慕容儁又召慕容恪、慕容评、阳骛及领军将军慕舆根等紧急入宫，接受遗诏，共同辅政。正月二十一日，慕容儁病逝，年四十二岁。慕容儁于350年二月率兵从龙城（今辽宁省朝阳市）入关，先夺取幽州，继而多次南下夺取冀州、消灭冉魏，四处开疆拓土，至今整十年了。十年中，慕容儁两次迁都，先后由龙城迁至蓟城，再由蓟城迁至邺城。十年来，前燕国土向南已达黄河以南淮河以北的广大地区，向西已达许昌，逼近洛阳。慕容儁以平州一州之地，谋取幽并冀青四州及兖豫司大部，可以说为前燕立下卓著功勋。不仅如此，慕容儁还非常喜爱文史经学。史书记载，慕容儁喜爱文章典籍，自即位以来，一直不倦地谈经论史，还曾著述四十余篇。慕容儁性格严肃稳重，始终保持威严的仪容，临朝衣着从不随意，就是在闲居无事时，也从不懈怠。慕容儁去世后，前燕在慕容恪的辅佐下，继续四处征战，扩大领地直至鼎盛：西到洛阳完全占领司州，南到淮河完全占领兖豫徐三州及荆州部分郡县，基本达到后赵鼎盛时的关东之地。可惜七年后，年轻的慕容恪也离开人世，前燕从此衰退，而前秦在经过十年的休养生息之后，也开始四处作战，此为后话。

慕容儁病逝五日后，即正月二十五日，十一岁的太子慕容暐继位为帝，改元建熙。二月，慕容暐尊生母可足浑氏为皇太后，任太原王慕容恪为太宰，总揽朝政。慕容暐又任上庸王慕容评为太傅，阳骛为太保，慕舆根为太师，参辅朝政。

359年十月，前秦尚书左丞、侍中、中书令、京兆（今陕西省西安市）尹王猛，在京兆郡为任已有两月。两月来，王猛厉行法治，风气为之大变，苻坚甚为满意。苻坚决定将王猛调回朝廷，到尚书省任吏部尚书。数日后，苻坚又任王猛为太子詹事，总管太子宫各项事务。王猛不负厚望，行事干练利索，多职在身，仍胜任如常。苻坚知道王猛才能过人，理应担当大任，但对于这样一位后来者，又不可能一日之间将重大职位任命于他，所以一年当中对其多次升迁。十一月，苻坚又将王猛由吏部尚书升任为尚书左仆射，可以说是尚书省中仅次于尚书令的要职。再说其时尚书令苻侯已去世半年多了，苻坚一直没有任命尚书令，所以王猛在尚书省中的职位已属最高。至此，王猛不仅一人身兼数职，而且跨越中书省、尚书省、太子宫。苻坚看到王猛处理上述事务仍然得心应手，知道此人才能远不止于此，遂又想让王猛

第25章　患重病慕容儁去世　受器重王景略升迁

涉足兵马之事。十二月，苻坚又任王猛为辅国将军、司隶校尉，特准留宿宫廷，而侍中、太子詹事、中书令、尚书左仆射等职仍然保留。至此，王猛已于该年被连升五次，从地方事务到朝廷政务直到军务。按王猛的个性，对这些事务既然完全能够胜任，本该当仁不让，但短短一年连升五次，王猛也不敢接受。王猛决定上疏辞让，并推荐散骑常侍阳平公苻融、光禄大夫兼光禄散骑任群、隐士朱肜等接替自己的官职。苻坚览疏后没有采纳，但知道王猛所荐之人一定不差，遂颁诏任苻融为侍中、中书监、尚书右仆射，任任群为光禄大夫、兼太子家令，任朱肜为尚书侍郎、兼太子庶子。却说苻融是苻坚的胞弟，聪慧明辨，下笔成章，至于谈玄论道，即使是道安也比不过他。苻融记忆力甚强，耳朵听过一遍就能背诵，过目不忘，时人把他与王粲相比。苻融善于文采，曾著《浮图赋》，文辞壮丽清新丰富，朱肜、赵整等都推崇他的文思美妙敏捷。苻融不仅能文，而且能武。苻融力气雄勇，善于骑射击刺，是百夫之敌。在内外政务、整顿刑法政令、进用贤才、处理繁杂事务方面，苻融也是王猛之流。不仅如此，苻融尤其善于断案，奸邪无所逃避，故而得到王猛的极力举荐。

王猛时年三十六岁，一年中五次升迁，权倾朝野，当然有人不服，有人甚至还到天王苻坚那里说王猛的坏话。苻坚不仅不予理睬，甚至还会下旨立即将此人缉拿惩办。从此，文武百官无人再敢反对王猛，王猛的治国主张在前秦得到了高度推行。苻坚自357年六月杀苻生即位以来，一直没有对外用兵，只是对境内反叛势力进行平定。苻坚更加注重的是与民休养生息，更加注重国政的治理，而王猛以法治国的主张此时得到充分地采纳，前秦政风、民风为之大变，前秦也逐渐走向大治。在苻坚与王猛等经过十年的治理下，前秦国力强盛，终于开始走向征战四方，统一北方的大道，而此时一直强盛的前燕开始衰退，早作准备的前秦也及时抓住了有利的历史机遇。

英明君主的朝中能人当然不止王猛一人，苻坚所任用的尚书左仆射李威、尚书右仆射梁平老等都是能干之臣。苻坚在不断升任王猛的同时，也不忘重用李威、梁平老等。359年十二月，苻坚又任尚书左仆射李威兼护军；任尚书右仆射梁平老使持节、都督北垂诸军事、镇北大将军，驻防朔方（黄河河套一带）西部。为了加强北部边陲的防守，苻坚又任丞相司马贾雍为云中（今内蒙古自治区托克托县）护军，驻防云中南方地区。苻坚不仅注重边疆驻守，也注重境内的镇守与治理。360年正月，苻坚颁诏，从司隶划出部分郡县，设立雍州，任河南公苻双为都督雍河凉三州诸军事、征西大将军、雍州刺史，改封赵公，镇守安定（今甘肃省镇原县东南）。由于苻双由河南公改封为赵公，苻坚又封皇弟苻忠为河南公。

  苻坚的精心部署却并不被所有人理解，刚任云中护军的贾雍就破坏了苻坚的政策。360年三月，塞外匈奴部落首领刘卫辰，派使来到长安，向前秦天王苻坚请求归附。苻坚欣然接受刘卫辰的归附。刘卫辰还请求到塞内打猎，春天南来，秋季北返，苻坚全部恩准。四月，刘卫辰率部到塞内打猎，收获甚丰，正在高兴之际，云中护军贾雍派司马徐赟率骑兵突袭刘卫辰部。刘卫辰根本没有想到前秦边关守将会派兵向其攻击，完全没有设防，大败北逃。徐赟俘获刘卫辰部大量兵马与牲畜，返回云中。刘卫辰当然不会善罢甘休，连忙派使到长安向天王苻坚禀报。天王苻坚接报大怒道："朕正用恩德威信怀柔戎狄异族，贾雍竟为一点小利，破坏朕之策略。他这是想干什么？"苻坚当即传旨撤销贾雍一切职爵。苻坚还立即派人将所获人畜送还刘卫辰，好言抚慰。苻坚还恩准刘卫辰部居住塞内，无须春秋往返。刘卫辰感激不尽，从此向长安贡使不断。

第26章　慕容恪诛杀慕舆根　慕容暐不用李伯阳

话说360年二月，慕容暐任叔父太原王慕容恪为太宰，总揽朝政。慕容暐又任上庸王慕容评为太傅，阳骛为太保，慕舆根为太师，参辅朝政。却说太师慕舆根性格耿直、刚强，自以为曾经辅佐过慕容皝、慕容儁，而对时年四十岁的慕容恪总揽朝政甚感不服。慕舆根在慕容恪面前，言谈举止，常常十分傲慢。慕舆根不仅从心里不服年轻的慕容恪，还策划制造内乱，以图取得更大的权力。当时皇太后可足浑氏常常干预朝政，慕舆根以此为由对大权在握的太宰慕容恪说道："如今主上年幼，母后干预朝政，殿下应该防范意外之故，考虑自我保全之法。况且平定天下，是殿下的功劳。兄亡弟及，这是古今的既成之规，等到先帝的陵墓竣工后，就应该将主上黜废为王，殿下自己登上大位，必将为大燕带来无穷之福。"慕舆根的这一做法，是想制造可足浑太后与慕容恪之间的矛盾，期望他们内斗，以便从中获利。慕容恪是何等聪明之人，岂能听不出慕舆根的真实意图？慕容恪马上严肃地责问道："公喝醉了吗？怎么说出如此悖逆之言！我与公接受先帝遗诏，公为何突然发出此等议论？"慕舆根听罢，十分惭愧，知道慕容恪不会上他的当，遂谢罪而退。

慕容恪听了心中仍感不安，毕竟慕舆根作为太师参辅朝政，身居要职，一旦发生叛乱之事，将对国家产生重大影响。慕容恪遂与兄弟吴王慕容垂及秘书监皇甫真商议此事。时年三十五岁的慕容垂听罢，马上对慕容恪说道："慕舆根必将作乱，兄长应该当机立断，将其杀掉，以免后患。"慕容恪处事沉稳，并不赞同此议，说道："现今国家刚遭大丧，晋秦两国一直虎视眈眈，随时都将挑衅我国。如若此时宰辅大臣自相残杀，必将让远近之人为之失望，不如暂且忍耐。"皇甫真并不赞同，劝道："慕舆根不过平庸之辈，只因得到先帝过分的宠信，才列入辅臣之位。慕舆根是个小人，见识一般，自从国丧以来，日益骄纵，必将作乱。明公今居周公之位，当为社稷深谋远虑，尽早采取果断措施。"慕容恪仍然没有听从。

再说慕舆根本打算通过挑拨，制造慕容恪与可足浑太后之间的矛盾，既然慕容恪不为所动，遂去可足浑太后处再行挑拨。慕舆根还与左卫将军慕舆干一同商议，准备将慕容恪、慕容评一起除掉。慕舆根进宫拜见可足浑太后，十一岁的皇帝慕容暐时亦在太后宫中。慕舆根对太后说道："太宰（慕容恪）、太傅（慕容评）图谋不轨，臣恳请率兵除之。"可足浑太后听罢，准备听从慕舆根所言，岂料小皇帝慕容暐说道："太宰、太傅二公，是国之亲属亦是贤才，乃是先帝精心所选。先帝将朕之孤儿寡母托之，就知道二公绝不会做出此等事来。太师前来奏报，岂知不是太师欲作乱耶？"慕舆根听后，甚感恐惧，遂不敢再提此事。慕舆根也非常清楚，既然已被皇帝识破，朝中一定不再安全，遂打算离开京都。慕舆根又对太后及皇帝言道："如今天下衰败凋零，外敌众多，国家越大，忧患越深。臣思念北方故土，恳请准臣东返龙城（今辽宁省朝阳市），为国家驻守故都。"慕容暐一时不能决断。

再说首辅朝政的太宰慕容恪获报慕舆根准备北返龙城，担心其一旦回到龙城，必将拥兵自重，甚至公然谋反。慕容恪虽总揽朝政大权，但不敢专断，忙与太傅慕容评商讨。二人商议决定密呈慕舆根罪行，准备将慕舆根除掉。慕容恪随即又派右卫将军傅颜率兵，就在宫内杀掉慕舆根，还将慕舆根的妻儿、同党一并诛杀。杀掉慕舆根后，皇帝慕容暐颁诏大赦天下。诛杀慕舆根一事，由于发生在前燕大丧之际，宫廷内外，尸体狼藉，朝廷内外，一时处于恐怖之中。尽管如此，太宰慕容恪毫不慌张，面容沉稳，进出朝堂，举止如常。不仅如此，慕容恪每次出入，只有一个随从。有人对慕容恪建言道："公当严加戒备，不可大意。"慕容恪坦然道："现今大家一片恐惧，正需要泰然自若才能稳定人心。为何在此自乱阵脚，那时大家还能依靠谁？"不久，人心果然安定。

慕容恪虽然掌握朝政大权，但对于朝廷的礼法，小心谨慎，严加遵守，每件事情都要和太傅慕容评商议，从不独断专行。慕容恪辅政，虚心对待士人，向他们征求治国良策，根据才能授以官职，使众人都能各居其位。官属、朝臣如果出现过失，慕容恪也不公开宣布，只是根据情况加以调动，并且不让他们失去原来的等级次第，仅以此表示贬责。时人都以受到这样的处置而深感惭愧，没有人敢轻易触犯礼法。后来，如有人出现小过失，也都互

第26章　慕容恪诛杀慕舆根　慕容暐不用李伯阳

相责备道："你又想让太宰调动你的官职啦！"东晋朝廷获报前燕国主慕容儁去世，都认为中原可以收复。征西大将军桓温说道："慕容恪尚在，忧患更大啊！"

360年三月六日，景昭皇帝慕容儁葬于龙城，陵号龙陵，庙号烈祖。就在这时，集结于京都邺城（今河北省临漳县西南香菜营乡邺镇村）的各州郡新招士兵，看到朝廷发生变乱，再加上集结在此三个月没有行动，很多士兵开始逃亡，纷纷返回家乡。邺城以南道路一时为之堵塞。太宰慕容恪任吴王慕容垂使持节、征南大将军、都督河南诸军事、兖州牧、荆州刺史，镇守豫州梁国之蠡台（今河南省商丘市睢阳区）。慕容恪又任孙希为并州刺史、傅颜为护军将军，率骑兵两万，到黄河以南地区炫耀武力，临近淮河而返。慕容恪这样的部署，虽没有向东晋用兵，但终将新征兵马作了部署并安定了军心。

慕容恪想起先帝临终之言，说李绩（字伯阳）清廉正直、忠诚坦荡，能够担当重任，要善待他。慕容恪打算向皇帝慕容暐推荐李绩，任李绩为尚书右仆射。岂料慕容恪的奏疏上呈之后，慕容暐一直没有回应。慕容恪感到非常奇怪，因为十一岁的慕容暐面对这位首辅大臣，没有哪一件事不恩准的。慕容恪遂再次上疏推荐李绩，但仍没有得到慕容暐的恩准。慕容恪处事非常谨慎，知道慕容暐多次不批，一定有原因。慕容恪准备面见慕容暐，问问慕容暐为何一直没有批准其奏请，同时再当面向慕容暐推荐李绩。慕容恪也知道，这样的事不宜在朝会之上公然询问慕容暐。却说慕容恪进宫后，正要向十一岁的小皇帝行礼，慕容暐马上迎上前来连说免礼。慕容恪没有开口就问为何屡次上疏而没有回应，只是再次向慕容暐提及李绩乃是贤能之人，可以担当重任，先帝临终时亦曾极力推荐。慕容暐面对首辅大臣，不得不做出回答。慕容暐说道："国之政事，全由叔父裁决，只李绩一人之事，由朕一人裁夺。"慕容恪不便问及缘由，只是希望能够对其有所任命，毕竟自从先太子慕容晔去世之后，李绩作为其中庶子早已无权无职。慕容暐也知道不给李绩一个官职，无法对慕容恪交待，遂下旨将李绩外放，任李绩为冀州章武郡（今河北省大城县）太守。李绩有才，本可在朝中担当重任，现在外放为官，自然郁郁不乐，不久因忧郁成疾，死于任上。慕容恪听报李绩忧郁而终，也甚感惋惜，后来终于明白慕容暐为何反对重用李绩。原来还是一年前，先帝慕容儁在位时，李绩对两位太子的评价，得罪了慕容暐。小小年纪的慕容暐一直怀恨在心，发誓即位后，决不重用李绩。小小年纪，如此记仇，心胸狭窄，可见一斑。

　　一年后，361年二月，一个叫丁进的方士来到邺城，由于其懂得一些法术，竟迷惑了小小年纪的皇帝慕容暐。时年十二岁的慕容暐甚为喜欢丁进，一时将朝政之事放于脑后。对于丁进迷惑小皇帝，慕容恪早已不满，非常担心丁进将为祸国家。慕容恪便想找个机会除掉丁进。岂料这个本是非常聪明的方士，在迷惑了小皇帝慕容暐之后，不仅不知道太宰慕容恪对其不满，竟然还想谄媚慕容恪，试图把慕容恪也给迷惑了。慕容恪是何等聪明之人，岂能被这个小人所骗。丁进认为慕容恪作为首辅大臣，对于那些参辅大臣如慕容评一定不满，认为他们之间一定隐隐存在分歧。丁进遂也用慕舆根那样的方法，试图挑拨慕容恪与慕容评的矛盾，以图得到慕容恪的欢心。丁进拜见慕容恪，直接劝慕容恪杀掉慕容评。慕容恪听罢，大怒，立即上朝奏报皇帝慕容暐，说丁进大逆不道，竟然谋害太傅慕容评，必须杀之。慕容暐听后非常痛惜，但无法反对，因为此事牵涉太傅，根本没有人会支持他，所以只得下旨将丁进斩首。

第27章　苻永固长安理国政　慕容恪河内败吕护

　　长安城里苻坚继续与民休养生息，注重内政治理，坚决不对外用兵。苻坚与王猛等治理下的前秦国力日渐强盛，周边异族部落不断归附。360年三月，匈奴刘卫辰归附。十月，乌桓独孤部、鲜卑没奕干部各率数万部众也向前秦归附。苻坚并不对外用兵征伐，却能得到部族归附，自然大喜。苻坚一高兴，竟决定像对待刘卫辰一样，恩准独孤部、没奕干部迁居塞内。侍中、中书监、尚书右仆射阳平公苻融认为不妥，劝谏道："戎狄都是人面兽心，不懂仁义。其叩首归附，实是为贪图地利，并非向往仁德。而其不敢侵犯边境，实是害怕秦国大军之威，并非感恩戴德。现陛下一旦准其内迁，就将显得陛下软弱。在其窥探郡县虚实之后，必将成为边境之患。陛下仍须命其回到塞外，以防患于未然。"苻坚听罢这位贤能的兄弟之言，也甚觉有理，遂欣然接纳。乌桓独孤部、鲜卑没奕干部遂仍居于塞外，只是名义上归附前秦。

　　果然不出苻融所料，刚刚归附不久的刘卫辰部就发生反叛。361年正月，刘卫辰派人掠夺前秦边境百姓五十余人，男人作为奴隶，女人作为婢女，派人送到长安，呈现给天王苻坚，以为能够得到奖赏。对于刘卫辰这种毫无仁义礼仪之事，苻坚当然非常震怒。但苻坚并没有因此而向刘卫辰发兵，只是派人前往刘卫辰部，责备刘卫辰，还令刘卫辰将所掠之人全部送回家乡。刘卫辰并不认错，更不接受责备，当即宣布叛离前秦，派使前往盛乐城（今内蒙古自治区和林格尔县），向代国投降。代王拓跋什翼犍不仅接受刘卫辰的归附，还将女儿嫁与刘卫辰。对于刘卫辰的叛离，苻坚仍没有派兵征讨。

　　不久据守司州平阳郡（今山西省临汾市）的张平又生反复。张平在358年三月为苻坚亲征所败，被苻坚任命为右将军，仍驻守并州晋阳（今山西省太原市）。358年九月，前燕又派上庸王慕容评征讨并州张平，张平不敌，南撤至平阳，并州遂为前燕所有。张平到了平阳后，担心前燕强大，又悄悄派人向前燕乞降。361年二月，在平阳据守两年多的张平所属的郡民公然宣称归附前燕，张平只得公开叛离前秦，向前燕归附。前燕不再像两年前那样仍由张平镇守平阳，而是派建威将军段刚为平阳郡太守，并派督护韩苞协助段刚，一同镇守平阳。张平对前燕的部署当然不满，但一时也没有做出反应。前燕公然占领平阳的消息传到长安，前秦天王苻坚当然不悦，但暂不想与前燕发生战争，忍耐下来，并没有派兵前往征讨。

已经即位五年的苻坚，此时仍在考虑如何治理国家内政之事。这日，有人报凤凰停在皇宫东阙之上，苻坚大喜，决定大赦境内，百官全部官升一级。苻坚萌发大赦的想法之后，还是非常谨慎的，没有马上在朝会之上宣布，而是将尚书左仆射、中书令王猛及尚书右仆射、中书监苻融召入宫中，让左右之人全部回避，只由三人秘密商讨大赦之事。王猛、苻融准备笔纸，苻坚亲自撰写诏书。就在这时，一只大苍蝇从窗户飞了进来，停在苻坚手握之笔上，嗡嗡作响，声音很大。苻坚连忙将苍蝇赶走，但苍蝇马上又飞了过来。苻坚的赦文尚未拟好，长安的大街上就广为传道："陛下今天就要大赦了。"不久，有司奏报此事，苻坚非常惊讶，对王猛、苻融说道："皇宫之中不可能被人偷听，这事是从何处传出去的呢？"王猛、苻融也大惑不解，苻坚遂下旨派人彻查此事。经查，说有一个黑衣之人在长安大街上高呼："陛下今天就要大赦了。"一会儿这人就不见了。苻坚听后，叹息道："大概就是那只苍蝇吧，听其声音、观期形状都不同寻常，朕甚恶之。谚语说得好，欲人勿知，莫若勿为。再细小的声音都能听到，未成形的事情都能显露。"苻坚从此行事更加谨慎。

苻坚还非常注重教育。苻坚下旨修建很多学堂，广泛征集学官，各郡国通晓一经以上的学生都可充任。苻坚还让公卿以下的子孙都去入学。苻坚还对那些有学问的、有才干的、正直清廉的、孝顺友悌的、努力耕作的人进行表彰。不久，前秦境内人人力求上进，盗贼竟然为之减少。托人私下办事的道路为之断绝。苻坚在王猛的辅佐下，还制定各种典章、律法，十分完备。

却说于359年七月逃往荥阳（今河南省荥阳市）的高昌在361年二月去世，据守河内郡野王县（今河南省沁阳市）的安国王吕护听闻后，立即派兵

第27章　符永固长安理国政　慕容恪河内败吕护

前往百里之外的荥阳，吞并了高昌的部众。吕护本于354年二月，在鲁口（今河北省饶阳县）不堪前燕太原王慕容恪的包围，而西撤至野王的。吕护据守野王整整五个年头了。吕护在野王名义上归附前燕，实际上仍是一方诸侯，自立为王。吕护吞并了高昌的部众后，力量为之壮大，竟公然宣布归附东晋，还派人前往东晋朝廷呈递降表。东晋朝廷遂任吕护为冀州刺史。吕护一时不知天高地厚，竟然决定引导东晋大军北上攻打前燕都城邺城（今河北省临漳县西南香菜营乡邺镇村）。

361年三月，吕护归附东晋的消息传到邺城，辅政的太宰慕容恪对这位昔日的老对手当然气不打一处来。慕容恪决定亲自出马，与冠军将军皇甫真率六万兵马前往讨伐吕护，以图一举消灭这个多年的旧敌。护军将军傅颜也随军出征。从邺城到野王，虽有五六百里之地，但慕容恪大军到达野王城下之时，东晋原本响应吕护的北伐兵马并未到来。傅颜向慕容恪建议立即攻城，以节约开支。慕容恪不以为然，说道："吕护这个老贼，之所以多年明降暗叛，就是依赖其坚固的城池。如若我等强行攻城，必将增加将士的伤亡。两年半前太保阳骛在黎阳（今河南省浚县）攻打高昌的部将时，伤亡惨重，就是因为黎阳城池坚固。最后不仅未能夺取黎阳，反而自取其辱。现在吕护城池虽固，但内无粮草、外无救兵，我等只需深沟高垒，坐而守之，让将士得到休养，再在吕护内部挑拨离间，使其内讧。这样一来，我军不用劳累，而吕护必将日渐萎缩，不用一百天，吕护必将被取。为何要多加伤亡而图快速取胜呢？"傅颜等皆拜服，遂高筑长长的围墙，以长期包围吕护。

慕容恪用兵常常采用长期围困之法，以图减少伤亡而取得胜利，这也是不战而屈人之兵的思路。长期包围，有时长达半年以上，一定会有人等不及，毕竟行军打仗不同于其它，不能快速取胜，往往会令人担心。但慕容恪沉稳从容，定好之策决不轻易更改，更不会为外界干扰。就在慕容恪决定长期围困吕护的野王城时，前方传来消息，刚于前年九月占领的豫州许昌被东晋占领。原来就在361年四月，东晋征西大将军桓温任其弟黄门郎桓豁为都督河中七郡诸军事，兼新野（今河南省新野县）、义成（今湖北省襄阳市）二郡太守，并派桓豁率军攻打前燕占领的许昌。时镇守许昌的是曾任前燕青州刺史的慕容尘，慕容尘不敌败走，许昌为桓豁占领。慕容恪作为首辅大臣，军情自然传至，但慕容恪决定继续围困吕护，暂将许昌之事放于一旁。

361年七月底,慕容恪围困吕护据守的野王城已达一百余天,慕容恪一直在耐心等待吕护先做出反应,所以一直没有派兵攻城。在这个炎热的夏天,安国王吕护终于按捺不住了,决定派将领张兴出城作战。慕容恪看到吕护派将出战,心中甚喜,知道吕护已经没有耐心守城了。慕容恪遂派一直跃跃欲试的护军将军傅颜迎战张兴。傅颜当然不辱使命,数个回合,即将张兴斩于马下。城内将士看到张兴被斩,都无心守城,开始躁动,吕护也更加着急。城外与慕容恪一同出征的冠军将军皇甫真也想到吕护无力守城,就要突围了,自知所部兵马都是老弱之辈,遂对部将提醒道:"吕护穷途末路,必将突围逃走。我军多是老弱残兵,兵器也不够精良,吕护一定会从我军所守之处突围。各位将领必须作周全的戒备,不得有误!"皇甫真还将长枪盾牌士兵集中起来坚守,并在夜间亲自巡查,丝毫不敢松懈。再说野王城中的安国王吕护粮草全部用尽,果真于夜间从皇甫真部所守之处突围。吕护将士猛扑皇甫真阵地,但终未能攻破,而且伤亡惨重,士兵几乎全军覆没。吕护抛却妻儿,只带贴身跟随,冲出包围圈,一路南下,逃往数十里外的荥阳。

　　慕容恪没有派兵追击吕护,而是率部进入野王城,将军粮发给城中百姓,让他们充饥。慕容恪还将城中士人、将帅送至邺城,以防野王城再次出现叛离。慕容恪还派人妥加安抚城中百姓,保持城中各业运转。吕护的参军梁琛没有跟随吕护逃走,而是向慕容恪投降,慕容恪任其为中书著作郎。三个月后,逃至荥阳的安国王吕护,自知无力对抗前燕,遂又派人向前燕纳降。前燕朝廷赦免其罪,任其为广州刺史,驻守荥阳。

第28章　杀张邕张天锡辅政　灭张平苻永固选才

话说前凉骠骑大将军宋混辅政近两年，内政安定，百姓安居。然而上天不佑前凉，361年四月，宋混患起病来，而且越来越重。听闻宋混病重，时年十二岁的凉王张玄靓与祖母马太后亲到宋混府第看望。看到宋混重病在床，张玄靓与马太后非常担心地说道："将军万一不测，我们孤儿寡妇将依靠何人？将军之子林宗继卿之位，是否可以？"宋混强撑病体说道："臣子林宗年纪尚幼，不能当此重任。殿下如若不弃臣之宋家，可以让臣弟宋澄继臣之位。臣弟宋澄政事能力强于臣，但其反应迟钝，在殿下的鞭策之下才能当此重任。"张玄靓与马太后离开宋混府第之后，宋混又对其弟宋澄及家人严厉地说道："我们宋家，世受国恩，当以死相报。我死之后，切不可依仗权势，傲慢待人。"宋混还接见朝中大臣，告诫他们要为国尽忠，矢志不渝。数日后，宋混病逝，行路之人听闻之后，都为之落泪。张玄靓遂任宋澄为领军将军，辅佐朝政。

九月，宋澄辅政才五个月，前凉再次内乱。右司马张邕一直对宋澄辅政不满，早就想寻机杀了宋澄。宋澄虽一直谨记兄长临终之言，专心朝政，但未能防备张邕。张邕终于在这年秋天发动政变，将宋澄杀害，还屠灭宋澄三族。杀掉宋澄之后，张邕遂独揽朝政，凉王张玄靓只得任张邕为中护军，由其统领禁军。张邕虽然控制朝政，但还让张玄靓任其叔父、时年二十四岁的张天锡为中领军，一同参与辅政。尽管如此，年轻的张天锡并没有实际权势，只不过是张邕的陪衬。

张邕的辅政情况如何呢？张邕自认为功劳巨大，骄矜淫纵、结党营私、随意诛杀，国人非常惊恐、忧虑。不仅如此，张邕还与张玄靓的祖母马太后私通，影响甚坏。十二岁的凉王张玄靓看在眼里，忧在心里，无计可施。但年轻的中领军张天锡就不会听之任之了。张天锡有两个心腹之人，一个叫郭增，一个叫刘肃，两个人都十八九岁年纪。一天夜晚，郭增、刘肃二人悄悄来到张天锡家中，对正要入睡的张天锡说道："天下之事，将要有大的动静。"张天锡不解地问道："你等所言何事？"二人说道："我等看到中护军（张邕）出入模样，很像长宁侯（张祚）。"张天锡听罢，也甚为吃惊，说道："我也早就怀疑他图谋不轨，有夺位之心。只因其权势太大，不敢声张。你等有何计策对付他呢？"刘肃欣然说道："应当尽早将他除掉。"张天锡叹道："到哪里去找这样的人呢？"刘肃马上说道："我刘肃就是这样的人啊。"张天锡看着不到二十岁的刘肃，说道："你太年轻，应当再找一个帮手。"刘肃又道："我刘肃与赵白驹二人定能办成此事，决不让将军失望。"三人商议毕，即寻机下手。

十一月，姑臧（今甘肃省武威市）城寒气逼人。这日早上，张天锡照例前去参加早朝。作为贴身随从，刘肃、赵白驹一直跟随张天锡身后。张天锡走到宫门口时，碰到也前去参加早朝的张邕。张邕看到张天锡身后跟着两位身强力壮的年轻人，马上感到不妙。张邕正要转身返回，刘肃就举刀砍了过来，张邕一闪，刘肃竟未砍中。这时赵白驹也拔出佩刀，向张邕猛地砍了过去。张邕又闪了过去，仍未被砍中。刘肃与赵白驹二人都未砍中张邕，一时非常惊恐，不知所措，只得任由张邕逃走。张天锡知道张邕一定不会善罢甘休，必定带着士兵前来报复。张天锡不敢返回，只得带着刘肃与赵白驹奔入王宫。这时果见张邕带领三百士兵来到宫门。张天锡没有退路，遂爬到房顶之上，以其王族身份，对着士兵大声喊道："张邕凶残叛逆，尽行无道之事。宋澄何罪之有，却灭其三族？张邕此举是倾覆国家，祸乱社稷。我并不惧死，只是担心先人之祀被废，岂能让张邕毁灭王族。今日之事，乃是我家中之事，将士无须干戈相向。今日要拿的，只张邕一人而已，天地有灵，我绝不食言！"张邕的三百名将士听罢张天锡之言，竟放下兵器，一哄而散。张邕看到无人为其卖命，遂拔剑自刎。张天锡又下令将张邕党徒全部诛杀。

张天锡杀掉张邕后，凉王张玄靓遂任张天锡为使持节、冠军大将军、都督中外诸军事，总揽朝政。十二月，在张天锡的建议下，前凉取消西晋司马邺的年号"建兴"，采用东晋最新年号"升平"。东晋朝廷获报后，颁诏任张玄靓为大都督、督陇右诸军事、凉州刺史、护羌校尉，封西平公。张天锡辅政两年后，竟将自己的侄儿张玄靓杀掉，自立为王。此为后话。

第28章 杀张邕张天锡辅政 灭张平苻永固选才

话说苻坚注重内政治理,修订各类律法,一直没有对外用兵。361年九月,据守平阳(今山西省临汾市)的张平再次反复,终于让苻坚忍无可忍了。半年之前张平公然宣称归降前燕,与前秦决裂。前燕还任建威将军段刚为平阳郡太守,并派督护韩苞协助段刚,一同镇守平阳。苻坚对于前燕占领平阳甚为不悦,但考虑到不想与前燕开战,遂一直忍耐。其实前燕派段刚、韩苞镇守平阳,已经表明对张平的不信任,张平为此也十分不满,只是一时没有发作。半年来,段刚、韩苞对张平又不太尊敬,张平遂更为不悦。张平与段刚、韩苞终于发生了内讧,暗中寻机杀掉了段刚、韩苞。张平杀掉段韩二人之后,终于再次控制平阳郡。张平一时又不知天高地厚,竟派兵北上雁门郡(今山西省代县西南),攻打太守单男。单男不敌被杀。

苻坚听闻张平杀掉前燕两位太守,知其与前燕反目,但并未派使向前秦归附,决定利用此机收复平阳,前燕一定不会派兵援救张平。苻坚于是派出一支兵马前往平阳攻打张平。一直专心防备东边前燕的张平,兵力其实并不足,根本没有想到西边前秦会来攻打,毫无设防。张平亲自上阵迎战前秦兵马,一战即败,遂退入平阳城中,坚守不出。张平自知前秦兵马强盛,一定不是对手,遂又萌发向前燕归降并求救的想法。张平此时以为前燕一定会为了平阳而派兵与前秦一战,岂料张平的使者来到邺城(今河北省临漳县西南香菜营乡邺镇村)时,太宰慕容恪认为张平反复无常,是个小人,根本不值得为了平阳而去救这个无德无信的小人。前燕遂拒绝对张平的援救,任由前秦兵马攻打张平。张平被前秦兵马攻破城池杀掉。张平作为后赵并州刺史,在后赵灭亡后,在并州及司州平阳郡立足了整整十年,前后反复归附前秦、前燕及东晋,终因反复无常而身首异处。

前秦除掉张平,收复平阳,虽只是小范围内用兵,天王苻坚获报也自然大喜。苻坚在对前线将士下诏奖赏之后,即投入到国政的治理之中。苻坚不仅兴办学堂,还亲自到太学检查学生们的学习情况。这日苻坚来到太学,考问学生对经仪的理解情况,亲自评定划分等次。当问及五经内容,很多博士都回答不了。苻坚非常着急,就对一个叫王寔的博士道:"朕以后一个月内会来太学三次,晋升好的黜退坏的,亲自奖赏勉励,绝不倦怠。希望周朝孔子精微之言不因朕而荒废,汉朝二武的圣迹仍可以追随。"王寔说道:"自从刘石(汉赵、后赵)扰乱中原颠覆华夏以来,两都尽成茂草,儒生很难生存，典籍也磨灭失传，学校也跟着废坏，如同秦皇之时。陛下神武，拨乱反正，国运隆于虞舜、夏禹。开辟学校的美事，弘扬儒学的风尚，皆盛于周朝，必将流芳千古，至于汉朝的二武，哪还值得一提呢？"从此苻坚每月都到太学来，学生们竞相好学。

361年十二月，前秦天王苻坚还颁下诏书，以选拔人才。诏书要求各州刺史、郡守、县令举荐孝悌、廉直、文学、政事等各类人才。苻坚对所举之人，还加以考察，如若所举之人确有才能，就对推荐之人加以奖赏，如若所举之人无才，还对推荐之人进行处罚。诏书一下，没有人敢随便举荐，士人也都勉励自己，用心读书。苻坚的诏书对皇亲国戚也一视同仁，他们如果没有真才实学，也一样得不到举荐，当不了官。一段时间下来，各地官员都是德才兼备之人，并且尽心尽职为百姓办事。农田得到大量开垦，府仓粮食充足，盗贼也为之灭绝。前秦天王苻坚在王猛等辅助下，经过不到五年的治理，定律法，重法治，使得前秦国力不断增强，为以后争夺天下打下坚实的基础。当然五年还不够，苻坚没有因国力好转而忘乎所以，他还要再经五年的内政治理，才走出关中，逐鹿天下，此为后话。

第29章　攻打洛阳吕护亡身　奏议迁都桓温遭拒

说起吕护这个人，原本在王午之后继续称安国王，一直据守鲁口（今河北省饶阳县）。354年二月底，前燕名将慕容恪采用长期包围的策略，吕护无法长期固守，遂放弃鲁口，逃至河内郡野王县（今河南省沁阳市）。361年七月底，慕容恪再次长期围困吕护，吕护不敌又逃至荥阳（今河南省荥阳市）。多年以来，吕护反反复复，对内仍称安国王，并没有真心归降过哪一方。前燕最后任吕护为广州刺史、宁南将军，也都是权宜之计。但没想到这位反复之人却在其生命的最后阶段，忠心耿耿地为前燕作战，直至身亡。这一点与并州那位张平比起来，似乎要值得称道些。

362年正月，前燕豫州刺史孙兴上疏，请求攻取东晋控制下的洛阳。孙兴认为，晋朝洛阳的守将陈祐只有一千余人的老弱残兵，守着洛阳这座孤城，攻破非常容易。邺城（今河北省临漳县西南香菜营乡邺镇村）里的慕容暐接到孙兴的奏疏，经辅政的太宰慕容恪、太傅慕容评及太保阳骛等商议，认为可以准许孙兴攻打洛阳。为了增加孙兴的兵力，前燕又传令据守荥阳的吕护率部一同西攻洛阳，毕竟吕护离洛阳只有一百余里之地。

却说洛阳自356年八月再次被东晋征西大将军桓温收复，至此已五年多了。当时镇守洛阳的是东晋河南郡（今河南省洛阳市）太守戴施及冠军将军陈祐。五年多来，由于前燕不断向司州、豫州一带深入，洛阳已成为一座孤城。362年二月底，前燕宁南将军吕护率部从荥阳抵达洛阳。三月，东晋河南郡太守戴施作为洛阳的最高守官，竟放弃职守，一路南下逃往宛城（今河南省南阳市），到达荆州境内。而冠军将军陈祐仍坚守洛阳，没有跟着戴施南逃。陈祐自知兵力不足抵挡前燕的进攻，遂派人前往建康（今江苏省南京市），向东晋朝廷求救。东晋朝廷一时未有良策。最后，还是镇守江陵（今湖北省江陵县）的征西大将军桓温派竟陵郡（今湖北省钟祥市）太守邓遐率水军三千北上援救洛阳，同时令刚任北中郎将、徐兖二州刺史的庾希也从驻守之地下邳（今江苏省睢宁县西北）发兵响应。五月二十七日，邓遐所部兵马逼近洛阳。此时的吕护仍未能攻克洛阳，一直驻扎在洛阳城外，而前燕并未再派兵马前来助战。双方僵持了一个多月。七月，吕护认为东晋洛阳城池坚固，援兵又至，深知无力攻克洛阳，遂决定退至小平津（今河南省孟津县东北古黄河渡口）待援。就在吕护后撤之时，邓遐及城中守将陈祐率部出击，吕护被流箭射中，身亡。吕护的将军段崇集结残兵，北渡黄河，继续到野王驻守。洛阳解围后，邓遐率部进驻新城（今河南省洛阳城南）。八月，东晋西中郎将袁真进驻豫州汝南郡（今河南省汝南县），并派人给洛阳运去五万斛大米，以资助洛阳。

  关于吕护进攻洛阳，上面的描述是按《资治通鉴》的记载，这与《晋书》的记载有些出入。从《资治通鉴》的记载来看，吕护进攻洛阳，是因为前燕豫州刺史孙兴先上疏请求攻打洛阳，前燕朝廷批准后并派吕护参战的。但后来吕护在洛阳攻打了几个月，在东晋援兵到来的情况下，仍不见前燕的兵马，那位豫州刺史孙兴，也不知去了哪里。这样的史料显然让读史之人无法理解。难道前燕是有意派吕护前去送死？而从《晋书》的《慕容暐载记》中的记载来看，没有表明吕护进攻洛阳是在孙兴的请求之后。吕护进攻洛阳基本是出于其自己的主张，并不是前燕的部署。如此来看，吕护进攻洛阳，可能是其想寻找更好地据守之处，毕竟荥阳只是个小地方，作为安国王，吕护可能有更大的野心。《慕容暐载记》也记载孙兴上疏攻打洛阳，不过是在吕护战死之后。孙兴请求以五千步兵先攻洛阳时，前燕太傅慕容评等也已率部侵入到汝南郡。从这里可以看出，前燕攻取洛阳已志在必得，并且稳操胜券，这与《资治通鉴》上说孙兴提出攻打洛阳而吕护战死显然不符。

  却说东晋征西大将军桓温坚信一定能够解救洛阳，为了能够长久占领洛阳，不使洛阳得而复失，在其派出邓遐北上之时，即上疏朝廷，请求朝廷还都洛阳。桓温在奏疏中还建议，将永嘉之乱后南迁的百姓，全部北迁至洛阳，以充实洛阳的人口。桓温认为只有如此，方能使洛阳稳固，还能以此为机收复北方失地。东晋朝廷接到桓温的奏疏，甚为惊恐。朝廷众臣只想偏安江南，不愿冒险到中原一带去。再说多年以来，洛阳一带已非当年，赤地千里，一片萧条，而江南不仅有长江天险，农耕也得到了开发，逐渐兴旺。但

第29章 攻打洛阳吕护亡身 奏议迁都桓温遭拒

朝廷大臣畏惧桓温势力，大多不敢反对。只有散骑常侍领著作郎孙绰上疏反对。孙绰奏疏全文如下：

> 昔中宗龙飞，非惟信顺协于天人，实赖万里长江画而守之耳。今自丧乱已来，六十馀年，河、洛丘墟，函夏萧条。士民播流江表，已经数世，存者老子长孙，亡者丘陇成行，虽北风之思感其素心，目前之哀实为交切。若迁都旋轸之日，中兴五陵，即复缅成遐域。泰山之安，既难以理保，烝烝之思，岂不缠于圣心哉！温今此举，诚欲大览始终，为国远图；而百姓震骇，同怀危惧，岂不以反旧之乐赊，而趋死之忧促哉！何者？植根江外，数十年矣，一朝顿欲拔之，驱蹙于穷荒之地。提挈万里，逾险浮深，离坟墓，弃生业，田宅不可复售，舟车无从而得。舍安乐之国，适习乱之乡，将顿仆道涂，飘溺江川，仅有达者。此仁者所宜哀矜，国家所宜深虑也！臣之愚计，以为且宜遣将帅有威名、资实者，先镇洛阳，扫平梁、许，清一河南。运漕之路既通，开垦之积已丰，豺狼远窜，中夏小康，然后可徐议迁徙耳。奈何舍百胜之长理，举天下而一掷哉！

孙绰在奏疏中说了几条理由。第一，晋元帝司马睿之所以在江南兴起，不仅仅是天意，实际是依赖长江天险。第二，自到江东六十余年来，几代过去了，一旦北迁，百姓必将生离死别。第三，一旦北迁，东晋以来的五座皇陵将被弃于江南。孙绰最后认为，应当先派有能力的将领将梁国（今河南省商丘市）、许昌一带彻底扫平，然后再慢慢商议迁都之事。孙绰幼时就爱慕高尚的节操，曾作《遂初赋》以表其志。孙绰在《遂初赋》中表达了自己乐于隐居的志向。桓温看到孙绰的奏章后，非常生气，对左右说道："告诉孙绰，为何不按照其《遂初赋》中所言去隐居，却在这里关注国家大事。"

东晋朝廷知道桓温对还都洛阳一事，还没有死心，也非常忧虑。辅政的会稽王司马昱打算派一位侍中去劝阻桓温。扬州刺史王述建言道："桓温这么做，并不是真心要迁都洛阳，而是虚张声势、威胁朝廷而已。朝廷只要顺着他说，他一定束手无策。"司马昱遂以皇帝司马丕名义下诏，诏书大意为："自从爆发战乱以来，已有五纪（六十年）。戎狄凶暴横行，代代不断。

朕一直向北眺望，感慨万端，悲怆满怀。现在，朕知道将军将亲率三军，扫荡妖魔，清除京畿，收复旧都。如若不是将身死置之度外、立志舍身报国的英雄，谁愿作如此牺牲？还都所有事务，交由将军全权决定，有将军高明地统管，朕甚安心。只是河洛一带，城池荒芜，须要经营事务甚多，重担才刚刚开始，恐怕要劳累将军了。"王述这一招果然有效，桓温接诏后，果然不再提还都洛阳之事。

尽管如此，桓温还是想给朝廷找点事。过了没多久，桓温又向朝廷上疏，建议将洛阳的钟虡迁到建康。桓温所说的这个钟虡，是洛阳宫殿里挂钟的架子，非常巨大，搬迁并非易事。辅政的司马昱一时又不知如何应对，还是王述建言道："永嘉之乱，国势衰颓，都城暂迁到江南，现群臣诸将所要奋力的，正是平定天下，凯旋旧都。如若此时还不能还都洛阳，不妨先将洛阳的皇陵迁到江南来，而不是钟虡。"司马昱遂按此内容拟诏派人送至江陵，桓温阅罢遂不再提及搬迁钟虡之事。此时的桓温作为征西大将军，还任都督荆司雍益梁宁交广八州诸军事，朝廷认为交州、广州太远，颁诏改任其为都督荆司雍益梁宁并冀八州诸军事，桓温上疏推辞不受。362年十二月，由于洛阳解围，桓温所派的徐兖二州刺史庾希已从下邳南退至山阳（今江苏省淮安市淮安区），豫州刺史袁真也从汝南南撤至寿阳（今安徽省寿县）。可是两年后，前燕太宰慕容恪的大军真的向洛阳攻来，此为后话。

第30章　黄河南慕容评略地　姑臧城张天锡夺位

362年七月，吕护攻打洛阳兵败身亡的消息传到邺城（今河北省临漳县西南香菜营乡邺镇村），前燕朝廷为这位多年的劲敌死去既感欣慰，又感不安。不安的是东晋在洛阳的镇守还很强，一时还不能夺取洛阳。十一月，前燕在与代国代王拓跋什翼犍互嫁公主、缔结姻亲之后，开始商议向黄河以南各地继续用兵之事。尽管当时前燕的势力已渗透到黄河以南，并占据不少郡县城池，但不断受到东晋边将的侵扰，很不稳固。就说荥阳（今河南省荥阳市）吧，原来曾是安国王吕护的据守之地，可当吕护西去攻打洛阳时，荥阳很快就被东晋将领刘远占领，东晋朝廷随即任刘远为太守，驻守荥阳。慕容恪等认为，当在来年开春之后，开始南下用兵，到黄河以南收复失地，并进一步巩固黄河以南所占领地。

363年春天，前燕派宁东将军慕容忠率一支兵马攻打荥阳。四月，慕容忠率部到达荥阳城下。东晋荥阳太守刘远出城迎战。慕容忠击败刘远，刘远一路南下，向鲁阳（今河南省鲁山县）撤去。慕容忠收复荥阳，没有南下追击刘远。刘远看到前燕兵马并未来追，遂在南下数十里之后的密县（今河南省新密市东南）驻屯。慕容忠本想暂驻荥阳城，但发现刘远到了密县就没有离开，而且近在咫尺，遂决定南下攻打密县。五月十九日，慕容忠攻破密县，刘远只好再次南下，这回一直逃到荆州境内的江陵（今湖北省江陵县）。慕容忠最后驻屯密县，与向南一百余里外慕容尘驻守的许昌（今河南省许昌市）遥相呼应。

十月，前燕朝廷竟打破了这个格局，还将许昌给丢失了。前燕朝廷本来认为许昌北有密县慕容忠，应当甚为稳固，遂快马传令，派慕容尘率领一支兵马攻打东晋陈留郡太守袁披驻守的长平县（今河南省西华县）。长平在许昌东南一百余里之外，离许昌本不算远，前燕朝廷认为慕容尘一定能够速战速决，这样也就为前燕多占几个城池。岂料东晋汝南郡（今河南省汝南县）

太守朱斌获知这一消息后，决定利用许昌空虚之际占领许昌。慕容尘占领长平，丢掉许昌，非常不悦，连忙回军攻打许昌。许昌城池坚固，再加上朱斌善守，慕容尘一直不能攻克。慕容尘遂派使到邺城，向前燕皇帝慕容暐告急。慕容暐于朝会之上，请辅政的太宰慕容恪、太傅慕容评及太保阳骛等商议。最后决定，在来年春天，由太傅慕容评与龙骧将军李洪率兵进入黄河以南，收复失地并再向东晋夺取郡县城池。

364年二月，大地刚刚回暖，前燕太傅慕容评与龙骧将军李洪即率部从邺城出发，不久南渡黄河，向许昌进发。四月，慕容评、李洪向许昌城池发起进攻。时东晋汝南郡太守朱斌已回到驻守之地悬瓠（今河南省汝南县），而由东晋颍川郡（今河南省许昌市）太守李福驻守许昌。李福获报前燕大军来攻，遂率兵出城迎战。但李福的兵马数量不及慕容评、李洪，很快就败下阵来。慕容评亲自督战，李洪亲自举枪上阵迎战李福。李福终因不敌而战死。许昌再次被前燕攻取。慕容评、李洪稍作休整，即一路南下三百余里，继续攻打朱斌驻守的汝南郡。悬瓠一战，朱斌大败，遂放弃汝南，一路向扬州的寿春（今安徽寿县）逃去。慕容评、李洪接着又攻打陈郡（今河南省淮阳县），陈郡太守朱辅不敌，向东撤至徐州彭城（今江苏省徐州市）。

面对前燕慕容评在黄河以南大略郡县，东晋朝廷辅政的会稽王司马昱一时束手无策。时任大司马的桓温倒是作了一些部署。桓温派豫州刺史、西中郎将袁真由驻守之地寿春，率部北上阻截前燕兵马。桓温还亲自率水军进驻扬州淮南郡的合肥县（今安徽省合肥市）。慕容评获报东晋大司马桓温亲自率兵北上，遂不敢继续攻城略地，将许昌、汝南、陈郡各地百姓一万余户北迁到幽州、冀州一带，并派慕容尘继续镇守许昌，自率所部北返。

363年八月，前凉都督中外诸军事张天锡辅政近两年。两年来，张天锡一直独断专行，十四岁的大都督张玄靓毫无办法。张玄靓的祖母马氏（张重华的母亲，张骏的王妃）也没有异议。岂料就在这个月，马氏去世，张玄靓遂尊其庶母郭氏为太妃。郭太妃看到张天锡如此独揽朝政，甚为不满。郭太妃遂与大臣张钦等秘密商议，准备除掉张天锡。但除掉张天锡并非易事，因为张天锡已完全控制前凉朝政，到处都是他的心腹。郭太妃与张钦等人的密谋很快就被张天锡发觉。张天锡马上下令将张钦等全部处死。大都督张玄靓

第30章　黄河南慕容评略地　姑臧城张天锡夺位

惊恐万状，来到张天锡的府第，主动提出要将前凉君主之位让于这位叔父。但张天锡有自己的打算，并不接受张玄靓的禅让。这时张天锡的心腹、已任右将军的刘肃对张天锡不断劝进，说什么君主太年幼，对国不利，恳请张天锡夺取大位，以安臣民。张天锡早已有此想法，遂开始密作部署。

闰八月，前凉早已进入秋季。一天夜晚，张天锡派刘肃闯进内宫，将张玄靓杀害。张天锡对外公开宣称张玄靓突发疾病而亡，为其谥号冲公。张天锡遂自称使持节、大都督、大将军、凉州牧、西平公。张天锡又罢黜郭太妃，尊生母刘美人为太妃。张天锡决定回归晋朝，派司马纶骞带着奏章前往建康（今江苏省南京市），向东晋朝廷请求任命。张天锡还将留在前凉长达十七年之久的东晋侍御史俞归送返建康，以示诚意。张天锡夺位之后，终于结束了前凉长达十年之久的内乱。这里笔者不妨再回顾一下前凉的十年内乱情况。353年十一月，在位八年的张重华去世，十岁的长子张曜灵继位，张重华的庶长兄张祚辅政。是年十二月，宠爱张祚的马太后下旨废黜张曜灵，由张祚继位。张祚继位后，一改前凉前几位君主的做法，公然称帝与晋朝决裂。355年闰九月，河州刺史张瓘起兵杀掉荒淫无道的张祚，立张重华的小儿子张玄靓为君主，张瓘入朝辅政。张瓘辅政不得人心，还想夺位称王。359年六月，宋混杀张瓘入朝辅政。宋混辅政倒是得到内外赞赏，可惜于361年四月病逝，后由其弟宋澄辅政。是年九月，右司马张邕杀掉宋澄，与张天锡一同辅政。尽管张邕、张天锡二人同时辅政，但大权仍在张邕手中。张邕骄矜淫纵，结党营私，随意诛杀，还与马太后通奸。是年十一月，张天锡杀掉张邕，独揽朝政。张天锡辅政后，不再使用西晋末帝司马邺的年号"建兴"，而是使用东晋当时的年号"升平"，充分表明其忠于东晋的诚心。张天锡辅政两年后，即363年闰八月，杀张玄靓而夺位。

张天锡即位后治理国政情况如何呢？作为张骏的小儿子，张天锡夺位时年龄二十六岁。张天锡即位后，没有了宫廷杀戮，朝政基本稳定，农牧生产得到恢复，国力有所增强。不久，张天锡开始注重享乐，朝政颇被荒废。张天锡喜爱出行，经常在园林池塘举行宴会。荡难将军、校书祭酒索商对张天锡的做法甚为担忧，于是上疏力谏张天锡要专注朝政，不要经常出行。岂料前凉这位末代君主极力为自己辩解，还确实有不凡的辩才。张天锡给索商回复道："吾非好行，行有得也。观朝荣，则敬才秀之士；玩芝兰，则爱德行之臣；睹松竹，则思贞操之贤；临清流，则贵廉洁之行；览蔓草，则贱贪秽之吏；逢飙风，则恶凶狡之徒。若引而申之，触类而长之，庶无遗漏矣。"从张天锡的话可以看出，张天锡一点没有悔改的想法，国政荒废可想而知了。

  前凉的使者尚未从东晋返回，前秦的任命诏书就到姑臧（今甘肃省武威市）了。长安城里的苻坚获报前凉张天锡夺位自立，决定予以承认，并派大鸿胪前往凉州传达任命诏书。364年六月，苻坚所派的大鸿胪到达姑臧，宣读苻坚诏书，任张天锡为大将军、凉州牧、西平公。由于前凉与东晋远隔重山万水，直到东晋太和初年，即366年，东晋给前凉张天锡任命的诏书才到姑臧。东晋的诏书任张天锡为大将军、大都督、都督陇右关中诸军事、护羌校尉、凉州刺史、西平公。对东晋皇帝忠心耿耿的张天锡在接到东晋朝廷的诏书后，于当年十月，立即派人来到前凉与前秦边境，向前秦通告从此断交，不接受前秦的任命。张天锡的前凉早就开始衰退，再得罪一个正在走向强盛的前秦，注定其最后灭亡的命运。此为后话。

第31章　贬公爵苻永固治国　克洛阳慕容恪论兵

361年九月，前秦消灭多次反复的张平之后的三年来，苻坚一直没有用兵，始终注重境内治理。岂料一心专注内政治理的前秦，却出现了内部叛乱。364年八月，淮南公苻腾宣称反对天王苻坚，欲自立为王。苻腾是先帝苻健第七个皇子，也是苻生的兄弟。当时苻生的兄弟在世的除了苻腾，尚有晋公苻柳、魏公苻廋、燕公苻武、汝南公苻幼。苻腾对苻坚夺取苻生的帝位，一直暗暗不服，但苻坚对这些堂兄弟却一直友好相待，并无猜忌。苻坚即位以来，除了对境内背叛的将领予以必要的征讨外，基本没有用兵，对于东晋、前凉、前燕这些周边国家，更是决不用兵。数年来，苻坚已将前秦治理得越来越强盛，臣民无不称道。但尽管如此，苻腾仍对苻坚没有好感，在多年潜心的准备之后，终于公开宣称脱离苻坚的统辖。苻坚获知后，非常苦恼，因为他并不想看到自家兄弟刀兵相向。但对于国内出现这样的背叛又不能不闻不问。在王猛等建言下，苻坚最后派兵征讨苻腾，苻腾兵败被擒。按王猛以法治国的做法，极力要求天王苻坚下旨将苻腾诛杀，以绝后患。不仅如此，王猛还劝苻坚将苻柳、苻廋、苻武、苻幼等四人一齐杀了。苻坚坚决不准，认为这四公虽是苻腾的亲兄弟，但并无谋反迹象，不能讨伐。王猛对苻坚说道："不除掉这四个人，将来必有后患。"苻坚仍不忍杀掉他们，没有采纳王猛的建言。

苻坚虽没有采纳王猛的建言杀掉苻柳等，但还是采取了一些措施，以削弱这些公爵们的势力。苻坚颁诏，要求各公国只许置三卿，即郎中令、中尉与大农。诏书还要求，郎中令要由天王苻坚亲自为各公国任命，中尉与大农二卿由公爵自己任命。

苻坚对公国只许置三卿的诏书才颁发没多久，前秦各公爵又出现另一怪现象。由于前秦多年没有大的战争，国力逐渐强盛，百姓富足，有很多商人拥有千金家财。有钱的商人得到权贵们的竞相追捧。商人赵掇、丁妃、邹瓫等都拥有万贯家财，车马服饰、豪华奢侈，比照王侯。前秦各位公爵争相延聘这些富商为公国的二卿。黄门侍郎程宪对各公国的做法甚感担忧，对苻坚说道："赵掇等是商贩恶奴，市井小人，然其车马服饰与王公相同，官爵职位与君子齐等，这些人去做藩国的列卿，真是伤风败俗，有污圣化。陛下应当颁诏，严明典章法规，让清浊有显著区分。"苻坚听后，深以为然，遂再颁诏书，诏书大意为："朕保留二卿由公国自选之本意，是想让各公国选拔贤明的儒生英才，没想到竟如此滥竽充数。现责令有司核查追究，凡延聘不当的公国，将其爵位由公降为侯。从今天起，公国所有官员，全部由吏部尚书选任。凡不是朝廷任命的官员，一律不许乘坐车马；京师百里之内的公商差役之人，不得饰有金银、锦绣的衣服。违犯者斩首示众！"诏书一下，再经有司查实，有五位公爵违反诏书规定被降为侯爵，这五位公爵是：平阳公、平昌公、九江公、陈留公与安乐公。

不说苻坚加强公国的管理，且说前燕于364年二月派太傅慕容评与龙骧将军李洪率兵大略黄河以南，不仅重取被东晋夺回的领地，还有力巩固了这些地区的防守。不久，东晋大司马桓温亲率兵马移驻合肥（今安徽省合肥市），威胁前燕，慕容评等遂不再南攻，回师邺城（今河北省临漳县西南香菜营乡邺镇村）。前燕朝廷此时正在商议，要将龙城（今辽宁省朝阳市）的留守政府取消，并将龙城的皇家祭庙迁至邺城。辅政的太宰慕容恪等最后决定，派侍中慕舆龙前往龙城，将皇家祭庙迁至邺城，并将留守政府的官员一同迁至邺城。这一重要事务完成之后，已是八月，慕容恪决定在这个秋天到来之际，夺取重镇洛阳。由于太傅慕容评刚刚大略河南而回，慕容恪决定此次亲率大军攻取洛阳。

对于攻取尚在东晋控制下的洛阳，慕容恪在大军尚未出发之前，就先作了一些部署。慕容恪先派人到洛阳一带向百姓、坞堡招降纳叛。接着又派司马悦希率一支兵马进驻盟津（今河南省孟津县西南）。慕容恪还派豫州刺史孙兴率部进军成皋（今河南省荥阳市汜水镇西）。慕容恪的大军未动即有不小的收获，通过招降纳叛，洛阳一带的百姓、坞堡大都向前燕归降。

东晋洛阳城的守将是冠军将军陈祐，兵马只有两千，根本不足抵挡前燕多路兵马的攻击。但就在这时，东晋一位叫沈劲的人，自愿率一支兵马前来

第31章　贬公爵苻永固治国　克洛阳慕容恪论兵

协守洛阳。这位沈劲又是怎样的一个人呢？还须慢慢道来。沈劲是沈充的儿子，沈充因参与王敦之乱而被杀，沈劲因此常常为其父死于非义而悲哀。沈劲发誓要为国建立功勋以洗去这个耻辱。但由于沈劲受其父影响，已到而立之年，仍一直无法为官。吴兴郡太守王胡之，非常了解沈劲，也很赏识沈劲，打算推荐沈劲。364年，王胡之升任司州刺史，将到洛阳赴任。王胡之打算带着沈劲同赴洛阳，遂上疏朝廷，称沈劲有才能有品行，恳请朝廷为其解禁，让沈劲参与其州府政事。朝廷准奏。可是不幸的是，就在王胡之准备带着沈劲前往洛阳任职之时，王胡之突然患病而亡。王胡之不能到洛阳赴任，这时前燕兵马又逼近洛阳。沈劲遂上疏朝廷，愿意隶属洛阳守将陈祐，一心为国效力。东晋皇帝司马丕下诏恩准，同时任沈劲为冠军将军司马。沈劲得到这个为国立功的机会，非常兴奋，便一路招兵来到洛阳。到洛阳时，沈劲也集结了一千余人的兵马。尽管沈劲带着千余兵马来到洛阳，而冠军将军陈祐仍然认为洛阳无法固守，根本抵挡不了前燕强大的兵马，更何况又是名将慕容恪亲自率兵来攻。陈祐遂以南下援救许昌为由，离开洛阳，并且只给沈劲留下五百兵马。沈劲知道陈祐根本不是为了援救许昌，因为当前要援救的是洛阳，但他无法劝阻陈祐。364年九月，洛阳城的秋天已非常寒冷，好似冬天提早到来一样。看到陈祐率部离开洛阳，将要独自面对强大的前燕大军，沈劲没有胆怯。沈劲甚至兴奋地说道："我的心愿就是为国捐躯，现在机会终于到来了。"沈劲后被东晋朝廷任命为扬武将军。而陈祐在南下途中听说许昌已被前燕占领，自知无力攻克，遂向西投奔新城（今陕西省安康市）而去。

　　再说前燕进驻盟津的悦希，在慕容恪大军没有到来之前，先向洛阳所在的河南郡各县发起进击，所属各城大多被攻取，洛阳已真正成为一座孤城。消息传到建康（今江苏省南京市），已是365年二月。东晋朝廷辅政的会稽王司马昱获报非常着急，连忙召集大司马桓温商议对策。当时桓温已将所部移驻姑孰（今安徽省当涂县），二人便在洌洲（今安徽省当涂县江中小岛）会面，商讨援救洛阳大计。非常巧的是，就在二月二十二日，二十五岁的晋哀帝司马丕去世。司马昱与桓温商定好的征伐大计遂只得作罢。司马丕没有儿子，皇太后褚蒜子下诏，由司马丕的弟弟琅琊王司马奕继位为帝。

　　不说东晋朝廷新皇登基，且说前燕太宰慕容恪与吴王慕容垂的大军时已抵达洛阳城下。慕容恪用兵一向谨慎，没有十分把握不会强行进攻，以免不必要伤亡。然而面对城高墙坚的重城洛阳，慕容恪却决定立即进攻。这位谨慎的名将作如此部署，与其一贯方略不同。慕容恪也担心将士不解，遂对将士说道："你等经常说本将不进攻，现今洛阳城高而守兵微弱，很容易攻克。各位将士只管进攻，不要畏惧胆怯。"大军遂开始攻城。

三月，前燕将士攻城数日，洛阳城池即被攻破，守将扬武将军沈劲被擒。沈劲神色自若，慕容恪也非常欣赏，准备赦免他。中军将军慕舆虔劝道："沈劲虽是位奇才，但观其气度与志向，终难为他人所用。如果现在赦免了他，必将后患无穷。"慕容恪于是下令杀掉沈劲。沈劲后被东晋朝廷追认为扬州东阳郡（今浙江省金华市）太守。

洛阳攻克后，慕容恪为了巩固重镇洛阳，还派一部兵马向西深入到崤山、渑池一带，逼近前秦边境。此时的慕容恪并没有想夺取关中，派兵西略，只是为了让洛阳更加稳固。慕容恪还作了一些部署：任左中郎将慕容筑为洛州刺史，镇守洛阳之金墉城（今河南省洛阳城西），吴王慕容垂为都督荆扬洛徐兖豫雍益梁秦十州诸军事、征南大将军、荆州刺史，率一万兵马，镇守洛阳以南三百里外的鲁阳（今河南省鲁山县）。慕容恪部署完毕，即回师邺城，毕竟邺城还有很多政事须其辅佐。

第32章　击匈奴苻永固亲征　辅国政慕容恪施恩

365三月，前燕太宰慕容恪攻克洛阳，还派兵西略渑池（今河南省渑池县）、崤山一带，逼近前秦边境。消息传到长安，一直注重内政治理、并没有出关争夺中原的前秦天王苻坚听闻后，非常震惊，关中百姓也非常惊慌，担心前燕名将慕容恪乘胜西攻关中。苻坚非常着急，担心百姓一旦慌乱，多年内政治理的成果将付之东流。尽管苻坚此时并不想与关东的前燕争战，但关中百姓惊恐必须采取措施稳定民心。苻坚决定亲率大军东出长安，来到五百里外的陕城（今河南省三门峡西）驻扎，以防备前燕大军，前秦不安的民心方才安定。不久慕容恪即离开洛阳，回师邺城（今河北省临漳县西南香菜营乡邺镇村）继续辅政。苻坚获报慕容恪离开洛阳，遂将陕城交由魏公苻廋驻守，自率兵马返回长安，继续专注内政治理。

七月，长安城里的苻坚决定对再次叛离的匈奴刘卫辰部用兵。刘卫辰本于360年三月归附前秦，又于361年正月背叛前秦，归附拓跋什翼犍的代国。对于刘卫辰的背叛，苻坚当时并没有用兵。365年正月，刘卫辰又背叛代国，代王拓跋什翼犍渡黄河西征，把刘卫辰逐走。刘卫辰遂又派使归附前秦。后来，刘卫辰与匈奴另一首领曹毂被前秦分别封为匈奴左贤王、右贤王。365年七月，刘卫辰与曹毂再次背叛前秦。那位右贤王曹毂还率兵两万一路南下，攻打前秦杏城（今陕西省黄陵县西南）以南的城池，离长安只有三百余里。不仅如此，索虏乌延等部也起兵反对苻坚，响应刘卫辰、曹毂。面对如此军情，苻坚决定御驾亲征。苻坚令卫大将军李威、尚书左仆射王猛辅佐太子苻宏，留守长安。苻坚此次北征刘卫辰、曹毂与乌延，以前将军杨安、镇军将军毛盛为前锋都督，汝南公苻幼为征北大将军，建节将军邓羌也一同出征。

八月，苻坚大军逼近曹毂所部驻屯的同官川（今陕西省铜川市）。前锋都督杨安率先与曹毂部发生激战，曹毂派其弟曹活率四千人迎战。杨安阵前大战曹活，曹活不敌被斩于马下。杨安、毛盛挥军掩杀，曹活四千余人大败，大多被杀。曹毂获报非常惊恐，连忙派使向前秦天王苻坚乞降。苻坚接受曹毂的投降，但苻坚担忧其再次背叛，遂下令将曹毂所部六千多户兵马迁至长安。安抚毕曹毂余部后，苻坚率部继续北进，不久与乌延部交战。杨安、毛盛又阵斩乌延。苻坚令苻幼率一支兵马驻守杏城，然后率大军继续北上，进入河套地区，准备讨伐刘卫辰。进入河套地区后，苻坚令邓羌率一支兵马前往寻击刘卫辰。邓羌不辱使命，率部在河套地区的木根山（今内蒙古自治区鄂尔多斯境内）一带找到刘卫辰部。邓羌向刘卫辰部发起进击，刘卫辰部大败。邓羌纵马追击刘卫辰，并将刘卫辰生擒，绑缚至苻坚大营。苻坚并没有杀掉刘卫辰，而是接受刘卫辰的再次归降。苻坚还封刘卫辰为夏阳公，由其继续统领部众游牧在河套地区。

九月，河套地区已进入冬天，寒气逼人，刚刚征服曹毂、乌延、刘卫辰的苻坚，并没有马上南返长安。苻坚由骢马城（今宁夏回族自治区银川市）进入朔方（今内蒙古自治区杭锦旗西北）巡视，安抚塞外各部族。十月，苻坚仍在北方巡视，尚未南返。驻守杏城的征北大将军汝南公苻幼竟起了谋反之心。苻幼是苻健第十二子，苻生之弟。在364年八月，淮南公苻腾谋反时，王猛曾劝苻坚除掉这几个堂兄弟，苻坚念及兄弟情深且他们并无反迹，不忍相残。但在苻坚杀掉苻腾之后，苻幼等并不服气，一直在寻机夺权谋反。现在苻坚在遥远的北方征伐，苻幼认为机会来了，决定率部南返长安，企图趁长安空虚之际，一举夺得长安。

且说长安城里留守的太子苻宏获报苻幼回师来攻，连忙召卫大将军李威、尚书左仆射王猛等商议。李威决定率城中兵马主动北出长安城，迎击苻幼，以图在长安城外消灭苻幼，不使战火进入城中。王猛等赞同此议，李威遂率领一支兵马北上迎击苻幼，苻幼本以为长安空虚，不想未到长安即遭到袭击。苻幼兵败被斩，所部兵马全部归降。

365年十一月底，苻坚率部回到长安。长安臣民对这位英主在外出征四个月，大败匈奴，巩固北疆而大为称颂。而苻坚对李威等平息苻幼的叛乱，保证了长安的稳定，也非常赞赏。苻坚遂任李威为守太尉、加授侍中。

且说前燕太宰慕容恪于365年三月攻克洛阳后，回到邺城专注朝政辅

第32章 击匈奴苻永固亲征 辅国政慕容恪施恩

佐。十多年来,慕容恪为前燕多次领兵作战,攻克诸多坚城,占领无数领地。由于从此慕容恪坐镇邺城以略四方,不再亲率兵马四处出战,笔者在此回述一下慕容恪多年来的征战情况。

338年五月,慕容皝称王建前燕才九个月,后赵天王石虎亲率大军在灭亡辽西段氏鲜卑后,乘胜进攻辽东慕容鲜卑,以图一举征服前燕。后来石虎久攻不下,决定撤退,十八岁的小将慕容恪在石虎撤退时,率兵追击。慕容恪杀死并俘获后赵兵马共约三万而回。后赵各将均遭惨败,只有游击将军石闵(即冉闵)一部完整。338年十二月,后赵派将领麻秋到密云山(今北京市密云县南)迎接段氏鲜卑首领段辽归降。前燕派慕容恪设伏密云山,大败麻秋,后赵三万兵马被杀两万余人。339年十月,慕容皝又派四子慕容恪、五子慕容霸攻打宇文鲜卑别部,宇文鲜卑别部大败。慕容恪后来一直镇守平郭(今辽宁省盖州市)。346年正月,慕容皝派世子慕容儁率兵攻打夫馀国,并令慕容恪率部一同参战。这场征战,名义上统帅为慕容儁,但实际上军事指挥全为慕容恪。348年九月,慕容皝去世,世子慕容儁继位,慕容恪与慕容评、阳骛被列入"三辅"。350年二月,慕容儁兵分三路南下攻打后赵,慕容恪随慕容儁中路军行动。后来慕容恪大多独自领兵出征:中山(今河北省定州市)降侯龛,魏昌(今河北省无极县东北)擒冉闵,鲁口(今河北省饶阳县)围吕护,无极(今河北省无极县)杀苏林,常山(今河北省正定县)伐李犊,广固(今山东省青州市)擒段龛,武阳(今山东省莘县西南)败诸葛,野王(今河南省沁阳市)围吕护,直至攻克洛阳。

慕容恪用兵有缓有急,目的在于打败敌人,减少伤亡,甚至考虑敌我双方都要减少不必要的伤亡。慕容恪攻打城高墙坚的城池,尤擅采用长期围困的战术,有的长达一年之久,如鲁口、广固,就是野王也长达一百天。长时间的围困,将士们常有不解,有人甚至抱怨慕容恪不敢攻城。慕容恪多次对将士们讲述其用兵之道,将士无不悦服。最后在攻取重镇洛阳时,慕容恪就是速战速决,当然也不忘给将士们再作一次讲解。

慕容恪治军只关注重要事务,从不苛刻繁琐,使将士们人人安然。慕容恪带兵,从不依赖杀戮以树立威严。但慕容恪在将士中却有很高的威信,这完全是其用恩德、诚信建立起来的。军士中如有人犯法,慕容恪并不捉拿,秘密放其离开,等待元凶暴露时再一举拿获,并向全军通告。没有战斗之时，慕容恪的大营之中十分宽松，好似没有组织与法令。而事实上警备甚严，敌人根本无法靠近，因而多年征战，从未有败。尽管如此，这位多年在外征战的名将仍毫不隐讳自己的得失。慕容恪有一次对僚属们说道："我之前攻克广固（今山东省青州市），不能救辟闾蔚。后来平定洛阳，又让沈劲被杀。虽然这些都不是我之本意，但身为将帅，实在有愧于天下。"

慕容恪辅政期间，其他各位重臣也都兢兢业业，恪尽职守。就像慕容评这样的辈份极高的辅臣及可足浑太后也没有做出过格的事，而在慕容恪去世后，情况就不同了。365年四月，前燕太尉封奕去世，朝廷任司空阳骛为太尉，侍中、光禄大夫皇甫真为司空、兼中书监。阳骛作为三辅重臣，前后辅佐四代君王，也是一位德高望重的大臣，自慕容恪以下臣属都向其下拜。阳骛本人也是谦虚谨慎，待人恭敬有礼，十分敦厚。阳骛崇尚节俭，出入乘坐旧车瘦马，对钱财没有兴趣。阳骛对待家人也非常严格，尽管子孙中有位居高官的，也没有人敢违反他的家法。

慕容恪处事谨慎，作为首辅大臣，每件事都会与另两位辅臣慕容评、阳骛商议。所以，尽管慕容评年老辈高且多猜疑，对慕容恪所为不得不敬佩。三人辅政，前燕朝廷政风甚好。在慕容恪的带领下，群臣都接受教化、崇尚道德，违反律令者甚少。慕容恪退朝回家，尽心侍奉长辈，对其母高氏甚为孝顺。闲暇时，慕容恪手不释卷，爱读兵法史籍。

第33章　慕容恪归政慕容暐　慕容厉击败诸葛攸

366年四月，前燕境内水旱成灾。辅佐朝政的太宰慕容恪非常忧虑，也非常自责。慕容恪辅政可以说远比周公，近比诸葛亮，可算是鞠躬尽瘁，死而后已。在如此精心的辅佐之下，境内仍然水旱成灾，慕容恪开始思考，是不是自己才能低下，不能当此大任。慕容恪还认为，皇帝慕容暐时年也已十七岁了，应当可以亲政了，不再须要他这位辅政大臣了。慕容恪遂与太傅慕容评商议，一同向慕容暐行稽首之礼，并向慕容暐归还政权。慕容恪、慕容评还给慕容暐上疏，疏文如下：

> 臣以朽暗，器非经国，过荷先帝拔擢之恩，又蒙陛下殊常之遇，猥以轻才，窃位宰录，不能上谐阴阳，下厘庶政，致使水旱愆和，彝伦失序，辕弱任重，夕惕唯忧。臣闻王者则天建国，辨方正位，司必量才，官惟德举。台傅之重，参理三光，苟非其人，则灵曜为亏。尸禄贻殃，负乘招悔，由来常道，未之或差。以姬旦之勋圣，犹近则二公不悦，远则管、蔡流言，况臣等宠缘戚来，荣非才授，而可久点天官，尘蔽贤路！是以中年拜表，披陈丹款。圣恩齿旧，未忍遐弃，奄冉偷荣，愆责弥厚。自待罪鼎司，岁余辰纪；忝冒宰衡，七载于兹。虽乃心经略，而思不周务，至令二方干纪，跋扈未庭，同文之咏，有惭盛汉，深乖先帝托付之规，甚违陛下垂拱之义。臣虽不敏，窃闻君子之言，敢忘虞丘避贤之美，辄循两疏知止之分，谨送太宰、大司马、太傅、司徒章绶，惟垂昭许。

在这份奏疏中，慕容恪、慕容评二人都认为德才不足以当此大任，还说长期位居此职，会阻挡贤才之路，希望皇帝陛下能够收回印绶，准许二人返回宅第。慕容暐览疏之后，不接纳二人的奏请，还给二人回复诏书，诏书全文如下：

> 朕以不天，早倾乾覆，先帝所托，唯在二公。二公懿亲硕德，勋高鲁、卫，翼赞王室，辅导朕躬，宣慈惠和，坐而待旦，虔诚夕惕，美亦至矣。故能外扫群凶，内清九土，四海晏如，政和时洽。虽宗庙社稷之灵，抑亦公之力也。今关右有未宾之氐，江、吴有遗烬之虏，方赖谋猷，混宁六合，岂宜虚己谦冲，以违委任之重！王其割二疏独善之小，以成公旦复衮之大。

慕容暐在诏书中称赞慕容恪、慕容评二人功勋卓著，美德高尚达到极致。慕容暐还说西部尚有氐族的秦国，南部还有残存的晋国等待二公去谋划攻取，以实现天下一统。慕容暐希望二公成就周公的大志。慕容恪、慕容评接诏后再次上表，坚决请求还政。慕容暐仍然不接受还政，再次回复如下：

> 夫建德者必以终善为名，佐命者则以功成为效。公与先帝开构洪基，膺天明命，将廓夷群丑，绍复隆周之迹。灾眚横流，乾光坠曜。朕以眇躬，猥荷大业，不能上成先帝遗志，致使二虏游魂，所以功未成也，岂宜冲退。且古之王者，不以天下为荣，忧四海若荷担，然后仁让之风行，则比屋而可封。今道化未纯，鲸鲵未殄，宗社之重，非唯朕身，公所忧也。当思所以宁济兆庶，靖难敦风，垂美将来，俾踪周、汉，不宜崇饰常节，以违至公。

慕容暐的这次回复，指出当前道德教化不足，敌寇尚未剪灭，社稷重任不是皇帝一人之事，也是王公们忧虑之事。慕容暐指责二人不应当为了个人名节，而违背大公。慕容暐担心二人再次上疏，遂拒绝接收其所呈之表，慕容恪、慕容评只好作罢。后来在慕容恪等精心部署下，水旱之灾得到缓解。

从366年四月慕容恪还政未果到367年五月慕容恪病逝的一年中，慕容恪仍在积极考虑为前燕开疆拓土。这里要介绍一下在慕容恪辅政的最后期间，前燕的三次用兵。

第一次用兵是夺取整个兖豫徐三州。却说东晋徐兖二州刺史庾希早已于362年十二月由镇守之地下邳（今江苏省睢宁县西北）南撤至山阳（今江苏省淮安市淮安区），兖豫徐三州大部已被前燕占领，但兖州境内的泰山郡

第33章 慕容恪归政慕容暐 慕容厉击败诸葛攸

(今山东省泰安市)、高平郡(今山东省金乡县西北昌邑镇)及豫州最北边的鲁郡(今山东省曲阜市)仍一直被东晋守将占据。泰山郡太守便是诸葛攸,但泰山郡早已成为兖州中的一个孤岛。前燕太宰慕容恪等商议决定,派抚军将军、下邳王慕容厉领兵南下,拔掉诸葛攸这个钉子,以完全占领兖州。366年十月,慕容厉率部到达泰山郡,与诸葛攸发生激战。诸葛攸不敌南逃,慕容厉下令追击。诸葛攸一路南逃至扬州淮南郡(今安徽省寿县)。慕容厉一路南下,又攻克了鲁郡,接着又向西攻克了高平郡。至此兖州各郡县完全被前燕占领。慕容厉任命郡守县令后,回师邺城(今河北省临漳县西南香菜营乡邺镇村)复命。至此,前燕与东晋的东部边界已推进到淮河一线。

这里再赘述一下东晋朝廷处置庾希一事。诸葛攸兵败,作为徐兖二州刺史的庾希却不能援救,庾希本当为此担责,但东晋朝廷并没有因此而追责庾希。这是为何呢?原来庾希乃是庾冰之子,其妹庾道怜又是当时的皇帝司马奕的皇后,庾希兄弟都十分显达尊贵。但大司马桓温对庾希却十分嫉妒,桓温当然也不会放过这个弹劾庾希的机会。东晋朝廷也不敢违背桓温之意,遂下旨免去庾希之职。

第二次是向北方草原用兵。就在前燕经略南方,向东晋争夺地盘之时,塞外草原上的敕勒部也不断侵扰边关。为了巩固北方边境,慕容恪等认为应当再派将领出塞攻打敕勒部,削弱其力量,使其不敢南犯。367年二月,冬天刚刚结束,北方大地仍然没有完全解封,前燕即派回到邺城只有数月的抚军将军、下邳王慕容厉与镇北将军、宜都王慕容桓出塞讨伐敕勒部。慕容厉、慕容桓此次出征大胜敕勒部。

第三次是南下向荆州境内用兵,以图从荆州打开突破口而谋图东晋江山。作为辅政重臣,慕容恪没有满足于前燕当前的疆土,攻灭东晋及消灭前秦,仍是慕容恪的心愿,这也是先帝慕容儁的遗愿。也许慕容恪当时想先南攻东晋,后入关攻取前秦,所以镇守洛阳的洛州刺史为慕容筑,而镇守鲁阳(今河南省鲁山县)的荆州刺史为慕容垂。显然,慕容恪把南攻东晋的大任交给了慕容垂。

慕容恪为何把南攻东晋的突破口放在荆州?一个重要的原因可能是东晋的实力派人物大司马桓温早已不在荆州江陵(今湖北省江陵县)。这里不妨赘述一下桓温当时的情况。还在364年四月前燕派太傅慕容评、龙骧将军李洪攻打许昌、汝南时，桓温再次率水师进驻合肥（今安徽省合肥市）。五月，东晋朝廷任桓温为扬州牧、录尚书事，并于五月、七月两次召其入朝辅政。桓温无奈，只得入朝。八月，桓温行至赭圻（今安徽省繁昌县西），上表辞去录尚书事一职，只肯遥领扬州牧，打算在赭圻筑城驻守。365年正月，桓温再由赭圻移镇姑孰（今安徽省当涂县）。二月，桓温任兄弟桓豁为监荆州、扬州之义城、雍州之京兆诸军事，兼荆州刺史、加授江州刺史。桓温还任兄弟桓冲为监江州及荆豫八郡诸军事。桓豁、桓冲二人都假节。十月，东晋梁州刺史司马勋叛乱自立为成都王。十一月，司马勋攻入益州，包围益州刺史周楚驻守的成都。桓温向朝廷上疏推荐荆州江夏郡相朱序为征讨都护，前往救援成都。366年三月，荆州刺史桓豁又派督护桓罴攻打司马勋的据点汉中郡（今陕西省汉中市）。五月，朱序、周楚击败并擒获司马勋，还将司马勋押至桓温处，桓温将其斩首并将首级送到建康（今江苏省南京市）示众。桓温驻屯的姑孰离建康不足百里，早已远离荆州，再加上桓温指挥荆州兵马刚刚平定了司马勋之乱，对前燕来说，此时的荆州正可乘虚而入。

慕容恪向荆州境内用兵，可能还与另一件事有关。366年十二月，东晋荆州南阳郡（今河南省南阳市）督护赵亿占据宛城（今河南省南阳市）向前燕投降。东晋南阳郡太守桓澹不愿投降前燕，带着少数人马南撤至义阳郡新野县（今河南省新野县）。前燕派南中郎将赵盘从南阳郡的鲁阳县南下，前往接管宛城。却说前燕荆州刺史、都督荆扬洛徐兖豫雍益梁秦十州诸军事、征南大将军、吴王慕容垂当时就镇守在鲁阳县，而鲁阳离宛城不过两百余里。笔者认为赵盘当是慕容垂所派，当然慕容垂也会将收复南阳郡一事奏报前燕朝廷。辅政的慕容恪也许认为此时可以乘机向荆州境内用兵。

367年四月，前燕派镇守许昌（今河南省许昌市）的镇南将军慕容尘率部南下数百里，攻击东晋所属的荆州竟陵郡（今湖北省钟祥市），兵锋直指江陵。东晋竟陵郡太守罗崇出城迎战，慕容尘不敌而撤。慕容恪最后的三次征伐至此结束。令人遗憾的是，这三次征伐也是前燕的最后三次征伐。一月后，慕容恪病逝，前燕再无开拓之力，坐等东晋桓温、前秦王猛来攻，此为后话。

第34章 王景略略阳伐剑岐　张天锡枹罕讨李俨

365十一月，前往征讨匈奴曹毂、刘卫辰部及索虏乌延部的苻坚回到长安（今陕西省西安市）。苻坚决定继续注重内政治理，以缓解战乱给百姓带来的影响。

史书记载，半年之后，苻坚向东晋北部边境用了一次兵。366年七月，苻坚派辅国将军王猛、前将军杨安、扬武将军姚苌等，率兵两万攻打东晋荆州北部的顺阳郡南乡县（今河南省淅川县）。东晋荆州刺史桓豁获报后，率部援救。八月，桓豁所部到达新野（今河南省新野县）。王猛、杨安等获知桓豁来援，传令所部兵马撤退，撤退时还将汉水北岸一万余户百姓掳走。关于前秦派王猛、杨安突袭南乡一事的记载，让人怀疑其是否真实。南乡虽在荆州北部，但在前秦都城长安东南方向五百余里之外，苻坚为何突然派兵袭击这里？目的不明。再说苻坚即位以来，近十年一直不对东晋、前燕甚至前凉用兵，只对境内及归而复叛的势力进行平定。现突然与东晋开战，似与前秦当前治国策略不符，而且王猛曾多次提醒苻坚，不要与晋朝开战，王猛不可能亲自领兵去袭击东晋，这与王猛的思想不一致。从之后王猛讨伐剑岐来看，也只限于平叛，连对前凉这样的小国都不打算开战，与张天锡对峙后还是撤军。可以看出，当时王猛的理政思想，仍是加强内政，提升国力，认为还不到与晋、燕、凉争夺天下之时，用兵至多在平定叛乱而已。前秦正式打算谋取前燕，是在慕容恪病逝之后。但王猛在世时，一直没有与东晋开战，而且王猛在病逝前还提醒苻坚，不要谋取东晋。关于前秦攻打南乡这件事件的记载，在《晋书》与《资治通鉴》上都有，但在《十六国春秋》上没有。笔者在此列出并作说明，读者自辨。

366年十月，由于东晋朝廷给前凉张天锡的任命诏书才到姑臧（今甘肃省武威市），对东晋忠心的张天锡立即派人来到前凉与前秦边境，向前秦通告从此断交，不接受前秦的任命。这个消息当然很快传到前秦都城长安。苻坚与太尉李威、尚书左仆射王猛、尚书右仆射苻融等商议对策，结果仍是没有对前凉用兵，暂时忍耐。从这件事仍可以看出，前秦当时的治国思想仍是注重内政，而非与别国争霸。但不久在秦州出现叛离事件，前秦就不得不派兵讨伐了。十二月，秦州略阳郡（今甘肃省秦安县）境内的羌族人剑岐聚众起兵，率四千余户百姓背叛前秦，向李俨归附。却说陇西郡（今甘肃省陇西县）人李俨曾于355年闰九月前凉河州刺史张瓘起兵杀掉张祚并辅政时，宣称归附东晋，不接受前凉的管辖，独自采用东晋年号。后来由于前凉张天锡忠于东晋，也采用东晋年号，李俨遂再归附前凉。对于李俨的如此反复，本是前凉内部事务，前秦并没有引起注意。现在作为前秦臣民的剑岐叛离前秦，归附李俨，前秦就不会不管。这个李俨得到剑岐的归附后，竟不知天高地厚，又公开宣称叛离前凉自立，自行任命郡守县令，想在前凉与前秦的夹缝中求得生存。然而不久，李俨即引来了前秦、前凉的两面征讨。

剑岐叛离的消息传到长安时，正值寒冬，苻坚虽然非常痛恨，但并没有马上派兵西征，而是等来年开春天气转暖之时再让大军出征。苻坚这次派辅国将军王猛、扬武将军姚苌领兵出征，同时还传令陇西郡太守姜衡、南安郡（今甘肃省陇西县东南）太守邵羌一同征讨剑岐，兵马共计一万七千人。从前秦的这次部署可以看出，作为治国贤才的王猛开始转入军事，以后将不断为前秦东征西讨，立下赫赫战功，与前燕的慕容恪一起被后世称为十六国时期的两大名将。王猛以法治前秦，十年来，前秦国力高度提升，也许这也是王猛开始转入军事的原因吧，毕竟治理的最终目的仍是开疆拓土，逐鹿中原。367年二月，关中刚有一丝春意，王猛、姚苌的西征大军就从长安开拔了。从长安到略阳，虽有七八百里之地，但王猛的大军在一个月之内即到达略阳城下。

且说前凉大将军、大都督、都督陇右关中诸军事、护羌校尉、凉州刺史、西平公张天锡也获知李俨再次背叛前凉，非常不悦，决定亲率兵马南渡黄河到秦州一带来征讨李俨。367年三月，张天锡派前将军杨遹率一支人马向金城郡（今甘肃省兰州市）推进，征东大将军常琚率一支人马向左南（今青海省民和县西北）推进，游击将军张统向白土城（今青海省化隆回族自治县东南）推进。张天锡亲率大军三万驻防仓松（今甘肃省武威市南）。在张天锡的统一指挥部署下，几路大军一齐向李俨据守的陇西开进。

第34章　王景略略阳伐剑岐　张天锡枹罕讨李俨

再说王猛、姚苌攻打略阳剑岐。剑岐的部众多是原羌族首领姚弋仲的旧部，听闻姚弋仲之子姚苌率兵来攻，都纷纷向姚苌投降。王猛所部很快攻克略阳，剑岐见势不妙，连忙率少部兵马南下，向白马（今甘肃省成县）逃去。王猛击败剑岐、收复略阳的消息传到长安，天王苻坚传旨任姚苌为陇东郡（今甘肃省陇县）太守。

四月，前凉大军终于逼近李俨的领地，并与李俨兵马发生激战。先是张天锡亲率兵马攻打李俨所属的大夏郡（今甘肃省广河县西北）、武始郡（今甘肃省临洮县），二郡均被张天锡攻克。这时常琚在葵谷（今甘肃省永靖县）也击败了李俨的另一部兵马。张天锡率部进驻左南，威逼李俨，李俨退守枹罕（今甘肃省临夏市）。李俨看到前凉张天锡亲自来征，而且四支兵马一齐杀来，自知难敌，遂决定坚守城坚墙高的枹罕城，同时派兄长之子李纯到长安，向前秦天王苻坚求救。前秦天王苻坚接受李俨的归降，派前将军杨安、建威将军王抚率骑兵两万，快马西去，跟王猛会师，援救李俨。

十余日后，杨安、王抚所部到达秦州略阳，与王猛、姚苌部会合。王猛也接到天王苻坚要求援救李俨的旨意，遂对各将重新作了部署。王猛派南安郡太守邵羌率部南下追击剑岐，令陇西郡太守姜衡进占白石城（今甘肃省成县），以助邵羌。王猛再派王抚进占侯和（今甘肃省卓尼县），自率杨安、姚苌前往枹罕，救援李俨。

再说前凉张天锡获报前秦王猛率部来援李俨，遂派前将军杨遹在枹罕城东布下阵势，迎战王猛。两国数万兵马在枹罕城东发生激战，前秦大胜，前凉被杀及被俘达一万七千余人。张天锡获报，也率所部兵马到达枹罕，与王猛所部对峙。王猛看到张天锡亲自到来，不想就此与前凉正式开战，毕竟他这次来只是平定剑岐叛乱，之所以援救李俨，是不想断了各路英雄向前秦归附的道路。王猛决定给张天锡修书一封，以解除双方的僵持局面。王猛在书信中说道："我奉诏来救李俨，并没有接到与凉国作战的诏令。我当深壁高垒，等待新的诏令。双方僵持太久，两国都将不利，这不是良策。如若将军撤退，让我到城中带走李俨，返回东方，将军也可将百姓迁至西方。岂不是上策？"张天锡阅罢王猛来书，也不想就此与前秦发生战争，遂对诸将说道："王猛的书信如此说，其实孤率兵到此，也是来讨伐叛逆，并没有想与秦国作战。"张天锡遂率部北返姑臧。

关于王猛所部与前凉杨遹在枹罕城东一战，史书记载有所不同。《晋书·苻坚载记》中说"战于枹罕东，猛不利"，说明这一战王猛失利，后张天锡撤退，未载明原因。《资治通鉴》载王猛与杨遹战于枹罕城东，"猛大破之，俘斩万七千级"，后修书给张天锡，张天锡才退师。

张天锡退师后，王猛率部来到枹罕城下，城中李俨却不让王猛进城。原来，李俨的部将贺肫对李俨建言道："明公神武，将士勇猛，为何束手就擒于他人？王猛率一支孤军，远道而来，士卒疲惫。再说，他们是来援救我们的，一定不会对我们设防。明公应当趁其疲惫，一举击之，必将成功。"李俨不赞同贺肫的建言，说道："我等请人家前来援救，以除灾难，现灾难已除，反而转头攻击人家，天下人将会如何看待我？如担心王猛于我不利，不如坚守城门，待其疲惫不堪，丧失斗志，必然撤退。"王猛也知道李俨的忧虑，遂决定穿着白衣，坐着车马，只带数十个侍从，来到城门口请求与李俨相见。李俨看到王猛如此，遂不再担心，命人打开城门，亲自出城迎接。王猛入城，前秦将士随即一拥而入，李俨由于没有防备，被当场擒获。王猛责问李俨，秦国大军前来援救，为何不开门迎接。李俨说出是贺肫的建议。王猛遂命人将贺肫抓来斩首。

王猛收复枹罕，命立忠将军彭越镇守。这时追击剑岐的邵羌在白马擒获剑岐，也押至王猛处。王猛决定班师回长安，并将剑岐、李俨二人一同押至长安，交由苻坚处置。苻坚任李俨为光禄勋、封归安侯，任彭越为平西大将军、凉州刺史。

第35章　慕容恪患病逝邺城　苻永固派使探前燕

367年五月，前燕大司马慕容恪攻克洛阳回邺城（今河北省临漳县西南香菜营乡邺镇村）继续辅政已有两年，不想时年四十七岁的慕容恪竟患起病来，而且病情越来越重。慕容恪自知病情严重，难以痊愈，担心皇帝慕容暐幼弱，不能掌控朝政。

慕容恪还担心去世后，大司马一职将会落于不当之人。从与皇帝慕容暐的亲疏关系来说，慕容暐可能会让其庶兄乐安王慕容臧或兄弟中山王慕容冲出任大司马。但这二人的能力远不及吴王慕容垂，慕容恪最希望由慕容垂接任大司马。慕容恪于是对乐安王慕容臧说道："今南有遗晋、西有强秦，二国一直怀有进取之志，目前之所以没有行动，是因为我们这里没有可乘之机。国家的兴衰，全在辅佐之臣。大司马总管六军，这个职务不可所任非人。我死之后，以亲疏关系，大司马之职当在你和中山王（慕容冲）二人之中。你等虽然才识明敏，然年龄尚轻，更没有经过太多磨难。吴王（慕容垂）天资出众，智谋超人，你等如能推举他出任大司马，我们燕国就一定能够统一四海，至于那几个外敌，就不值得惧怕了。你等千万不要因为贪图权力而忘记了祸患，一定要以国家为重。"慕容臧听后虽然没有说什么，但根本没有把慕容恪的话放在心上。

慕容臧走后，慕容恪还觉得不放心，准备对另一辅政重臣慕容评再说这番话。慕容恪知道慕容垂的才能，但慕容恪也知道先帝慕容儁十分猜忌慕容垂，可足浑太后对慕容垂也非常厌恶。慕容恪担心去世之后，可足浑太后必将干政，这对慕容垂十分不利，当然对国家将更为不利。但慕容恪不可能做出出格之事，只能苦口婆心地向他们推荐慕容垂，希望他们能够理解并采纳。慕容评听了慕容恪的话，表面上表示赞同，心里根本不能接受，他生性猜忌多疑，对慕容垂早就非常厌恶。

当月，慕容恪又去叩见皇帝慕容暐，再次诚恳地向慕容暐推荐慕容垂道："吴王之将相才能，十倍于臣。先帝因臣年长，才先选臣为辅政大臣。臣死之后，愿陛下将国之大事交由吴王。"慕容暐虽然没有当面反对慕容恪，但心中早就与其母后可足浑氏一样，非常讨厌慕容垂。

数日后，慕容恪的病势加重，奄奄一息，慕容暐获报，连忙亲往探视，并且向慕容恪询问身后之事。此时的慕容恪可以说只有最后一口气了，但他仍不忘向年轻的皇帝再次推荐慕容垂。慕容恪对慕容暐恳切地说道："臣闻报恩莫大于荐贤，贤者即使在筑墙之人当中，亦可起用为相，何况至亲呢。吴王文武兼备，乃是管仲、萧何之流，陛下若能委以大任，国家可安，不然秦晋必有窥窬之计。"慕容恪说完就去世了。如此功勋卓著的辅政之臣去世，前燕朝廷甚为悲痛，慕容恪的封国太原国也为其哀痛惋惜。

慕容恪去世不久，不利于前燕的消息一个一个传来。第一个便是东晋荆州刺史桓豁与竟陵郡（今湖北省钟祥市）太守罗崇率兵反击荆州南阳郡宛城（今河南省南阳市宛城区），以图收复于半年前归降前燕的南阳郡（今河南省南阳市）。归降前燕的东晋原南阳督护赵亿与前燕协防的南中郎将赵盘出城迎战。桓豁、罗崇大败赵亿、赵盘，赵亿逃离南阳，赵盘往前燕荆州刺史慕容垂镇守的鲁阳（今河南省鲁山县）撤去。桓豁率部追击赵盘，一直追到南阳之北百里外的雉城（今河南省南召县东南）。赵盘不堪追击，遂勒马迎战，终因不敌被擒。桓豁回师南阳，留下一部兵马驻守南阳，然后南返镇守之地江陵（今湖北省江陵县），罗崇也南返竟陵郡。第二个是抚军将军、下邳王慕容厉与镇北将军、宜都王慕容桓出塞攻击敕勒部的事。二王本于367年二月奉命出塞，七月，击破敕勒部，俘获马牛数万头。二王大获全胜，本是前燕值得庆贺之事。但由于二王在北出塞外时，经过代国，踏破代国田地，盛乐城（今内蒙古自治区和林格尔县）里的代王拓跋什翼犍获报大怒异常。当时前燕平北大将军、武强公慕容泥驻守于云中（今内蒙古自治区托克托县），离盛乐城一百余里。拓跋什翼犍决定亲率兵马攻击云中，以示报复。367年八月，拓跋什翼犍兵马抵达云中城下，慕容泥不敢迎战，也不敢守城，竟弃城而逃。振威将军慕舆贺辛倒是忠于职守，没有逃离云中，死战拓跋什翼犍，最终兵败而亡。第三个是，另一重要辅臣阳鹜也于当年去世。阳鹜去世，可以说是前燕的又一重大损失。慕容恪去世，尚有太保兼太尉的阳鹜制衡太傅慕容评，前燕朝政还可维持，不至于出现慕容评独揽朝政局

第35章　慕容恪患病逝邺城　符永固派使探前燕

面。现在慕容恪去世才半年，阳骛也跟着离世，不能不说前燕的国运快到头了。阳骛去世后，前燕皇帝慕容暐任司空皇甫真为侍中、太尉，光禄大夫李洪为司空。从此朝政大权落在无德无能的慕容评与可足浑太后的手中。

说到这里，读史的人会有一个疑问，就是早在365年三月，在慕容恪攻克洛阳之后，慕容垂就以荆州刺史的身份驻守鲁阳，为何在367年五月、六月南阳被东晋收复时没有提及？从常理上讲，此时的慕容垂不应回到邺城，因为虽有慕容恪的不断推荐，但皇帝慕容暐并没有采纳。之后的368年二月慕容垂被任命为侍中、车骑大将军、开府仪同三司，并没有被任命为大司马，其时慕容垂仍是荆州刺史，由此可见，当时并没有诏令让其回到邺城，毕竟朝廷掌政的人并不希望其回京辅政。如果说慕容垂一直在荆州，为何对南阳得而复失不闻不问？作为荆州刺史又都督荆扬洛徐兖豫雍益梁秦十州诸军事，这实在是说不过去的。

慕容恪病逝的消息也传到了长安。即位整十年的符坚马上萌发了谋取前燕的想法。却说符坚即位以来的十年，在王猛的辅佐下，一直注重内政治理，国力大为增强。当然这十年中，前秦也平定了一些叛乱，但并没有与东晋、前燕甚至前凉发生战争。雄才大略的符坚可不满足于关中这一小块地方，他是在积蓄能量、等待机会。现在获报慕容恪病逝，符坚认为这是一个重要机会，但他还是非常谨慎的，也许是王猛等人有所建议吧。符坚决定先打探一下前燕的情况，并没有马上就派兵攻伐。符坚在派出使者的问题上，也非常谨慎，担心被前燕看出是前秦在打他们的主意。符坚决定把这件打探的事，交给两年前被其征服的匈奴右贤王曹毂。符坚令曹毂派使向前燕朝贡，当然符坚还派西戎主簿郭辩为其副使。尽管主使是曹毂的人，但负责打探的是副使郭辩。

且说前燕当时的司空是皇甫真，而皇甫真的兄长皇甫腆及侄皇甫奋、皇甫覆都在前秦为官，皇甫腆还是散骑常侍。郭辩等到了前燕都城邺城，逐一拜访各位公卿。当拜到皇甫真时，郭辩说道："我本是秦国人，只因家人被秦国诛杀，故而投奔曹王（曹毂）。贵兄散骑常侍（皇甫腆）及令侄奋、覆兄弟，都与我素来友善。"皇甫真刚听到这里，马上打断郭辩的讲话，并且大怒道："臣下没有境外之交，你为何要对我说这样的话？你这个人看起来就像个奸人，一定是想借此来冒充请托。"皇甫真马上让人将郭辩送走，随即进宫叩见皇帝慕容暐，并把此事向慕容暐奏报。奏报完毕，皇甫真还恳请慕容暐下旨彻查此事，看看还有哪些人与郭辩有往来。慕容暐不敢做主，命人将辅政的太傅慕容评请来，想听听慕容评的看法。慕容评来了之后，坚决不同意追查此事，慕容暐也只好作罢。

  再说郭辩从邺城回到长安，向天王苻坚禀报出使前燕的情况。郭辩说道："燕国朝政毫无纲纪，此时正可图之。有见识的大臣，只有一个皇甫真。"苻坚听后，有些失望，叹道："燕国有六州之众，岂能一个贤能之人都没有呢？"苻坚认为此时还不能谋图前燕，还须等待时机。苻坚其实也很清楚，尽管前秦在他与王猛等人的有力治理下，国力增强，百姓富足，但是王族内部还是有人不服而欲谋反。365年十月，汝南公苻幼谋反时，征东大将军、并州牧、晋公苻柳与征西大将军、秦州刺史、赵公苻双都与苻幼秘密相谋，苻坚回到长安查实此事后，并没有追究苻柳与苻双。苻坚认为，苻柳是先帝苻健最喜爱的儿子，而苻双是自己同母兄弟，苻坚不忍诛杀他们，决定保密此事，不再提及二人与苻幼密谋之事。尽管苻坚大仁大义，试图以恩德感化二公，但两年后，二公竟然再次谋反，而且连同另外二公一同谋反。面对四公一齐背叛，苻坚不得不再次派兵平叛。

第36章　苻永固派兵讨四公　慕容暐拒绝援苻廋

　　367年九月，前秦征东大将军、并州牧、晋公苻柳及征西大将军、秦州刺史、赵公苻双联络镇东大将军、洛州刺史、魏公苻廋及安西大将军、雍州刺史、燕公苻武，秘密商议准备举兵反对苻坚。时苻廋驻守陕城（今河南省陕县），其主簿姚眺认为不能与苻柳等谋反，劝谏苻廋道："明公以周邵之亲，受任一方，国家有难，理当竭力除之，岂可自己制造灾难呢？"苻廋根本不听姚眺之劝，继续准备策动谋反。

　　四公密谋反叛的消息还是走漏了出去，天王苻坚获报非常痛心。苻坚怎么也没有想到，在自己多年的治理下，国力不断增强，百姓生活富足，这些王公却仍要谋反。苻坚并不想兄弟相残，但对于四公拥兵自重，又不能不管，毕竟不能让多年的国家治理成果毁于一旦。苻坚没有向四公派兵讨伐，因为这样做，必将劳民伤财，又会将国家拖入战火之中。苻坚决定下诏，将四公召回长安。但四公谋反之心已露，岂敢再赤手回到长安。十月，在此深秋季节，四公决定同时举兵，从各自镇守之地发兵，一同攻入长安。苻坚获报苻柳在蒲坂（今山西省永济市）、苻双在上邽（今甘肃省天水市）、苻廋在陕城、苻武在安定（今甘肃省泾川县北）起兵，非常担忧内乱因之爆发。苻坚想到这一定是其召他们回长安引起的，遂连忙派使到四处对四公劝说道："朕待卿等，恩义甚重，卿等何苦谋反？现在朕决定不再征召卿等到回京，望卿等各自罢兵，各安其位，一切如故。"苻坚还让四公咬梨为誓，不要谋反，四公坚决不听从。

　　对于四公决然谋反，不听劝告，苻坚只好决定派兵征讨，以平定内乱。苻坚的用兵部署是，派后将军杨成世讨伐上邽，派左将军毛嵩讨伐安定，派辅国将军王猛、建节将军邓羌讨伐蒲坂，派前将军杨安、广武将军张蚝讨伐陕城，各路大军来年开春后即开拔。从苻坚的部署来看，东路两支兵马明显强于西路两支兵马，也许苻坚担心东路的讨伐可能会引起关东前燕的关注，可能会提早与前燕发生战争。苻坚也担心在处理内乱之时，引发四面战事，所以在368年正月大军开拔不久，苻坚还快马传旨，要求东路讨伐蒲坂、陕城的两路大军在距城三十里处驻扎，不出战，也不应战，等待西路大军取得胜利之后，再发起进击。

　　368年二月，据守陕城的魏公苻廋获报苻坚派兵来攻，认为四公虽同时谋反，但兵马未能集中，难以抵挡苻坚的各个击破。苻廋决定派使带着降表前往邺城，向前燕归降。苻廋还请求前燕派兵协防陕城，这样就能将苻坚由与四公的内战拖入到与前燕的外战之中。苻坚获知这一消息，也非常震惊，连忙再次集结大军，进驻华阴（今陕西省华阴市），以备不测。

　　且说前燕朝廷收到苻廋的降表时，太宰慕容恪、太保阳骛都已相继去世，朝政大权完全掌握在太傅慕容评与太后可足浑氏手中。也就在这月，皇帝慕容暐任其弟中山王慕容冲为大司马，根本没有遵照慕容恪的遗言，将此职任给吴王慕容垂。试想，慕容暐都不能亲理朝政，比他还小的中山王慕容冲如何行使大司马之职？这大司马之职就完全掌控在慕容评与可足浑氏的手里。慕容暐还任可足浑太后的堂弟豫章公可足浑翼为尚书令。当然，慕容暐也为其叔父慕容垂加授了官职：侍中、车骑大将军、开府仪同三司，仍保留荆州刺史一职。从慕容暐给慕容垂的任命来看，几乎没有什么实质性变化，当仍属于地方职务为主，无须到京赴任。对于苻廋以陕城归降前燕，前燕朝廷尚未给出回复，慕容暐的另一位在邺城为官的叔父，魏尹范阳王慕容德获知后，认为这是夺取关中的大好机会，连忙给慕容暐上疏道："先帝应天受命，志平六合；陛下纂统，当继而成之。今苻氏骨肉乖离，国分为五，投诚请援，前后相寻，是天以秦赐燕也。天与不取，反受其殃，吴、越之事，足以观矣。宜命皇甫真引并、冀之众径趋蒲阪，吴王垂引许、洛之兵驰解廋围，太傅总京师虎旅为二军后继，传檄三辅，示以祸福，明立购赏，彼必望风响应，浑一之期，于此乎在矣！"慕容德在奏疏中不仅指出援救陕城的理由，还指明用兵的部署。不仅慕容德如此认为，朝中群臣大都认为应当出兵援救陕城，并乘势夺取关中。小皇帝慕容暐览罢此疏，不定能夺，遂请太傅慕容评前来商议。慕容评说道："秦国，是一个大国，如今虽有危难，并不易图谋。主上虽然神明，但不如先帝，且我等智谋，又无法和太宰（慕容恪）相比。只要能闭关保境就足矣，平定秦国不是我等之事。"

第36章　苻永固派兵讨四公　慕容暐拒绝援苻廋

　　苻廋的使者回到陕城，向苻廋回禀前燕皇帝不准备援救他。苻廋不死心，又决定给吴王慕容垂及前燕太尉皇甫真写信。书信大意为，苻坚王猛都是人中豪杰，图谋燕国，为时已久。今天燕国如不乘此机会夺取秦国，恐怕他日燕国君臣会有吴王夫差的甬东之悔。苻廋所说的"甬东之悔"是指春秋越王勾践消灭吴国时，准备将夫差放逐到甬东（今浙江省舟山市），夫差不能忍受这样的放逐，遂上吊自杀。慕容垂收到此信，对皇甫真说道："今天只有秦国才是我们的祸患。主上太年幼，太傅的见识和气度，岂能抵敌苻坚、王猛？"皇甫真叹道："此言极是，但我等之建言终不被采纳啊。"前燕最终没有派兵援救苻廋，失去了一次与秦国争雄的机会。苻坚终于能够安心地派兵讨伐四位公爵。

　　三月，后将军杨成世在上邽与苻双的将领苟兴交战，苟兴勇猛异常，竟将杨成世击败。也就在这时，左将军毛嵩在安定被苻武击败。二人竟单骑逃回长安。苻坚再派武卫将军王鉴、宁朔将军吕光及将领郭将、翟傉率精锐兵马三万前往讨伐苻双、苻武。就在这时，苻双、苻武以苟兴为前锋，率部向东推进。四月，苟兴所部到达榆眉（今陕西省千阳县东），与王鉴、吕光的大军遭遇。王鉴打算速战速决。吕光却有不同看法，对王鉴等说道："苟兴刚刚打了胜仗，锐气正盛，我等应当坚守阵地，挫其锐气，一旦其粮草用尽，必将撤退。我等可在其撤退时，再行出击，一定获胜。"二十多天后，苟兴果然撤退，吕光说道："攻打苟兴时机已到。"王鉴遂下令追击苟兴，苟兴大败。王鉴率吕光、郭将、翟傉等乘胜进击，向苻双、苻武的兵马发起全面进攻。苻双、苻武惨败，被杀及被俘一万五千余人。苻武决定放弃安定，与苻双一起回到上邽，坚守城池。王鉴、吕光等一直追至上邽城下。

　　再说王猛、邓羌所部驻扎于蒲坂城外三十里之处待命。晋公苻柳不断派兵从蒲坂前来挑衅。王猛坚守苻坚旨令，闭营不战。苻柳认为王猛心怀畏惧，不敢出战，打算亲率一支兵马直接西渡黄河，攻入长安。五月，苻柳派世子苻良留守蒲坂，自率兵马两万绕开王猛大营，直奔长安方向而去。王猛虽然坚守苻坚旨令不战，但并没有不加设防。王猛也料到长期不战，苻柳会有所行动，早已派邓羌守于重要关口，以防不测。果然在离蒲坂一百余里之处，苻柳大军突然出现，邓羌获报后，即率精锐骑兵七千，乘夜偷袭。苻柳虽有两万兵马，由于没有防备，惨遭失败，以为王猛、邓羌大军全来了，遂下令向蒲坂方向回撤。岂料于途中，又遭王猛部袭击，苻柳大军伤亡惨重，活着的都被俘虏。苻柳只率百余骑兵逃回蒲坂。王猛、邓羌遂一路追到蒲坂城下，准备攻城。

再说王鉴、吕光攻打上邽城。七月时，王鉴、吕光围攻上邽已快三个月了，苻双、苻武城中粮草已尽，无力坚守，城池终被攻破。王鉴、吕光斩杀苻双、苻武。消息传到长安，天王苻坚传旨任左卫将军苻雅为秦州刺史，镇守上邽，任皇子长乐公苻丕为雍州刺史，镇守安定。西路遂平。

九月，苻坚传旨命王猛、邓羌向蒲坂城里的苻柳发起最后的攻击。苻柳不敌，城破被杀。王猛进入蒲坂城，暂驻蒲坂，命邓羌率一支兵马南下，与前将军杨安、广武将军张蚝会师，合力进攻苻廋据守的陕城。这时从西路征战归来的王鉴，在苻坚的传令下，也率部东来，攻打陕城。苻坚还传旨，攻打陕城的各位将军、将领均由王猛节制。三个月后，王猛等攻克陕城，生擒魏公苻廋。消息传到长安，苻坚传旨，任范阳公苻抑为征东大将军、并州刺史、镇守蒲坂，升邓羌为建武将军、洛州刺史、镇守陕城，姚眺为汲郡（今河南省卫辉市）太守。

十二月，王猛等回师长安，苻廋也被押至长安。苻坚问苻廋为何要起兵叛乱。苻廋答道："臣本无反心，但看到兄弟们屡屡叛乱，臣担忧一起被杀，故而跟着谋反。"苻坚听后，流下泪道："朕知你素来是位忠厚长者，谋反不是你的本意。但尽管如此，朕已无法赦免你。只是高祖（苻健）不能无后啊。"苻坚决定赦免苻廋的七个儿子，由长子继承魏公爵位，其余六子均封为县公，过继给苻生及苻生其他没有儿子的弟弟。最后，苻坚下旨赐死苻廋。苻坚的母亲苟太后听闻此事，后来问苻坚道："苻廋与苻双同时谋反，给苻廋留后，为何不给苻双留后？"苻坚说道："秦国是高祖所创，其子不能无后。而苻双是朕之亲弟，不顾母后，危及国家，天下之法，不可徇私。"

第37章 治理荫户悦绾病亡 北伐前燕桓温用兵

随着前秦征讨四公爵不断取得胜利，前燕最终失去了与前秦争雄的机会。这个原本最为强盛的国家，在慕容儁、慕容恪、阳骛相继去世之后，快速走向衰退。然而就在前燕日薄西山之际，时为尚书左仆射的悦绾却进行一场变革，使得前燕能够苟延残喘。前燕当时与东晋一样，存在"荫户"制度。所谓"荫户"制度，就是根据王公、官吏的职爵高低，规定可以庇护的百姓、亲属数量，这些被庇护的人就是"荫户"。"荫户"不须向国家纳税，也不到政府当差，只向庇护的王公、官员负责。多年下来，前燕的大量王公、官员，不断增加"荫户"数量，最后竟使国家人口户数少于"荫户"数。国库空虚，用度严重不足，但王公、官吏都很富有。

368年九月，尚书左仆射、广信公悦绾对国家存在的严重困难甚为忧虑，也知道由于大量"荫户"的存在，使得国家弱于王公。悦绾时已患病，但仍不忘为国劳苦。悦绾对皇帝慕容暐说道："如今燕、晋、秦三国鼎立，各自都有吞并天下的心思。然而国家的政纲法度不能确立，豪强贵族恣意横行，致使民户财力耗尽，租税没有收入，仓库空竭入不敷出，官吏中断俸禄，士兵断绝粮饷，官府靠借贷粟帛以供养自己。这些既不能让邻敌知道，又不是用来治理国家的良策。臣以为，当断然罢免所有荫户，把他们全都归还给郡县官府。"

没想到十九岁的皇帝慕容暐竟采纳了悦绾的建言，也许当时前燕朝廷实在太困难了。慕容暐下旨，由悦绾独自负责此事，还要求揭发隐藏荫户的奸邪之人。悦绾雷厉风行，亲自核查户口，真的没有人再敢隐瞒藏匿，最后竟查出二十多万户。国家一下子多出这么多人口，赋税马上增加，朝廷的日子好过了，但王公大臣们一片怨恨。

十一月，悦绾终因积劳成疾而去世。悦绾的去世，那些利益受损的王公、大臣们自然暗自开心.而随着贤能之臣一个一个的去世，前燕终将走向

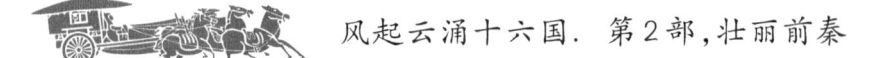

灭亡。而就在这时，东晋大司马桓温又发动了第三次北伐，更是加速了前燕的灭亡。

关于悦绾清理"荫户"及病逝，上述是按《资治通鉴》的记载来讲述的，须要说明的是，《晋书》中的记载与《资治通鉴》有所不同。《晋书·慕容暐载记》载，悦绾对慕容暐建言道："太宰（慕容恪）辅政时，崇尚宽和，百姓大多暗中归附他，德行高尚的人当然能够如此。现今太宰已经离世，军中管辖的荫户，风俗教化衰败，严法不能建立。如今应当采用威严的政策，将军中所有荫户全部撤销，用以充实朝廷府库，还要用严明的法令来廓清天下。"慕容暐采纳了这个建议。悦绾于是定下制度，朝廷内外非常震惊。悦绾此举共清出二十余万"荫户"，太傅慕容评大为不满，寻机诬陷悦绾，并杀了悦绾。

368年十二月，东晋朝廷为桓温授予特殊礼遇：位在诸侯王之上。时桓温仍驻屯于姑孰（今安徽省当涂县），离都城建康（今江苏省南京市）不足百里。桓温虽未到朝廷辅政，但实际已经控制朝政，二十七岁的晋废帝司马奕虽已即位三年多，朝中辅政的仍是司马昱。时年四十九岁的司马昱此时已晋封为琅玡王，官居丞相、录尚书事，一直是朝廷实际主政者。但随着桓温实力的加强，且越来越逼近建康，朝政大权却又受控于桓温，司马昱也不能做主。

369年春天刚至，桓温决定第三次北伐。三月，桓温派使联络徐兖二州刺史郗愔、江州刺史桓冲、豫州刺史袁真，要他们一同出兵北伐前燕。桓温此次北伐，已是其人生中的第三次北伐，离第二次北伐时隔十三年。此时的前燕已由强转衰，贤能的重要辅臣相继去世，可以说是北伐的有利时机。

且说此时的徐兖二州刺史郗愔，本是扬州会稽郡（今浙江省绍兴市）内史，由于367年正月，桓温上疏罢免徐兖二州刺史庾希，九月，朝廷遂任郗愔为徐兖二州刺史，镇守京口（今江苏省镇江市）。桓温非常觊觎这支驻屯于北府（今江苏省镇江市）的兵马，一直希望能为己所用。桓温常对郗愔说道："京口酒可饮，兵可用。"桓温此言表面意指郗愔的兵马强壮，可以为国效力，实是想调动这支兵马，为己所用。郗愔不明白桓温心底之意，以为是在夸奖他，遂给桓温写信，愿意率所部兵马，与桓温同心合力，为国家收复

第37章　治理荫户悦绾病亡　北伐前燕桓温用兵

黄河以北。郗愔的儿子郗超时正在桓温军中担任参军，收到父亲的这封信，深知父亲上了桓温的当。郗超连忙将父亲的书信撕毁，按父亲的口吻重写一封再送交桓温。桓温拆信览阅，大意是说郗愔并无将帅才能，不堪军旅，且年老多病，希望找一个悠闲之所颐养天年。郗愔还请桓温领京口兵马。桓温阅罢，大喜，当即升郗愔为冠军将军，仍调回会稽郡任内史，桓温遂兼徐兖二州刺史。

四月一日，桓温传令兵分两路开始北伐，西路由镇守寿春（今安徽省寿县）的豫州刺史袁真率领，一路攻打谯郡（今安徽省亳州市）、梁国（今河南省商丘市），最后西抵石门（今河南省荥阳市北），任务是开凿石门，打通水路，以便为东路大军运送粮草。东路大军由桓温亲自率领，从驻守之地姑孰出发，会合屯于京口的徐兖二州兵马共计五万，一同北上。桓温大军进发的路线是，经兖州北上直指前燕都城邺城。大军即将出发，参军郗超认为从兖州一带北上不妥，郗超对桓温道："从兖州经过，路途遥远，且汴水很浅，水运困难，不便于大军北上。"桓温不接受，传令大军拔营北上。

六月，桓温所部抵达兖州高平郡金乡县（今山东省金乡县）境内。此时天气炎热无雨，高平一带正遭大旱，河道干涸，水运断绝。桓温所部一时无法前进。桓温传令冠军将军毛虎生在金乡之北数十里的巨野（今山东省巨野县）境内挖掘运河三百里，以使汶水与清河相连。桓温遂率水军从清河进入黄河，舟船前后相连，长达数百里。桓温虽然打通了前进的道路，但后方粮草因河道无水，一时难以运至。参军郗超认为这样向前推进，非常有危险，对桓温说道："从清水进入黄河，运输并不十分畅通。现在我们运粮通道断绝，只能靠抢夺敌人的粮草。如果敌人一直不与我们交战，我们必将一无所得，这将会非常危险。不如让现有兵马全部直扑邺城，敌人一定因害怕大司马的威赫声名，而闻风溃逃，北归辽碣（今辽东一带）。如果不逃而出来迎战，正可一战立决。如果敌人只想盘踞邺城固守，那么值此盛夏之时，虽然难以收到战果，但遍布各地的百姓，必将归附大司马。易水（易水流经邺城）以南的百姓一定会举双手为国请命。明公可能认为此计太过冒险，胜负难料，想有一个万全之策。如果这样，那就不如驻兵于黄河、济水，控制水路运输，等到粮草充足，到明年夏天再进军。虽说时间很长，但成功的希望很大。舍此二策指挥大军北上，进不能迅速取胜，退则困难重重。敌人却因势与我们周旋，很快就会到了秋冬季节，那时水路更加不畅。再说北方寒冷较早，三军将士冬装甚少，恐怕到那时所忧虑的，就不仅仅是粮草的问题了。"桓温仍不接受郗超之劝，派建威将军檀玄攻打高平郡的湖陆县（今山东省鱼台县东南），以除后顾之忧。檀玄遂率部向东攻打前燕宁东将军慕容忠，慕容忠不敌被擒。

却说东晋大军北伐且慕容忠被擒的消息传到邺城，皇帝慕容暐刚刚册立皇后才一个多月。慕容暐此次册立的皇后可足浑氏是尚书令、豫章公可足浑翼的女儿。慕容暐原本正在大喜之中，当听到东晋大司马桓温大举来攻的消息，非常惊恐，连忙召太傅慕容评、尚书令可足浑翼等前来商议。商议结果是，派下邳王慕容厉为征讨大都督，率步骑兵两万到黄墟（今河南省开封市东）迎战东晋大军。岂料黄墟一战，慕容厉惨败，两万兵马全军覆没，慕容厉单骑逃回邺城。这时，前燕的高平郡（今山东省巨野县）太守徐翻又向桓温投降。东晋另一支前锋兵马，在邓遐、朱序的带领下，在林渚（今河南省新郑市东北）又击败了前燕将领傅颜。多处战场失利的消息一个接一个传到邺城，皇帝慕容暐只好派出了兄长乐安王慕容臧，并任慕容臧为使持节、南讨大都督。这时东晋各路大军势如破竹，慕容臧根本无能为力，所率各路兵马均遭失败。慕容暐接到消息，自然无计可施，只能听从慕容评定夺。慕容评最后派散骑常侍李凤前往长安，向前秦求救。

第38章　苻永固派邓羌援燕　慕容垂袭桓温获胜

369年七月，桓温大军向北挺进到武阳（今山东省莘县西南）驻屯。曾任前燕兖州刺史的孙元听闻桓温各路大军不断取得胜利，且桓温一路北进，整个兖州几为所有，竟率家族与党徒起兵响应桓温。桓温沿黄河溯流而上，很快到达枋头（今河南省浚县东南淇门渡），离前燕都城邺城（今河北省临漳县西南香菜营乡邺镇村）只有一百余里。

邺城里的皇帝慕容暐与太傅慕容评非常惊恐，商议准备前往和龙（今辽宁省朝阳市）躲避。此时侍中、车骑大将军、吴王慕容垂亦在邺城，听闻皇帝要撤往故都，认为不可，连忙入宫对慕容暐说道："臣恳请率兵出击，如若不能取胜，再走不迟。"在此危难之际，慕容暐、慕容评都把对慕容垂的嫉恨放于一旁，而接受慕容垂的请求，决定由其再作一次努力。慕容暐下旨，由慕容垂接替慕容臧之职，与征南大将军、魏尹、范阳王慕容德等率五万兵马，南下抵御桓温。慕容垂再请求派司徒左长史申胤、黄门侍郎封孚、尚书郎悉罗腾一同随军作战。申胤是申钟之子，封孚是封放之子。慕容暐、慕容评全部采纳。尽管慕容暐准许慕容垂率兵出战，但对其似乎不抱什么希望，认为桓温大军太强，气势正盛，难以击退。慕容暐、慕容评又决定派散骑侍郎乐嵩再到长安，向前秦天王苻坚求救。这离散骑常侍李凤前往前秦求救不到一个月。此次慕容暐、慕容评向前秦承诺，如若苻坚派兵，将割让虎牢（今河南省荥阳市西北汜水镇）以西领地作为酬谢。

苻坚时年三十二岁，与其国一样，正值壮年。苻坚也一直关注东晋桓温北伐前燕。现在前燕接连遭败，两度派使前来求救，苻坚认为这是一个重大机会，遂召集群臣在太极殿东堂商议。众多大臣认为："十五年前，桓温曾率兵伐我秦国，进至灞上（今陕西省西安市东），燕国未曾派兵来救。今天桓温伐燕，我国何必救燕？再说燕国并未向秦国称藩，秦国为何要救它。"众大臣的想法，还是基于多年以来前秦的治国策略，即不与别国征战，除非向秦国归附的国家遭到入侵。但众大臣并不知道，苻坚、王猛这种治国策略只是一个时期的产物，一旦国力强盛且时机对前秦有利之际，必将逐鹿中原，最终统一天下。朝会之上众臣你一言我一语，苻坚一时难以决断，遂命散朝。尚书左仆射王猛单独与苻坚商议，王猛道："燕国虽强，然慕容评绝不是桓温的对手。如若桓温占领关东之地，大军推进到洛阳，再征召幽冀兵马，聚集豫并粮草，进军崤山、渑池（今河南省渑池县），则陛下大事去矣。今不如与燕兵联合，将桓温击退。桓温败退之后，燕国也疲惫不堪，然后我们再趁其力竭之际而取之，岂非上策？"苻坚完全认可王猛之建议，决定派将领苟池与洛州刺史邓羌率步骑兵两万援救前燕。苻坚还派散骑常侍姜抚随前燕来使一同前往邺城，向慕容暐回复。苻坚部署完毕，还不忘再给王猛升职，将王猛由尚书左仆射升为尚书令。

再说慕容垂、慕容德兄弟二人商议，兵分两路迎战东晋兵马。慕容德与兰台侍御史刘当率骑兵一万五千人，前往夺取石门（今河南省荥阳市北），阻止袁真部开凿水路。慕容垂率大部兵马迎战桓温主力。申胤、封孚、悉罗腾随慕容垂行动。八月，慕容垂大军逼近桓温所部。封孚与申胤观论桓温用兵。封孚问申胤道："桓温兵马强壮将士齐整，沿流直进，但大军只在高岸上徘徊，并不与我等交锋，看不出其取胜之道，你以为结果将会如何？"申胤说道："以桓温今天的声势，似乎有所作为，可是在我看来，一定不会成功。何以言之？晋室衰弱，桓温独揽朝政，晋朝群臣未必都与其同心。所以，桓温得志，不是众人之愿，必将从中阻挠以败其事。再有，桓温恃众而骄，不善于应变。现其大军深入敌境，正逢用兵良机，而其在中流逍遥，不发兵攻击，却希望持久以坐而取胜。如若粮草不济，一定不战自败。"慕容垂、悉罗腾也认为有理，决定由悉罗腾率一支兵马攻打桓温的向导段思。段思本是前燕人，在桓温大军不断取得胜利之时而投降。悉罗腾一战而胜，生擒段思。桓温获报，终于坐不住了，决定派故后赵将领李述夺取赵魏之地，悉罗腾与虎贲中郎将染干津又击斩李述，桓温兵马士气开始低落。

再说慕容德部的情况。九月，慕容德率骑兵一万，刘当率骑兵五千，到达石门。东晋西路军袁真部无法凿开石门，没有打通水路运输线。这时前燕豫州刺史李邽率本州兵民五千人切断东晋粮道。慕容德决定向袁真部发起进击，以将领慕容宙率骑兵一千作为先锋。慕容宙说道："晋人轻浮急躁，不

第38章　苻永固派邓羌援燕　慕容垂袭桓温获胜

敢攻入敌阵，只会乘胜追击。应当设下诱饵以钓之。"慕容宙遂派骑兵两百人前往挑战，将余下骑兵埋伏于三处。前往挑战的骑兵尚未与东晋兵马接触，便转身撤退，东晋兵马果然来追，慕容宙三面埋伏一齐攻至，东晋兵马大败。

东晋兵马接连遭败，桓温也非常着急。不久又闻前秦的援兵在邓羌、苟池的率领下，一路挺进到颍川郡（今河南省禹州市），接着又向桓温所部进发。此时的桓温粮草开始不济，渐生南撤之意。九月十九日，桓温下令焚烧舟船，抛弃辎重、铠仗，从陆路南撤。桓温任将领毛虎生为都督东燕（今河南省延津县东北）四郡诸军事、兼东燕郡太守。桓温从东燕南撤至仓垣（今河南省开封市西北），一路凿井饮水，一直行七百余里。前燕将领争着请求追击，吴王慕容垂认为不可，对众将说道："桓温初撤之时，内心惊恐，一定将精锐兵马殿后，我军此时攻击，必将不利。不如放缓追击，桓温必以为我军不再追击，一定会日夜不停，急行南撤，以便尽快摆脱我军。到那时，其将士一定精疲力竭，我军再行攻击，一定取胜。"慕容垂遂率八千骑兵，远远地尾随桓温之后。桓温发现后无追兵，果然下令加快南撤，兼程前进。

数日之后，慕容垂对众将说道："可以追击桓温了。"慕容垂部将士遂奋力追击，在襄邑（今河南省睢县）追上桓温主力。此时范阳王慕容德部在阻止并击败袁真部后，也一路东来，准备会合慕容垂部一同袭击桓温主力，也已到达襄邑城东，伏于山涧之中等待。而前秦援军在苟池率领下，一路东进，寻找桓温主力，也到达了谯郡（今安徽省亳州市）境内。桓温一路南撤，以为前燕没有追击，怎么也没有想到，一头钻进了慕容垂、慕容德的包围圈之中。慕容垂、慕容德骑兵就在襄邑向桓温所部发起猛烈攻击。桓温所部到达襄邑之时，满心以为安全撤离敌境，早已放松戒备，不想前后同时遭到前燕兵马的袭击。桓温根本没有时间排兵布阵。襄邑一战，东晋兵马被杀三万人。桓温率残部继续南撤。第二日，桓温所部撤到谯郡境内，又以为终于摆脱了前燕的袭击，不想前秦苟池在此等待数日了，在桓温尚未得到休息之时，即向桓温所部发起攻击。桓温又遭惨败，被杀一万余人。此时，那位归降东晋的孙元，仍据守武阳与前燕对抗，前燕左卫将军孟高前往讨伐，生擒孙元。至此，前燕慕容垂、前秦苟池各路大军均取得了胜利，桓温第三次北伐以惨败而告终。

十月二十二日，桓温集结残兵败将，驻屯山阳（今江苏省淮安市淮安区）。桓温对此次北伐惨败，感到非常耻辱，为了掩饰，桓温把失败的责任推给豫州刺史袁真。桓温于是上疏指控袁真不能如期凿开石门，致使其粮草无法运输。桓温要求朝廷罢免袁真职务，贬为平民，同时也免除冠军将军邓遐之职。此时的袁真，早已退回寿春（今安徽省寿县），得知桓温加罪于他，非常不满，连忙也上疏指控桓温。袁真没想到，此时的朝廷早已全为桓温掌控，所以朝廷对其上疏置之不理。袁真一怒之下，决定归降前燕，派使前往邺城，请求派兵支援。不久，袁真又派使前往长安，向前秦归降。桓温获知袁真背叛，遂任毛虎生兼淮南郡（今安徽省寿县）太守，驻守历阳（今安徽省和县）。此时的毛虎生名为东燕郡太守，实际早已南撤，现正好名正言顺地驻守历阳。

　　如果不以成败论英雄，桓温也可以算是东晋时期的英雄人物。桓温消灭成汉，三次北伐，掌控朝政，直至后来罢黜晋废帝司马奕。桓温所做的事可以说全是大事，但却仍为后人诟病。其实以成败论英雄仍是大多数人的一贯做法，如果桓温第一次北伐消灭前秦，第三次北伐消灭前燕，后来废掉司马奕自立为帝，那么后人又将如何评价他？有人认为，桓温个性中缺乏关键时刻"更进一步"的勇气，是其不能成功的主要原因。桓温攻打成汉，遭遇失败即下令撤退，由于传令官一时恐慌，忘记鸣金而擂起战鼓，最终反败为胜。攻打成汉时的"更进一步"不是桓温的决定，而是属下所为。第一次北伐前秦驻军灞上，就是不敢攻入长安，最后失去时机，只好撤退。第三次北伐前燕，屯军枋头，就是不敢直扑邺城，最后仍是撤而遭败。至于后来敢于废黜司马奕，却不敢自立，而完全控制简文帝司马昱时，竟企图等其临终时禅让，最终却落得个企图篡位的骂名写入正史。

第39章　使前秦梁琛忠前燕　遭谋害吴王奔龙城

369年十月，前燕、前秦因抵抗东晋桓温的北伐而结盟友好，使者遂不断往来。前燕曾先后派出了散骑侍郎郝晷、给事黄门侍郎梁琛出使前秦。郝晷与前秦尚书令王猛曾是旧友，王猛与其谈及往事，并问其燕国之事。郝晷看到前燕不修政德，而前秦大治，想依附王猛，泄漏了不少国家事务。梁琛则不然，忠心前燕，坚决不辱使命。却说梁琛到达长安时，苻坚正在万年（今陕西省临潼区）打猎，遂派尚书郎辛劲将梁琛带到万年接见。梁琛不能接受这样草率地接见，对辛劲说道："秦使至燕，燕之君臣朝服备礼，洒扫宫廷，然后敢见。今秦王欲野见之，使臣不敢闻命！"辛劲认为客随主便，并以《春秋》上不期而遇亦为礼来劝说梁琛道："宾客入境，惟主人所以处之，君焉得专制其礼！且天子称乘舆，所至曰行在所，何常居之有！又，《春秋》亦有遇礼，何为不可乎！"梁琛仍不接受辛劲之劝，据理力争道："晋室不纲，灵祚归德，二方承运，俱受明命。而桓温猖狂，窥我王略，燕危秦孤，势不独立，是以秦主同恤时患，要结好援。东朝君臣，引领西望，愧其不竞，以为邻忧，西使之辱，敬待有加。今强寇既退，交聘方始，谓宜崇礼笃义以固二国之欢；若忽慢使臣，是卑燕也，岂修好之义乎！夫天子四海为家，故行曰乘舆，止曰行在。今海县分裂，天光分曜，安得以乘舆、行在为言哉！礼，不期而见曰遇；盖因事权行，其礼简略，岂平居容与之所为哉！客使单行，诚势屈于主人；然苟不以礼，亦不敢从也。"

辛劲没有办法，只得将梁琛之言禀报苻坚。苻坚只好在万年设立行宫，在文武百官陪同之下，请梁琛相见，如同前燕之礼仪。礼仪完毕，苻坚又为梁琛摆设私宴。宴会之上，苻坚不忘探听燕国虚实，问梁琛道："东朝（燕国）的名臣都有谁？"梁琛欣然答道："太傅上庸王慕容评，品德高尚又是皇室至亲，光明正大，辅佐王室。车骑大将军吴王慕容垂，勇武和谋略都为世人之冠，率领大军抗击敌人抵御外侮。其他人有的以文才进身，有的以武略被用,百官全都称职,山野没有遗漏之贤才。"苻坚对梁琛所言虽不全信,但非常欣赏梁琛之忠心。

宴会结束,苻坚决定将梁琛送到其堂兄梁奕处下榻。梁奕时为前秦尚书郎,苻坚此举亦是希望通过梁奕,得到前燕的朝政情况。梁琛岂能不知苻坚之意,马上说道:"三国时,诸葛瑾为吴国出使蜀国,与诸葛亮只在公开的朝堂上见面,退朝之后,私下决不相见,我对此一直非常敬慕。如今我出使秦国,却把我安置在私人的馆舍居住,这是我不敢接受的。"苻坚只好作罢,将其重新安置馆驿。苻坚令梁奕到馆驿探望梁琛。梁奕遂来到馆驿与梁琛相见,偶尔询问燕国事务,梁琛严肃地说道:"如今秦、燕二国分据一方,你我兄弟虽同时得到宠信和荣耀,但论其本心,则各有所在。我想说燕国的好处,恐怕不是秦国人所想听的。你让我说燕国的坏处,这又不是使臣所该讲的。兄长何必相问呢?"梁奕多次来访梁琛,并未得到一点前燕的消息。

在梁琛出使前秦期间,苻坚还打算安排太子苻宏接见梁琛。有大臣提出要让梁琛向太子行跪拜之礼,但又担心梁琛不肯接受,遂先试探梁琛道:"邻国的君主,就如同自己的君主;邻国的太子,与本国太子也没有什么不同!"梁琛说道:"天子之子之所以被视同于一般士人,就是希望其能由低贱进升到高贵。太子自己尚且不敢把其父之臣下作为臣下,更何况是别国之臣下呢!假如是真诚的恭敬,则按照礼尚往来,我的内心岂能忘记恭敬。如果我屈身降格必将为你等出使燕国带来烦恼。"梁琛最终也没有对太子行拜礼。苻坚获报,对梁琛更加敬佩,遂生爱惜之心。王猛也知道梁琛有才,劝苻坚将其扣留在长安。苻坚认为这样做不够光明正大,一个月后,还是让梁琛回前燕。

再说前燕皇帝慕容暐接到东晋豫州刺史袁真的降表,遂派大鸿胪温统前往寿春(今安徽省寿县),授予袁真使持节、都督淮南诸军事、征南大将军、扬州刺史、宣城公。温统从邺城出发,一路南下,刚到淮河岸边准备渡河,不料突然去世。

这时从昌邑(今河南省睢县)大胜桓温的吴王慕容垂回到邺城,威名更甚。太傅慕容评对慕容垂反而更加嫉妒。慕容垂为前燕立下如此战功,首先

第39章 使前秦梁琛忠前燕 遭谋害吴王奔龙城

不忘将士,决定为将士们请功。慕容垂向慕容暐上疏道:"所征调之将士,舍生忘死,报效国家。将军孙盖等,冲锋陷阵,应当给予特别丰厚的奖赏。"奏疏到达慕容评处,慕容评将其束之高阁,并不转呈慕容暐。慕容垂又多次向慕容评提起,甚至在朝会之上,在皇帝慕容暐的面前,与慕容评发生争执。退朝之后,慕容暐、慕容评到宫中与可足浑太后商议此事。可足浑太后对慕容垂一向厌恶,把慕容垂的战功说得一无是处。为了永绝后患,可足浑太后还与慕容评商议谋杀慕容垂。岂料这一密谋的消息竟被已故太宰慕容恪的儿子慕容楷与慕容垂的舅父兰建获知,二人连忙去见慕容垂,将这一消息告诉慕容垂。慕容垂听到这个消息,非常心痛,一时无语。慕容楷、兰建倒是有些迫不及待,连忙劝慕容垂道:"殿下应当先下手为强,只要将太傅(慕容评)及乐安王(慕容臧)杀掉,其他人不足为患。"慕容垂认为不妥,叹息道:"这是骨肉相残,而且是我带头作乱,我宁愿一死,也不忍为之。"数日后,慕容楷、兰建二人又来见慕容垂,再次提醒道:"听闻太后已下决心,殿下不可不早作准备。"慕容垂终于下定决心,说道:"如若无法挽回的话,我宁愿出京避祸,其它办法,全不考虑。"

慕容垂把与慕容楷、兰建商议之事放于心中,数日来一直十分忧虑,但并没有与其诸子提及。却说慕容垂时有五子:慕容令、慕容宝、慕容农、慕容隆、慕容麟,慕容令为世子。世子慕容令看到父王连日来,忧心忡忡,知其心中一定有事,遂问慕容垂道:"父王近来面有忧色,是不是因为主上(慕容暐)年幼,太傅(慕容评)嫉贤妒才?您的功劳越高,声望越重,是不是他就越是猜忌?"慕容垂看到世子看出其心中所虑,也就不再隐瞒,对世子道:"是啊,我竭尽全力,不顾性命,击破强大贼寇,只是为了保家卫国。岂知大功告成之后,反而连个容身之所都没有。你既知晓我心,该当如何谋划?"慕容令似乎早有所谋,马上答道:"主上微弱,朝政大权完全交与太傅,一旦祸发,父王一定不及防备。为了保全家族,而又不失大义,不如逃到龙城(今辽宁省朝阳市),然后再用卑微的言辞向主上谢罪,等待主上明察。这就像当年周公逃往东方。也许主上能够有所醒悟,允许父王再返邺城。若能如此,就是幸运中之大幸。如若不能如此,我们对内可以安抚燕(今河北省北部)、代(今山西省北部)之地,对外结纳夷族,南方把守肥如(今河北省卢龙县)要塞之险以自保,这不失为第二条策略。"慕容垂听罢,忙说："甚好！"慕容垂遂与家人及慕容楷、兰建等暗中做好准备，择机离开邺城。慕容垂与众人商议出奔龙城一事，其王妃小可足浑氏一无所知。

十一月，邺城已是寒风凛冽，吴王慕容垂向皇帝慕容暐请求前往大陆（今河北省隆尧县境内）狩猎。慕容暐没有怀疑，遂恩准慕容垂出京狩猎。第二日，慕容垂与众人改穿平民服饰，离京前往龙城，只将小可足浑氏留在邺城，夫人小段氏亦随慕容垂等一同出京。慕容垂等才走到邺城之北数十里外的邯郸（今河北省邯郸市）时，慕容垂的小儿子慕容麟竟然独自返还邺城，向慕容暐告发其父王。慕容麟为何要这样做？只因慕容垂对这个儿子一直不宠爱，慕容麟一直心存气愤。慕容麟南返之时，还将慕容垂一些侍从也带走了。慕容麟到达邺城后，马上向太傅慕容评禀报此事，慕容评连忙入宫奏报皇帝慕容暐。慕容评还建议派西平公慕容强率精锐兵马追击慕容垂。慕容暐自然准奏。慕容强遂率一支兵马北出邺城，追击慕容垂。

再说慕容垂得知五子慕容麟前往邺城告发，遂加快北行，但在到达范阳郡（今河北省涿州市）时，终被慕容强追上。慕容垂派其世子慕容令率少部兵马断后，慕容强不敢靠近。不久黄昏日暮，慕容令决定利用此刻不便追寻之机，而改变行进路线。慕容令对其父慕容垂说道："我等本来打算据守故都龙城以保家族，现事已遭泄，原来的谋划，无法实施。听闻秦国天王苻坚，正在招贤纳士，不如前往投靠。"慕容垂叹口气道："到了今天这个地步，舍此之计，别无他法。"慕容垂遂令众人四散分开，隐匿逃亡痕迹，沿着太行山东麓，一路南下，悄悄回到邺城。到了邺城后，慕容垂当然不敢进城，更不敢返回家中，全部躲在显原陵（后赵皇帝石虎的疑冢）之中。就在慕容垂等人全部藏好之时，突然有数百猎人，策马奔驰，从四面向陵墓而来。慕容垂看到后，自知无法抵挡，更无路逃走，一时不知如何是好。

第40章　慕容垂长安投苻坚　慕容评邺城朽朝纲

话说慕容垂带着众人躲在显原陵之中，看到数百猎人纵马前来，非常惊恐，自知无力抵挡，也无法逃脱。正无计可施之际，忽然听到一阵"扑扑"之声，就见这些猎人身上的猎鹰一齐飞起，奔向远方。数百猎人以为前方有猎物，遂一齐纵马追鹰而去，一霎时就不见了踪影。慕容垂吁了一口气，以为神助，遂传令宰杀白马，以祭上天，与众人一齐对天盟誓。

慕容垂准备传令继续离开邺城（今河北省临漳县西南香菜营乡邺镇村），前往长安（今陕西省西安市）。世子慕容令却又有了不同的谋划，对其父慕容垂建言道："太傅（慕容评）嫉贤妒能，自从谋杀父王的消息泄漏以来，人人愤恨。现在邺城之中，没有人知道父王身在何处，就像婴儿思念母亲，无论汉夷，都是如此。如若顺从众望，趁太傅没有防备，发动突袭，擒之易如反掌。事成之后，革除弊端，选拔人才，匡抚朝政，辅佐主上，安国存家，功莫大焉。"慕容垂有些担忧，不认同慕容令的看法，说道："按你的谋划，事成则确是大福，可万一失败，将后悔莫及。我以为，还是西去长安，可以万全。"慕容垂遂传令离开邺城，继续南下。这时跟随慕容垂一个儿子的马夫，不打算跟慕容垂等投奔前秦，准备暗中返回邺城，终被发觉，慕容垂下令杀掉这个马夫，然后继续南下。

十多日后，慕容垂等到达司州河内郡河阳县（今河南省孟州市），准备南渡黄河。这时渡口的官吏发觉慕容垂等无令西行，坚决不准渡河。慕容垂下令将官吏杀掉，强渡黄河后，很快到达洛阳。慕容垂等并未在洛阳暂留，而是一路继续西行，前往长安。到达乙泉（今河南省洛宁县东北）时，戍主吴归发觉，率一部人马追击慕容垂，一直追到阌乡（今河南省灵宝市西）境内。世子慕容令带人将吴归击退。到了陕城（今河南省陕县）之后，即进入前秦境内，慕容垂一路西行，不再受阻，很快到达长安。

且说前秦天王苻坚听闻前燕吴王慕容垂前来投奔，大喜。苻坚之前曾因慕容恪去世而想谋取前燕，由于畏惧慕容垂的威名而作罢，现在听闻慕容垂前来投奔，决定亲自到长安郊外迎接。苻坚看到慕容垂到来后，连忙走上前去，拉着慕容垂的手，毫不掩饰内心的激动，说道："天生的英雄豪杰，应当在一起共建大功。这是上天的法则啊。朕正要与卿戮力同心，平定天下，到那时，朕一定到泰山去祭告上苍，将卿送回故乡，世代封在幽州。朕要让卿离开国家，却不失为孝子，投靠朕却不失对故主的忠心。这岂不是件美事。"慕容垂受此隆重迎接，连忙行礼致谢道："臣乃流亡之人，如能免除刑罚，就是万幸，至于封回故乡，岂敢有此奢望。"苻坚听后，更是大悦。接着慕容垂一一向苻坚介绍同来投奔之人：夫人小段氏、世子慕容令、子慕容宝、慕容农、慕容隆、侄慕容楷、舅父兰建及郎中令高弼等。苻坚看到小段夫人气度高贵，也知其是辽西段氏鲜卑首领段末柸之女，不免留下深刻印象。苻坚也十分欣赏慕容令、慕容楷之才能，都给予数万赏赐。每次慕容垂父子进见苻坚，苻坚都忍不住对他们多加注目，总有一种欣赏不够的感觉。不仅如此，慕容垂到了长安不久，关中士人百姓因久慕慕容垂父子名声，都以结交他们为荣。

尽管长安城中的大臣及百姓大多仰慕慕容垂，但有一人却十分冷静，那就是尚书令王猛。王猛对慕容垂的到来，并不看好，认为其对前秦并非有利。王猛对苻坚进言道："慕容垂父子犹如水中蛟龙、山中猛虎，不是可驯之物。一旦风云变化，必将无法控制，不如趁早除掉。"对王猛一直非常敬重的苻坚，这回根本不能听进王猛的劝言，说道："朕正要收揽天下英雄，平定四海，为何无故杀之？况且他们刚刚前来投奔，朕已推心置腹接纳他们，匹夫尚不食言，何况朕乃万乘之君。"不久，苻坚颁诏任慕容垂为冠军将军、慕容楷为积弩将军。

却说前燕魏尹（前燕都城所在的魏郡最高官职）范阳王慕容德，与兄长慕容垂关系一向甚密。由于慕容垂的叛离，慕容德遂被朝廷免职。由于慕容垂是车骑大将军，因而车骑大将军从事中郎高泰也被免职。二人被免除官职，虽是皇帝慕容暐的旨意，但实是太傅慕容评的意图，邺城百姓为此议论纷纷。尚书右丞申绍甚为不安，劝谏慕容评道："吴王出奔秦国，外面一时议论纷纷。太傅不妨起用吴王僚属中有才能之人，提升他们的官职，可以消除外面的诽谤。"慕容评也不想众人都在背后说其坏话，遂问道："哪位可

第40章 慕容垂长安投苻坚 慕容评邺城朽朝纲

以?"申绍答道:"高泰在他们中当属首位。"慕容评遂任高泰为尚书郎。

不久出使前秦的梁琛终于快马加鞭回到邺城。梁琛对于前秦民富国强,厉兵秣马非常不安,现又听说前燕最有能力的吴王慕容垂又投奔前秦,更加惊忧。刚到邺城的梁琛,即前往拜见太傅慕容评,对慕容评说道:"秦国每天都在操练兵马,在陕城(今河南省陕县)以东大量聚集粮草。以我观之,两国的和好一定不会长久。现在吴王又投奔而去,秦国一定萌发入侵的企图,太傅当早作准备。"慕容评听后生气道:"秦国怎能收留燕国的叛臣,破坏与燕国的友好呢?"梁琛道:"秦燕两国分据中原,都有吞并对方的谋图。桓温大军攻燕之时,秦国谋算利害得失,才发兵援救燕国,并非为了结好燕国。一旦燕国出现灾祸,秦国就不会忘记当初的谋图。"慕容评听后,才开始觉得有理,但仍不认为前秦君臣有这样的本领,遂问:"秦王苻坚是什么样的人?"梁琛答道:"英明而善断。"慕容评又问王猛是什么样的人。梁琛道:"名不虚传。"慕容评听后,不相信梁琛对苻坚、王猛的评价。梁琛非常着急,遂入宫求见皇帝慕容暐。慕容暐听了梁琛之言,也不赞同其看法,认为秦国不会就此与燕国断绝友好而开战。梁琛看到掌权的君臣都不以为然,忙又去找太尉皇甫真。皇甫真听了梁琛之言,深感忧虑,皇甫真遂给皇帝慕容暐上疏,疏文如下:

> 苻坚虽聘问相寻,然实有窥上国之心,非能慕乐德义,不忘久要也。前出兵洛川,及使者继至,国之险易虚实,彼皆得之矣。今吴王垂又往从之,为其谋主;伍员之祸,不可不备。洛阳、太原、壶关,皆宜选将益兵,以防未然。

一个使者的劝言并未引起慕容暐、慕容评的重视,太尉皇甫真的奏疏终于引起慕容暐的关注。尤其是皇甫真在奏疏中将慕容垂比作春秋时的伍子胥,不能不引起慕容暐的担忧。慕容暐览罢奏疏,连忙召慕容评入宫商议。慕容评看毕此疏,仍不以为然,根本不把前秦放在眼里,说道:"秦国地少力弱,依仗燕国的支援才能维持。再说苻坚在对外方面,一直秉承和平友好的策略,绝对不会采纳叛臣之言而断绝两国的友好。我们切不可轻易惊扰,而引发其入侵之心。"最终仍没有下令作任何防备。

这时前秦派黄门郎石越出使前燕,来到邺城。太傅慕容评接见了石越。慕容评为了显示燕国强盛,夸耀燕国富庶,遂向石越大肆显示豪华奢侈。随同慕容评接见石越的高泰及太傅参军刘靖对慕容评说道:"石越言语怪诞,眼睛四处张望,观其举动,并非来通友好,而是察看燕国弊端的。太傅应当向其展示强大的兵力,用以摧毁其阴谋。太傅现在展示豪华奢侈,反而让其更加看不起我们。"慕容评根本不听二人之劝,高泰感到非常伤心失望,决定不再参与政事,遂称病请辞。

对于梁琛、高泰、刘靖之言,慕容评不予理睬,却在忙于贪财。官员升迁,不靠才能,全靠金钱,大量财物流入慕容评之手。尚书右丞申绍对前燕官场这一怪象非常不安,连忙给皇帝慕容暐上疏,全文如下:

> 守宰者,致治之本。今之守宰,率非其人,或武人出于行伍,或贵戚生长绮纨,既非乡曲之选,又不更朝廷之职。加之黜陟无法,贪惰者无刑罚之惧,清修者无旌赏之劝。是以百姓困弊,寇盗充斥,纲颓纪紊,莫相纠摄。又官吏猥多,逾于前世,公私纷然,不胜烦扰。大燕户口,数兼二寇,弓马之劲,四方莫及;而比者战则屡北,皆由守宰赋调不平,侵渔无已,行留俱窘,莫肯致命故也。后宫之女四千余人,僮侍厮役尚在其外,一日之费,厥直万金;士民承风,竞为奢靡。彼秦、吴僭僻,犹能条治所部,有兼并之心,而我上下因循,日失其序;我之不修,彼之愿也。谓宜精择守宰,并官省职,存恤兵家,使公私两遂,节抑浮靡,爱惜用度,赏必当功,罚必当罪。如此则温、猛可枭,二方可取,岂特保境安民而已哉!又,索头什翼犍疲病昏悖,虽乏贡御,无能为患,而劳兵远戍,有损无益。不若移于并土,控制西河,南坚壶关,北重晋阳,西寇来则拒守,过则断后,犹愈于戍孤城守无用之地也。

申绍在奏疏中指出了前燕当前存在的三个问题:一是郡守县令所选非人,升降也没有法度,已对国家造成严重影响。二是后宫嫔妃众多,宫廷挥霍无度,士民亦承其风。三是向代国派兵设防不如西控黄河以拒秦国。申绍的奏疏上呈多日,毫无回应。

第41章　王景略统兵入洛阳　慕容垂中计离长安

　　369年十一月，二十岁的前燕皇帝慕容暐对当初许诺割让虎牢（今河南省荥阳市西北汜水镇）以西给前秦非常后悔，认为前秦不出兵，前燕照样能够抵挡东晋桓温北伐。慕容暐认为前秦所为并不值割让虎牢以西领地。慕容暐遂与太傅慕容评商量准备反悔。慕容评决定再派使者前往长安（今陕西省西安市），向前秦苻坚说明根本不存在割让之事，只是一个误会。不久，使者到达长安，对苻坚说道："割让虎牢以西一事，纯属之前的使者言辞不当，而使天王产生误会。有国有家者，互相援救、共赴灾难，此乃人之常情。"苻坚听到这话，大怒异常。苻坚本来就在等待时机谋取前燕，只是一直找不到借口，现在前燕派使如是说，认为这是讨伐前燕的理由。苻坚在见过前燕使者之后，立即召尚书令、辅国将军王猛商议，准备征讨前燕。王猛也认为时机已至，完全可以向前燕用兵。苻坚遂派王猛及镇守陕城（今河南省三门峡市陕州区）的洛州刺史邓羌率步骑兵三万攻打前燕。苻坚与王猛认为这一次用兵，务必拿下前燕所属的重镇洛阳，以使邓羌这位洛州刺史名副其实。

　　十一月底，王猛即将从长安率部东行。此时的王猛，早已谋划一件重要事务，必须在离开长安时施行。王猛前往冠军将军府，拜见慕容垂。慕容垂设宴款待王猛。席间，王猛提出此次东征燕国，路途遥远且不识道路，希望慕容垂派其世子慕容令同行，以为向导。慕容垂无法拒绝，只好答应王猛。王猛举杯致谢，又说道："此次东征，一去千里，不知老友可有物相赠，以使我能够睹物思人。"慕容垂听到如此恳切之言，无法相拒，随手解下佩刀，送给王猛。王猛言谢收纳。

　　十二月，王猛率部东出长安，慕容令随同出征。到达陕城后，王猛会同邓羌部一同东行，于370年正月底，到达洛阳城下。此时镇守洛阳的是前燕洛州刺史慕容筑。王猛打算不战而屈人之兵，决定先修书一封给城中的慕容筑，晓以利害，劝慕容筑弃城而降。王猛书信大意为："秦国兵马已堵住成皋险关（虎牢关），切断盟津（今河南省孟津县黄河渡口）退路，天王已亲统虎旅百万，从轵关（今河南省济源市西北）直扑邺城（今河北省临漳县西南香菜营乡邺镇村）。金墉城（今河南省洛阳城西北）的守军也已穷途末路，根本没有外援。我部围城大军，将军也已看到了，岂是你三百疲惫士卒能够抵挡得了的？"慕容筑阅罢此信，也看到王猛、邓羌围城之师，自知援兵不会到来，遂决定向王猛投降。

王猛率部进入洛阳城，一边对城中百生妥加安抚，一边派将领杨猛率兵向东深入到石门（今河南省荥阳市北）一带。时前燕卫大将军、乐安王慕容臧驻守新乐城（今河南省新乡市），听闻洛阳失陷，前秦又派兵东袭石门，连忙率部南下，前往石门，以图抢占石门。慕容臧与杨猛在石门一战，杨猛不敌被擒。石门仍为前燕所有。

且说王猛率部暂驻洛阳，随同出征的慕容令亦暂驻洛阳城中。这天夜晚，一人前来求见慕容令，慕容令一看，原来是父王慕容垂身边亲信金熙。慕容令连忙问其为何夜晚到此。金熙说是慕容垂所派，还带来慕容垂之言道："我们父子来到秦国，本是为了逃命。岂料王猛将我等当作仇人，恨之入骨，不断向天王苻坚进献谗言。天王苻坚表面上厚待我等，其内心实难相知。大丈夫出逃而最终却又难免一死，岂不为天下耻笑？我听说近日东朝（前燕）有所悔悟，皇帝与太后也互相抱怨。我决定东返邺城，回归燕国。我已带领众人离开长安，特派金熙前来告知，请速离开洛阳，同返邺城。"慕容令听了此言，不能相信。金熙又取出慕容垂所佩短刀，说这是信物。慕容令已有几分相信，但仍不能决断，整整犹豫了一天。

第二天，慕容令终于下定决心，以到洛阳郊外打猎为名，向主帅王猛告请。王猛笑而应允。慕容令带领旧部骑兵一同到洛阳近郊之后，看到并无兵马跟随，遂猛击跨下坐骑，一路向东，直奔石门（今河南省荥阳市北）投奔前燕慕容臧而去。王猛虽然没有派兵追击，但一切尽在其掌握之中。原来王猛在长安时，早已用重金收买慕容垂的亲信金熙，要金熙为其做一件事。金熙也知道秦国国力强盛，且燕国的能臣慕容垂又来投奔，燕国必将不能长久。金熙更知道王猛在秦国的地位一人之下、万人之上，金熙早就想投奔王猛。后来，金熙在王猛大军攻克洛阳时，即离开慕容垂带着王猛交给他的佩

第41章 王景略统兵入洛阳 慕容垂中计离长安

刀星夜来到洛阳，向慕容令施计。慕容令中计离开洛阳之后，王猛即派人快马加鞭，前往长安，向苻坚奏报慕容令背叛秦国，已回返燕国而去。王猛还让此消息在长安传开，慕容垂获知后，非常惊恐。慕容垂深知其世子降而复叛，前秦一定不会轻饶，其在秦国亦将无法立足。慕容垂决定连夜带着家人离开长安，一路东去。

苻坚获报慕容垂带着家人逃离长安，非常着急，觉得一位难得的英雄离己而去，甚感惋惜。苻坚连忙派兵追赶，终于在长安以东数十里外的蓝田县（今陕西省蓝田县）追到。慕容垂看到追兵到来，自知无法逃脱，遂束手就擒。前秦追兵不敢怠慢慕容垂等，只是将慕容垂送回长安，交由苻坚处置。到达长安后，苻坚早已在太极殿东堂等候慕容垂等。苻坚见到慕容垂，满脸笑容，毫无责备之意，还恳切地说道："卿家国失和，委身投朕。贤子心不忘本，仍然怀念故国，这也是各有其志，不值得深咎。然而燕国即将灭亡，这也不是一个慕容令就能拯救得了的。只是可惜的是，慕容令将白白进入虎口了。卿世子犯罪，罪不及父，卿为何如此害怕而狼狈呢？"慕容垂听后，甚为感激，一边为世子的叛离而自责，一边向苻坚称谢。苻坚对待慕容垂一如往常，好像根本没有发生这件事一样。

再说慕容令一路逃到石门，见到慕容臧，慕容臧并不敢接纳其回归，遂派使向邺城皇帝慕容暐奏报。慕容暐与太傅慕容评商议认为，慕容令只身返回，一定是秦国的内探，不能接纳，但也不能由其再回秦国，遂传令慕容臧派人将慕容令送回邺城。慕容令到了邺城之后，前燕朝廷仍不放心，又将慕容令放逐到遥远的沙城（在故都龙城东北六百里外）。

关于王猛计陷慕容垂一事，司马光有其见解，收录于下：

> 昔周得微子而革商命，秦得由余而霸西戎，吴得伍员而克强楚，汉得陈平而诛项籍，魏得许攸而破袁绍；彼敌国之材臣，来为己用，进取之良资也。王猛知慕容垂之心久而难信，独不念燕尚未灭，垂以材高功盛，无罪见疑，穷困归秦，未有异心，遽以猜忌杀之，是助燕为无道而塞来者之门也，如何其可哉！故秦王坚礼之以收燕望，亲之以尽燕情，宠之以倾燕众，信之以结燕心，未为过矣。猛何汲汲于杀垂，乃为市井鬻卖之行，有如嫉其宠而谮之者，

岂雅德君子所宜为哉!

言归正传。再说前燕乐安王慕容臧击败杨猛占领石门之后，即率兵驻守荥阳城（今河南省荥阳市）。荥阳在洛阳以东不到一百里的地方，王猛派杨猛来攻，也许并非为了一个小小的荥阳城或石门，而是为了巩固刚刚占领的重镇洛阳。现在石门没有抢占，荥阳仍为慕容臧所有，将领杨猛还被擒获，王猛遂又派洛州刺史邓羌、建威将军梁成率领一支兵马前往荥阳攻打慕容臧。

且说邓羌、梁成率部不日到达荥阳城下，慕容臧获报，也不示弱，连忙出城列阵迎战。慕容臧是慕容暐的庶长兄，也是在慕容垂等离开前燕后，前燕朝廷依赖的重臣。慕容臧自然极力为国而战，但他的能力远远不及其叔父慕容垂。荥阳一战，慕容臧大败，随即率部北撤。邓羌、梁成占领荥阳后，留少部兵马驻守，即西返洛阳向辅国将军王猛复命。王猛令洛州刺史邓羌率部镇守洛阳城西北之金墉城，不再镇守陕城，又将自己的司马桓寅留下，任弘农郡（今河南省灵宝市）太守，驻守陕城，以接替邓羌。王猛部署完毕，即与梁成率部班师回长安。

王猛凯旋回到长安，天王苻坚大喜，传旨升王猛为司徒、录尚书事、封平阳郡侯。王猛固辞不受，说道："现燕、吴尚未平定，战车刚刚开始出征，不过收复洛阳一座城池，陛下就任臣三项要职。如若平定燕、吴二国，陛下将如何奖赏？"苻坚笑道："卿如若不加拒绝，怎显卿谦光之美。朕已诏令有司暂且保持卿原来之职，至于封爵，乃是卿之功劳，请卿勉从朕命吧。"苻坚之言近乎到了央求的地步，可见苻坚是多么想给王猛不断地任职加封。

第42章　慕容令起兵攻龙城　王景略率部伐前燕

话说东晋大司马桓温第三次北伐失败后，将责任推给豫州刺史袁真。369年十月，袁真撤回寿春（今安徽省寿县）后向前燕归降，前燕意外地得到了扬州的淮南郡重镇寿春。前燕朝廷当时并没有派兵接管，而是派大鸿胪温统前往，授予袁真扬州刺史等职。岂料温统到达淮河之时，竟意外去世。尽管如此，据守寿春的袁真仍一直归附前燕。桓温获报后当然不会坐视不管，于十一月二十五日，与丞相司马昱商议准备再一次北伐。桓温还任世子桓熙为假节、豫州刺史，以图收复淮南。十二月，作为徐兖二州刺史的桓温大筑广陵城（今江苏省扬州市西北），决定将大营移居于此。

桓温的大军尚未出动，驻守寿春的前燕扬州刺史袁真却先行用兵。370年正月二十四日，袁真发现梁国（今河南省商丘市）内史朱宪及其弟汝南郡（今河南省汝南县）太守朱斌与桓温关系密切，袁真遂将二人诛杀。二月二十八日，袁真在寿春去世，陈郡太守朱辅拥立袁真之子袁瑾继任袁真之职：建威将军、扬州刺史。朱辅还派其子朱乾之前往邺城（今河北省临漳县西南香菜营乡邺镇村），向慕容暐请求予以任命。慕容暐接报后，传旨任袁瑾为扬州刺史、朱辅为荆州刺史。前燕朝廷此次不仅传旨任命袁瑾，还派兵南下寿春协防。

三月，东晋大司马桓温获报前燕派兵来防寿春，传令派督护竺瑶等率兵抵挡。桓温还派其侄桓石虔率兵攻打寿春南城。先说竺瑶率部一路北上，迎击前燕来兵，终在寿春西北五百余里的武丘（今河南省沈丘县东南）与前燕兵马遭遇。武丘一战，竺瑶大胜前燕兵马。再说桓石虔不日抵达寿春，猛攻寿春南城。南城守兵不强，桓石虔很快攻克，但坚固的寿春城却一直攻克不下。桓石虔遂暂时停止攻打寿春。

前燕援兵在武丘被竺瑶击败后，一时没有再次派兵南下援救袁瑾。这时前燕境内的后方故都龙城（今辽宁省朝阳市），正在发生一场内乱。这次内乱是由投奔前秦的慕容垂的世子慕容令发动的。其时慕容令正被放逐在沙城（今辽宁省朝阳市东北六百里）。慕容令想到父王仍在长安，前燕朝廷一定不能接纳自己，自己最终仍不免一死。慕容令决定起兵谋反，对抗前燕朝廷。慕容令知道沙城有数千因被贬而来戍边的将士，遂秘密安抚厚待他们，不久这些将士都愿为慕容令差遣。

五月，慕容令率戍边将士起兵，斩杀牙门将孟妫。消息很快传到沙城城大涉圭那里，涉圭非常惊恐，竟向慕容令投降，慕容令遂占领沙城。慕容令信任涉圭，将其收为身边侍卫，接着率戍边将士一起向东攻打威德城（即涉夜干曾驻屯的南罗城，344年初被前燕占领后，更名为威德城）。威德城的守将慕容仓率兵出城迎战慕容令，不敌被斩。慕容令进入威德城后，再派人到各处召集戍边将士，响应者甚多。慕容令兵马一时为之壮大，遂决定偷袭故都龙城。不料消息被泄漏。时驻守龙城的镇东大将军、渤海王慕容亮获知慕容令谋反正率部攻来，遂下令坚守城池。慕容令知道消息已泄，遂放弃攻打龙城，休整待机。

一天夜晚，正是涉圭当值，护卫慕容令。涉圭竟带人突袭慕容令，慕容令连忙纵马单骑逃走。慕容令一走，跟随其的戍边士卒一齐溃散。涉圭继续追击慕容令，一直追到薛黎泽（今地不详），终于追上慕容令。慕容令只得勒马迎战，不敌被杀。涉圭回到龙城，向慕容亮禀报慕容令已被斩杀，以图领赏。岂料这位皇族出身的慕容亮不仅不记恨慕容令欲来偷袭，反而对涉圭斩杀慕容令大为怒火。慕容亮下令杀掉涉圭，替慕容令报仇，并将慕容令安葬。

就在龙城平息慕容令叛乱不久，邺城里的皇帝慕容暐再次获报东晋派兵攻打寿春。八月，炎热的夏天刚刚过去，东晋大司马桓温就决定再次攻打寿春，企图收复寿春。桓温此次决定亲自前往讨伐袁瑾，遂从广陵率部两万开往寿春。袁瑾获报桓温亲自来攻，自知寿春难守，遂派使前往邺城，向前燕皇帝慕容暐求救。慕容暐与慕容评商议后，派卫大将军孟高南下援救寿春。八月十一日，桓温大军在寿春击败袁瑾的城外守兵，将寿春包围。也就在这时，前燕来援的孟高率部已抵淮河岸边，正要传令渡河，接报前秦已派大军向前燕攻来，遂放弃援救寿春，率部北上。

第42章　慕容令起兵攻龙城　王景略率部伐前燕

却说前秦派辅国将军王猛率重兵攻打前燕，还是数月之前的谋划。在谋取攻打前燕之前，天王苻坚再次给王猛颁诏任职。370年四月，苻坚想到两月前给王猛的两项职务没有被接受，一直搁置着。苻坚遂再次传旨任王猛为司徒、录尚书事。王猛接诏后，仍然坚决不接受这两项任职，苻坚只好又次搁置。接着，在此春夏之际，苻坚作出重大决定，再派王猛率重兵攻打前燕。王猛此次挂帅，一同出征的将领有洛州刺史邓羌、镇南将军杨安、虎牙将军张蚝、屯骑校尉苟苌、游击将军郭庆、射声校尉徐成等十位将领，兵马六万。王猛对此次出征做了充分的准备，毕竟这是一次决定性的征战。王猛整整准备了两个月。王猛与苻坚商议的用兵部署是：先攻破壶关（今山西省黎城县东北东阳关），平定上党郡（今山西省长治市），再向东穿过太行山，长驱直入，夺取邺城。

六月十二日，王猛大军集结于长安城东的灞上。三十三岁的苻坚来到灞上，为王猛送行。苻坚意气风发地说道："朕将征伐关东的重任交于卿，卿当先破壶关、上党，再以迅雷不及掩耳之势，长驱直取邺城。卿之大军出发后，朕将亲统精锐兵马一万，连夜出发，车船粮草，水陆并进。卿不要有后顾之忧。"王猛谢道："臣仰仗陛下的威望，执行陛下必胜的策略，荡平残胡，如秋风扫叶，不愿烦劳陛下亲披尘雾出征，只请陛下传旨有司快速建立鲜卑安置之所。"王猛的意思是，不须苻坚亲自出征，只需做好前燕君臣的安置工作。苻坚听后，自然大悦。

七月，王猛大军进抵并州境内。王猛决定将与苻坚商定好的作战方案作了调整，准备兵分两路。一路由镇南将军杨安率领，北上攻打并州晋阳（今山西省太原市）。另一路由王猛率余部攻打壶关。王猛的意图是，不仅要一战攻克邺城，同时顺带将并州也给占领了，免得再派兵征伐。

前秦重兵来攻的消息早已传至邺城，前燕皇帝慕容暐与太傅、上庸王慕容评商议对策，最后决定由慕容评亲率三十万大军迎战前秦六万兵马。八月，慕容评率大军离开邺城，向西而去。二十一岁的慕容暐仍然非常担忧，将散骑侍郎李凤、黄门侍郎梁琛、中书侍郎乐嵩召来，问道："秦国兵马到底有多少，太傅大军已经出动，秦国能否接战？"李凤毫不担忧道："秦国兵马只有六万，根本不是燕国大军对手。王猛也是庸碌之辈，根本不能与太傅相比。陛下不必担忧。"梁琛、乐嵩有不同看法，说道："战争的胜败在谋略，不在兵力多少。秦国远来征伐，岂能不战？我国当用谋取胜，而不是希望秦国不敢接战。"慕容暐听后，甚感不悦。

再说前秦辅国将军王猛所部到达壶关城下，壶关守将是前燕上党郡太守、南安王慕容越。慕容越也非常英勇，听闻王猛兵马到此，连忙率兵出城迎战，岂料不敌被擒。王猛接着率部攻打壶关，不到几个时辰即攻克壶关。王猛大军在前燕领地所过之处，郡县无不望风而降，前燕朝野大为震动。前燕黄门侍郎封孚与司徒长史申胤听闻王猛攻克壶关，一路不战而降，都非常担忧。封孚问申胤道："长史以为，事态将会如何？"申胤叹息道："邺城必定陷落，我等都将成为俘虏。当年越国有岁星，但吴国伐之，最终还会自受其祸。今天福德仍在燕国，而秦国虽然得志，但燕国复国，不会超过十二年时间。"

王猛攻克壶关，占领上党，不再向东推进，而是等杨安攻克晋阳后，再一同攻打前燕都城邺城。岂料晋阳城坚粮足，杨安一时无法攻克。王猛接报非常着急，毕竟前燕慕容评的大军已经出动。王猛这时作出果断决定，只留屯骑校尉苟苌驻防壶关，自率虎牙将军张蚝等快速北上四百余里，与杨安一同攻打晋阳，王猛一定要在攻克晋阳之后，全力以赴地穿过太行山，攻打邺城，以免并州晋阳成为其后顾之忧。九月，王猛率部到达晋阳，察看晋阳城果然坚固异常，遂暂缓强攻，决定挖地道攻入。地道挖成后，张蚝带壮士数百人由地道进入城中，砍开城门。九月十日，王猛、杨安等大军攻入晋阳城内，擒获前燕并州刺史、东海王慕容庄。

第43章　试探邓羌王猛抚将　决战潞川前秦得志

九月，就在王猛、杨安攻克晋阳（今山西省太原市）之时，前燕太傅慕容评的大军到达潞川（流经山西省黎城县南），与王猛留守壶关（今山西省黎城县）的兵马近在咫尺。令前燕皇帝慕容暐意想不到的是，不是王猛不敢接战，而是慕容评不敢前进。其实此时驻守壶关的只是屯骑校尉苟苌一部兵马，另一部兵马已随王猛北上攻打晋阳了，但慕容评畏惧前秦兵马，不敢主动发起挑战，反而坐等王猛北上兵马返回壶关。

十月十日，王猛攻克晋阳一个月过去了，已将晋阳兵民安抚妥当，遂留将领毛当驻守晋阳，自与杨安等率部南下壶关。十天后，王猛大军进抵壶关，与苟苌会合，继续与慕容评大军在潞川对峙。此时的潞川两岸，早已进入深秋，寒气逼人，似乎冬天提早到来了。尽管潞川两岸一片肃杀，但前秦六万兵马与前燕三十万兵马的对峙，那一触即发的气势似乎要将潞川河水沸腾。

十月二十一日，王猛准备打破长期对峙的局面，寻机出击。王猛在帅营之中召集众将商议对策，最后王猛决定派将军徐成带领少部将士到前燕阵地察看军情，要徐成中午前必须回营复命。岂料徐成带领将士整整侦察了一天，傍晚才回到王猛帅营。尽管徐成将详细的军情呈报王猛，王猛仍然怒不可遏，认为徐成违反了军令，没有在指定时间回营复命。王猛是一位非常注重法令执行的人，朝政、国法的执行从不含糊，何况生死攸关的军令？王猛决定将徐成推出营门斩首，以整肃军纪。众将领知道王猛个性，也知道王猛在天王苻坚面前的地位，虽想为徐成求情，但大都不敢开口。这时洛州刺史邓羌终于坐不住了，因为徐成曾是他的郡将，他要为徐成求情。邓羌对王猛说道："燕国兵马如此众多，而秦国兵马甚少，明天两国就将决一死战。徐成又是一员大将。此时此刻，辅国将军应当姑且宽恕他。"王猛非常严肃地说道："如若不斩徐成，军纪将不复存在。"邓羌其实也是一位重法纪的人，但其为徐成求情，实属徐成曾是其郡将，此时只好如实说道："徐成违反军令，理应当斩，但徐成曾是邓羌之郡将，邓羌愿与徐成将功赎罪。"王猛仍然不答应，这时邓羌勃然大怒，不再向王猛恳求，转身走出王猛帅营，跨上战马，奔向自己的军营。

就在王猛为邓羌不告而去而发怒之时，营门外传来战鼓声。王猛忙令左右出营查看，原来是邓羌率本部兵马来到王猛营前，要攻击王猛。王猛毫不畏惧，从容起身，走出大营，就见邓羌正跨在战马之上，手持长矛。王猛高声问道："邓将军为何如此？本将哪处得罪你了？邓将军却要刀兵相向。"邓羌高声叫道："我奉天王诏书前来讨贼，现在发现贼寇就在眼前，而且正在自相残杀，我准备先行除之。"这时王猛倒不再生气，反而认为邓羌义薄云天，而且勇气可嘉，决定释放徐成。王猛对邓羌说道："将军不必如此，本将放了徐成就是。"随即命人去释放徐成。邓羌见王猛释放徐成，连忙下马向王猛谢罪。王猛抓着邓羌的手诚恳地说道："我这是在试探将军，将军对郡将如此爱惜，何况国家呢？我不再担心贼寇了。"

再说前燕太傅慕容评率三十万大军与王猛对峙，认为王猛一支孤军，兵马数量又少，时间一久，必然崩溃。慕容评准备采用持久战略。慕容评于是放心地与王猛对峙，竟还做起发财的生意来。慕容评这个人，非常爱财，在此国难当头，仍不忘敛财。慕容评下令将山河道路封锁，不是为了用兵，而是为了敛财。百姓须要通过这些地方去砍柴、捕鱼，慕容评派人在关卡处收取过路钱帛。没过多久，慕容评收取的钱帛竟然堆积如山。潞川对岸的王猛听到这个消息，不禁笑道："慕容评真是个奴才，就是有亿兆之兵亦不足为惧，何况只有数十万而已。本将击破他，那是易如反掌。"王猛决定主动向慕容评发起进击，决定先烧其粮草。王猛将游击将军郭庆叫到大营，拨骑兵五千给他，令其乘着夜色去烧慕容评粮草。

天色已晚，夜幕降临，郭庆带领五千骑兵悄悄绕到慕容评大营背后，神不知鬼不觉来到粮草跟前，郭庆等一齐点火，粮草同时点着，熊熊大火燃起，顿时火光冲天。史书称，两百里外的邺城都能看到这起大火。慕容暐惊慌失措，在得知慕容评专心敛财，并不注重战事之后，忙派侍中兰伊前往潞川，责备慕容评道："大王也是高祖（慕容廆）之子，理应为国家的安危而忧虑，为何不顾将士，而只顾卖樵卖水，执迷于钱财生意？国家府库中的钱

第43章　试探邓羌王猛抚将　决战潞川前秦得志

财，朕与大王共同拥有，何须担忧贫困？如若贼寇进兵，国破家亡，大王带着那么多的钱帛，又能往哪里逃呢？"慕容暐还传旨命慕容评将钱帛散发给将士，尽快与前秦兵马交战。慕容评听后，非常惊恐，连忙派人向王猛下达战书。

十月二十三日，王猛接到慕容评的战书，决定以少击多，与慕容评决战。当天早晨，王猛即在渭源（今地不详，当在山西省黎城县一带）誓师，对众将说道："我王猛深受国恩，担当朝廷内外之重任。如今与诸位深入贼寇之地，当竭力死战，有进无退，共立大功，以报国家。凯旋之后，共同接受圣明君主的封爵，回到家中与父母举杯相庆，岂不是人间美事？"将士们听后，欢欣鼓舞，砸锅弃粮，喊声震天，士气高涨。尽管军心如此大震，王猛仍不放心，毕竟前燕兵马实在太多，王猛决定激发邓羌等将领的斗志，遂将邓羌传至帅营，对其说道："现在我军面临大敌，非将军不能破敌。成败在此一举，还须将军用力。"谁知邓羌不仅不接受王猛的厚爱，竟以此为由，向王猛提出要求。邓羌对王猛说道："如若将军能够保证我担当司隶校尉，这事就不成问题。"司隶校尉是掌控京畿的要职，不是王猛一人能够决定的，因而王猛说道："这不是我的职权范围内能够做到的，我只能承诺你担任安定郡（今甘肃省镇原县东南曙光乡）太守，封万户侯。"邓羌听后，非常不高兴，也不再勉强，默不作声，回到大营。

这时，两国兵马已经开始交战，王猛得知邓羌并没有领兵出战，非常着急，遂派人将邓羌传至帅营问话。邓羌并不理睬。王猛只好纵马来到邓羌大营，主动答应邓羌的要求，邓羌大喜，遂在大营中开怀畅饮，然后跨上战马，舞动长矛与张蚝、徐成等冲入敌阵之中。邓羌等杀进杀出，来回三四次，如入无人之境，数百前燕将士倒地身亡。潞川一战，秦燕两国兵马从早晨一直战到中午，前燕兵马大溃，阵亡及被俘共有五万余人。前燕将士开始恐慌，慕容评也传令后撤。前秦乘胜追击，又斩杀、俘虏十万余人。前燕主帅慕容评见势不妙，竟然单枪匹马，逃回邺城，余下将士全部溃散。

潞川决战结束后，王猛并未传令休整，而是传令乘势东下，从太行八陉之滏口陉穿过太行山，踏入平原，长驱直入，杀向邺城。十月二十六日，王猛大军到达邺城城下，将邺城包围。王猛没有马上传令攻城，而是拟定奏疏，派人送达长安，向苻坚呈报潞川决战情况，奏疏大意为："臣在二十三日那天，痛歼敌人，顺从陛下仁爱之心，让燕国六州士人百姓，在不知不觉中换了主人。除非执迷不悟、违背命令之人，别无伤害。"苻坚接报大喜，也给王猛回道："将军出兵不到三个月，首恶元凶即被铲除，功勋之高，前无古人。朕将亲率六军，星夜启程，赶赴邺城。将军不妨传令休整，待朕到达后，再行攻城。"

在王猛尚未包围邺城之时，邺城一带早已慌乱一片，盗匪盛行。当王猛大军到达邺城之时，邺城远近秩序一时为之平静。王猛大军，号令严明，对百姓财物，秋毫无犯。王猛对所控制区域，简明法纪，放宽政令，百姓安居，竟然互相庆幸，纷纷议论道："想不到今天又见到太原王（慕容恪）。"王猛听到这个议论，叹息道："慕容恪真是奇士，有古之爱民之风。"王猛还下令用太牢（牛猪羊）来祭祀慕容恪。

十一月，前秦天王苻坚命李威辅佐太子苻宏留守长安，派其弟阳平公苻融镇守洛阳，亲率精锐兵马十万，前往邺城而来。苻坚兵马只用七天时间，即到达魏郡的安阳县（今河南省安阳市），离邺城不足五十里。苻坚在安阳暂驻，设宴款待其祖父苻洪时期的故老。正在包围邺城的王猛获知天王苻坚到达安阳，遂秘密前来觐见。苻坚看到王猛擅离大营，只身来到安阳，有些不悦，忙问道："当年周亚夫不迎汉文帝，将军今天却临阵而弃军，这是为何？"王猛不以为然，对苻坚说道："周亚夫不迎汉文帝，是为了获取自己的名声，臣并不认可此事。臣在陛下神威之下，攻灭即将崩溃的贼寇，如同釜中之鱼，不足为虑。只是太子年纪尚幼，陛下远离京师，稍有不虞，悔之晚矣。陛下难道忘记臣在灞上的劝告了吗？"苻坚本想责问王猛的，岂料被王猛反问，知道王猛所虑更远，遂不再多言。

第44章　擒慕容暐前燕灭亡　封王景略苻坚行赏

慕容评三十万大军与前秦辅国将军王猛六万兵马在潞川（今山西省黎城县境）决战失败后，前燕本有宜都王慕容桓的一万兵马作为后援，时正驻于沙亭（今河北省大名县东）。慕容桓听报慕容评大军惨败之后，即率部南下到达内黄（今河南省内黄县）。十一月，前秦天王苻坚、辅国将军王猛合兵一处，进抵邺城。苻坚再次调整用兵部署，决定派洛州刺史邓羌率一支兵马北攻信都（河北省冀州市），一来占领冀州，二来堵截前燕君臣、将士北逃之路。十一月六日，慕容桓获得这个消息后，非常害怕，本想南下与前秦兵马交战的，遂当即决定北上向故都龙城（今辽宁省朝阳市）逃去。

前燕都城赖以依靠的最后一支兵马北逃之后，带动了邺城上下的大逃亡。十一月七日，皇帝慕容暐、太傅慕容评、乐安王慕容臧、定襄王慕容渊等王室成员及后宫嫔妃在左卫将军孟高、殿中将军艾朗的保护下，逃出邺城，前往龙城。慕容鲜卑逃出邺城后，在邺城为质的夫馀国的王子蔚及高句丽王国的人质五百余人，打开邺城大门，迎接前秦大军入城。十一月十日，苻坚进入邺城，入住前燕皇宫。苻坚得知慕容暐已往龙城逃去，遂派游击将军郭庆率一支兵马追击。

与苻坚一同来到邺城的，还有前燕吴王慕容垂。慕容垂看到前燕的公卿大夫及以前的僚属，难掩怒色。同行的高弼提醒慕容垂道："大王凭借祖上福德，又有英明杰出之才，却遭遇挫折，投靠外邦。现国家虽倾，又怎知不是复兴的开始呢？属下以为，对待国之旧人，当有江海之宏量，用抚慰结交其心，方能成就大业。为何因愤怒而抛弃他们，属下不敢赞同大王的做法。"慕容垂听后，大喜，接纳了高弼的建言。

慕容暐等逃出邺城时，骑兵侍卫尚有千人，可是出城不久，众人一哄而散，只有十余骑兵跟随。孟高、艾朗护卫着慕容暐、慕容臧、慕容渊等不敢从大路逃走，只能走崎岖难行的小道。一路上，又不断遇到盗匪，孟高、艾朗不得不一边与盗匪作战，一边急行。数日之后，慕容暐等到达一个叫福禄（今地不详）的地方，看到一处坟地，慕容暐等遂向坟地之中而去。慕容暐等原本衣食无忧，何时受过此等辛苦，不由地依坟解鞍而息。忽然，二十多个强盗出现在坟地之侧。这些强盗手拿弓箭，一齐朝这群衣着华丽的猎物射箭。孟高持刀上前击战强盗，一口气杀伤数人。不久孟高精疲力竭，无力再战，遂扔掉手中之刀，冲向一个强盗，将其摔倒，大声叫道："我已经使出了全力！"其他强盗又一齐向孟高射箭，孟高身中数箭而死。这时艾朗也冲上前去，与强盗搏击，终因难敌数人而被杀害。慕容暐等此时哪敢休息，早已惊恐万状，看不到坐骑，遂徒步奔逃，不想竟能逃脱。

又过了数日，慕容暐等逃到冀州高阳国的高阳县（今河北省高阳县东）境内，竟发现太傅慕容评早已不知去向。就在慕容暐为终于逃脱强盗的追袭而庆幸时，前秦游击将军郭庆已一路追到高阳县。郭庆帐下一个叫巨武的部将发现了慕容暐，见其神色、衣着与众不同，遂上前将其擒拿，并用绳索绑缚。慕容暐大声呵斥道："你是何等小人，怎敢绑缚天子！"巨武答道："我奉诏追贼，没听说什么天子。"巨武将慕容暐等交与郭庆，郭庆才知终于追上了前燕皇帝慕容暐，遂命人将慕容暐等押赴邺城，交与苻坚处置。

却说苻坚时正在邺城，传旨安民。苻坚接到郭庆使者来报后，大喜，传旨派郭庆率兵继续北上龙城，追击慕容评、慕容桓等。苻坚看到慕容暐后，责问慕容暐为何不降而逃。慕容暐答道："狐狸死了，头也要朝向出生的山丘。我只不过是想死在先人的坟墓中罢了。"苻坚听后，甚感悲怆，同情之心不禁顿生。苻坚下旨释放慕容暐，并命其回到邺宫，率文武百官，正式出城投降。慕容暐投降后，向苻坚呈报了孟高、艾朗的英勇事迹，苻坚听后也非常感动，传旨厚葬，并任孟高、艾朗之子为郎中。

慕容暐之投降，宣告前燕灭亡。前燕自337年十一月建立，到370年十一月灭亡，历时三十三年整，共三位君王：慕容皝、慕容儁、慕容暐。慕容皝在位期间，平定内乱，征服高句丽、宇文鲜卑、夫馀国，基本统一了东北地区，为慕容儁南下夺取中原打下基础。慕容儁在位期间，以平州一州之地，南下中原，夺取幽并冀青四州及兖豫司三州大部，为前燕立下卓著功勋。慕容暐在位期间，先由太宰慕容恪辅政，达到鼎盛，后由太傅慕容评辅政，国力日衰，直至灭亡。

第44章　擒慕容暐前燕灭亡　封王景略苻坚行赏

且说游击将军郭庆率部北上追击慕容评、慕容桓，直奔龙城而来。慕容评刚刚抵达龙城，得知郭庆来追，不敢进入龙城，又一路向高句丽的都城丸都（吉林省集安市）逃去。慕容评到达高句丽，高句丽国王高钊也知道前秦消灭了前燕，国力正盛，不敢收留慕容评，遂将慕容评抓获绑缚并送至邺城苻坚处。再说宜都王慕容桓到达龙城后，诛杀了龙城守将镇东大将军、渤海王慕容亮，吞并了慕容亮的兵马，准备据守龙城。听闻前秦游击将军郭庆率部一路追击，已抵达龙城，慕容桓竟不敢坚守龙城，决定继续向东逃往辽东郡（今辽宁省辽阳市）。慕容桓到了辽东，辽东郡太守韩稠早已派使归降前秦。慕容桓不能进城，传令所部兵马攻城，又不能攻克。这时郭庆已占领龙城，并派将领朱嶷前往辽东追击慕容桓。慕容桓正在攻城不下无法进城之际，朱嶷的追兵到来了。慕容桓非常惊恐，遂不顾将士，单骑逃走，最终被朱嶷擒获。

前燕邺城、龙城均被前秦占领，而且君臣大多被擒，前燕各州刺史、郡守也纷纷向前秦纳降。时仍在邺城的苻坚命人清点账册，共计一百五十七个郡、二百四十六万户百姓、九百九十九万人。苻坚还传旨，将邺城宫中宫女、珍宝赏赐给出征将士。苻坚最后颁诏大赦天下，诏书内容如下：

　　朕以寡薄，猥承休命，不能怀远以德，柔服四维，至使戎车屡驾，有害斯民，虽百姓之过，然亦朕之罪也。其大赦天下，与之更始。

苻坚听闻曾经出使长安的前燕使者梁琛被囚于邺城狱中，连忙派人将其释放，并带至面前。苻坚问梁琛为何被囚。原来是梁琛出使前秦时，每次对答，都不与其侍辇苟纯商议，苟纯非常嫉恨。返回邺城后，苟纯对皇帝慕容暐禀报道："梁琛在长安，与王猛非常亲密，一定有密谋。"梁琛在慕容暐面前又不断说苻坚、王猛雄才大略，应当提早戒备。慕容暐便对苟纯之言已有几分相信。后来前秦大军来攻，与梁琛预料的一样，慕容暐遂坚信梁琛与前秦早有预谋。潞川决战失败后，慕容暐下旨捉拿梁琛并囚于狱中。苻坚听后，不免为梁琛感到惋惜，当即下旨任梁琛为中书著作郎。苻坚又问梁琛道："卿曾说上庸王（慕容评）、吴王（慕容垂）都是将相奇才，为何他们不出谋划策，反而使燕国灭亡？"梁琛从容答道："上天已经决定谁兴谁废，岂是二人所能改变的？"苻坚又问道："卿不能见机行事，虽然为燕国美言，最终却为燕国所囚，这岂是明智者所为？"梁琛答道："臣闻吉凶虽可以提早预知，但臣实在愚昧，不能预知。但臣知道，为臣莫如忠，为子莫如孝，如若不能一以贯之，就不能自始至终保持忠孝。所以古之烈士，临危不变节操，面对死亡也不逃走，全心为君王尽忠。那些提早看出吉凶之人，心里想着安危，就会选择去身之所，哪顾国家存亡。臣就是看出吉凶，也不忍为之，何况根本看不出呢？"苻坚听后，非常欣赏梁琛。苻坚又听说前燕有个大臣叫悦绾，不仅忠心而且有才能，为不能见到他而伤感，只得传旨任悦绾之子为郎中。

苻坚开始论功行赏。首功当属辅国将军王猛。苻坚任王猛使持节、都督关东六州诸军事、车骑大将军、开府仪同三司、冀州牧、清河郡侯，镇守邺城。苻坚还将慕容评府第中的财物全部赏赐给王猛。苻坚封镇南大将军杨安为博平县侯，邓羌为使持节、征虏将军、真定郡侯，郭庆为持节、都督幽州诸军事、幽州刺史、襄城侯，镇守蓟城（今北京市）。其他将士封赏各有不等（《晋书》载，吕光也参与王猛消灭前燕之战，被封为都亭侯）。王猛也欣赏梁琛之才，遂向苻坚请求留下梁琛，任其为主簿、兼记室督。

苻坚又任命两位太守：韦钟为魏郡（今河北省临漳县）太守，彭豹为阳平郡（今河北省大名县）太守。其余各州刺史、郡守、县令维持不变。苻坚还以常山郡（今河北省正定县）太守申绍为散骑侍郎，并令申绍与另一位散骑侍郎韦儒为"绣衣使者"，巡视关东各州，考察风土人情，劝课农桑，赈济抚恤贫困，收敛安葬死者，表彰节义行为，前燕政令有不利于百姓的，予以修改、废除。

第45章 赦君臣苻坚抚关东 降杨纂前秦灭仇池

370年十二月，苻坚决定由邺城（今河北省临漳县西南香菜营乡邺镇村）返回都城长安（今陕西省西安市）。苻坚将前燕皇帝慕容暐及宫中后妃、王公、文武百官带至长安。苻坚还传旨，将慕容鲜卑四万余户百姓一同迁至长安。苻坚从邺城一路南下，两日后到达枋头（今河南省浚县东南淇门渡）。枋头是苻坚出生的地方，苻坚在此生活了十二年，渡过了其童年时光。苻坚对枋头有着深厚的感情，毕竟其离开枋头已有二十个年头了。苻坚传旨在枋头暂驻数日，大摆宴席，宴请多年前的乡亲父老。酒过三巡，苻坚甚为开心，再传旨，将枋头改名为永昌县，终世免除枋头的赋税。

十二月十四日，苻坚到达长安，颁诏赦免慕容暐等前燕君臣。苻坚还下旨，为前燕君臣加官授爵：皇帝慕容暐为新兴侯，太傅慕容评为给事中，太尉皇甫真为奉车都尉，司空李洪为驸马都尉，李邽为尚书，封裕之子封衡为尚书郎，范阳王慕容德为张掖郡（今甘肃省张掖市）太守，平睿为宣威将军，悉罗腾为三署郎，其他人员官爵各有不等。当时随同慕容暐一同到达长安的王子公主中，十多岁的清河公主与十二岁的中山王慕容冲姐弟二人，姿色卓绝，三十三岁的天王苻坚看到后，甚为欢喜，遂将二人一同纳入后宫。

随同前燕皇室君臣一同来到长安的慕容凤，是宜都王慕容桓的儿子，时年十一岁，虽然年纪尚幼，但心中暗有复仇之志。鲜卑部、丁零部中很多人都与慕容凤暗暗结交。前秦尚书右仆射权翼发现慕容凤举动不同寻常，遂警告慕容凤道："小儿当以才能名望留传于世，不能效法你的父亲不识天命。"慕容凤听后，脸色严厉地说道："我父王忠于故国，志向虽未能实现，但这是人臣的节操。君侯方才所言，岂是勉励后辈之大义？"权翼连忙以敬意的面容向其道歉。权翼接着入宫，拜见苻坚，说道："慕容凤慷慨有才，但其狼子野心，终难为陛下所用。"苻坚对权翼所言并不在意，认为前秦对前燕旧属如此安抚，必将感化其复仇之心。

这个冬天注定不平静，刚刚进入371年正月，苻坚就接到来自寿春（今安徽省寿县）的急报。据守寿春的原前燕扬州刺史袁瑾不堪东晋大司马桓温兵马的侵扰，在听闻前燕为前秦所灭亡之后，袁瑾忙又派使来到长安，向苻坚求救。苻坚刚刚消灭前燕，正在安抚关东六州，并没有做好与东晋刀兵相向的准备。但苻坚又不忍拒绝袁瑾的请求，毕竟寿春原本归附燕国，现在当属秦国。览罢袁瑾的告急文书，苻坚当即传旨，派武卫将军王鉴、前将军张蚝率步骑兵两万前往援救寿春。苻坚为正式接纳袁瑾、朱辅及他们所据守的淮南郡（今安徽省寿县），还随即颁诏任袁瑾为扬州刺史、朱辅为交州刺史。

驻屯广陵（今江苏省扬州市）的大司马桓温获报前秦派兵来援寿春，遂派淮南郡太守桓伊、南顿郡（今河南省商水县）太守桓石虔，率兵迎击前秦援兵。就在这个寒冷的冬天，秦晋两国兵马在淮河、淝水相交的石桥上遭遇并发生激战。前秦王鉴、张蚝兵马大败，撤退到豫州汝阴郡的慎城县（今安徽省颍上县）。正月十七日，桓温的兵马攻陷寿春，擒获袁瑾、朱辅及其族人，一并送至东晋都城建康（今江苏省南京市）。东晋朝廷传旨将袁瑾、朱辅二人斩首。

王鉴、张蚝兵败，寿春失陷，袁瑾、朱辅被斩的消息传到长安，前秦天王苻坚虽深为痛心，但并未再派兵马与桓温交战，毕竟此时他须要继续安抚刚刚收复的前燕国土，巩固这个刚刚扩大的秦国内政。苻坚继续颁诏，将关东大族、杂夷十五万户迁至关中居住，以便有效控制，确保关东稳定：乌桓族迁至冯翊郡（今陕西省大荔县）、北地郡（今陕西省铜川市耀州区），丁零族翟斌部迁至新安（今河南省新安县）、渑池（今河南省渑池县）。苻坚还下旨，准许因为战乱而流亡至各地的百姓回乡重返旧业。

二月，新年刚刚过去，天王苻坚颁下诏书，对秦国十一个州的刺史进行重新任命，并作适当调整，以实现其稳定内政的需要。这十一个州的刺史任命是：魏郡太守韦钟升任为青州刺史，中垒将军梁成为兖州刺史，射声校尉徐成为并州刺史，武卫将军王鉴为豫州刺史，左将军彭越为徐州刺史，太尉司马皇甫覆为荆州刺史，屯骑校尉姜宇为凉州刺史，扶风郡内史王统为益州刺史，秦州刺史、西县侯苻雅为使持节、都督秦晋凉雍州诸军事、秦州牧，吏部尚书杨安为使持节、都督益梁州诸军事、梁州刺史，长乐公苻丕为使持节、征东大将军、雍州刺史。苻坚还认为关东郡守县令的人选非常重要，必

第45章 赦君臣苻坚抚关东 降杨纂前秦灭仇池

须选派得力之人,于是授予王猛特别权力,可以先行选任郡守县令,然后再呈报朝廷补诏颁发。

三月,长安城早已春暖花开。消灭了实力最强的前燕,天王苻坚信心倍增。苻坚自然不满足于消灭一个前燕,他的心中还有更大的梦想,他已经开始谋划统一天下的大事了。此时重臣王猛统管关东各州,正驻守邺城,不能与苻坚共商谋划大事。苻坚遂在长安与太尉李威、其弟尚书左仆射阳平公苻融、尚书右仆射权翼等商议攻取其它割据政权一事。说起当时的华夏大地,割据各处的政权除了东晋外,尚有前凉、代国、仇池、吐谷浑等处。苻坚决定先从仇池(今甘肃省西和县西)这个小国开始。尽管此时的边境之上,东晋守将与前秦守将发生了一起摩擦,但苻坚知道与东晋开战的时机尚未到来,遂对这样的摩擦置之不理。这起摩擦事件是,前秦后将军俱难主动攻击东晋控制的桃山(今山东省滕州市东南),最终桓温派兵将俱难击退。

苻坚之所以从仇池开始,是因为仇池刚刚发生了变乱。秦州境内的仇池,是由氐族杨氏所建,领地并不大,还不到一个郡。仇池最早的首领是杨茂搜,于296年(西晋时期)率众四千返回仇池,自号辅国将军、左贤王,标志着仇池国政权的建立。杨茂搜之后,历经杨难敌、杨毅、杨初、杨国、杨俊、杨世、杨纂等首领。仇池国的首领大多向晋朝称藩,也有接受汉、赵、前秦加封的,杨世就向前秦归附。仇池这个国家虽然领地不大,但七十多年来,一直没有国家能将其消灭,即使强盛的后赵也未能做到。仇池虽小,却在乱世的夹缝中寻得一块生存之地。但历史的车轮转到了前秦入主中原了,又遇到苻坚这样一位雄才大略的君主,仇池小国就难以再次幸免了。

370年十二月,仇池公杨世去世,其子杨纂即位。此时正是前秦消灭前燕之后不久,前秦国势正盛。岂料杨纂竟然宣称与前秦断绝往来,不再接受前秦的任命。杨世的兄弟杨统,也是杨纂的叔父,时为武都郡(今甘肃省成县)太守,得知兄长杨世去世,竟率一支兵马前来仇池与杨纂争夺权位。

仇池背叛前秦,内部又发生争乱,苻坚自然不能放过这样的机会。苻坚经与各位重臣商讨之后,即快马传令四牧史率部攻打仇池,这四位牧史是:秦州牧、西县侯苻雅,梁州刺史杨安,益州刺史王统,并州刺史徐成。苻坚还从长安派出一支兵马一同参与攻打仇池,以确保一举攻克并占领仇池。长安派出的这支兵马由羽林左监朱彤、扬武将军姚苌率领。各路兵马均受苻雅节制。苻坚攻打仇池的兵马共达七万，可谓志在必得。

　　371年四月，前秦七万大军到达仇池，进抵仇池北边的鹫峡。仇池公杨纂获报前秦来攻，连忙率五万兵马迎战。杨纂还派人向东晋梁州刺史杨亮求救，杨亮派督护郭宝、卜靖率一千骑兵前来协助杨纂。杨纂会合了郭宝、卜靖的兵马，在鹫峡峡谷之中，与前秦大军发生了激战。两方兵马达到十二万之多，在这个狭长的峡谷之中决战了数个时辰。杨纂兵马惨遭失败，死亡近两万人，郭宝等当场战死。鲜血染红了峡谷中的山石，染红了原本就不深的细流。杨纂不敢再战，带领残兵逃回仇池城中。苻雅、杨安等率部一直追至仇池城下。这时杨纂的叔父杨统率部向苻雅纳降，杨纂的部将杨他也派其子杨硕向苻雅投降。杨纂得知后，不敢再坚守仇池，终于决定反绑双手、出城投降。苻雅接受杨纂投降，并亲自为杨纂松绑。苻雅派人将杨纂押送至长安，交由苻坚处置。苻坚颁诏设立南秦州，任杨统为平辽将军、南秦州刺史，任梁州刺史杨安兼都督南秦州诸军事，率部镇守仇池。

第46章　前凉吐谷浑双称藩　苻坚王景略共理政

　　371年四月，前秦天王苻坚趁仇池（今甘肃省西和县西）内乱，而用武力收复仇池，但在对待前凉、吐谷浑时，却决定采用恩威、怀柔的策略。还是在367年四月王猛在枹罕（今甘肃省临夏）援救李俨时，曾与前凉兵马在枹罕城东激战，大败前凉前将军杨遹，前凉阵亡及被俘达一万七千余人，将领阴据及其五千兵马被俘。到前秦消灭仇池之时，已过去整整四年了。前秦天王苻坚决定将阴据及其五千兵马放回前凉，并派著作郎梁殊、阎负护送。却说梁殊、阎负曾于356年二月出使前凉，劝说前凉向前秦称藩。梁殊、阎负二人当时出使前凉时，还带着晋王苻柳的劝降信。如今苻坚再派梁殊、阎负二人出使前凉，也不忘让二人带着劝降信。不过这封劝降信是由镇守邺城（今河北省临漳县西南香菜营乡邺镇村）的都督关东六州诸军事、车骑大将军王猛所书。王猛的劝降信内容如下：

　　昔贵先公称藩刘、石者，惟审于强弱也。今论凉土之力，则损于往时；语大秦之德，则非二赵之匹；而将军翻然自绝，无乃非宗庙之福也欤！以秦之威，旁振无外，可以回弱水使东流，返江、河使西注，关东既平，将移兵河右，恐非六郡士民所能抗也。刘表谓汉南可保，将军谓西河可全，吉凶在身，元龟不远，宜深算妙虑，自求多福，无使六世之业一旦而坠地也！

　　王猛在书信中说前凉前几任君王曾向汉赵、后赵称藩，而今天前秦早已强过二赵，可使弱水东流，可使江河西注，而且关东已平，即将移兵河西，这不是凉州六郡士民所能抗拒的。张天锡阅罢王猛书信，无须梁殊、阎负二人大展雄辩之才，即大为恐惧。张天锡连忙派使前往长安，向天王苻坚谢罪称藩。苻坚大喜，传旨任张天锡使持节、都督河右诸军事、骠骑大将军、开府仪同三司、凉州刺史、封西平公。

前秦再次收降前凉，正要商议收降吐谷浑，没想到吐谷浑国王慕容辟奚早已心神不定、坐卧不宁了。说起吐谷浑，本是慕容鲜卑单于慕容廆的庶长兄。285年，因兄弟二人不容，吐谷浑率部一千七百户西迁。吐谷浑去世后，长子慕容土延继位，后来慕容土延被杀，其子慕容叶延继位，在沙州（今青海省贵南县境内）建立政权，设置百官，并以祖父之名为族名。351年底，慕容叶延去世，其子慕容辟奚继位。慕容辟奚虽然好学，但仁厚，缺乏威严，不够果断。371年五月，慕容辟奚在位已有二十个年头了，听闻仇池公杨纂兵败，仇池被灭，非常惊恐，担忧前秦派兵来攻。慕容辟奚遂主动派使前往长安，向苻坚称藩，并进贡战马五千匹，金银五百斤。苻坚接报大喜，颁诏授慕容辟奚为安远将军、封漒川侯。

苻坚一连得到前凉、吐谷浑的归附，甚为高兴，遂觉一时无事，决定东出长安，前往洛阳巡视，察访民情。371年七月，苻坚前往洛阳，不想在洛阳接到镇守邺城的车骑大将军王猛的奏疏。

却说王猛自370年十一月灭前燕之后，一直为前秦镇守邺城，统管关东六州之事（即前燕原有领地，前燕设置的州不止六个，只是西晋时期的六个州）。苻坚在邺城，重人才，精心为前秦治理关东六州之地。王猛在用人方面不拘一格。比如前燕曾有三位使者出使前秦，他们是梁琛、乐嵩、郝晷，梁琛可以说不辱使命，深得苻坚、王猛的赏识，苻坚还任其为中书著作郎，让其到长安中书省任职。王猛上疏将梁琛留在邺城，任其为主簿、兼记室督。一日王猛与僚属宴会，谈及前燕的三位使者，王猛说道："三个人是有所不同的。从前，梁琛到长安，只说燕国之好，乐嵩只说桓温兵马强盛，而郝晷透露了一些燕国弊端。"参军冯诞亦在此宴会之上，听罢王猛之言，随即问道："今天他们三位都成了秦国臣子，将军以为当优先用谁？"王猛毫不犹豫地说道："郝晷能够洞察细微，应当优先用之。"冯诞听后甚为不解，说道："明公这岂不是赏识丁固而诛杀季布了？"王猛听后，大笑起来，知道冯诞见识迂腐，根本无法理解其用人之道。当年刘邦在统一天下之后，才诛杀丁固的，而现在前秦面对东晋、前凉等割据政权，须要更多的丁固，也就是郝晷这样的人。

七月，王猛在邺城已有半年之久，在基本整顿关东各州之后，王猛才决

第46章　前凉吐谷浑双称藩　苻坚王景略共理政

定实现对邓羌的承诺。王猛在奏疏中根据潞川之战的功劳情况，恳请天王苻坚任邓羌为司隶校尉。说起邓羌的官爵，在潞川之战前，是洛州刺史、建节将军，潞川之战后，苻坚任其为征虏将军、真定郡侯。由于后来洛州被取消，邓羌也就不再有州刺史的行政职务，只是一位将军。而邓羌最希望的就是出任司隶校尉。苻坚阅罢王猛奏疏，认为邓羌是一位名将，当前敌国尚存，还有很多战事等其出征，不能让邓羌担任司隶校尉，遂颁下诏书回复王猛道："司隶校尉，董牧皇畿，吏责甚重，非所以优礼名将。光武不以吏事处功臣，实贵之也。羌有廉、李之才，朕方委以征伐之事，北平匈奴，南荡扬、越，羌之任也。司隶何足以婴之！其进号镇军将军，位特进。"

九月，苻坚从洛阳返回长安。河州刺史李俨在上邽（今甘肃省天水市）去世，苻坚传旨任李俨之子李辩为河州刺史。十月，苻坚又前往邺城，与王猛商讨国之政事。第二日到西山打猎，王猛也不便劝阻。岂料苻坚打猎一去十余天，乐而忘返。跟随苻坚左右的王洛虽是一位伶人，但倒有些见识，认为苻坚此时不能注重享乐，还须励精图治。王洛看到苻坚在西山十多天不回，遂拉着苻坚的马首，劝谏道："陛下是百姓苍生的依托，现陛下长期在外打猎，一旦发生不测，宫中太后与天下百姓将怎么办？"苻坚听罢，也感到不安，遂立即停止打猎，返回邺城城中。王猛前来拜见，乘机劝道："狩猎不是当务之急，王洛之言，不能忘记。"苻坚也为自己所为而深感歉意，传旨赏赐王洛绸缎一百匹，还任其为宫箴左右，从此不再打猎。

十一月，东晋朝廷发生一件大事。大司马桓温进京，废黜皇帝司马奕，立会稽王司马昱为帝，是为简文帝。司马昱颁诏任桓温为丞相，仍兼大司马，留其在京辅政。桓温不愿留在京城，回到姑孰（今安徽省当涂县）的兵马大营。桓温废帝立新的消息传到长安，苻坚对群臣说道："桓温前败灞上，后败枋头，前后不过十五年，却使晋国兵马锐减。六十岁的人了，不思过引退，向百姓谢罪，却干起废君自悦的事来，如何对得起天下苍生？这岂不是在家中发怒，而拿脸色给父亲看吗？桓温就是这种人啊。"

王猛在关东为苻坚精心治理六州，苻坚则在长安精心治理关陇地区。当年，关陇一带出现干旱，百姓无法耕作。苻坚担心收成不好，遂诏令节省谷帛的花费。太官、后宫的用度因之减少了平常的二等，百官的俸禄也依次降低。苻坚又关注学校的教学。苻坚非常注重儒学，对于那些不是正道的东西，一律禁止，在学校中不得学习。苻坚还亲自来到太学，考察学生的经仪学习情况。根据各自成绩，提拔任用了上等学生九十三人。自永嘉之乱以来，学校大都被废，到苻坚时又逐渐兴起。苻坚还知道魏晋以来的士族，擅长清谈，注重玄学，反对务实。苻坚不仅禁止学习此类书籍，还让这些士族都有常规的劳作。苻坚还下旨，从长安到各州，沿路两旁栽种槐柳，二十里设一亭，四十里设一个驿站，旅行之人，可沿路获得供给，工商者可在道旁贩卖运送物品。不久，关陇地区百姓安居乐业，百姓还为此歌咏道："长安大街，夹树杨槐。下走朱轮，上有鸾栖。英彦云集，诲我萌黎。"

苻坚王猛君臣注重治国，边关将领也为前秦征服割据豪杰。371年底，苻坚获报度坚山（今甘肃省靖远县西）一带有一支鲜卑人，以乞伏司繁为首领，并不向前秦归附。苻坚决定派暂驻扶风郡（今陕西省兴平市）的益州刺史王统，率部西征，攻打乞伏司繁。乞伏司繁获报前秦派兵来攻，也不示弱，率所部三万骑兵，据守苑川（今甘肃省靖远县），以抗王统。王统获知乞伏司繁在苑川与其决战，遂避开其锋，悄悄攻入乞伏司繁的后方度坚山，度坚山一带只有乞伏司繁的百姓五万篷，不堪一击，全部向王统投降。据守苑川的前方将士听到后方家人已被王统收降，军心顿时瓦解，一哄而散。乞伏司繁一时无兵可派，只好也向王统投降。消息传到长安，苻坚任乞伏司繁为南单于，并令其到长安供职，而另派乞伏司繁的叔父乞伏吐雷为勇士堡（今甘肃省榆中县东）护军，统领部众。苻坚为又得到一个部族的归降而大喜，不想这时接到邺城王猛的请辞奏疏。

第47章　任丞相王猛回长安　替王猛苻融镇邺城

371年十一月，镇守邺城的前秦车骑大将军、都督关东六州诸军事、冀州牧王猛认为关东六州责任太重，担心难以胜任，遂向前秦天王苻坚上疏请辞。王猛在奏疏中希望苻坚重派亲近且贤能之人到邺城来，统管关东六州。而苻坚授予的直接选任六州郡守县令的权力，王猛也在奏疏上说不再行使。王猛在奏疏中只希望自己担任一个州的刺史，为国效力。十二月，王猛奏疏到达长安，苻坚阅罢深知王猛心意。苻坚知道王猛之才能完全能够胜任此职，甚至苻坚还认为王猛的才能远不止于此。苻坚清楚王猛此举是希望得到苻坚的高度信任，担心担当如此大任一定会遭来猜忌。苻坚遂拟诏回复王猛，并派侍中梁谠送达邺城，诏书全文如下：

> 朕之于卿，义则君臣，亲逾骨肉，虽复桓、昭之有管、乐，玄德之有孔明，自谓逾之。夫人主劳于求才，逸于得士。既以六州相委，则朕无东顾之忧，非所以为优崇，乃朕自求安逸也。夫取之不易，守之亦难，苟任非其人，患生虑表，岂独朕之忧，亦卿之责也，故虚位台鼎而以分陕为先。卿未照朕心，殊乖素望。新政俟才，宜速铨补；俟东方化洽，当袞衣西归。

从苻坚诏书中可以看出，针对王猛所说的希望重派亲近之人，苻坚告诉王猛，他与王猛名为君臣，实际亲过骨肉，这就说明苻坚早已将王猛看着亲近之人。苻坚还在诏书中实言相告，之所以将六州事务交与王猛，是苻坚本人希望安逸，同时也说此任重大，一旦所选非人，就是苻坚的责任了。当然苻坚最后也说等到关东六州得到教化，就将准其回京。王猛阅罢苻坚诏书，只好继续担当此任。

天王苻坚在安抚了王猛之后，又开始谋划前凉了。尽管前凉已向前秦称藩，但苻坚知道这仍不算是统一前凉。苻坚虽没有直接派兵攻打前凉，但也作了一定的部署。前秦当时在西部设置了秦州、河州、凉州，州府都在上邽（今甘肃省天水市）。秦州是有领地的，而河州、凉州本是前凉的国土，没有实际意义上的领地。但前秦之所以设置河州、凉州，就是为了进一步谋划前凉。但由于二州治所暂设在上邽，前凉张天锡并没有为此而多虑。现在苻坚为了下一步谋划前凉，决定将二州治所西移：河州治所西移至枹罕（今甘肃省临夏市），凉州治所西移至金城郡（今甘肃省兰州市）。如此部署之后，前凉张天锡非常惊慌，认为苻坚开始谋取前凉了。张天锡马上想到继续与东晋朝廷联合以对抗前秦。张天锡遂在姑臧（今甘肃省武威市）城郊设立祭坛，宰杀牛羊猪三牲，带领凉州百官，与东晋三公遥相盟约。张天锡还派从事中郎韩博带着写有盟约的表文前往建康（今江苏省南京市），同时还给大司马桓温修书，约定明年夏季，同率兵马到上邽会师，一同征讨前秦。张天锡怎么也没有想到，他所依赖的东晋朝廷此时根本没有精力派兵北伐，他所约定的第二年夏天，简文帝司马昱去世，桓温为能够得到其禅位而无暇北伐，且桓温再过一年后也郁郁而终。张天锡的单方盟约最终也只成了一场梦。

  苻坚对河州、凉州作了部署之后，看到张天锡没有动作，遂继续待机。372年二月，苻坚收到邺城王猛的奏疏，奏疏向苻坚推荐一批人才，这批人才都是关东六州的名望之士。苻坚看到王猛不仅将关东六州治理得风调雨顺，而且不断启用六州人才，甚为高兴。苻坚完全采纳王猛所奏，当即颁诏予以任命：清河郡（今河北省清河县）人房旷为尚书左丞，其兄长房默与同为清河郡的崔逞及燕国（今北京市）人韩胤为尚书郎，北平郡（今河北省遵化市）人阳陟、田勰、阳骛之子阳瑶为著作佐郎，郝略为清河郡相。

  苻坚为了大力启用关东六州士人，还于372年三月颁下诏书：

  关东之民学通一经、才成一艺者，在所以礼送之。在官百石以上，学不通一经、才不成一艺者，罢遣还民。

  从此诏可见，关东百姓只需学通一经、才成一艺的，所在州郡县就要将其推荐为官，而那些百石以上的官员，如不具备此才的，就要遣乡为民。从苻坚的做法来看，苻坚对待所攻占的前燕故地是相当厚爱的。

第47章　任丞相王猛回长安　替王猛苻融镇邺城

苻坚如此对待关东六州郡民，原本就是希望他们得到其恩惠而安居乐业。不仅如此，苻坚对待前燕王公也十分恩赐。苻坚对慕容垂这样的来投之人非常礼遇，足见其海纳百川之胸怀，但对于慕容评这样的祸国殃民之人，也如此礼遇，未免有些不当。370年十二月时，苻坚任慕容评为给事中，与冠军将军慕容垂一样，同在朝中任职，慕容垂对此非常不悦。372年二月，慕容垂实在忍无可忍，遂去拜见天王苻坚，对苻坚说道："臣之叔父慕容评，就是燕国的恶来，不能让其玷污圣朝，请陛下替燕国将其杀掉。"恶来是商纣王的宠臣，是个奸臣，干了不少坏事。苻坚虽然认为慕容垂之言有理，但其过于大度的胸怀使其不愿杀掉慕容评，只是将慕容评贬为冀州范阳郡（今河北省涿州市）太守，让慕容评到偏远之地任职。前燕跟随慕容暐一同到长安的王公大都也到偏远之郡任太守。苻坚如此对待慕容评等，司马光认为这是其最终"功名不遂，容身无所"的原因，认为苻坚此举是"施恩于人而人莫之恩，尽诚于人而人莫之诚"。

六月十二日，苻坚终于决定将王猛调回京都任职。苻坚颁诏任王猛为丞相、中书监、尚书令、太子太傅、司隶校尉，原有的职爵特进、常侍、持节、将军、侯爵等保持不变。苻坚派其兄弟苻融代替王猛，到邺城任职，并任苻融为使持节、都督六州诸军事、镇东大将军、冀州牧。苻坚亲自到长安城东的灞上为苻融送行，设下宴席、奏乐赋诗。苻坚的母亲苟太后看到小儿子苻融即将远行，不知何时才能归来，非常不舍，遂三次悄悄到灞上看望苻融。

且说苻融带着对王猛任命的诏书到达邺城，王猛即与苻融进行交接。交接完毕后，王猛即西返长安。八月，王猛到达长安。尽管苻坚给王猛的官职已经非常之高，但苻坚仍觉不够，所以当王猛一到长安，苻坚即又颁诏，任王猛为都督中外诸军事，至此，苻坚已将军政大权完全交与王猛。王猛接诏，一时也不敢接受，连忙上疏辞去都督中外诸军事一职。王猛的奏疏全文如下：

> 元相之重，储傅之尊，端右事繁，京牧任大，总督戎机，出纳帝命，文武两寄，巨细并关，以伊、吕、萧、邓之贤，尚不能兼，况臣猛之无似！

奏疏上呈三四次，苻坚均不接纳。苻坚担心王猛再次上呈，遂给其回复道："朕方混一四海，非卿无可委者。卿之不得辞宰相，犹朕不得辞天下也。"这个回复，可以看出苻坚内心之诚，甚至说出王猛不能辞去宰相，就如同苻坚不能辞去天子之职。苻坚对王猛的才能如此欣赏，王猛确实也不负厚望。史书记载，王猛"刚明清肃，善恶著白，放黜尸素，显拔幽滞，劝课农桑，练习军旅。"在王猛的治理下，"官必当才，刑必当罪。由是国富兵强，战无不克，秦国大治。"由于苻坚将一切军政大权全部交由王猛，而王猛又得心应手、胜任如常，苻坚遂"端拱于上"，也就是拱手而治。不仅苻坚本人如此器重并尊重王猛，苻坚还对太子苻宏、长乐公苻丕等说道："汝事王公，如事我也。"

却说阳平公苻融在邺城，严格选任官员，以尚书郎房默为治中，以河间相申绍为别驾，崔宏为州从事，掌管记室。苻融年轻，为政喜爱用新奇之法，有时对细小之事过于苛察。别驾申绍多次劝说苻融，引导他宽和从政。苻融虽然敬重申绍，但并没有完全采纳申绍之言。不久，苻融调申绍到济北郡（今山东省济南市长清区）任太守。后来，苻融多次受到朝廷责备，才后悔不用申绍之言。

苻融因擅自修建学舍被有司追责，苻融派主簿李纂前往长安为自己辩解。李纂非常忧虑，担心无法胜任，但仍坚持上路，不想死于前往长安的途中。苻融又去问申绍道："谁可为使？"申绍说道："尚书郎高泰，能言善辩，胆识过人，可以为使。"苻融知道高泰不肯为官，王猛在邺城时多次请他，都遭拒绝，苻融到邺城后，也曾请他为官，也遭拒绝。但此时，苻融不得不再次去求高泰道："君子救人之急，卿不能再辞了。"高泰终于接受。高泰到了长安，王猛见到他，笑道："高子伯今天才来，为何这么迟？"高泰答道："有罪之人前来受刑，何谈早迟？"王猛不解，问道："这是何言？"高泰道："昔日鲁僖公在泮水兴办学校而受到歌颂，齐宣王在稷下修建学校而声名流传，今天阳平公开建学宫，只是想追踪齐鲁，未听说受到褒扬，反而劳烦有司弹劾。明公辅佐圣朝，如此惩戒劝勉，下面的官吏如何能够逃避罪责呢？"王猛听后，连忙说道："这是我的过错。"这件事就算得到化解。王猛对高泰才能非常欣赏，叹道："高子伯在阳平公那里任职，岂不可惜？"王猛

第47章　任丞相王猛回长安　替王猛苻融镇邺城

遂向天王苻坚奏报此事，苻坚遂召见高泰，问其何为治国之本。高泰答道："治本在得人，得人在审举，审举在核真，未有官得其人而国家不治者也。"苻坚赞道："所言简明而道理深刻。"苻坚又留高泰在长安任尚书郎，高泰不为所动，坚持要回邺城。苻坚只好恩准。

第48章　反挑衅前秦克梁益　用天象众臣劝苻坚

话说王猛从邺城回到长安，担任前秦丞相、尚书令、中书监、都督中外诸军事。在王猛的辅佐下，苻坚继续注重内政治理，半年多来，前秦得到大治。远在盛乐城（今内蒙古自治区和林格尔县）的代国代王拓跋什翼犍早已得知前秦消灭了强大的前燕，也得知前秦国力越发强盛，决定派使向前秦归附。373年三月，拓跋什翼犍的使者燕凤来到长安，向天王苻坚进贡。

有人主动向前秦归附，也有人主动向前秦发起挑衅。此人便是东晋的梁州刺史杨亮。却说东晋简文帝司马昱已于372年七月去世，继位的是其十一岁的儿子司马曜。373年七月，实力派人物大司马桓温也去世，东晋朝廷从此由谢安辅政。东晋的梁州刺史杨亮当时驻守在汉中郡（今陕西省），不知是何原因，突然于373年八月，派其子杨广攻打前秦所属的仇池（今甘肃省西和县）。前秦的梁州刺史杨安当时就驻守在仇池。杨安得知杨广领兵来攻，忙率部出城迎战。杨广不敌杨安，惨遭失败，就连沮水（汉水上游支流）一带的守卫兵马也全部溃散。杨亮获报其子兵败，非常害怕，下令由驻守之地汉中向东撤退至磬险（今陕西省洋县西）固守。杨安并不罢休，一边派人前往长安，向天王苻坚呈报军情，一边乘机向东晋梁州境内攻去，以图做个名副其实的梁州刺史。九月，杨安一直推进到汉川一带（今陕西省南部）。

且说前秦天王苻坚接到杨安的军情呈报，与王猛等商议，决定乘机夺取梁州、益州。苻坚当然知道光凭杨安一支兵马根本无力完成这个任务。苻坚遂决定再派两路兵马向梁益二州进发：益州刺史王统、秘书监朱肜率军两万，向汉川方向挺进；前将军毛当、鹰扬将军徐成率军三万，向剑阁（今四川省剑阁县）推进。373年冬天，朱肜所部逼近东晋梁州刺史杨亮所据守的磬险。杨亮率一万余巴獠族人一同抵挡朱肜。两军在青谷（今陕西省洋县西北）发生激战，杨亮大败，率残部向东逃至西城（今陕西省安康市西北）固

第48章 反挑衅前秦克梁益 用天象众臣劝苻坚

守,朱肜遂攻克汉中。这时前秦的另一路大军在徐成的率领下攻击剑阁,未遇强敌,很快攻克。杨安在徐成攻克剑阁后,率所部兵马一路南下,奔袭梓潼郡(今四川省绵阳市)。时东晋梓潼郡太守周虓坚守梓潼郡涪城县(今四川省绵阳市),并派步骑兵七千,护送其母亲、妻儿向东前往江陵(今湖北省江陵县)。前秦秘书监朱肜获报周虓派兵护送家人东下,遂于途中截获。周虓获知后,无心守城,遂打开城门,向杨安投降。杨安遂攻占梓潼郡,时为373年十一月。

却说梁州一带发生的战事,很快传到东晋荆州刺史桓豁那里。桓豁知道梁州难保,但前秦各路大军正向益州进发,如不派兵援救,益州亦将不保。桓豁连忙派江夏郡相竺瑶率领一支兵马向西援救梁益二州。竺瑶决定率部向益州与梁州交界的广汉郡(今四川省广汉市)进发,以图抵挡前秦由梁州向益州而来的攻击。岂料竺瑶尚未到达广汉时,就得知广汉郡太守已经战死,竺瑶一时不敢前进。这时,东晋益州刺史周仲孙也组织兵马在绵竹(今四川省德阳市北)布阵,以抗前秦朱肜的兵马。岂料前秦的前将军毛当早已率一支兵马挺进到成都。周仲孙获知这一消息,非常惊恐,无心恋战,率所部兵马一路南撤至南中(云南、贵州、四川西南部)地区。前秦遂占领梁益二州。这时,邛都国(今四川省西昌市)、筰都国(今四川省汉源县)、夜郎国(今贵州省关岭县)都纷纷派使向前秦归附。

各路大军攻占梁益二州的消息传达长安,苻坚大喜,颁诏任杨安为益州牧、镇守成都,毛当为梁州刺史、镇守汉中,姚苌为宁州刺史、镇守垫江(今重庆市合川区),王统为南秦州刺史、镇守仇池。苻坚还打算任东晋梓潼郡太守周虓为尚书郎,岂料周虓并不接受,对苻坚说道:"我深受晋朝之恩,由于老母被俘,才不得不投降而失节。现在母子平安,已是秦国的恩惠,此外别无他求。就是给我公侯之爵,我也不以为荣,何况一个尚书郎?"周虓不仅不接受苻坚的任职,每次见到苻坚时,还傲慢地坐在那里,口中直呼氐贼。正月初一的元会,周虓不得不参加,苻坚笑问周虓道:"晋朝元会,与朕之元会相比如何?"周虓卷起衣袖,不屑地答道:"你等这是犬羊相聚,怎敢与天朝相比?"群臣认为其出言不逊,屡次请求苻坚杀掉周虓,苻坚不仅不杀周虓,反而对周虓更加礼遇。

与周虓相比,东晋其他败军之将,就没有这么幸运了。益州刺史周仲孙因为丢失益州，被东晋朝廷免职。桓冲任命冠军将军毛虎生为益州刺史，毛虎生之子毛球为梓潼郡太守。毛虎生父子接受任命后，即率一支兵马向西准备夺取益州、梁州。毛虎生父子到达巴西郡（今四川省阆中市）时，由于粮秣不济，只好又退回巴东郡（今重庆市奉节县东），暂且不提。

就在前秦攻占东晋梁益二州不久，苻坚获报鲜卑族人勃寒起兵掠夺陇右（陇山以西），苻坚派时在长安的鲜卑南单于乞伏司繁前往讨伐。乞伏司繁离开长安，回到部族之中，带领族人攻打勃寒，勃寒不敌而降。苻坚考虑更好地稳固陇右一带，没有命乞伏司繁返回长安，而是令其迁往勇士川（今甘肃省榆中县北）驻守。十二年后，这一支鲜卑族人，在乞伏司繁的儿子乞伏国仁的带领下创立了西秦，此为后话。

苻坚放回了乞伏司繁这位鲜卑族人，也许没有引起更多朝臣的关注，但朝廷内外布满慕容鲜卑，却使很多朝臣非常担忧。373年底，太史令张孟叩见天王苻坚说道："臣夜观天象，看到彗星起于尾箕，又扫过东井。尾箕应在故燕之地，东井应在大秦之地。这是燕灭秦之征兆啊。慕容父子兄弟是我们的仇敌，却布满朝廷，尊贵显赫无人能比，臣对此非常担忧。陛下应当诛杀其首以消天象之变。"苻坚根本不听，认为这是杞人忧天。不仅如此，苻坚还决定重用慕容暐及其族人，颁诏任慕容暐为尚书、慕容垂为京兆尹、慕容冲为平阳郡太守。

消息传到了邺城，苻坚的胞弟阳平公苻融也为此而忧心忡忡，连忙给苻坚上疏，奏疏全文如下：

> 臣闻东胡在燕，历数弥久，逮于石乱，遂据华夏，跨有六州，南面称帝。陛下爰命六师，大举征讨，劳卒频年，勤而后获，本非慕义怀德归化。而今父子兄弟列官满朝，执权履职，势倾旧，陛下亲而幸之。臣愚以为猛兽不可养，狼子野心。往年星异，灾起于燕，愿少留意，以思天戒。臣据可言之地，不容默已。《诗》曰："兄弟急难"，"朋友好合"。昔刘向以肺腑之亲，尚能极言，况于臣乎！

第48章 反挑衅前秦克梁益 用天象众臣劝苻坚

苻融以至亲兄弟之言来劝苻坚，苻坚仍不以为然，反而回诏责备苻融年少德寡。苻坚的回诏如下：

> 汝为德未充而怀是非，立善未称而名过其实。《诗》云："德輶如毛，人鲜克举。"君子处高，戒惧倾败，可不务乎！今四海事旷，兆庶未宁，黎元应抚，夷狄应和，方将混六合以一家，同有形于赤子，汝其息之，勿怀耿介。夫天道助顺，修德则禳灾。苟求诸己，何惧外患焉。

苻坚在回诏中，也同样引用《诗》中字句，可以说是对苻融善于文学的极好回复。苻坚在回诏中认为现今四海未平，百姓不宁，须要安抚，夷狄须要和好，才能将天下统一为一家。苻坚还认为如若多向自身寻找不足，还怕什么外患。

一天晚上，有人闯进皇宫明光殿，大声叫道："甲申、乙酉，鱼羊食人，悲哉无复遗！"此言意指到了甲申年（384年）、乙酉年（385年），鲜卑人就来杀人，可悲的是，没有人能够活下来。苻坚听到此言，非常生气，连忙派人捉拿叫喊之人。搜了好久，竟未能搜到。秘书监朱肜、秘书侍郎赵整也乘机劝说苻坚杀掉鲜卑族人，以应天象。赵整虽是宦官，但学识过人，深得苻坚宠爱，但尽管如此，苻坚仍不听从二人之劝。

尽管朝臣们想尽办法，利用天象来劝苻坚，但苻坚根本不予接纳。苻坚不仅不杀慕容鲜卑，而且待之如常。苻坚还异常宠爱慕容暐的妹妹清河公主与弟弟慕容冲，将姐弟二人一同纳入后宫宠幸。王猛回到长安听说此事后，极力劝说苻坚，苻坚才放出慕容冲，外任为太守，只宠幸清河公主。但不久苻坚又对慕容垂的妃子小段氏情有独钟，多次邀其同辇而行。有一回苻坚又与小段氏同辇在后宫游玩，宦官赵整见到后，作诗劝谏道："不见雀来入燕室，但见浮云蔽白日。"苻坚听后，也感到有愧，遂当场向赵整道歉，并让小段氏下车。

第49章 平叛乱前秦固益州 举哀痛苻坚失王猛

374年三月,前秦太尉、建宁公李威去世,天王苻坚大为悲痛,其母苟太后亦无比悲痛。史书记载,苟太后年轻守寡,李威有辟阳之宠。苟太后与李威私通一事被当时的史官记录下来。多年以后,苻坚看到起居注及著作官的载录,从中发现此事,感到羞愧而发怒,苻坚下令烧掉这两本书,还要严查史官,但当时的史官赵泉、车敬早已去世,苻坚只好作罢。

两月后,苻坚已从李威去世的伤痛中平静了心情,却又接到边关急报,说刚刚占领才半年的梁益二州境内有人起兵谋反。益州蜀郡(今四川省成都市)人张育、杨光起兵反抗前秦,部众一时竟达两万人。张育、杨光还派使前往建康(今江苏省南京市),请东晋朝廷发兵。这时巴獠族酋长张重、尹万率部族一万余人响应张育、杨光。张育遂自称蜀王,与张重等一同向成都围攻。前秦镇守成都的益州牧杨安获报张育、张重两部合围成都,一边组织兵马抵抗,一边派使前往长安向苻坚告急。苻坚接报后,连忙派镇军将军邓羌率五万人马前往援救杨安。

就在东晋、前秦来援大军尚未到达成都之时,围城的张育、杨光及张重、尹万不仅未能攻破杨安固守的成都,而且发生了内讧。六月,自称蜀王的张育更改年号为"黑龙",正式表明建立一个独立的政权,不再向东晋归附。七月,巴獠族酋长张重、尹万决定不再响应张育、杨光,并与张育、杨光争权。最后,两派人马竟发生了争战。成都城内的杨安获知这一消息,连忙率城中兵马出城袭击张育、杨光,这时苻坚所派的邓羌五万大军也已经进抵成都。前秦杨安、邓羌两路兵马遂合攻张育、杨光,张育、杨光所部大败,撤退至绵竹固守。这时杨安、邓羌获报东晋朝廷所派的兵马在垫江(今重庆市合川区)击败前秦宁州刺史姚苌,东晋兵马正向成都攻来。杨安、邓羌决定暂停追击退至绵竹的张育、杨光,而是兵分两路,一路由杨安率领,攻打成都城南的巴獠族酋长张重、尹万的兵马,一路由邓羌率领,迎击东晋

第49章　平叛乱前秦固益州　举哀痛苻坚失王猛

的来援兵马。

且说东晋朝廷来援张育、杨光的兵马在新任益州刺史竺瑶、威远将军桓石虔的率领下到达垫江，与前秦宁州刺史姚苌发生激战。姚苌兵少不敌，向西北退至梁州广汉郡五城县（今四川省中江县）境内。竺瑶、桓石虔一路向西，朝成都进发。岂料在涪西（今重庆市合川区西）遭遇了前秦镇军将军邓羌的大军，时为374年八月。邓羌五万大军击败竺瑶、桓石虔，竺瑶、桓石虔向东撤至巴东郡（今重庆市奉节县东）驻守。邓羌回师，继续攻打绵竹的张育、杨光。九月，杨安在成都城南击败张重、尹万，张重阵亡，兵马死亡两万三千余人。这时邓羌在绵竹也击败张育、杨光兵马，并斩杀张育、杨光。至此，前秦平定益州叛乱，梁益二州终为前秦所有。

前秦平定益州叛乱之后，继续巩固内政，岂料半年多后，五十一岁的丞相王猛却一病不起了。375年六月，王猛患病，一日比一日严重，三十八岁的苻坚非常着急，亲自到南北郊、宗庙、社稷为王猛祈祷，还派侍臣到高山大河为王猛祈福。尽管如此，王猛的病症仍无好转，苻坚又决定大赦境内死刑以下的囚犯。数日后，王猛的病情越发严重，王猛也知道苻坚在想尽一切办法为其消灾祈福，遂上疏谢恩，还谈及政事。王猛的奏疏全文如下：

> 不图陛下以臣之命而亏天地之德，开辟以来，未之有也。臣闻报德莫如尽言，谨以垂没之命，窃献遗款。伏惟陛下，威烈振乎八荒，声教光乎六合，九州百郡，十居其七，平燕定蜀，有如拾芥。夫善作者不必善成，善始者不必善终，是以古先哲王，知功业之不易，战战兢兢，如临深谷。伏惟陛下，追踪前圣，天下幸甚。

苻坚阅罢此疏，看到王猛在弥留之际，还不忘劝苻坚励精图治，为天下苍生谋福，不禁泪流满面，左右之人无不为之落泪。

七月，长安城仍非常炽热，苻坚什么也顾，走出皇宫来到王猛府第，探望王猛病情。王猛看到苻坚，非常感激，正要起身谢恩，苻坚连忙制止。苻坚看到王猛病情甚重，也知道其将不久于人世，遂问及身后之事。王猛强忍病痛，缓缓言道："晋朝虽然地处偏僻的吴越之地，却是天下正统。陛下应当亲近贤能之人，与晋朝保持友好邻邦。臣死之后，陛下切不要有谋取晋朝的想法。鲜卑族人、羌族人才是我们的仇敌，终将是秦国的祸患，陛下应当将其除去，这才是对秦国有益之事。"王猛最后又谈及自己的儿子。王猛共有四个儿子：王永、王皮、王休、王曜，其中王皮凶险没有德行。王猛对苻坚说道："次子王皮无才无德，陛下只需给其十头牛，可以耕作自给，不可任其为官。"王猛说完，离开人世，苻坚失声痛哭。

苻坚从王猛去世到入殓，三次亲往哀悼。太子苻宏亦跟在一旁。苻坚对苻宏说道："难道上天不想让朕统一四海吗？这么早地就夺去了朕的景略啊。"苻坚下旨，按汉朝霍光先例安葬王猛。苻坚给王猛谥号为武侯，朝野人士在巷中聚集，大哭三日。王猛于357年七月苻坚即位时辅佐朝政，到375年七月，整十八年。十八年中，王猛出将入相，功勋卓著。王猛治国，注重法治，令行禁止。史书曾记载一件事，以说明王猛办事效率及在其治理下各级官员的执行能力。广平郡人麻思寄居关右（即关中地区），因母亲去世，要回家安葬。麻思担心没有通行文书，紧急出关会受到阻挡。王猛对麻思说道："你可收拾行装，马上上路，今晚就已向各关发出文书。"麻思出关后，各郡县果然都已收到文书，一路畅行。王猛刚毅严明，善恶分明，贫贱时的一饭之恩要报答，而很小的怨恨也要报复。时人因此也批评王猛。

三个月后的十月，苻坚仍未从失去王猛的悲痛中完全平静过来。但苻坚不得不开始考虑没有王猛时该如何治理这个国家。三个月来，苻坚对不少大臣甚不满意，由于失去贤能的辅相王猛，总觉得他们办事不是很得力。苻坚决定采取措施改善这一状况。苻坚颁诏，决定在未央宫南设置听讼观，要那些办事不力的百官，前往听讼观，苻坚每五日驾临一次，当面商讨相关事务。苻坚在诏书中还说，尽管当前天下尚未平定，但也可暂时偃武修文，以显武侯（王猛）雅旨。诏书还禁止老、庄、图谶之学，违犯者斩首于市。苻坚要求太子苻宏，及公侯百僚之子都到学舍就读。朝廷内外的四禁（前禁将军、后禁将军、左禁将军、右禁将军）、二卫（左卫将军、右卫将军）、四军（卫军将军、抚军将军、镇军将军、冠军将军）等将士，都要参与学习。每二十人配一名懂五经的人，教他们诵读断句。后宫中也要设立典学，以教授宫中嫔妃。挑选宦官及聪慧的宫女到博士那里学习五经。苻坚的诏书颁发后，竟然有人真的违犯。尚书郎王佩就在偷偷查阅谶言，被苻坚发现后，立

第49章　平叛乱前秦固益州　举哀痛苻坚失王猛

斩于市，从此再无阅读谶言之人。

到376年二月，苻坚仍对失去王猛而非常苦恼，为此颁发诏书，再次表明没有王猛的日子，是多么劳累，也为此而担心朝政受到影响。苻坚不得不再次采取措施，以应对国政的治理。苻坚的诏书内容如下：

> 朕闻王者劳于求贤，逸于得士，斯言何其验也。往得丞相，常谓帝王易为。自丞相违世，须发中白，每一念之，不觉酸恸。今天下既无丞相，或政教沦替，可分遣侍臣周巡郡县，问民疾苦。

从诏书中可以看出苻坚对王猛辅政时期的怀念，那时自己是多么轻松，而且朝政井井有条。现在王猛离其而去了，太尉李威也早已离世，都督北番诸军事、镇北大将军、朔方侯梁平老也已离世，苻坚不得不亲自处理朝政大小事务。苻坚再也没有王猛等在世时的悠闲。苻坚诏书所言，可以说是出自肺腑。从后面的历史来看，尽管王猛去世的一年后，前秦亦能顺利消灭前凉、代国，实现北方的完全统一，与东晋以淮河为界，南北对峙，但拥有巨大版图的前秦并没有能够得到更好的稳固，内部也是危机四伏，随时将会爆发民族叛乱。苻坚在刚刚统一北方之后，即开始向东晋边界争夺领地，直至大规模向东晋发起进攻，最终导致惨败，并一发而不可收，以至短暂统一的北方，即刻土崩瓦解。假设上天给王猛再多活十年，壮丽的前秦也许不会昙花一现。历史不可假设，但留给后世读史人的遗憾往往随处可见。

第50章　张天锡姑臧斩秦使　苻永固河西克凉州

话说前凉西平公张天锡，自363年闰八月夺位以来，到376年五月，将近十三个年头了。十三年来，张天锡荒废朝政，宠信小人，废嫡立庶，朝野一片怨声。还是在张天锡诛杀张邕时，刘肃、梁景都立下功劳，张天锡遂对二人非常宠信，还将二人赐姓为张，将二人视同儿子。张天锡还废黜世子张大怀，将最为宠幸的小妾焦氏之子张大豫立为世子。张天锡还册立焦氏为左夫人。张天锡的堂兄弟张宪，时为从事中郎，命人抬着棺材，前来劝谏张天锡。张天锡根本不予理睬。

张天锡在前凉的所作所为传到长安（今陕西省西安市），前秦天王苻坚决定利用这个机会，一举消灭前凉。苻坚颁下诏书称，张天锡虽然向朕称臣，接受朕之授职，但其内心并不真心臣服。苻坚遂传令，派武卫将军苟苌、左将军毛盛、中书令梁熙、步兵校尉姚苌等率兵向黄河西岸挺进，苟苌为使持节，统领大军。苻坚再派尚书郎阎负、梁殊带着诏书，前往姑臧（今甘肃省武威市），征召张天锡到长安来朝见。苻坚的策略是，如若张天锡拒绝前来长安，大军即开始讨伐前凉。苻坚所派的四位将领共率步骑兵达十三万人，军司段铿对东晋降将周虓说道："如此庞大的兵马，谁人能敌？"周虓也说道："对于戎狄来说，确实从未有过。"尽管如此，苻坚仍不满足，为保证万无一失，苻坚又派秦州刺史苟池、河州刺史李辩、凉州刺史王统（凉州刺史原为姜宇，王统为南秦州刺史、镇守仇池，后来可能调整，史书未能载明）率三州兵马，作为苟苌的后备兵马。大军出动后，苻坚还传旨为张天锡在长安修建府第，以待俘其来住。

376年七月，阎负、梁殊抵达姑臧，将苻坚的诏书交给张天锡。张天锡阅罢召其前往长安的诏书，一时无以答复，遂与众臣商议对策。张天锡非常为难地说道："如若孤前往长安，一定不能回来了。如若孤不前往长安，秦国的兵马又将攻至，这可怎么办呢？"禁中录事席勒建言道："可将殿下爱子

第50章　张天锡姑臧斩秦使　苻永固河西克凉州

送往长安为质,再用重金贿赂秦国将领,使其退兵,然后再慢慢作计议。这是能屈能伸之法。"岂料此言一出,众臣都大为恼怒,说道:"我们凉州,世代尊奉晋朝,忠心节操海内闻名。今天一旦屈节于秦贼,必将有辱祖宗。这是多大的羞耻啊。再说我们凉州地处河西,有黄河之险,百年安定。如若殿下调集境内全部精兵,西招西域、北引匈奴,怎么说就不能取胜呢?"张天锡听后,也非常激动,卷起衣袖、高声说道:"孤意已决,再有言降者,斩!"张天锡又派人对前秦使者阎负、梁殊问道:"你们是要活着回去,还是死了回去?"阎负、梁殊毫不屈服,张天锡听报大怒,命人将阎负、梁殊二人绑缚军门,让士兵交相射击,还对士兵说道:"如若有人不能射中,就不与孤同心。"阎负、梁殊二人遂被乱箭射死。张天锡的母亲严氏听闻后,非常惊恐,对张天锡说道:"秦国苻坚以一州之地,经略天下,东平鲜卑,南取巴蜀,势如破竹。你如降秦,尚可延数年之命。如若你以一隅之地,抵抗大国,又杀其使者,恐怕凉州就要灭亡了。"张天锡根本不听,传令龙骧将军马建率两万兵马抵挡前秦大军。

前秦天王苻坚获报张天锡杀掉阎负、梁殊,大怒异常,传令早已在秦凉二州边境待命的苟苌各部向前凉发起进击。八月,中书令梁熙、步兵校尉姚苌、凉州刺史王统、河州刺史李辩所部从清石津(今甘肃省兰州市西北黄河渡口)北渡黄河。渡过黄河后,四位将领齐攻前凉骁烈将军梁济据守的河会城(今甘肃省永登县南)。梁济自知不敌,不战而降。八月十七日,苟苌率部在石城津(今甘肃省兰州市西北)也渡过黄河,不久便与梁熙等部会师。前秦各路大军遂一齐攻击缠缩城(今甘肃省永登县南)。缠缩城又被攻克。前凉龙骧将军马建获报非常恐惧,不敢迎战,下令从缠缩城西北的杨非退守清塞(今甘肃省古浪县境内)。

再说姑臧城里的张天锡听报马建不战而退,连忙又派征东大将军常据率三万兵马进驻洪池(今甘肃省武威市东南),张天锡也亲率五万兵马进驻金昌城(今甘肃省武威市东南)。安西将军宋皓对张天锡说道:"臣白天观察人事,夜晚观测天象,秦兵不可挡,不如纳降。"张天锡听后,大怒,将宋皓贬为宣威护军。广武郡(今甘肃省永登县东南)太守辛章对张天锡说道:"马建出身行伍,难为国家所用,可能会向秦军投降。"辛章本意也许是想说秦兵太强,难以抵敌,但张天锡一定不愿听,遂说马建可能会降,以此来劝

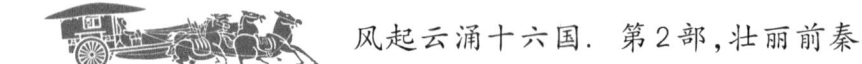

张天锡不要抵挡秦兵。张天锡根本不理此言。

且说前秦武卫将军苟苌派姚苌率三千兵马作为前锋，向马建据守之地逼近。苟苌还派扬武将军马晖、建武将军杜周率骑兵八千从西边迂回到恩宿（今甘肃省永昌县南），以切断张天锡西逃之路，并约定最后在姑臧会合。八月二十三日，马建不堪姚苌围困，率部众万人向姚苌投降，余兵霎时溃散。八月二十四日，苟苌率各部兵马北抵洪池，与常据兵马会战。洪池一战，常据大败，就连战马都被砍死。部将董儒将战马给常据，常据对董儒说道："我曾三次统率各路大军，两次被君王加授符节黄钺，八次率领宫廷禁卫，十次统领禁兵，荣宠至极。今天我被困于此，当为国家尽忠，哪里还有逃亡之所？"常据进入营帐，脱下头盔，向西叩拜，最后举剑自刎。前秦苟苌听闻常据已死，挥兵进击，常据的军司席勒亦被斩杀。八月二十六日，前秦大军攻入清塞。张天锡连忙又派司兵赵充哲率兵抵挡。赵充哲率部在赤岸（今甘肃省武威市东南）与前秦兵马激战，所部三万八千人不是被杀就是被俘，赵充哲也被杀身亡。张天锡决定亲自上阵督战。这时姑臧城内发生叛乱，张天锡无心再战，率数千骑兵，逃回姑臧城中。八月二十七日，前秦大军在苟苌率领下抵达姑臧城下。苟苌清点各路兵马准备攻城，发现马晖、杜周八千骑兵尚未到达姑臧，遂不等其到达，即传令攻城。张天锡自知无力回天，决定向前秦大军投降。张天锡素车白马，面缚舆榇，来到苟苌大营前纳降。苟苌为张天锡释缚焚榇，并派人将张天锡送至长安，前凉各郡县遂全部归降前秦。前凉自318年三月，张寔不奉正朔悄然建立起，到376年八月灭亡，共历五十九年，前后八位君王：张寔、张茂、张骏、张重华、张曜灵、张祚、张玄靓、张天锡，其中张重华去世到张天锡即位这十年（公元353—363），为前凉十年内乱时期。

却说东晋车骑将军桓冲在得到前秦攻击前凉的消息时，曾派兖州刺史朱序、江州刺史桓石秀、荆州都护桓罴在汉水一带游击，以声援前凉。桓冲又命豫州刺史桓伊率军向寿阳（今安徽省寿县）挺进、淮南郡（今安徽省寿县）太守刘波率舟船向淮泗推进，袭扰前秦，以减少前凉的压力。不久听报前凉已被攻破，东晋各路大军遂全部撤回。东晋朝廷还下旨，将淮河以北百姓大举南迁，以防前秦南下用兵。

九月，前秦大军攻克前凉的消息传到长安，苻坚大喜，颁诏任中书令梁

第50章　张天锡姑臧斩秦使　苻永固河西克凉州

熙为凉州刺史，镇守姑臧。苻坚还传旨将凉州七千余大户迁至长安，其他百姓安居如常。张天锡到了长安后，被封为归义侯、任北部尚书。此时，苻坚为张天锡修建的府第也已完工，张天锡正好入住。苻坚还任前凉晋兴郡太守彭正和为黄门侍郎，治中从事苏膺、敦煌郡太守张烈为尚书郎，西平郡太守赵凝为金城郡（今甘肃省兰州市）太守，高昌郡（今新疆维吾尔自治区吐鲁番市东南）人杨干为高昌郡太守。其他官员均依才录用。

前秦新任凉州刺史梁熙清正廉洁、关爱百姓，凉州因之而安定。梁熙还大力起用原凉州官员，任武威郡太守索泮为凉州别驾，宣威护军宋皓为主簿。不久，西平郡（今青海省西宁市）人郭护聚从起兵，攻击姑臧，梁熙任宋皓为折冲将军，率军将郭护平定。

前秦克复凉州后，有大臣于朝会之上向苻坚进言，派兵攻打秦凉一带拒不归附的一些氐、羌族部。苻坚不接受这一建议，说道："这些部族零散而居，号令并不统一，对中原并无威胁。朕以为不该派兵征讨，而是派人安抚宣慰，并令其交纳赋税，如其不从，再派兵攻打不迟。"苻坚遂令殿中将军张旬前往逐一安抚。苻坚又派庭中将军魏曷飞率两万七千骑兵随后出发，以备不测。魏曷飞根本不懂苻坚的心意，竟然派前锋都护储安率部向这些氐羌族部发起攻击，还纵兵抢掠，收获甚丰。苻坚获报大怒，传令抽打魏曷飞两百鞭，斩储安，用以向氐、羌族部致歉。氐、羌族部得知后非常感激，归降纳贡者达八万余篷。雍州一带因逃亡战乱而到达秦凉境内的百姓，都准许其返回故乡。就在苻坚安抚秦凉二州之时，有司向苻坚奏呈要将马晖、杜周缉拿入狱，并依照军法当将二人处斩。然而此时的苻坚正接到匈奴左贤王刘卫辰求救，正在谋划另一件大事。

第51章 灭代国行唐公统兵 遭内乱什翼犍遇害

　　376年十月，苻坚接到匈奴左贤王刘卫辰派使求救，原来是代王拓跋什翼犍近年来不断对刘卫辰部发起进击，刘卫辰已无力抵挡。说起拓跋什翼犍攻打刘卫辰，最早于374年十二月就开始了。两年来，刘卫辰不断受到拓跋什翼犍兵马的袭击，只好率部族不断南撤，最后实在无力支撑，遂向苻坚求救。苻坚接报后，召集群臣商议。苻坚的个性历来是有求必应，再说近年来占仇池、克梁益、收凉州，苻坚早已在谋划统一北方的大业了。苻坚当然不会放过这个收复代国的机会。苻坚传旨，命幽州刺史行唐公苻洛（六年前灭亡前燕时，苻坚任命的幽州刺史为郭庆，可能后来改任苻洛）为北讨大都督，率幽州、冀州兵马十万，攻打代国。苻坚又传令并州刺史俱难、镇军将军邓羌、尚书赵迁、李柔、前将军朱彤、前禁将军张蚝、右禁将军郭庆等再率步骑兵二十万，东部由和龙（今辽宁省朝阳市）出发，西部由上郡（今陕西省榆林市东南）出发，最后与苻洛会师，各路大军均受苻洛节制。苻洛是前秦第一任君王苻健兄长之子，是苻菁、苻重的兄弟，时苻菁早已去世，苻重为北海公。

　　苻坚派出了八位将领、三十万大军攻打代国，仍觉不足。这日苻坚接到有司呈报，说苟苌统领各路大军攻打凉州时，扬武将军马晖、建武将军杜周不能如期到达姑臧（今甘肃省武威市）与苟苌会师，依照军法，二人必须当斩。苻坚没有马上准奏，而是查问了马晖、杜周二人为何不能如期到达的原因。原来是马晖、杜周不熟悉道路，误入沼泽，又逢大雨不止，因而耽搁了行军。苻坚认为此事不能完全怪罪马晖、杜周二人，统帅苟苌不掌握天时地利部署不当也有责任。苻坚遂道："春冬两季，河水干涸，夏秋两季，雨水充足，苟苌不谙天时，部署不当，不能责罚马晖、杜周。现在正值用兵之际，应当宽恕过失，鼓励建功。传令马晖、杜周二人率部从凉州出发，与西路大军一起，攻打索虏，将功赎罪。"众臣认为，此乃万里召将，不可能赶

第51章　灭代国行唐公统兵　遭内乱什翼犍遇害

上西路大军。苻坚不以为然，笑道："马晖、杜周二人得到赦免，正在大喜之中，一定全力以赴、昼夜行军，不可以常理相论。"最后，马晖、杜周率部一日行两日路程，真的赶上了西路大军。

十一月，前秦各路大军来攻代国的消息，传到了盛乐城（今内蒙古自治区和林格尔县），代王拓跋什翼犍命鲜卑白部、独孤部南下抵挡前秦大军，均不敌而败。拓跋什翼犍又派南部大人刘库仁率十万大军前往迎击。刘库仁与刘卫辰一样，都是匈奴族，但刘库仁是拓跋什翼犍的外甥，自然忠心拓跋什翼犍。刘库仁率十万大军在石子岭（今内蒙古自治区鄂托克旗东北）与前秦兵马激战。刘库仁也不敌前秦大军，最终败北。五十七岁的代王拓跋什翼犍其时正在生病，听闻两次抵挡都遭失败，遂决定撤离盛乐城，率各部族逃往阴山以北，一直到漠北地区。拓跋什翼犍一撤，漠北原已归附的高车等部族顿时背叛，纵兵抢掠，使得拓跋什翼犍部放牧都不能正常进行。拓跋什翼犍最后只好又回到漠南，听闻前秦大军没有攻入盛乐城，还有撤退之迹象，遂于是年十二月南返云中（今内蒙古自治区托克托县）。

回到云中的拓跋什翼犍逃过了前秦大军的攻击，却最终死于内乱之中。338年时，拓跋什翼犍将国土分一半给兄弟拓跋孤，以感激其让与王位。后来拓跋孤早逝，其子拓跋斤未能继承权位，心怀怨恨。拓跋什翼犍的世子拓跋寔及其弟拓跋翰也都早逝，而世子拓跋寔的儿子拓跋珪才六岁。拓跋什翼犍所娶的慕容妃倒为其生了数子：拓跋阏婆、拓跋寿鸠、拓跋纥根、拓跋地干、拓跋力真、拓跋窟咄都已年长。此外，拓跋什翼犍还有一位庶长子叫拓跋寔君。直到此时，拓跋什翼犍一直没有正式册立世子。当时前秦兵马驻扎于不远的君子津（今内蒙古自治区托克托县黄河对岸），拓跋什翼犍的这几个年长的儿子每天晚上都护卫一旁。拓跋斤对拓跋寔君挑拨道："听说代王将立慕容妃之子为世子，准备将你杀掉。是故他们兄弟手执兵器，守于营旁，为的是寻机对你下手。"拓跋寔君相信拓跋斤之言，遂决定先下手为强。拓跋寔君带领一支人马突然袭击，将慕容妃诸子全部杀害，连父王拓跋什翼犍也没有放过。慕容妃诸子的夫人及部族之人全部逃到前秦大营。前秦北讨大都督苻洛获报代国内乱，忙派将军李柔、张蚝等率部进击云中。代国兵马不敌而溃，一片混乱。拓跋珪的母亲贺氏带着拓跋珪逃到兄弟贺讷那里。

代国被消灭的消息传到长安，苻坚大喜，还将代国长史燕凤召来，询问代国内乱的原因。燕凤如实将拓跋斤、拓跋寔君谋害拓跋什翼犍一事禀报苻坚。苻坚听后也非常气愤，说道："天下的丑恶是一样的。"传令前方大军，将拓跋斤、拓跋寔君二人带到长安。苻坚下旨，用车裂之刑将二人处死。由于代王拓跋什翼犍诸子已亡，只有其世子拓跋寔的儿子拓跋珪尚在，苻坚决定将拓跋珪带到长安。燕凤再三劝谏苻坚道："代王刚刚去世，部众纷纷溃散，只有这个孙儿年纪尚幼，无力统领部众。代国的别部大人刘库仁，勇而有谋，而铁弗部的刘卫辰狡猾多变，都不能将代国交给他们。陛下可将代国一分为二，由刘库仁、刘卫辰分而统领。这二人有世仇，都不敢发动攻击对方。等到拓跋珪长大后，陛下再恢复其代国王位。陛下这种存亡继绝的恩德，必将使代国子孙永远臣服陛下而不背叛。这才是安国定边之良策啊。"苻坚听罢，也甚觉有理，遂接受了燕凤的请求。苻坚颁诏，将代国以黄河为界，分为东西两部，黄河以东属刘库仁，黄河以西属刘卫辰。二人各自设置官职，统领部众。拓跋珪的母亲贺氏带着拓跋珪返回独孤部，与南部大人长孙嵩、元佗等一起投奔刘库仁。

苻坚消灭代国，实现北方的完全统一。至此，前秦与东晋西以长江、东以淮河为界，拥有西晋十九州之十四州：司州、雍州、秦州、凉州、平州、幽州、并州、冀州、青州、兖州、豫州、徐州、梁州、益州。而此时的东晋只拥有五个州：扬州、荆州、宁州、广州、交州。统一北方拥有中原的苻坚大悦，颁下诏书，命有司尽快论功行赏。诏书全文如下：

张天锡承祖父之资，藉百年之业，擅命河右，叛换偏隅。索头世跨朔北，中分区域，东宾秽貊，西引乌孙，控弦百万，虎视云中。爰命两师，分讨黠虏，役不淹岁，穷殄二凶，俘降百万，辟土九千，五帝之所未宾，周、汉之所未至，莫不重译来王，怀风率职。有司可速班功受爵，戎士悉复之五岁，赐爵三级。

行唐公苻洛率各路大军班师，苻坚传旨升苻洛为征西大将军，任邓羌为并州刺史，镇守晋阳（今山西省太原市）。

却说刘库仁在领地内招抚流民，广施恩德，对幼主拓跋珪侍奉周到。刘

第51章　灭代国行唐公统兵　遭内乱什翼犍遇害

库仁还常对其子说道："拓跋珪这孩子有高于天下人的志向，必能恢复祖先之业，你们要善待之。"刘库仁的做法也得到苻坚的赞赏，苻坚授其为广武将军，赐予他"幢麾彭盖"。

再说西区首领刘卫辰听到刘库仁的声望超过自己，非常嫉妒。刘卫辰一怒之下竟将前秦驻守五原郡（今内蒙古自治区包头市）的太守杀害，起兵叛离前秦。忠于前秦的刘库仁获知后，率部讨伐刘卫辰，刘卫辰不敌败走。刘库仁追击刘卫辰，一直追到阴山以北一千余里之外，最终俘虏刘卫辰的妻儿。刘库仁又乘机攻打西部的库狄部，将库狄部全部迁到桑乾川（今山西省山阴县东南）。多年以后，苻坚又任刘卫辰为西单于，驻防代来城（今陕西省榆林市北），统御河西杂夷。

关于前秦攻克代国，《晋书》的记载与《资治通鉴》有所差异。《晋书》载，苻洛击败拓跋涉翼犍（即拓跋什翼犍）兵马之后，其子拓跋涉翼圭（拓跋珪亦名涉翼圭，但并不是拓跋什翼犍之子）将其绑缚，送到前秦军中。苻洛将拓跋涉翼犍、拓跋涉翼圭带至长安。苻坚认为拓跋涉翼犍地处荒蛮之地，不懂仁义，令其到太学读书。而拓跋涉翼圭因绑父不孝而被迁徙到蜀地。苻坚有一回到太学，问在此读书的拓跋涉翼犍道："中原以学养性，而人长寿，漠北吃牛羊肉而人并不长寿，这是为何？"拓跋涉翼犍不能回答。苻坚又对拓跋涉翼犍说道："卿之族人，有能当将领者，可召来为国效力。"拓跋涉翼犍答道："漠北之人只会捕捉六畜，善于奔跑，逐水草而居，不堪为将。"苻坚又问道："漠北之人好学吗？"拓跋涉翼犍答道："如不好学，陛下将臣弄到这里做什么？"苻坚对其回答非常欣赏。笔者认为《晋书》的这段记载不可信。

第52章　苻永固长安显骄色　谢安石建康辅朝政

376年十二月，前秦完全统一北方，拥有西晋十九州之十四州。至此，前秦无论国土还是国力都远远超过只有五州之地（扬州、荆州、广州、宁州、交州）的东晋。三十九岁的苻坚不免开始有些自负。也许由于苻坚过于自信，他并不能看到在其庞大的国家中已经危机四伏，民族矛盾随时爆发。此时王猛、李威、梁平老等老臣早已离世，能够劝谏苻坚的重臣也为数不多。也许是苻坚的自信，也许是苻坚的心胸宽广，苻坚对亡国的臣子又非常厚爱，从不担心他们会企图谋反。史书记载，就在苻坚消灭代国之后不久，慕容恪的小儿子慕容绍就发现前秦出现危机，对其兄长慕容楷说道："秦国依仗其强大，不断贪图战场上的胜利。现在北方驻军云中（今内蒙古自治区托克托县），南方据守巴蜀，粮草运送，辗转万里。道旁坟冢，累积相望。兵疲于外，民困于内，危亡不远了。叔父（冠军将军慕容垂）之仁义、智慧、气度都不同寻常，必能恢复燕国，我等须保重自己以等待时机。"

377年春天，高句丽王国、新罗王国及西南各夷都派使到长安（今陕西省西安市），向前秦朝贡。梁州刺史梁熙还派使前往西域，宣扬前秦的恩威，令西域诸国到长安纳贡。面对各国使臣的朝贺，苻坚自然龙颜大悦。就在苻坚大喜之时，后赵时期的将作功曹熊邈向苻坚讲述后赵石虎宫殿的华丽、奇珍异宝的盛况。一开始，苻坚并不为所动，可是熊邈多次向苻坚进言，苻坚终于有所心动。苻坚遂任熊邈为将作长史，兼将作丞，开始大肆修建舟船、兵器，还饰以金银，非常精致。苻坚的这一做法，被慕容垂的儿子慕容农看到。慕容农认为苻坚开始注重享乐，暗地里对慕容垂说道："自从王猛去世，秦国法治，日渐颓废。现在陛下又注重奢侈，大祸不远了。图谶上的话，必将得到应验。父王应当结交英杰，以承天意，机不可失。"慕容垂听后笑道："天下之事，不是你等能够预知的。"

此时的苻坚虽有些骄傲的神色，但也没有专心享乐。苻坚此时一心想到

第52章　苻永固长安显骄色　谢安石建康辅朝政

的是统一天下。面对只有五个州的东晋，苻坚早已将王猛的临终之言抛于脑后。由于此时的天下，只有东晋与前秦南北对峙，笔者不妨将东晋当时的情况作一介绍。

372年七月，简文帝司马昱去世，其子十一岁的司马曜（字昌明）继位，是为晋孝武帝。373年七月十四日，大司马桓温去世，东晋朝廷由吏部尚书谢安等辅政，但桓氏家族的权势仍在。七月二十五日，东晋朝廷颁诏，加授桓温的兄弟、荆州刺史桓豁为征西大将军、都督荆梁雍交广五州诸军事；加授桓温兄弟、江州刺史桓冲为中军将军、都督扬豫江三州诸军事，兼扬豫二州刺史，镇守姑孰（今安徽省当涂县）；加授桓豁之子、竟陵郡（今湖北省钟祥市）太守桓石秀为宁远将军、江州刺史，镇守寻阳（今江西省九江市）。由此可见，桓氏家族仍执掌地方要职。须要指出的是，桓冲与其兄长桓温不同，桓冲认为应当效忠朝廷。尽管有人劝桓冲杀掉几个有名望的朝廷要员，以完全掌控朝政，但桓冲没有接受。桓冲还将生杀大权交回朝廷，如遇生杀之事，总是先向朝廷呈报，待朝廷批准后才执行。谢安此时当然也知道自己还不能完全掌控朝政，便以皇帝年幼，大司马桓温又去世为由，准备请太后褚蒜子再度临朝，以防桓冲执掌权柄。谢安的建议遭到尚书仆射王彪之的反对，但谢安不接受王彪之的劝告，坚持请褚蒜子临朝。八月，时年五十岁的太后褚蒜子遂再度临朝。九月十二日，东晋朝廷颁诏任王彪之为尚书令，谢安为尚书仆射、兼吏部尚书，二人遂共掌朝政。也就在这个时候，东晋丢失了梁益二州。

374年正月二十七日，东晋徐兖二州刺史刁彝去世。二月一日，谢安以皇帝司马曜名义下诏，任中书令、丹阳（今江苏省南京市）尹王坦之为都督徐兖青三州诸军事、兼徐兖二州刺史，驻守广陵（今江苏省扬州市）；同时诏令谢安总中书，以接替王坦之。史书记载，当时的谢安非常喜爱音乐，甚至在期功丧事期间也不停止奏乐。士大夫纷纷效仿，竟成为一种时尚。王坦之听闻后甚为忧虑，写信劝谏谢安，谢安并不接受。不久，前秦刚刚收复的梁益二州发生叛乱，也向东晋朝廷求援，但东晋最终未能收复梁益二州。

375年五月二日，徐兖二州刺史王坦之去世，临终前还给谢安、桓冲写信，为国而忧。中军将军桓冲认为谢安素有众望，准备将扬州刺史一职让与谢安，自己只希望到外地镇守。桓氏家族中人听闻此事，极力劝阻桓冲，桓

211

冲坚决不听。五月十日，朝廷颁诏，任桓冲都督徐豫兖青扬五州诸军事、兼徐州刺史，镇守京口（今江苏省镇江市）；任谢安为扬州刺史、加授侍中。

376年正月一日，东晋皇帝、十五岁的司马曜行加冠礼，太后褚蒜子归政，从此不再临朝。正月五日，司马曜正式临朝。朝会之上，司马曜颁诏任徐州刺史桓冲为车骑大将军、都督豫江二州之六郡诸军事，镇守之地由京口移至姑孰。正月十四日，司马曜又颁诏，任谢安为中书监、录尚书事。八个月后，前秦大军攻克前凉。车骑将军桓冲还派兖州刺史朱序、江州刺史桓石秀、荆州督护桓罴在汉水沿岸游击，以声援前凉。桓冲还命豫州刺史桓伊、淮南郡太守刘波分别向寿阳（今安徽省寿县）、泗水挺进，袭扰前秦，以减轻前凉被攻击的压力。不久听报前凉已经陷落，东晋各路大军遂全部撤回。十月，东晋朝廷为防前秦派兵南下袭扰，还颁诏将淮河以北的百姓迁至淮河以南。

377年初，东晋征西大将军桓豁上表推荐兖州刺史朱序任梁州刺史，镇守襄阳（今湖北省襄阳市）。七月，东晋朝廷擢升谢安为司徒，谢安坚决不受，最后任谢安为都督扬豫徐兖青五州诸军事。当月，驻守江陵（今湖北省江陵县）的荆州刺史桓豁去世。十月十一日，东晋朝廷任桓冲都督江荆梁益宁交广七州诸军事、兼荆州刺史，接替桓豁；任桓冲之子桓嗣为江州刺史，接替桓冲；任司马曜皇后王法慧之父、五兵尚书王蕴为都督江南诸军事，兼徐州刺史，镇守京口；任征西司马、南郡（今湖北省江陵县）相谢玄为兖州刺史，兼广陵郡相、监江北诸军事。

从这几批任命来看，桓家的势力在减小，逐步只有荆州的范围，扬州、徐州及兖州已由谢安、王蕴、谢玄掌控。桓冲认为前秦兵马太强，决定将驻守之地由江北迁至江南，遂向朝廷上疏，朝廷准奏。桓冲遂由江陵南迁至上明（今湖北省松滋市西北长江南岸）。桓冲虽然将驻地南迁，但留冠军将军刘波镇守江陵、咨议参军杨亮镇守江夏（今湖北省云梦县）。王蕴对所任之职进行推辞，谢安劝道："卿是皇后之父，身份高贵，不应妄自菲薄，有亏朝廷之遇。"王蕴只好接受。兖州刺史谢玄是谢安的侄儿，谢安举贤不避亲，实在是谢玄才能出众。曾任中书郎的郗超与谢安并不友善，也因此而感叹道："安之明，乃能违众举亲；玄之才，足以不负所举。"众人不以为然，郗超说道："我曾经与谢玄同在桓温府中任职，知道谢玄的才能。谢玄用人

第52章　苻永固长安显骄色　谢安石建康辅朝政

都能各尽其才，即使在一些细小的事务上，用人也非常恰当。"时年三十五岁的谢玄开始招募兵勇，彭城（今江苏省徐州市）的刘牢之及何谦、诸葛侃、高衡、刘轨、田洛、孙无终等就是这时应召入伍的。谢玄任刘牢之为参军。由于谢玄的兖州治所暂设京口，京口时亦称北府，所以谢玄的这支兵马亦称为"北府兵"。

377年十月十二日，东晋护军将军、散骑常侍王彪之去世，东晋朝廷遂完全由谢安辅政。此时的谢安终于开始着手修建宫殿。早在王彪之在世时，谢安就提出要增修宫殿，王彪之反对道："中兴之初，曾把东府作为皇宫，非常简陋。苏峻之乱时，成帝住在兰台，寒暑不避，因而修建了宫殿。与两汉、曹魏相比，虽然节俭，但与初到江南相比，已非常奢侈。现今敌寇正强，怎可大兴土木，劳民伤财？"谢安不以为然道："宫殿如此破旧，后人会说我等无能。"王彪之道："担当大任者，应当保卫国家，勤于政事。怎能说修建房屋就是有能呢？"谢安无法辩解，只好作罢。现在王彪之去世，谢安便又将修建宫殿一事上呈孝武皇帝司马曜，司马曜准奏。378年二月，宫殿正式修建，司马曜只好临时住在会稽王府。然而，就在东晋朝廷大修宫殿之时，苻坚派五路大军前来攻打荆州襄阳了。

第53章　攻打襄阳苻丕挂帅　袭击彭城彭超请缨

378年二月，苻坚决定派兵攻打东晋襄阳（今湖北省襄阳市）。苻坚为何在统一北方的一年后，就开始攻打襄阳？史书并未载明原因。也许苻坚当时非常想尽快地统一天下，而攻打襄阳就是攻打东晋的一道突破口。苻坚此次攻打襄阳，主帅是尚书令、长乐公苻丕。苻坚先任苻丕为征南大将军、都督征讨诸军事，再命其与武卫将军苟苌、尚书慕容暐等率步骑兵七万从长安出发。此外，苻坚还调遣了四路兵马同赴襄阳，一起归苻丕节制：荆州刺史杨安率樊城、邓县兵民担任先锋，征虏将军石越率一万精骑从鲁阳关（今河南省鲁山县西南）南下，京兆尹慕容垂、扬武将军姚苌率五万兵马从南乡郡（今河南省淅川县）南下，领军将军苟池、右将军毛当、强弩将军王显率五万兵马从武当（今湖北省均县西北）东下。苻坚传令，各路大军齐集襄阳城下再行攻城。

却说苻坚共有七个儿子，嫡长子苻宏为太子，一直在长安与苻坚共理国事。苻丕是庶长子，时年二十五岁，从小聪慧好学、博览经史。苻丕与其父王苻坚谈论用兵谋略，常常得到苻坚的嘉许。苻坚还让邓羌教苻丕兵法。史书记载，苻丕的文武才干不及其叔父苻融，但统兵善于收拢人心。苻丕此次率如此众多的兵马攻打东晋襄阳，可见苻坚对其器重，似乎把攻打东晋、统一天下的大任交与他。苻丕接到如此大任，也是意气风发，欣然率部出征。378年四月，前秦各路大军十多万兵马集结于襄阳之汉水北岸。

且说东晋此时驻守襄阳的是梁州刺史朱序。朱序出身于官宦世家，其父朱焘，凭借才能历任西蛮校尉、益州刺史。朱序是当世名将，多次升迁直至鹰扬将军、江夏相。365年，东晋梁州刺史司马勋起兵作乱，在成都围困益州刺史周楚。大司马桓温上表任命朱序为征讨都护，前往成都讨伐司马勋，以援救周楚。366年，朱序在成都击败并生擒司马勋，平定叛乱，并因战功授任征虏将军，赐封爵位为襄平子。374年，朱序升任兖州刺史。375年，朱

第53章　攻打襄阳苻丕挂帅　袭击彭城彭超请缨

序任辅国将军,后任梁州刺史,镇守襄阳。面对前秦大军来攻,朱序开始并不惧怕。朱序认为有汉水阻隔,前秦兵马没有舟船,很难渡过汉水。岂料数日之后,朱序获报前秦征虏将军石越率骑兵五千已经渡过汉水,一时非常惊慌。朱序马上传令严守襄阳内城。这时,石越率五千骑兵攻破襄阳外城,夺取东晋一百余艘船,将余部兵马渡过汉水。长乐公苻丕遂传令各部向襄阳城之中城发起猛攻。

朱序的母亲韩氏时亦在襄阳城中,听闻前秦大军开始攻城,竟要求登上城墙,与众将士一同防守。韩氏在城墙之上巡视,到西北角时,发现城墙不够坚固。韩氏当即命所有婢女及城中女丁一同前来,重新修筑一道新城名为邪城。后来前秦大军攻城时,西北角果然倒塌,将士们遂转移到新城之中。襄阳城中的百姓后来称这个新城为"夫人城"。令人感到遗憾的是,东晋车骑大将军桓冲统率雄兵七万,当时就镇守在数百里外的上明(今湖北省松滋市西北)。但桓冲畏惧前秦兵马强盛,竟不敢北上援救襄阳。

苻丕看到襄阳城一直不能完全攻克,非常着急。这时京兆尹慕容垂部一路攻克了荆州南阳郡(今河南省南阳市),生擒南阳太守郑裔后,也到达襄阳,与苻丕会师。随着慕容垂率部到来,前秦各路大军近二十万。苻丕遂打算命各将猛攻襄阳城,以图速战速决。曾经统兵攻克前凉的武卫将军苟苌有不同看法,对苻丕说道:"我部大军是敌人的十倍,粮草就堆积如山。如若把汉水两岸的百姓迁一部分到许昌、洛阳一带,定能阻塞敌人的粮草转运之道,也能阻挡敌人的援兵到来。到那时襄阳城就成了笼中之鸟,不愁不能攻克。何必在于多伤将士而强行攻城呢?"苻丕认为有理,遂下令围困襄阳。

378年七月,苻丕仍在围困襄阳,而前秦兖州刺史彭超向朝廷上疏,请求攻打东晋沛郡(今江苏省沛县)太守戴逯据守的彭城(今江苏省徐州市)。彭超还建议苻坚开辟东方战场,派重兵攻打淮河以南各城,为苻丕建立一个棋劫。彭超在奏疏中还说,如若东西两路大军齐攻晋国,丹阳(今江苏省南京市)就不难平定。苻坚阅罢彭超的奏疏,也深表赞同。苻坚的这一决定也充分说明,其已准备与东晋决战,以图一举攻灭东晋。其实彭超的建议,原本只是想夺取彭城,因为前秦在东部地区与东晋基本已以淮河为界,只是彭城是个例外。彭超想为前秦收复彭城,却向苻坚提出了东西两路向东晋开战的构想。苻坚颁诏任彭超为都督东讨诸军事,再派后将军俱难、右禁将军毛盛、洛州刺史邵保率步骑兵七万攻淮阴（今江苏省淮安市淮阴区）、盱眙（今江苏省盱眙县）。各部兵马均受彭超节制。八月，彭超率部前往攻打彭城。

前秦东路大军攻打彭城，并向淮阴、盱眙攻来的消息传到建康（今江苏省南京市），东晋朝廷辅政大臣谢安也作了一些部署，以皇帝司马曜名义下诏，派右将军毛虎生率五万兵马，镇守姑孰（今安徽省当涂县），以抵挡前秦兵马，护卫京都。不久，前秦梁州刺史韦钟又将东晋魏兴郡（今陕西省安康市西北）太守吉挹围困在西城（今陕西省安康市西北）。至此前秦一共开辟了三处战场，确实让东晋朝廷大伤脑筋。

九月，前秦开辟的东西两个战场与东晋兵马交战，尚未取得重要进展，苻丕仍在围困襄阳，彭超仍在攻打彭城，淮河以南的征战尚未全面展开。但苻坚似乎对这两处战场信心十足，觉得西有苻丕、东有彭超，只需等待东晋被攻破的消息。苻坚在这个秋天，正在长安大摆宴席，与群臣畅饮。苻坚还命秘书监朱肜为行酒官，要求所有与会者都要喝醉为止。群臣不敢违命，只得尽力饮酒。秘书侍郎赵整非常清醒，作《酒德之歌》，以劝谏苻坚。歌道："地列酒泉，天垂酒池，杜康妙识，仪狄先知。纣丧殷邦，桀倾夏国，由此言之，前危后则。"苻坚听后，一点也不生气，反而非常高兴，命赵整将此歌写出来，用以戒酒。从此以后，苻坚再宴会群臣，只是礼节性地饮一点酒而已。

十月，大宛王国（今塔吉克斯坦和吉尔吉斯斯坦境内）派使到长安，给苻坚送来千里马，都是汗血、朱鬣、五色、凤膺、麟身，还有各类奇珍异宝五百多种。原来是凉州刺史梁熙曾派使前往西域各国，宣扬前秦恩威，西域各国大多臣服。苻坚对西域来使纳贡自是大悦，但对所贡宝马并无兴趣。苻坚说道："朕一直欣赏汉文帝刘恒，要千里马何用。"苻坚还命大宛使者将千里马带回，还命群臣作《止马诗》。群臣都认为苻坚此乃大德之事，可比汉文帝，共有四百多人作《止马诗》呈上。

然而就在前秦两处战场没有进展之际，苻坚不断接到坏消息。第一个是巴西郡（今四川省阆中市）人赵宝，在梁州境内起兵，自称西蛮校尉、巴郡（今重庆市）太守。赵宝叛乱或许还是一件小事，地方守将就可以平定。但不久，苻坚又接报，镇守洛阳的豫州刺史、北海公苻重叛变，起兵反抗苻

第53章　攻打襄阳苻丕挂帅　袭击彭城彭超请缨

坚。对于苻重背叛，苻坚并没有派兵征讨，而是派使前往洛阳，令一同驻守洛阳的长史吕光擒拿苻重。苻坚还很自信地说道："吕光忠正，一定不会与苻重同流合污。"吕光果然忠于苻坚，接到苻坚诏令后，即带人将苻重抓获。吕光还用囚车将苻重押至长安，交与苻坚。苻坚不忍杀掉苻重，赦免了他，还保留其公爵之位，逐回府第。五年前投降前秦的周虓一直寻机逃回东晋，秘密修书给东晋车骑大将军桓冲，禀报前秦的谋划。周虓后来竟逃到汉中（今陕西省汉中市），但仍被前秦将领擒回。苻坚也没有下旨杀害周虓，如同对待苻重一样，赦免了周虓。

十二月，苻坚刚处理完三起叛乱事件，又有人在朝会之上弹劾长乐公苻丕，此人便是御史中丞李柔。李柔严厉地说道："长乐公于今年初率十多万大军攻打襄阳一座小城，已快一年，至今仍未能攻克。每天花费达到万金，一直不见奏功。臣请陛下将其召回，交廷尉处置。"苻坚听后，也非常着急，但又不能真的将苻丕召回，遂对李柔说道："长乐公消耗大量国家钱粮，至今未能攻克襄阳，确实应当贬责诛杀。但考虑大军出动已有时日，也不能空返。朕决定特别赦免，命其将功赎罪。"苻坚还派黄门侍郎韦华持节，前往襄阳责备苻丕，并给苻丕带去一把宝剑，传话道："来年春天，如若还不能攻克襄阳，就以此剑自裁，不要回来见朕。"韦华遂带着宝剑前往襄阳。

第54章　襄阳城苻丕擒朱序　盱眙县谢玄胜彭超

379年正月，黄门侍郎韦华到达襄阳（今湖北省襄阳市），将天王苻坚所赐宝剑交与长乐公苻丕。苻丕听了苻坚的训斥之后，非常惊恐，众将士也非常害怕，一时不知如何是好。主簿王施进言道："凭借大将军的卓越才能，及众将士的勇猛精锐，攻取襄阳这座小城，如同洪炉之烧羽毛。前者之所以缓攻，乃是想以计获胜。如若与敌决战，必将一日而定。如若大将军攻破襄阳，上明（今湖北省松滋市西北）的桓冲亦将逃遁，这是毋庸置疑的。大将军当请天王以十天为期，如若仍不能攻克襄阳，请斩我之首级。"苻丕听后倍受鼓舞，遂传令众将士合力同心，对襄阳发起进攻。

苻坚在韦华走后，仍非常担心苻丕不能攻克襄阳，打算御驾亲征。苻坚还颁下诏书，令镇守邺城（今河北省临漳县西南香菜营乡邺镇村）的阳平公苻融率关东六州兵马到寿春（今安徽省寿县）会师，令镇守姑臧（今甘肃省武威市）的凉州刺史梁熙率河西之兵以为后继。阳平公苻融接到诏书，认为不妥，立即上疏劝谏苻坚道："陛下如欲夺取江南，应当博谋熟虑，不可以仓促行事。如若只是想夺取襄阳，又怎能劳动陛下大驾？臣从未听闻动用天下之师而攻打一城，这岂不是'以随侯之珠弹千仞之雀'吗？"梁熙也上疏劝谏道："晋主虽暴，还不如三国东吴之孙皓，且晋国江山险固，易守难攻。陛下如若一定要夺取江东，也应当派出将帅，引关东之兵，南临淮、泗，率梁、益之卒，东出巴、峡。怎须陛下亲征遥远的荒泽呢？昔日光武帝刘秀诛公孙述，晋武帝司马炎擒孙皓，没听说二帝自统六师，亲搥战鼓，冒着矢石的。"苻坚最终作罢。

且说东晋朝廷获报苻丕大军开始强攻襄阳城，也担心襄阳难守，遂下旨令冠军将军、南郡相刘波，率八千兵马一路北上前往援救襄阳。其实当时驻守在上明的桓冲七万大军都不敢北上援救襄阳，东晋朝廷此举真是无奈之策。一直坚守襄阳城的朱序仍在浴血坚持，也寻机派兵出城交战，多次击退

第54章　襄阳城苻丕擒朱序　盱眙县谢玄胜彭超

前秦兵马的攻势。前秦兵马也因之而略加后撤。朱序以为前秦兵马太弱，竟一时不加设防。379年二月，朱序的督护李伯护不愿再在襄阳城中苦苦支撑，派其子悄悄出城，到苻丕大营密谋纳降并承诺作为内应，苻丕接受李伯护的纳降。数日后，襄阳城终被攻破，朱序被擒。苻丕派人将朱序押送到长安。

苻坚获报苻丕攻克襄阳，龙颜大悦。不久朱序等被押至长安，苻坚认为朱序坚守城池，忠于晋朝，非常赞赏，颁诏任朱序为度支尚书，掌管国家钱财。苻坚还认为李伯护没有忠心，下令斩首。这时苻坚又获报将领慕容越攻陷顺阳郡（今河南省淅川县南），擒获太守丁穆。苻坚也准备给丁穆任职，丁穆坚决不接受，苻坚只好作罢。苻坚最后颁诏，任中垒将军梁成为荆州刺史，率兵马一万，镇守襄阳。

东晋车骑大将军桓冲获知襄阳失陷，连忙上疏朝廷，上缴印章、符节，请求解除职务，孝武帝不准。东晋朝廷最终下诏，免去刘波的官职，但不久又予以恢复。东晋丢失襄阳，似乎并不太在意，但对于前秦彭超攻打彭城（今江苏省徐州市），倒非常着急，诏令驻守京口（今江苏省镇江市）的兖州刺史谢玄率一万兵马北上，援救仍在坚守彭城的戴逯。谢玄接诏率部北上不日进抵泗口（今江苏省淮安市西南），离彭城尚有四百里之地。谢玄准备派一使者进入彭城，向戴逯告知援兵很快就到。谢玄一时找不出合适的人选。谢玄的部曲中有一人叫田泓，主动来找谢玄，愿意潜水前行，设法进入彭城。谢玄大喜，遂命田泓前往。田泓进入彭城境内时，仍被前秦守军抓获。前秦兖州刺史彭超命人以重金贿赂田泓，要求田泓告诉彭城中的戴逯，就说援军已被秦军击败，以图使戴逯放弃坚守，向秦军投降。田泓满口答应，但当田泓到达彭城城下之时，却对城上守兵大声喊道："南军很快就到，我一人前来报信，被秦贼所获，你等好好守城。"前秦将士大怒，当场将田泓诛杀。

这时东晋兖州刺史谢玄所派的后军将军何谦所部已经进抵彭城郡境内。谢玄听闻彭超的粮草都在彭城城北一百里之外的留城（今江苏省沛县东南），遂扬言要派何谦前往攻击留城。彭超获报，也非常担心粮草被攻，遂撤除对彭城的围困，率部北返留城。戴逯看到彭超撤退，也不想再驻守彭城这个孤城，遂与何谦一道离开彭城，南下投奔谢玄。彭超获报后，随即率部进占彭城，彭城终为前秦所有。

彭超在彭城略加休整，即留下治中徐褒镇守彭城，自率所部兵马继续南下，攻打盱眙（今江苏省盱眙县）。不久，前秦的另一将领，后将军俱难率部攻陷淮阴（今江苏省淮安市淮阴区）。俱难让洛州刺史邵保镇守淮阴，自率所部兵马准备与彭超一同攻打盱眙。由于直到379年五月，秦晋才在盱眙激战，彭超、俱难的东部战场一时无战事，暂且不提。

就当东晋在东部战场失去彭城，又失去淮阴之时，东晋将士在西部梁州境内攻城略地，以缓解前秦梁州刺史韦钟对东晋魏兴郡（今陕西省安康市）的围困。379年三月，东晋右将军毛虎生率三万兵马攻打前秦梁州巴郡（今重庆市）。毛虎生的前锋督护赵福率部一直攻到巴西郡（今四川省阆中市）。前秦将领张绍率部击败赵福，赵福兵马死亡及逃散达七千余人。毛虎生不敢西进，遂率部东撤至巴东郡（今重庆市奉节县）。岂料前秦刚平定赵福，吓退毛虎生，蜀郡（今四川省成都市）人李乌聚集部众两万人，包围成都，以响应毛虎生。成都一时告急，战报直达前秦都城长安。天王苻坚连忙派破虏将军吕光率部援救成都。吕光不负厚望，率部到达成都后，一战便将李乌消灭。

四月二十六日，围困魏兴郡多日的前秦梁州刺史韦钟，终于攻克魏兴郡。东晋魏兴郡太守吉挹拔出佩刀，准备自刎。左右夺下吉挹佩刀，正好此时秦军进入，将吉挹俘虏。吉挹遂不言不语，绝食而亡。消息传到长安，苻坚听后，感叹道："周孟威（周虓）不屈于前，丁彦远（丁穆）洁己于后，吉祖冲（吉挹）闭口而死，为何晋国忠臣如此之多？"吉挹的参军史颖后来回到东晋，将吉挹临死时所写奏疏呈报朝廷，朝廷颁诏追赠吉挹为益州刺史。

参与攻打东晋襄阳的大军中，右将军毛当、强弩将军王显在接到参与东部战事后，立即率两万兵马东下，于379年五月到达淮河以南，与彭超、俱难会师，一齐攻打盱眙。五月十四日，前秦大军彭超、俱难、毛当、王显等攻克盱眙，擒获东晋高密郡内史毛璪之。接着，四位将领又将东晋幽州刺史田洛围困在三阿（今江苏省金湖县平阿西村）。三阿离广陵（今江苏省扬州市）只有一百里之地，离建康（今江苏省南京市）不足两百里，消息传到建康，东晋朝廷大为震动。辅政的谢安立即作了一些部署，以应对前秦在盱眙

第54章　襄阳城苻丕擒朱序　盱眙县谢玄胜彭超

一带的攻伐：一，沿长江两岸加强警戒。二，派征虏将军、谢安之弟谢石率水师进驻滁河以备前秦兵马来袭建康。三，再派右卫将军毛安之等，率四万兵马驻防堂邑（今江苏省六合区北）。针对东晋朝廷的军事部署，前秦东部战场的彭超等商议，派毛当、毛盛率骑兵两万南下攻打堂邑。前秦兵马尚未到达堂邑，消息已至，毛安之获报大惊失色，四万大军竟然不战自溃。

东晋朝廷谢安等获报毛安之大军不战自溃，连忙又传令正驻屯于广陵的兖州刺史谢玄北上援救三阿，同时以阻止前秦大军南下。谢玄率三万兵马北上，俱难派将领都颜率骑兵迎击谢玄，谢玄击败并斩杀都颜。五月二十五日，谢玄率部到达三阿，与前秦彭超、俱难兵马遭遇，随即发生激战。谢玄的"北府兵"果然厉害，又将彭超、俱难击败。彭超、俱难不敢恋战，遂传令撤退，进入盱眙城内固守。谢玄看到彭超、俱难守城，知道一时难以攻克，遂与田洛合兵一处，达五万人，略加休整后，于是年六月七日，合攻盱眙城。彭超、俱难未能守住盱眙，只得再次北往淮阴方向撤去。谢玄又派后军将军何谦等率水师，乘夏季水涨，进入淮河，纵火焚烧前秦刚刚修建不久的淮河大桥。前秦洛州刺史邵保在保卫大桥时阵亡。谢玄、田洛随即又挥师攻打彭超、俱难，彭超、俱难再败，遂再向淮河以北撤去。谢玄坚决不放过前秦兵马，与田洛、何谦、戴逯一同追击，在君川（今江苏省盱眙县境内）又发生激战。彭超、俱难惨败，急忙北逃，仅保住一命。谢玄将前秦兵马击败，收复淮河以南后，率部南返广陵。孝武帝颁诏任谢玄为冠军将军，兼徐州刺史，从此，"北府兵"名扬天下。

彭超等在东部战场连遭败绩，苻坚大为震怒。379年七月，苻坚下旨，将彭超押回长安，交廷尉处置。彭超挥刀自刎，俱难被贬为平民。为巩固徐兖二州，苻坚还下诏，任毛当为徐州刺史、镇守彭城，任毛盛为兖州刺史、镇守湖陆（今山东省鱼台县东南），王显为扬州刺史、镇守下邳（今江苏省睢宁县西北）。

第55章　和龙城苻洛反苻坚　中山郡吕光擒苻洛

彭超不敌东晋谢玄的北府兵，惨遭失败，最终未能为前秦占领淮河以南城池。尽管如此，前秦还是收复了彭城（今江苏省徐州市），毕竟彭超请战之前，彭城作为一座孤城是被东晋守将戴逯占领的。前秦与东晋在东部仍然维持了以淮河为界的局面。是年秋天，前秦歉收，出现饥馑，苻坚一时不再用兵。

苻坚暂不对外用兵，却开始注重军事教育。380年二月，苻坚颁诏在渭城（今陕西省咸阳市）设立教武堂，让太学生中懂得阴阳学、兵法的人来教授诸将。秘书监朱肜认为此事不妥，劝谏苻坚道："陛下东征西讨，所向无敌，四海之地，十得其八。现今只有江南未平，但不足为患。此时确实应当偃武修文，但学堂刚刚建立，就教人习武，这恐怕不是升平之道。再说诸将身经百战，不用担心不懂兵法。现在却用书生来教诸将，定会大减诸将之士气。这种做法没有一点好处，也有损名声。恳请陛下三思。"苻坚听后，亦觉有理，遂下旨停止兴办教武堂。

这年初，苻坚还做了一件事，那就是起用北海公苻重。苻重于378年谋反被贬，至此已一年多了。也许苻坚确实非常大度，不再记恨苻重，因而才又起用苻重。苻坚这回任苻重为镇北大将军、镇守蓟城（今北京市）。苻坚还对苻重的兄弟行唐公苻洛加授职爵，不想引起兄弟二人的谋反。苻洛力大无穷，能够射穿铁犁，坐着也能将一头奔牛制止。376年十一月，苻洛曾统大军消灭了代国，后来一直以征北大将军、幽州刺史的身份镇守和龙（今辽宁省朝阳市）。苻洛多次以灭代之功而要苻坚任其为开府仪同三司，苻坚一直没有接受。380年三月，苻坚终于决定给苻洛加授职爵：使持节、都督益宁西南夷诸军事、征南大将军、益州牧，镇守成都。诏书还要求苻洛南下从伊阙（今河南省洛阳市南）到襄阳（今湖北省襄阳市），然后再乘舟船沿汉水西上，前往成都。

第55章 和龙城苻洛反苻坚 中山郡吕光擒苻洛

诏书送到和龙，苻洛阅罢非常生气，对部属说道："孤也是帝室至亲，不但一直不能到京城为相，却总是被弃于边疆。现在又将孤放到遥远的西南边陲，连经过长安都不允许。孤以为这当中一定有阴谋，一定是等孤到襄阳时，让梁成将孤淹死在汉水之中。"幽州治中平规也认同苻洛的看法，进言道："逆取顺守，汤、武是也；因祸为福，桓、文是也。主上虽不为昏暴，然穷兵黩武，民思有所息肩者，十室而九。若明公神旗一建，必率土云从。今跨据全燕，地尽东海，北总乌桓、鲜卑，东引句丽、百济，控弦之士不减五十余万，奈何束手就征，蹈不测之祸乎！"平规这是在劝苻洛谋反，岂料苻洛听后甚为兴奋，卷起衣袖，挥动手臂，大声叫道："孤意已决，反对者斩！"苻洛遂自称大将军、大都督、秦王，公然与前秦朝廷对抗。苻洛还任命了一批官员：平规为幽州刺史，玄菟太守吉贞为左长史，辽东郡太守赵赞为左司马，昌黎郡太守王缊为右司马，辽西郡太守王琳、北平郡太守皇甫杰、牧官都尉魏敷等为从事中郎。苻洛还派使前往鲜卑部、乌桓部、高句丽、百济、新罗、休忍等国，要求各部各国派出兵马三万前往蓟城，协助北海公苻重防守蓟城。各部、各国不愿响应苻洛，都说道："我等为天子守藩，不能随行唐公谋反。"苻洛获报，非常担忧，又想取消行动，一时犹豫不决。王缊、王琳、皇甫杰、魏敷等知道苻洛不能成功，也不想同流合污，遂想向长安告发苻洛，苻洛发现后，将四人全部杀掉。吉贞、赵赞劝苻洛道："各部、各国不能响应明公，完全出乎明公意料。既然明公担心益州之行，不如派使前往长安，呈上明公的表文，恳请留在和龙，天王也不会不考虑。"平规谋反意志最坚决，反对道："现今事已泄漏，怎么能够中止？大王应当假装表示服从调职，暗中动员幽州兵马，从常山（今河北省正定县）南下，镇守邺城（今河北省临漳县西南香菜营乡邺镇村）的阳平公苻融一定到郊外迎接。到那时，大王趁其不备，将其抓获，以夺取冀州。最后，大王再集结关东部众，谋取关中，天下再大，大王旗帜所到之处，必将闻风而定。"苻洛赞同。四月，苻洛率七万兵马从和龙出发。

苻洛在和龙谋反的消息还是传到了长安，苻坚召群臣商议对策。步兵校尉吕光欣然请战道："行唐公乃是皇家至亲，却起兵谋反，天下人无不痛恨。请陛下给臣步骑兵五万，臣一定将其击垮，如同弯腰拾物。"苻坚倒不敢小看苻洛，说道："苻洛、苻重兄弟，一个在和龙，一个在蓟城，据有东北之地，兵多粮足，不可轻视。"吕光又道："二公的兵马迫于凶威，一时蚁聚。陛下给臣的大军一旦出动，二公兵马必将瓦解，不足为虑。"苻坚还是不忍向苻洛用兵，决定先派使前往劝说苻洛，希望苻洛返回和龙，苻坚承诺将幽州世代封给苻洛。岂料苻洛听了苻坚使者的话，怒道："你回去告诉你们的东海王（指苻坚），就说幽州偏远，容不下万乘之天子。孤要到关中为帝，继承高祖（苻健）的基业。你们的东海王如能到潼关迎接圣驾，孤会考虑给其爵位，令其重返封国。"使者回到长安，将苻洛之言报与苻坚，苻坚大怒，立即部署讨伐苻洛：派左将军窦冲、步兵校尉吕光率步骑兵四万从长安出发，再派右将军都贵快马到邺城，率冀州兵马三万作为先锋。两路大军由镇守邺城的阳平公苻融统一节制，诏令苻融为征讨大都督。

却说镇守蓟城的北海公苻重也率兵响应兄弟苻洛。380年四月底，苻洛、苻重兄弟二人的兵马会师于中山郡（今河北省定州市），达十万之多。五月，窦冲、吕光、都贵等将都到达中山。前秦平定苻洛、苻重兄弟谋反的中山之战爆发了。中山之战，双方兵马将近二十万，战斗一定非常激烈，可惜史书于此记载甚为简略。当然，小说家可以描绘出极为精彩的场面。笔者不便杜撰，但也可以想象，吕光作为请战的将领，在这次战斗中，一定非常英勇。而且吕光之前已曾为苻坚擒获过谋反的苻重，此次更是志在必得。史书记载，这一战苻洛、苻重大败，部将兰殊被擒，苻洛亦被擒获，两人后被押往长安。苻重见势不妙，掉转马头北撤，竟得以逃脱，一直逃至蓟城。吕光岂能让苻重逃脱，纵马一路追去。吕光一直追到蓟城城下，终将苻重斩杀。苻融再派屯骑校尉石越率两万骑兵，从东莱郡（今山东省龙口市）出海，在渤海之上行驶四百多里。石越所部渡过渤海，突袭和龙，斩杀平规及其党羽一百多人。幽州之乱，至此全部平息。

苻坚获报各将在邺城苻融的统领下，平定幽州，自然欣慰。不久苻洛、兰殊被押至长安，苻坚不仅没有生气，反而下旨赦免苻洛、兰殊，将苻洛放逐到凉州西海郡（今内蒙古自治区额济纳旗东南），任兰殊为将军。关于苻坚如此对待谋反之苻洛、苻重，司马光认为：

夫有功不赏，有罪不诛，虽尧、舜不能为治，况他人乎！秦王坚每得反者辄宥之，使其臣狃于为逆，行险徼幸，虽力屈被擒，犹

第55章 和龙城符洛反苻坚　中山郡吕光擒苻洛

不忧死，乱何自而息哉！《书》曰："威克厥爱，允济；爱克厥威，允罔功。"《诗》云："毋纵诡随，以谨罔极；式遏寇虐，无俾作慝。"今坚违之，能无亡乎！

从司马光的分析可以看出，苻坚的过于仁慈、过于宽容，已经让前秦赏罚不明。苻坚的这种做法已与王猛治国的思路完全相背。王猛注重以法治国，有功固然要赏，有错必定要罚。而苻坚过于注重"仁义"，注重以德服人，以恩化人。我们很难想象，苻坚与王猛个性如此差异，治国方略也有不同，他们是如何融洽相处的。苻坚的所作所为已经在逐渐破坏王猛时期建立起来的严厉的法治制度。我们可以想象，王猛在世时，群臣百官一定小心谨慎，而且办事效率很高。而苻坚这种性格，最终必将推翻王猛的治国体系。一味注重仁德，不注重恩威并施，也会出问题。苻坚对苻洛、苻重这样的谋反者如此，对慕容评那样的败坏国家者也如此，而那些不同国家、不同民族的战败者，无论愿降不愿降，也一味宽容。如此宏恩大德，虽是世人大同之所追求，但未免行之过早，在当时的社会环境下，未必适合。在苻坚仁慈、宽容外表的背后，国内若干矛盾正在滋生，不久就将一触即发，如同山洪、强似地震，无法收拾。而这"一触"就是淝水之战，此为后话。

第56章　迁族人氐民镇四方　挂珠帘苻坚生奢欲

　　380年五月，苻坚令镇守邺城（今河北省临漳县西南香菜营乡邺镇村）的阳平公苻融统兵平定了苻洛、苻重之乱，苻坚不仅考虑内政的治理，尤其是考虑内政的巩固。苻坚决定将这位文兼武备的兄弟苻融调回长安（今陕西省西安市）辅政。六月，苻坚颁诏，任苻融为侍中、中书监、都督中外诸军事、车骑大将军、司隶校尉、守尚书令。苻融自372年六月前往邺城替换王猛，至此整八年了。苻融可以说是继王猛之后，苻坚最为依赖的能臣了。苻坚当然也不能放松对关东六州的管理，接着又颁诏任庶长子、长乐公苻丕为都督关东诸军事、征东大将军、冀州刺史，代替苻融镇守邺城。

　　苻坚此次除了以苻丕替换苻融到邺城镇守外，还在全国范围内部署其氐族势力，以实现其民族安定的政策。由于前秦关中地区相对安定，氐族人口增长极为迅速，苻坚决定将这些本族中人，在其首领的带领下，到前秦各地居住，以达到镇守的目的。从苻坚的这一决定来看，苻坚也在思考其国内的民族问题。毕竟此时地大物博的前秦内部，民族林立，各种民族势力虽暂时屈于前秦的统治，但内心并不一定臣服。就拿曾是前燕故土的关东六州来说，苻坚一开始就让王猛这样的重臣前往管理，后来又让苻融去管理，最后又让苻丕去管理。从苻坚对关东六州的镇守来看，苻坚极为重视前燕领地的统治，所担心的仍是慕容鲜卑，也担心他们复国。苻坚仁义、宽容，不愿诛杀敌国君臣及将领，但并不是说苻坚不担心民族问题。苻坚不杀他们，是苻坚仁慈与大度，但苻坚也知道，由于他们的存在，民族复国之心就不会马上消失。苻坚也知道用仁义去化解他们的复国之心，须要相当长的时间。苻坚更知道，他的这个氐民族在当时并不是什么大民族，要想统管四方，还是要有策略的。苻坚的办法是，将其他民族的族长、首领迁至长安，放在自己的身边，然后将氐族分迁到各地居住。

　　七月，苻坚将三原（今陕西省三原县）、九嵕（今陕西省礼泉县东北）、

第56章　迁族人氐民镇四方　挂珠帘苻坚生奢欲

武都（今甘肃省成县）、汧县（今陕西省陇县南）、雍城（今陕西省凤翔县）等地的氐族百姓十五万户，由其酋长或族长率领，到各地方镇居住，如同古之诸侯。苻坚还给长乐公苻丕分配三千户，任仇池（今甘肃省西和县）氐族酋长射声校尉杨膺为征东左司马，九嵕氐族酋长长水校尉齐午为征东右司马，分别统领一千五百户，世代为长乐国（今河北省冀州市）世卿。杨膺、齐午都与苻丕有亲，杨膺是苻丕妻兄，而齐午是杨膺的妻父。苻坚还任长乐国郎中令垣敞为录事参军，侍讲韦干为参军事，申绍为别驾。

八月，苻丕尚未离开长安前往邺城，苻坚又颁诏任命一些州牧刺史，也是其将氐族分迁至各地策略的一部分。苻坚将幽州分割，如同西晋时期，设置平州，任在和龙（今辽宁省朝阳市）平定平规的屯骑校尉石越为平州刺史，镇守龙城（今辽宁省朝阳市）；任中书令梁谠为幽州刺史，镇守蓟城（今北京市）；抚军将军毛兴为都督河秦二州诸军事，河州刺史，镇守枹罕（今甘肃省临夏市）；长水校尉王腾为并州刺史，镇守晋阳（今山西省太原市）。苻坚给河州、并州各分配三千户氐族百姓前往居住。毛兴、王腾与苻家都有姻亲，在氐族百姓中有一定的声望。苻坚又任平原公苻晖为都督豫洛荆、南兖、东豫、阳六州诸军事，镇东大将军，豫州牧，镇守洛阳，命洛州刺史移驻丰阳（今陕西省山阳县）；钜鹿公苻睿为安东将军、雍州刺史，镇守蒲坂（今山西省永济市）。苻晖、苻睿都是苻坚之子，苻坚为二人都分配氐族百姓三千二百户。

从上述氐族人口分配来看，苻坚给苻丕的长乐国三千户，毛兴的河州三千户，王腾的并州三千户，苻晖的豫州三千二百户，苻睿的雍州三千二百户，而幽州、平州没有分配。就在八月，苻坚下旨让各州牧、将领带着氐族百姓前往镇守之地。苻坚亲自到灞上为苻丕送行，随从百姓与父兄家人道别，难舍难分，悲痛流泪，失声恸哭，行路之人看到后，也感到悲伤。秘书侍郎赵整随同苻坚，一同宴送苻丕，看到此情此景，亦伤感异常，不禁作诗抚琴而歌道：

阿得脂，阿得脂，博劳舅父是仇绥，尾长翼短不能飞。远徙种人留鲜卑，一旦缓急当语谁！

从赵整的诗中可以看出，赵整是反对苻坚将其族人分居各地，而让故燕国的慕容鲜卑留在京城。赵整与其他诸多大臣一样，一直担心慕容鲜卑谋反，认为如若现在京城空虚，慕容鲜卑就会有机可乘。然而苻坚的这种分置族人巩固各地的战略，又有多少人能够明白，苻坚也知道无法用语言将其说服，当然也没有责备赵整等人，而是一笑了之，并不采纳赵整的劝告。

十月，苻坚又对三个州的刺史进行重新任命：任左将军杨璧为秦州刺史，镇守上邽（今甘肃省天水市）；尚书赵迁为洛州刺史，镇守丰阳；南巴校尉姜宇为宁州刺史。十二月，苻坚又任左将军都贵为荆州刺史，镇守襄阳（今湖北省襄阳市）；右将军毛当为东豫州刺史，镇守许昌（今河南省许昌市）。

不久，苻坚又一次展现其宽容大度的胸怀。苻坚下旨将去年在盱眙（今江苏省盱眙县）擒获的东晋高密内史毛璪之等两百余人送还东晋。苻坚的这些做法，朝中大臣不赞同的大有人在，只是不敢劝止。尽管如此，仍有人要变着法来劝苻坚。这天苻坚退朝后回到西宫，掌管太庙的庙丞高房前来叩见苻坚，对苻坚说道："陛下还记得不久前有百姓挖井挖得一只三尺大的乌龟吗？"苻坚当然记得，当时这只乌龟被送到长安，其背上还有八卦文，苻坚令太卜在池中用粟米喂养。后来这只乌龟死了，太卜将其壳藏在太庙之中。高房继续对苻坚说道："臣夜来一梦，梦见此龟对臣说，它本是要回到江南的，只因时运不济，死在秦王庭中。臣在梦中不解其意，不想梦中又见一能解梦之人，此人告诉臣，乌龟三千六百岁才死，死后必将出现妖孽，此乃亡国之兆。"苻坚听了此言，自然不信，但也没有责怪高房胡言乱语，只是笑而不答。

苻坚平定各部，统一北方，国内殷实，奢侈之心逐渐而生。苻坚下旨，要在正殿悬挂珠帘，就是朝见群臣时，宫宇车驾，日用器物，都用珠玑等奇珍异宝来装饰。尚书郎裴元略劝谏道："臣闻尧舜住茅屋，周朝文王、武王的宫室也非常简陋。他们勤俭治国，所以天下兴盛延续了八百年。秦始皇追求享乐，穷极华丽，帝位未能传到孙辈。恳请陛下引以为戒，修建宫廷不必追求雕梁画栋，要为天下树立纯朴之风；当以金玉为贱，五谷为宝，体恤百姓疾苦，劝课农桑；除去无用器皿，放弃难得财物，发扬高尚的道德，推广德政以怀柔边远民众。这样方能统一九州，使天下同风，刑罚可搁置不用。

第56章　迁族人氏民镇四方　挂珠帘苻坚生奢欲

到那时，陛下就到泰山祭告上天，与轩辕黄帝齐美，而嘲笑两汉的徒封，这才是臣下的心愿。"苻坚听后，非常高兴，命人撤掉珠帘，任裴元略为谏议大夫。

381年二月，冬天尚未远去，繁盛的长安城早已一片热闹。原来，西域、东夷六十二国派使来到长安，向前秦朝贡。西域诸国有鄯善、车师、康居、于阗等。各国使节纷纷献上地方物产：肃慎献上楛矢，天竺送来火浣布。苻坚接到各国朝贡，自然大喜。这时，鄯善、车师使者还说，他们的国王将于明年亲临长安，朝见天王苻坚，苻坚更是龙颜大悦。

十一月底，前秦与东晋在荆州一带又生战事。原来是前秦刚任荆州刺史才一年的都贵，派司马阎振、中兵参军吴仲率两万兵马南下三百里，袭击东晋所属的竟陵郡（今湖北省钟祥市），企图将领地南扩。由于东晋竟陵郡守兵不多，阎振、吴仲一战而攻克竟陵。东晋驻守江陵（今湖北省江陵县）的车骑大将军桓冲获报后，派南平郡（今湖北省公安县西北）太守桓石虔、卫军参军桓石民等，率水陆兵马两万北上抵挡前秦兵马，以图收复竟陵郡。从南平北上竟陵，也是三百余里，桓石虔、桓石民兄弟所部于十二月八日抵达。两国兵马都有两万，遂在竟陵郡展开激战，桓石虔、桓石民击败阎振、吴仲。阎振、吴仲向西北的管城（今湖北省钟祥市西北）撤退，最后坚守管城。桓石虔、桓石民紧追不舍，一直追到管城城下。桓石虔、桓石民一时不能攻克管城，但没有放弃。十二月二十七日，整整二十天过去了，桓石虔、桓石民终于攻克管城，生擒阎振、吴仲。前秦兵马七千余人被杀，一万余人被俘。竟陵一战，前秦荆州刺史都贵没有得到东晋一寸土地，还损失了两员将领及两万兵马。苻坚获报后，并没有因此而责怪都贵，此时的苻坚又在处理内部谋反之事。

第57章　信谶言苻坚忆王雕　统雄兵吕光征西域

382年正月，前秦荆州刺史都贵所派兵马在竟陵郡（今湖北省钟祥市）惨败的消息传到长安，天王苻坚无暇顾及，此时的苻坚正在处理内部谋反之事。这回企图谋反的有三个人：苻阳、王皮、周虓。苻阳是大司农、东海公，是苻坚庶兄苻法的儿子。苻法已于357年苻坚即位时，被苟太后诬杀。王皮是员外散骑侍郎，是王猛的次子，就是王猛所说的无才无德的那位。周虓是尚书郎，原是东晋梓潼郡太守，于373年十一月被俘，中间也曾谋反一次，但被擒回赦免。三人联合谋反，事泄被抓，交廷尉处置。苻坚亲自审问，问他们为何要谋反。苻阳说道："《礼》云，父母之仇，不共戴天。我父王无罪被杀，我要为父王报仇。春秋时，齐襄公九代之仇都要报，何况我报的是父王之仇呢？"苻坚听后，想到兄长苻法之死，不禁哭着说道："卿父王之死，事不在朕，卿难道不知？"苻阳一时无言以对。苻坚又看着王皮，王皮说道："我的父亲官至丞相，功勋卓著，而我一直贫贱。我之谋反，是为富贵。"苻坚说道："丞相临终托付，让朕只给卿十头牛，作为治田之资，劝朕不要任卿为官。知子莫若父，现在看来，丞相是何等英明。"苻坚最后看着周虓，周虓坚决答道："我世受晋朝之恩，生为晋臣，死为晋鬼，有什么可问的？"由于周虓曾多次谋反，左右都劝苻坚杀掉周虓。苻坚仍不愿杀掉周虓，说道："周虓是刚烈之人，秉性如此，又不是怕死之人，杀掉他反而成就他的美名。"苻坚决定对三人全部赦免，将苻阳放逐到凉州的高昌郡（今新疆维吾尔自治区吐鲁番市），将王皮、周虓放逐到朔方（河套地区）之北。后来，周虓死于朔方，而苻阳身强力壮，勇力过人，又被放逐到西域鄯善王国（今新疆维吾尔自治区若羌县）。一年后，前秦大乱时，苻阳想劫持鄯善王国宰相回到长安，被鄯善王诛杀，此为后话。

对于苻阳等谋反，苻坚的兄弟阳平公苻融深为自责。苻融为此上疏，向苻坚提出辞职。苻融认为自己身居宗正，却不能阻止苻阳等谋反之事，请求

第57章　信谶言苻坚忆王雕　统雄兵吕光征西域

将自己贬回封地以接受进一步的处罚。苻坚不仅不准，还打算给苻融加授官职。此时的苻坚再次萌发攻打东晋荆州、扬州，以图实现统一天下的梦想。382年四月，也就在苻坚处置苻阳、王皮、周虓等谋反不久，苻坚颁诏任苻融为司徒、征南大将军、开府仪同三司。当月，苻坚还颁诏任抚风郡（今陕西省兴平市）太守王永为幽州刺史，苻朗为使持节、都督青徐兖三州诸军事、青州刺史。王永是王猛的长子，就是王皮的兄长。王永与王皮不同，清廉好学，苻坚因而用其为官。王永在任太守时，不仅有才，也有政声，苻坚因而升其为刺史。苻坚对苻朗、王永的任命，也是将所在州的将领调回，为攻取东晋荆扬二州作准备。苻坚还将其谏议大夫裴元略调至梁州任巴西、梓潼二郡太守，并令裴元略密造舟船，亦为攻取东晋作准备。

就在苻坚暗中为攻打东晋作准备之时，前秦幽州境内蝗虫成灾，这可能是王永上任后所报，当属实情上达。从史书后续记载来看，蝗虫只在幽州，而且千里受灾，但并不到其它各州，实乃其它州郡不敢据实上报，欺上瞒下的作风已在前秦官员中显现。苻坚接到幽州呈报的蝗虫成灾的消息，是在382年五月，当是王永赴任不久。苻坚获报后，特命散骑常侍刘兰发动幽并冀青四州百姓一起扑杀。从四州百生一起扑杀已可以看出蝗虫不只在幽州一州。史书后续记载，当年秋天前秦大获丰收，上等农田每亩收七十石，下等农田每亩收三十石。更为可笑的是，蝗虫始终只在幽州境内，不到其它州郡。不仅如此，蝗虫还不吃麻豆，幽州一带上等农田每亩竟收百石，下等农田每亩收五十石。史书的如此记载，要么是史书有误，要么是前秦各级官员上报不实。从这些前后矛盾的记载来看，前秦各级官员已开始出现腐败，报呈数据只求迎合上司，不顾事实，这可能是苻坚未能觉察的。

史书记载，曾反对谶言的苻坚，竟忽然又信了起来。也就在这时新平郡有人献上玉器，让苻坚想起曾经被杀的新平人王雕一事。当时苻坚刚即位不久，王雕对苻坚解说图谶，苻坚甚为高兴，任王雕为太史令。王雕曾对苻坚说道："谶言中说：'古月之末乱中州，洪水大起健西流，惟有雄子定八州。'三句谶言中所说的正是陛下及三祖。谶言还说：'当有草付臣又土，灭东燕、破白虏，氐在中、华在表。'这三句是说陛下将会消灭燕国，平定关东六州。陛下还当将汧、陇诸氐迁于京师，而将三秦大户安置到边远之地，以应谶言。"当时苻坚未能决定，遂问王猛。王猛极其反对谶言，还认为王雕乃是旁门左道之人，请苻坚将其诛杀。苻坚当时非常听从王猛之言，遂下旨诛杀王雕。王雕在临刑时请行刑之人向苻坚传话道："臣在石赵时期，即跟从刘湛学习，精通图谶。刘湛当时就对臣说：'新平是古之颛顼之地，将会出帝王宝器，名字叫做延寿宝鼎。颛顼曾说，他的子孙有草付臣又土的，当应验之。'臣请陛下记住，平定六州之后，此宝必将出现。"如今王雕死了也二十多年了，前燕也灭亡了，六州也平定了，这时新平郡真的有人发现了一个宝器。苻坚看到此玉器，上书篆文，一为天王，二为王后，三为三公，四为诸侯，五为伯子男，六为卿大夫，七为元士。再往下是帝王名臣，从天子王后开始，内外有序，上应天文。苻坚看后，想到王雕之言果然得到验证，遂颁诏追赠王雕为光禄大夫。从苻坚开始相信谶言，也可以看出，苻坚开始爱听好话了。要知道这些所谓的谶言，往往是事后有人去附会的。挖出的这些有文字的东西，往往就是一些人事先准备好的，其目的都是为了讨好苻坚。这些人为何敢去用假言讨好苻坚，那就是苻坚爱听好话，被这些人迎合。偏偏苻坚这时竟然相信。而此时离王猛去世不过七年，王猛在世时，哪容各级官员欺骗、虚假呈报？王猛在世时，这些解说谶言的人，活着都难。王猛建起来的法治国度，到这时已被改变了。

　　九月，西域车师前部王弥䆣、鄯善王休密驮来到长安，朝见天王苻坚。苻坚赐予二王朝服，在西堂接见。弥䆣、休密驮见到前秦皇宫壮丽，仪仗卫士威严庄重，感到非常畏惧，当即表示年年前来朝贡。苻坚仁慈，认为西域路途遥远，准许他们三年一贡，九年一朝。二王觐见完毕，一同对天王苻坚说，西域尚有一些国家没有臣服秦国，请天王苻坚派兵讨伐，二王愿为向导。二王还请苻坚在西域设都护府，如同两汉时期一样，对西域实施管辖。苻坚听后大喜，当即决定派兵征讨西域尚未归附的王国。苻坚颁诏任骁骑将军吕光使持节、都督西域征讨诸军事，与凌江将军姜飞、轻车将军彭晃、将军杜进、康盛等，率步兵十万、骑兵五千，讨伐西域。守尚书令、都督中外诸军事苻融坚决反对苻坚派兵征讨西域。苻融劝说道："西域荒凉而遥远，得其民不可使，得其地不可食。当年汉武帝征讨西域，得不偿失。今陛下劳师，远征万里之外，必将重蹈汉武之覆辙，臣为此深为惋惜。"苻坚不以为然，说道："当年两汉的国力不能制服匈奴，尚且出兵西域。现在匈奴已经平定，出兵西域，易如摧枯拉朽。兵马虽劳苦远征，但可传檄而定。出师西

第57章 信谶言苻坚忆王雕　统雄兵吕光征西域

域,可让教化普盖昆仑山,流芳千古,岂非美事。"朝臣又屡屡相劝,苻坚终不接受。苻坚诏令吕光准备三个月,定于明年正月率大军从长安启程,远征西域。

当时的苻坚可谓东晋要攻,西域也要征伐,尽管此时国内的蝗虫尚未扑灭。就在苻坚正专心为攻打东晋作准备、尚未下达大举攻伐东晋的命令时,东晋车骑大将军桓冲竟派扬威将军朱绰袭扰前秦荆州襄阳。朱绰率一支人马北上攻击襄阳,前秦荆州刺史都贵一时未能阻挡,竟让朱绰渡过汉水,纵火焚烧汉水以北的村落。朱绰还抢夺六百余户百姓而返,汉水以北的屯田也被破坏。桓冲派兵袭击襄阳的消息传到长安,苻坚自然非常生气。苻坚当然也清楚,就在九个月前,都贵还丧失了两位将领、两万兵马,他决定将攻灭东晋的计划拿到朝会之上商议。

第58章　会群臣苻坚谋东晋　同车辇道安劝苻坚

382年十月，苻坚在太极殿朝会群臣，商讨攻打东晋的计划。苻坚对群臣说道："自朕即位以来，将近三十年了。现今四方基本平定，只有东南一隅，尚未沾上王化。朕大略统计国之兵马，可得九十七万，朕欲亲自统率兵马，讨伐晋国，众卿以为如何？"秘书监朱肜听后，马上称赞道："陛下应天顺时，恭行天罚，啸咤则五岳摧覆，呼吸则江海绝流。如若举百万雄兵，必将有征无战。晋主自当衔璧舆榇，跪拜军门。如若其执迷不悟，必将逃死江海，再派猛将追之，即可统一江南。中州南渡之人，可以返回桑梓。到那时，陛下可回驾岱宗，告成封禅，起白云于中坛，受万岁于中岳。这是千古史书中未有之事啊。"苻坚听后，甚为激动，忙说道："此正是朕之心愿。"

当然也有人反对此时攻伐东晋，尚书左仆射权翼就劝谏道："臣以为晋不可伐。当年纣王无道，天下离心，八百诸侯不谋而至，而武王仍说彼有人焉，遂回师止斾。后来三仁（指微子、箕子、比干）被诛放，武王才奋戈牧野。今晋道虽微，未闻丧德，君臣和睦，上下同心。谢安、桓冲，江表伟才，可谓晋有人焉。臣闻师克在和，今晋和矣，未可图也。"

苻坚对权翼的进言历来是采纳的，现在听到权翼也反对其攻打东晋，心情不免黯然，良久不言语，众臣也无人再说话，太极殿中一片沉寂。许久之后，苻坚终于说道："请众卿各言其志。"

太子左卫率石越也不赞同伐晋，以天象来劝说道："晋人依仗天险偏安一隅，不受王命。陛下亲率六师，问罪吴、越，确是四海人神之所期望。但今年镇星守在斗牛，福德在吴。天象没有差错，不可冒犯。再说晋中宗司马睿不过一位藩王，竟得到夷夏之人共同拥戴，至今其爱尚在人间。司马昌明，乃是司马睿的孙子，其国有长江天险，朝廷无昏贰之臣。臣以为臣服晋国，应当修德，不宜用兵。孔子也说过，'远人不服，修文德以来之'，恳请陛下休养生息，等待时机。"

第58章　会群臣苻坚谋东晋　同车辇道安劝苻坚

苻坚听到石越以天象来说事，遂也以天象来反驳道："朕听说当年武王伐纣，也不合天象。其实天道幽深遥远，不可预测。当年吴王夫差威凌上国，却被句践所灭；孙权泽润东吴，到孙皓灭亡时不过三代。虽有长江之险，也不能固守，最终仍落得君臣面缚的下场。今天朕之兵马已达百万，投鞭于江，足断其流。"石越认为纣王、夫差、孙皓之败不是苻坚所说的原因，说道："臣闻纣王无道，天下以之为祸患。而夫差淫虐，孙皓昏暴，众叛亲离，所以败也。今晋虽无德，未闻有罪。臣深愿陛下厉兵积粟以待天时。"

群臣纷纷议论，各有异同，很久不能决断。最后苻坚说道："这件事就如同在道边建屋，之所以不能决定，乃是出主意者太多。朕将自断于心。"苻坚虽说要一人作决断，但仍没有这样做。苻坚先让群臣退朝，只留兄弟苻融与其商议。苻坚对苻融说道："自古大事，定策者一两人而已，群议纷纭，徒乱人意，朕当与汝一同决断。"岂料太极殿上议论纷纷时，一直不言语的苻融，也不赞同攻打东晋，这确实是苻坚所没有想到的。苻融认为讨伐晋国有三个不可。苻融说道："今年镇星守在斗牛，乃是吴、越之福，不可伐一也。晋主休明，朝臣用命，不可伐二也。我国多次作战，兵疲将倦，已有惮敌之意，不可伐三也。诸位大多说不可伐，此乃上策啊，恳请陛下纳之。"

苻坚听后大出意料，脸色一下子变了，严肃地说道："卿再如此，天下之事，朕将与谁说？现今秦国兵马百万，资材如山，朕虽不算是十全之主，也算不得昏庸。现以多次取胜的余威，攻打即将灭亡的贼寇，岂有不克之理？朕不想将晋贼留给后世子孙，成为宗庙社稷之忧患。"苻融知道苻坚甚为生气，遂哭着劝道："晋国不可征伐，道理非常明显，如此大肆举兵，必将徒劳而返。其实臣所担忧的不仅仅是这个，陛下对鲜卑、羌、羯等族人，恩宠抚慰，使其布满京都，却将同族之人迁至四方。如若倾国南征，一旦发生不测，怎么对得起宗庙？再说太子苻宏只率几万弱兵留守京城，而鲜卑、羌、羯密布如林，他们都是国之大敌，我们的仇人。臣不仅担心南征徒劳而返，更担心未能万全。臣见识浅薄，建言可能不值得采纳，而王猛乃是一代奇士，陛下常把他比着孔明。请陛下不要忘记王猛的临终之言。"苻坚仍不能接受苻融之劝。

十一月，苻坚在东苑游玩，令道安和尚同辇。道安原在东晋荆州襄阳宣扬佛法，于379年前秦攻克襄阳后来到长安，深得苻坚敬重。这时尚书左仆射权翼看到天王与和尚同车，非常不安，连忙对苻坚说道："臣闻天子法驾，由侍中陪乘，清道而行，进止有度。三代的亡国之君，就有为了满足一时感情而有违人伦的。丑行被载，遗臭万年。道安只是一个贱士，不可亵渎圣驾。"苻坚对权翼一直非常敬重，对其建言一向采纳，现在听到权翼如此贬低道安，脸色很不好看。苻坚对权翼说道："安公（道安）之道，境界精妙高远，德行受世人尊崇。朕以天下之重，都不能与之相换。不是安公与朕同车而荣耀，而是朕因之而显扬。"苻坚说罢，还令权翼扶道安上车。

苻坚与道安同车共辇，仍不忘南征之事。苻坚欣然对道安说道："朕将与公南游吴、越，整六师而巡狩，谒虞陵于疑岭，瞻禹穴于会稽，泛长江，临沧海，不亦乐乎！"道安虽为苻坚敬重，但道安也有自己的主张。此前，群臣都认为道安深受天王信任，都劝道安为天下苍生向苻坚进言。道安也认为南征不妥，现听罢苻坚之言，遂道："陛下顺天应命、治理天下，居中土而制四方。逍遥悠闲、顺应天时，龙体安适。陛下动则鸣銮清道，止则神栖无为，拱手而治，与尧、舜比隆。现在为何劳身于驰骑，口倦于经略，栉风沐雨，蒙受风尘呢？再说区区东南一隅，地势低下还有瘟疫之气，当年虞舜游而不返，大禹去而不归，岂能上劳神驾，下困苍生呢？《诗》云：'惠此中国，以绥四方。'如若文德足以怀远，就当不动寸兵而坐使百越臣服。"

苻坚说道："朕欲南征，并非因为地不广、人不足，只是想混一六合，以济苍生。朕身为天下黎民之主，就应当为百姓除烦去乱，岂能害怕劳苦？朕既应天顺时，就要替天行罚。当年高辛有熊泉之役，唐尧有丹水之师，这些都著之前典，昭之后王。诚如公之所言，帝王就没有巡视四方的文字记载了？再说朕此次南征，乃是仗义举兵，使南渡士族之后人，能够返回故土，恢复家园，只想济难铨才，并非穷兵黩武。"

道安知道无法劝止苻坚南征，遂又想劝苻坚不要亲征。道安说道："如若銮驾必欲亲动，也不要远涉江、淮。陛下可移驾洛阳，授予众将必胜之策略，再将檄文送于丹阳（今江苏省南京市），让晋国君臣主动臣服。如其不服，再派兵讨伐不迟。"苻坚果被南征所吸引，而且一心想御驾亲征，因而道安之言也不听从。

第58章　会群臣苻坚谋东晋　同车辇道安劝苻坚

苻坚的宠妃张夫人，听闻苻坚将要南征，也来劝止苻坚。张夫人道："妾闻天地之生万物，圣王之治天下，都应顺其自然，因而功无不成。黄帝服牛乘马，是顺其禀性；大禹疏通九川以挡九泽，是顺其地势；后稷播种百谷，是顺其天时；汤、武率天下之师而攻灭桀、纣，是顺其民心。凡此种种，顺其因则成，不顺则败。今朝野之人都说晋不可伐，而陛下独断欲行，妾不知陛下顺何之因？《书》曰：'天聪明自我民聪明。'上天尚且知道顺应民意，何况人乎！妾又闻王者出师，必上观天道，下顺人心。今人心既不赞同，请陛下再验之天道。谚云：'鸡夜鸣者不利行师，犬群噑者宫室将空，兵动马惊，军败不归。'自秋冬以来，众鸡夜鸣，群犬哀号，厩马多惊，武库兵器自动发声，这些都不是大军出动之祥兆啊。"苻坚听后生气地说道："军旅之事，妇人不该过问。"

苻坚的小儿子中山公苻诜，乃是张夫人所生，深受苻坚宠爱，也来劝苻坚道："臣闻季梁在随，楚人畏惧。宫奇在虞，晋国不敢用兵。这是国有能人的缘故。等到这些人的谋略不被采纳，亡国不过一年时间。前车之覆轨，后车之明鉴。阳平公是国之谋主，而陛下不听之谋。晋有谢安、桓冲而陛下一定要去讨伐。此次南征，臣儿甚感疑惑。"苻坚听后，不屑地对苻诜说道："国有重臣，可以决大谋，朝有公卿，可以定进退。小孩子说这些，是要杀头的。"

就在苻坚念念不忘南征东晋之时，时间已到了382年十二月。负责扑灭蝗虫的散骑常侍刘兰一直未能完成任务。朝会之上，有司启奏天王苻坚，要求将刘兰召回京都，交廷尉处置。苻坚不认为这是刘兰的过错，回道："天降此灾，不是人力所能免除的。这也是朕失政所致，刘兰何罪之有。"

第59章　苻坚灞上议征东晋　桓冲三路北伐前秦

382年十月至十二月，苻坚与群臣商议南征未果，但苻坚一直沉醉在南征的谋划之中。尽管群臣大多不赞同，但苻坚仍没有放弃南征的计划。383年正月，征讨西域的吕光大军已准备妥当，正欲出征，苻坚才暂且放下南征的谋划，亲到郊外为吕光送行。对待西域诸国，苻坚仍不忘怀柔之策，劝告吕光尽量不要使用武力。苻坚告诫吕光道："西域荒远鄙俗，不是礼仪之邦。对待西域诸国，既要显示中原之威武，更要使用怀柔之道，只要其归服就要宽宥。还要用王化之法开导西域诸国，不要穷兵黩武，不要过分残杀掠夺。"吕光谨记。苻坚还为两位向导加授官职：鄯善王休密驮为使持节、散骑常侍、都督西域诸军事、宁西将军，车师前部王弥窴为使持节、平西将军、西域都护。

送走了吕光的西征大军，苻坚大脑中又被南征大计所侵扰。尽管赞同南征的人寥寥无几，苻坚仍陶醉在南征的谋划之中，似乎大军马上就要出征，东晋眼看就要被灭，天下南北已然一统。这年春天，天气刚刚转暖，苻坚携群臣到长安城东的灞上郊游。面对大好河山，苻坚再次想到南征大计，对群臣从容说道："轩辕黄帝乃是大圣之人啊，其仁爱如天，其智慧如神。轩辕黄帝四处征讨，居无常处，以兵为卫，所以日月所照之地、风雨所至之处，无不臣服。现今天下将定，只有东南未灭，朕担如此大任，常为此深感惭愧，岂能从容闲暇，不建大同之业？朕每次想到桓温北侵，就觉江东不可不灭。现在朕有精兵百万，文武官员如林，擂起战鼓，摧毁残余之晋，有如秋风之扫落叶。但朝廷内外都说不可南征，朕为此实在感到不解。当年晋武帝司马炎如听朝臣之言而不伐吴，天下何以一统？朕意已决，不再与诸卿商议了。"

群臣听了苻坚如此严肃的话，大都不敢言语。此时太子苻宏随侍一旁，对苻坚说道："天象表明，今年晋得天时，不可征伐。现今晋主无罪，国人

第59章　苻坚灞上议征东晋　桓冲三路北伐前秦

愿为其效力，谢安、桓冲也是一方之俊杰。君臣如此同心，又有长江天险，不可图谋。请陛下厉兵秣马，广积粮草，等晋国出现暴虐之主，方可一举而击之。今若大举出兵而不能建功，则外损威名、内竭资材。圣王之师，内断必诚，然后用之。再说秦国虽有百万之兵，如若晋国凭借长江之险，将江北百姓南迁，坚壁清野，闭门不战，秦兵就会被其拖累。晋兵无须开弓，脚下土地之瘴气也不宜北方士卒久留，到那时陛下将如何应对？"

苻坚并不赞同苻宏的看法，苻坚说道："当年车骑将军（王猛）消灭燕国，也触犯岁星，但最终取胜。天道之事，幽深高远，不是你能知道的。至于等待暴虐之君，当年秦始皇攻灭六国，难道六国之君都是暴虐之徒？而与晋国开战，朕既谋划已久，必将一举而克，岂能无功？朕将诏令南方各夷攻其内，朕用精兵攻其外，内外夹攻，岂能不胜？"苻宏一时无语，群臣也不再多言，只有道安和尚进言道："陛下，太子之言甚是，请陛下纳之。"苻坚根本不听。

灞上郊游回宫，苻坚仍为南征大计而独醉，晚上睡觉，半夜都会醒来。阳平公苻融听闻此事，甚为不安，遂进宫劝谏苻坚道："古人说：'知足不辱，知止不殆。'自古穷兵黩武，没有不灭亡的。再说我等本是戎狄之族，正朔不在我族。江东虽微弱残存，却是中华正统，天意也不会让其绝灭。"苻坚没想到苻融这回以正统之说来劝谏他，听后大不以为然，对苻融回道："帝王之数，哪有定论？就看谁有德行。三国刘禅难道不是汉之后裔，最终却为魏国所灭。卿之所以不及朕，正是如此不知变通。"苻融无法再劝，遂离开西宫。

群臣大都在极力劝谏苻坚放弃南征，而冠军将军慕容垂却主动前往拜见苻坚，对苻坚说道："陛下德比轩唐（黄帝、帝尧），功高汤武（商汤王、周武王）。威名恩泽八方，远夷无不归附。司马昌明依仗残资，胆敢抗拒王命，这样的人不诛，还有什么王法？当年东吴孙氏跨越江东而称王，最终亦被晋武帝司马炎所吞灭，乃是必然之势。臣闻小不敌大、弱不胜强，何况大秦顺天应命，陛下神圣威武，有强兵百万，韩信、白起之将满列于朝，还让晋国在江东苟延残喘，留给子孙吗？诗经说，在道旁建房而与他人商量，最终必不成功。陛下神谋，自己决断就可，何必与群臣商讨而乱圣心。当年司马炎平定东吴，赞同者不过张华、杜预等数人。俗语说道，等待时机，现在时机已至，不可放弃。"苻坚听了此言，非常高兴，甚至很激动，对慕容垂说道："能够与朕共定天下的，只有卿了。"苻坚为此还赏赐慕容垂五百匹布帛。其实以慕容垂为首的慕容鲜卑不仅在等待复国时机，还善于创造时机。慕容垂向苻坚如此建言，正是希望在前秦与东晋的战火中寻找复国的时机。苻坚当时深被南征东晋、一统天下的梦想所吸引，再加上他对异族的仁慈、宽容之心，根本不会想到慕容垂出此建言的目的。

自从382年十月苻坚萌发南征东晋、一统天下的梦想，半年来虽不断受到大臣的劝阻，但其想法非常坚定，一直没有动摇。这时，东晋驻守荆州的车骑大将军桓冲又主动派兵北伐前秦，便更加坚定了苻坚的南征决心，并让苻坚发动了大规模南征东晋的战争。383年五月，桓冲亲率十万兵马向前秦发起进攻，首先攻打的就是襄阳（今湖北省襄阳市）。桓冲同时分兵三路，向前秦边境各城池发起攻击：前将军刘波、冠军将军桓石虔、振威将军桓石民率部攻击汉水以北各城池，辅国将军杨亮率部攻击巴蜀，龙骧将军胡彬率部攻击下蔡，鹰扬将军郭铨率部攻击武当（今湖北省丹江口市均县镇）。六月，杨亮率部攻克五城（今四川省中江县），挺进到涪城（今四川省绵阳市）一带。桓冲所部各将也攻克了万岁（今湖北省谷城县境内）、筑阳（今湖北省谷城县东）等城。

桓冲北伐的消息传到长安，苻坚自然大怒。苻坚早就在谋划与东晋开战了，只是受到大多朝臣的劝阻而未能行动。现在桓冲却主动攻上门来，苻坚简直怒不可遏，当即决定调遣三路兵马予以迎击：征南大将军、巨鹿公苻睿与冠军将军慕容垂、骁骑将军石越率步骑兵五万援救襄阳，兖州刺史张崇率一支兵马援救武当，后将军张蚝、步兵校尉姚苌前往巴蜀一带援救涪城。苻坚此次派出其子苻睿出征，而没有亲自率兵，可以看出，苻坚对桓冲突然北伐完全没有想到。同时由于数月来，大多朝臣的不断劝阻，苻坚尚未做好与东晋大规模作战的准备。

六月底，苻睿与慕容垂分别进驻新野（今河南省新野县）、邓城（今湖北省襄阳市东北）。桓冲看到前秦兵马来战，也担心不是敌手，遂下令将进抵汉水北岸的兵马撤至南岸。七月，苻睿派慕容垂与石越为先锋，进驻汉水。慕容垂、石越传令三军，当日夜晚每人手持十个火炬，并将火炬绑在树上，火光照耀十余里。桓冲看到火光耀天，非常害怕，传令所部继续南撤，

第59章 苻坚灞上议征东晋 桓冲三路北伐前秦

一直撤到镇守之地上明（今湖北省松滋市西）。这时，前秦张崇所部在武当被东晋鹰扬将军郭铨、冠军将军桓石虔击败，但郭铨、桓石虔听闻桓冲南撤，遂掳掠两千余户百姓后，也传令南返。不久，前秦前往援救涪城的后将军张蚝、步兵校尉姚苌从褒斜谷（今陕西省太白县西南褒河山谷）南下，东晋辅国将军杨亮获报后，不敢迎战，也传令撤退。至此，前秦各路大军全部击退桓冲各路兵马，两国又恢复之前边界。

桓冲此次北伐虽然没有收复一城一池，甚至近在咫尺的襄阳也未能克复，但桓冲仍上表朝廷，推荐其侄桓石民为襄阳郡太守，镇守在襄阳城东南五百余里外的夏口（今湖北省武汉市）。桓冲还向朝廷上疏，请求自兼江州刺史。却说东晋设置的江州，主要是从扬州分出的一些郡县组成。江州刺史原是桓冲推荐的王荟，后来王荟因兄长去世而请辞。朝廷辅政的扬州刺史谢安推荐其族人谢輶，桓冲非常生气。桓冲向朝廷上疏说谢輶不懂文武，请求自兼江州刺史，皇帝司马昌明下诏准许。如此一来，长江中下游沿线与前秦相连的荆州、江州、扬州仍由桓家、谢家两族掌控。

前秦天王苻坚一直想灭东晋以实现南北一统，由于大多朝臣的反对，十个月来，始终未能下定决心。现在也许是桓冲的挑衅，苻坚终于不顾群臣的反对，下达了向东晋发起大举进攻的命令，并且由自己亲自领兵出征。

第60章　征伐东晋苻坚挂帅　攻克寿阳苻融轻敌

383年七月，前秦各将击退东晋桓冲的北伐刚结束，苻坚即下达了向东晋发动大规模进攻的命令。苻坚此次攻击的目标不是荆州的桓冲，而是东晋的都城建康（今江苏省南京市），以图一举消灭东晋，实现华夏一统。苻坚为此与群臣争论了半年多，尽管大多朝臣反对南征东晋，但苻坚认为前秦国力强盛，兵马百万，此时攻灭东晋，正是时候。苻坚当时可谓志在必得。

苻坚颁下诏书，要求每户百姓当中，有十个成年男子的，要抽一人参军；良家子弟年龄在二十岁以下且有才勇的，都授予羽林郎。苻坚自信必胜，还在诏书中为东晋皇帝司马昌明及谢安、桓冲等任命职爵：司马昌明为尚书左仆射，谢安为吏部尚书，桓冲为侍中。诏书还说，此次出征，用时不会太久，可以立即为司马昌明等建造府第。苻坚此诏一下，良家子弟有三万余人前来报到，苻坚任秦州主簿赵盛之为少年都统、建威将军，以统管这些少年之兵。

苻坚此次新征的三万少年之兵，朝臣大都不看好，当然这些朝臣本来就不赞同南征。对于南征东晋，只有慕容垂、姚苌及这些良家子弟赞同。苻坚的兄弟、阳平公苻融再次苦苦劝谏苻坚道："鲜卑人、羌人才是我们的敌人，他们一直在盼望风云变化而寻求复国时机，他们的进言，岂可相信？再说那些良家少年，都是富家子弟，根本不懂征战，只为谄媚而迎合陛下。陛下现在信而用之，轻易大举发兵，臣恐征战不成，还会带来后患，悔之不及啊。"此时的苻坚哪里还能听得下这样的劝告。

八月二日，长安城已秋风阵阵，甚为凉爽。苻坚当然希望在这个收获的季节，实现他一统天下的梦想。苻坚颁诏任阳平公苻融为征南大将军，与骠骑将军张蚝、抚军将军苻方、卫将军梁成、平南将军慕容暐、冠军将军慕容垂等率步骑兵二十五万为前锋，各将均受苻融节制。作为前锋兵马，苻融所部各将当日即正式起程。苻坚亲率步兵六十余万、骑兵二十七万稍后亦从长

第60章 征伐东晋苻坚挂帅 攻克寿阳苻融轻敌

安出发。从苻坚、苻融两部兵马来看,总数已达一百一十二万。不仅如此,苻坚还传旨,要求凉州、梁益二州、幽冀二州各派一部兵马,作为后备兵马,一同征讨江东。苻坚还任勇士川(今甘肃省榆中县北)的现任首领乞伏国仁(乞伏司繁之子)为前将军,令其率其族人一同参与征讨东晋。岂料这时乞伏国仁的叔父乞伏步颓起兵叛乱,苻坚只好令乞伏国仁回师讨伐。

苻坚在出发前,颁诏任兖州刺史羌族人姚苌为龙骧将军、督益梁州诸军事,还诚恳地对姚苌说道:"朕以前就曾是龙骧将军,这个封号朕从不轻易授予人,卿好自为之。"苻坚此言被左将军窦冲听到,窦冲劝苻坚道:"王者无戏言,此言乃是不祥之兆。"苻坚听后沉默不语。苻坚此语当然也被慕容鲜卑族人听到。慕容恪之子慕容楷、慕容绍暗暗对其叔父慕容垂说道:"主上骄傲自大已到极点,叔父为燕国建功立业,就在此次出征了。"城府一直很深的慕容垂这回终于说道:"你们说得不错,不过,没有你们,谁能与我共成大事呢?"

八月八日,苻融的前锋兵马早已出发数日,苻坚亲率的八十七万大军亦从长安出发,旌旗招展、锣鼓喧天,前后绵延千里。苻坚对此次出征,非常自信,还将宠幸的张夫人带在军中,准备让张夫人看看他是如何一举攻克东晋的。九月,苻坚大军终于到达项城(今河南省项城市)。这时后备的三路大军纷纷传来消息:凉州兵马已到咸阳(今陕西省咸阳市);梁益二州兵马才到长江,准备顺流而下;幽冀二州兵马已到彭城(今江苏省徐州市)。这三路后备大军东西相距万里,水陆并进,运粮舟船,多达万艘。此时苻融等率领的先锋兵马已到达颍口(今安徽省颍上县东南),达到三十万人。

前秦百万大军向东晋都城攻来的消息传达建康,孝武帝连忙与辅政的谢安商议对策,最后决定任尚书仆射谢石为征虏将军、征讨大都督,任徐兖二州刺史谢玄为前锋都督,会同辅国将军谢琰、西中郎将桓伊等共率八万兵马,抵挡前秦大军入侵。八万兵马尚未出动,先派龙骧将军胡彬率水兵五千援救寿阳(今安徽省寿县)。从东晋朝廷的部署来看,谢安主要派出的仍是其谢家的兵马:谢石是谢安的弟弟,是此次迎战前秦大军的统帅;谢玄是谢安的侄儿,就是拥有北府兵的那位,也是此次迎战前秦大军的前锋;谢安此次还派出了自己的儿子谢琰,可谓全部上阵了。

尽管谢安派出了谢家军迎战前秦,但八万迎战百万,实在是无法想象,所以东晋朝廷上下为之震动，可以说一片恐慌。但是谢安异常镇静，这正是后人对其非常称道的地方。谢玄作为前锋都督，在率部出发之前，来到建康，向谢安问计。谢安此时其实并无良策，但其面容沉静，毫无惊慌之色。谢安很平淡地对谢玄说道："已经另有计策。"随即闭口不言，就是不告诉谢玄是什么计策。谢玄也不敢多问，只好暂且离开。谢玄对迎战前秦大军，仍是没有底，很想知道谢安到底有什么良策，自己又不便再去问，遂令部将张玄再去向谢安询问。谢安好象对此漫不经心，不仅没有说出什么良策，反而传令到郊外山间别墅游玩，要求准备车驾。谢安还命人通知亲朋好友全部前往，谢玄也来到了山间别墅。谢玄心情无法平静，就想知道这位叔父到底有何妙计。但谢玄也不敢多问，也担心妙计不宜过早泄漏。这时谢安要求谢玄与他下围棋，以别墅为赌资。谢玄此时并无心下棋，但叔父所请，只好从命。其实谢玄的棋艺高于谢安，但这日谢玄心神不宁，很快就输给谢安。围棋结束后，谢安还继续徒步游玩，直到深夜才返回。

在荆州上明（今湖北省松滋市西）驻守的车骑大将军桓冲得知前秦大军攻击建康，非常担心朝廷兵马难以抵挡，遂派出三千精锐，前往护卫建康。谢安获知后，派人告诉桓冲道："朝廷已作好部署，兵甲充足，三千精锐留作护卫荆州。"桓冲得知谢安并不要这支兵马护卫京城，对部属叹道："谢安居于朝中，有宏度雅量，但其并不懂军事。现在大敌将至，而谢安仍在尽情游玩、清谈不已，只派出年少未经战事的人去迎战，兵马数量又严重不足，这场战事的结局，可想而知了。唉，我们就要穿左边开襟的衣服了。"当时汉族人的衣服是右边开襟，而符坚的氐族是左边开襟，桓冲此言意指符坚将一统天下了。

十月，前秦前锋各路兵马在苻融的统领下，大多到达寿阳，只有冠军将军慕容垂部才到郧城（今湖北省安陆市）。苻融传令所部略加休整后，即发起对寿阳的进攻，以图先夺取寿阳，占领淮南郡（今安徽省寿县）。十月十八日，苻融攻克寿阳，俘获东晋守将徐元喜及东晋安丰郡太守王先。苻融任命参军郭褒为淮南郡太守。这时东晋援救寿阳的龙骧将军胡彬获报寿阳已经陷落，竟不敢前进，退守硖石（今安徽省凤台县、寿县之间）。苻融又率部前往进攻硖石。苻融还令卫将军梁成与前秦扬州刺史王显、弋阳郡太守王詠率五万兵马在寿阳城东数十里的洛涧河（南北方向，流向淮河）西岸构筑工

第60章　征伐东晋苻坚挂帅　攻克寿阳苻融轻敌

事,以防东晋来援之兵。这时,慕容垂部攻陷郧城,东晋守将王太丘被杀。

　　谢玄这时已率部挺进到洛涧以东二十五里处。谢石、谢玄获报梁成在洛涧布防,竟不敢向前推进。这时困守在硖石的龙骧将军胡彬粮草已尽,听闻谢石、谢玄已率部逼近,遂派人秘密前往谢石处,向谢石送书道:"我部粮草已尽,而贼兵正盛,恐怕等不到大军到来之日。"岂料胡彬所派之人还是被前秦将士抓获,胡彬给谢石的密信也被缴获。将士将此信呈交苻融,苻融阅后也认为东晋兵马不堪一击,一时信心倍增,甚至过于低估敌人。苻融拟疏,派骑兵快马送与苻坚。苻融在奏疏中说,贼兵甚少,擒之甚易,唯恐其逃,请率部快快赶来。苻坚阅罢,大喜过望,遂将大军留在项城,仅率轻骑兵八千,日夜兼程,奔赴寿阳。苻坚到达寿阳后,与苻融合兵一处。苻坚此时想不战而屈人之兵,以减少不必要的伤亡。苻坚派掌管钱财的度支尚书朱序前往劝说谢石,让朱序告诉谢石,双方兵力相差太大,希望谢石不战而降。朱序就是四年前在襄阳(今湖北省襄阳市)被擒的东晋梁州刺史,虽然身居前秦数年,但一直心系晋朝。朱序来到谢石大营,对谢石说道:"如若秦国百万大军全部到达,将军是无力抵挡的,将军应在秦国兵马没有全部集结之前,发动攻击,如若一战能打败秦国前锋兵马,挫其士气,最终一定能够获胜。"谢石听说苻坚已到寿阳,非常害怕。谢石不想与前秦发生决战,打算采用持久之法拖垮前秦兵马。

第61章　苻融命丧淝水河边　苻坚败投慕容垂部

383年十一月，东晋征讨大都督谢石面对前秦三十余万大军，又闻苻坚亦到寿阳（今安徽省寿县），不敢发动正面交锋。对于朱序所劝，谢石仍是心存疑虑，一时不能决断。谢安之子辅国将军谢琰却认为朱序的建言非常有理，力劝叔父谢石抓住此机，在前秦百万大军尚未全部集结于寿阳之时，传令作战，以图取得首胜。谢石终于接受谢琰之劝，下达了主动向前秦进攻的命令。谢石的命令下达后，作为前锋都督，徐兖二州刺史谢玄当即命令广陵郡（今江苏省扬州市）相（相当于太守）刘牢之率精锐兵马五千，前往攻击前秦的第一道防线——洛涧。刘牢之率部到达洛涧时，前秦卫将军梁成、扬州刺史王显、弋阳郡太守王詠等五万兵马早已在洛涧对岸十里处列阵等候了。刘牢之根本没有把梁成的五万兵马放在眼里，传令勇往直前，径直渡过洛涧。洛涧并不宽阔，刘牢之五千兵马很快渡过，随即向梁成阵地发起攻击。刘牢之所率即为北府兵精锐，个个以一当十，竟将前秦阵地冲乱，很多士兵慌乱逃生。梁成、王詠也于乱军中被杀，王显被俘，梁成沿淮河一带的布防遂被攻破。刘牢之还派一支兵马到淮河北岸，以切断前秦兵马退路；很多秦兵遂跳入淮河逃生，将士死亡达一万五千余人。

洛涧一战，刘牢之以少胜多，战败梁成，缴获前秦大量兵器辎重，为进一步迎战前秦大军鼓舞了士气，也增加了统帅谢石的信心。谢石于是传令所部兵马水陆并进，向前秦在寿阳的兵马发起全面进击。此时寿阳城中的前秦天王苻坚获报梁成在洛涧的第一道防线已被攻破，梁成等被杀，甚为惊异。苻坚与苻融一同登上寿阳城楼，远望城外东晋兵马，均严整列阵，又望西北之八公山，竟以为八公山上，草木皆兵。苻坚顿时感到一丝惧怕，对苻融说道："这些都是强敌啊，怎么说晋兵又弱又少呢？"

东晋兵马渡过洛涧后，继续向西推进，一直抵达淝水（寿阳城东侧，南北方向流入淮河）。此时秦晋两国兵马隔淝水列阵，前秦兵马在淝水之西，

第61章　苻融命丧淝水河边　苻坚败投慕容垂部

东晋兵马在淝水之东。两军隔水对峙，一时无法开战。谢玄决定打破这个僵局。谢玄派出使者渡过淝水，来到苻融大营，对苻融说道："阁下孤军深入，却紧靠淝水列阵，这是持久之计，不是速胜之策。如若阁下将大军稍加后撤，让晋兵能够渡过淝水，然后两军再决一死战，岂不是很好？"前秦众将都不赞同阵前退却，一齐说道："我众敌寡，我军只要守住淝水，不让晋军上岸，方可万无一失。"而苻坚想到的是尽快与东晋决战，早定胜负，而且对所部兵马也十分自信。苻坚说道："我部可以稍加后撤，待晋兵半渡而击之，没有不胜之理。"苻融也认为半渡而击甚为有理，遂下令所部兵马后撤。

且说前秦三十万大军原本在淝水列阵，现突然撤退，都不明原因，甚至一些将领也不知此次撤退的目的。大军在撤退时出现了混乱，竟失去了控制。就在大军将士不知为何而撤时，度支尚书朱序突然大声叫道："秦兵败了！"众将士听后，非常害怕，撤退更加没有秩序。这时谢玄、谢琰、桓伊、刘牢之等率部渡过原本并不十分宽阔的淝水，随即纵马杀入前秦乱兵之中。前秦大军更是惊恐万状，慌不择路，人马互相践踏而死者不可胜数。阳平公苻融作为前锋三十万兵马的统帅，看到大军如此混乱，非常着急，但军令一时又无法正常传达各将。苻融遂骑着马，一边驰奔，一边高声呼喊，以图控制混乱的阵势，然而哪里能够掌控。这时，苻融坐骑忽然倒地，苻融尚未立起，已被东晋将士斩杀。主帅一死，前秦将士更加混乱，霎时全部崩溃。前秦将士纷纷向西北逃去，谢玄等乘胜追击，一直追到青冈（今安徽省凤台县西北）。前秦将士们只顾逃命，听到风声鹤唳，都以为是东晋追兵。这一战，前秦兵马伤亡十之七八，尸横遍野、阻塞河川。

苻坚也在张蚝、石越等护卫下，带着张夫人，与尚书左仆射权翼等骑着马一路北逃，苻坚连所乘的云母车都不要了。逃亡途中，苻坚还被流箭射中。而那位高呼秦军败了的朱序没有跟随前秦兵马逃奔，而是与张天锡、徐元喜等回到了东晋的兵营之中。苻坚的云母车及镇守寿阳的前秦淮南郡（今安徽省寿县）太守郭褒被东晋将士俘获。

苻坚终于逃到淮河北岸，一时饥饿难忍。一百姓给苻坚送来一壶汤饭和一盘猪腿肉。苻坚吃后，感到非常可口，高兴地说道："当年公孙的豆粥也不能与此相比。"苻坚当即下旨赏赐该百姓十匹帛、十斤绵。岂料此人不愿接受赏赐，还对苻坚说道："陛下不怕困苦，不图享受，亲自来到这里。我等作为陛下臣子，而陛下即为我等君父，哪有儿子侍候父亲而图报偿的呢？"对所赐之物，看都不看一眼，就离开了。苻坚听后甚为惭愧，对一旁的张夫人说道："朕当初如听朝臣之劝，就不会有今日之事。朕现在还有什么脸面来治理天下？"言毕潸然泪下。

这时传来消息，此次南征前锋各将，只有冠军将军慕容垂一部三万余人仍然完整，没有损失。慕容垂在攻克了郧城（今湖北省安陆市）后，即由平南将军慕容暐镇守，自率所部兵马继续东进，但并没有参加苻融所指挥的淝水之战。而与苻融一同抵达寿阳的骠骑将军张蚝、卫将军梁成、骁骑将军石越、抚军将军苻方等将中，梁成战死，张蚝、石越、苻方护卫苻坚撤退，兵马早已不全。苻坚获报慕容垂部兵马完整，遂决定率一千骑兵投奔慕容垂。慕容垂世子慕容宝听闻天王苻坚来投，认为这是天赐良机，遂劝慕容垂道："自从故国灭亡，天命人心都归向父亲，只是复国时机尚未到来，因而父亲一直深藏不露。现在苻坚大军溃败，还把身家性命交给父亲，这正是上天赐予良机，让父亲得以复国。请父亲不要顾念苻坚的一点恩惠而忘记国家之大任。"慕容垂说道："你说得对，但天王以赤诚之心来投于我，我岂能做出谋害之事。如若上天果真要放弃他，就不用担心他不亡。不如保护他，用以报答过去他对我们的恩德，同时再慢慢寻找机会。这样既不负报恩之心，也能以义而取天下。"

慕容垂不仅不杀苻坚，还将所率三万兵马交与苻坚指挥。慕容垂的兄弟奋威将军慕容德说道："秦国强大时，吞并燕国，现在秦国大败，我等图之，此乃报仇雪耻，而不是负心。兄长为何得此良机而不取，反而将数万精兵交与苻坚呢？"慕容垂果然注重情义，再次说道："我以前受到太傅（慕容评）的迫害，没有立身之地，为了活命，我投奔秦国。天王把我当作国之栋梁，恩遇有加，一时无双。后来王猛设计陷害，亦亏天王信任而平息。种种恩德，岂能相忘？如若氐族的大运真的快要结束，我当收拾关东残局，恢复燕国原有领地，而关西之地，我一片不取。"冠军行参军赵秋也劝慕容垂道："明公必将恢复故国，谶言上说得非常明确。现今时机已至，将军还在等待什么呢？如若将军杀掉天王苻坚，据守邺城，再擂起战鼓，关中亦将不再是苻家领地。"慕容垂的亲朋党羽都来劝其杀掉苻坚，慕容垂坚决不接受。

第61章　符融命丧淝水河边　符坚败投慕容垂部

慕容德见慕容垂不听劝告，遂前往劝说慕容暐乘机复国。此时镇守邺城的慕容暐听闻前秦大军在淝水惨败，苻坚正在逃亡，遂也无心守城，一路向北朝荥阳（今河南省荥阳市）逃去。慕容德追上慕容暐，劝其复国。岂料慕容暐亦不接受慕容德之劝。

且说东晋司徒谢安接到前方战事文书时，正在与客人下围棋。谢安看了文书，得知东晋八万兵马击败前秦三十万大军，心中自然甚为高兴。但雅量高深的谢安不想在客人面前流露出这样的表情，遂很淡然地将文书放在床上，不动声色，继续与客人下棋。倒是客人等不及了，急切地向谢安询问文书内容。谢安一边下棋，一边平淡地、慢腾腾地说道："小儿辈已将贼寇击败。"谢安说完，仍然平静地与客人将这盘棋下完。下完棋，客人走了，谢安返回家中。这时谢安再也掩饰不住内心无比的激动与喜悦，过自家门槛时，脚上所穿木屐的底齿都碰坏了。为表彰淝水战功，东晋朝廷升谢石为尚书令，谢玄为前将军，朱序为琅琊郡内史。东晋朝廷还任归顺东晋的张天锡为散骑常侍。

关于淝水之战，史书记载有一些疑问。苻坚本有百万大军，其中前锋为三十万，由苻融率领先到寿阳。苻坚接到苻融的奏报后，即将大军留在项城，只率骑兵八千前往寿阳。淝水战败之后，苻坚投奔了兵马完整的慕容垂部，不知苻坚留在项城的数十万大军去了哪里？再说慕容垂部三万兵马本是前锋的一部分，应当与苻融一同到达寿阳，最后却一直滞留在邺城，显然有观望之心。

第62章　别苻坚慕容垂北上　讨翟斌慕容垂南下

383年十一月中旬，苻坚在冠军将军慕容垂的护卫下，到达洛阳。此时各路残兵大多会集洛阳，尚有十万兵马，百官、仪物、军容粗备。数日后，苻坚率兵马及百官离开洛阳，前往长安。途中，慕容垂的儿子慕容农又劝慕容垂道："父亲在天王遇到险境时而没有加害他，这种仁义名声足以感动天地。我听闻图谶中说道：'燕复兴当在河阳。'果实未熟时摘取与自己落下，不过相差十天左右，但难易与滋味却相差甚远。"慕容垂也非常赞同慕容农之言，准备开始实施他的复国大计。

不久，慕容垂跟随苻坚到达渑池（今河南省渑池县）。慕容垂向苻坚请求道："北方民众听闻秦军失利，互相煽风点火，乘机起事。臣请奉诏前往镇抚。途中顺便祭奠臣祖宗陵庙。"苻坚未加思索，当即恩准。尚书左仆射权翼听闻此事，前来劝谏苻坚道："大秦刚刚遭败，四方皆有离心。陛下应当将各将领集结京师，先固根本，再镇四方。慕容垂乃是关东豪杰，勇略过人，只因避祸才投陛下，其内心岂止满足于一个冠军将军之号？这就如同豢养雄鹰，其饥饿时则依附于人，一旦风云起，就有凌霄之志。陛下应当加固其笼，怎可放纵于他，任其自为呢？"苻坚听后，亦觉有理，但感到为难地说道："卿言固然正确，然而朕已许之，匹夫尚且不食言，何况朕乃是万乘之天子。假如天命有所兴废，也不是智慧与力量所能改变的。"权翼说道："陛下这是重小信而轻社稷。臣认为慕容垂将一去不返了，关东自此必将大乱了。"苻坚不认为慕容垂的离开会引起关东大乱，没有采纳权翼之言。相反，苻坚还担心慕容垂的安危，还派将领李蛮、闵亮、尹固等率三千兵马护送慕容垂北上。当然苻坚也担心由于淝水战败，四方不稳，遂也作了一些部署：派骁骑将军石越率三千精锐前往增援邺城（今河北省临漳县西南香菜营乡邺镇村），骠骑将军张蚝率五千羽林军前往加强并州防卫，留镇军将军毛当率四千兵马镇守洛阳。

第62章　别苻坚慕容垂北上　讨翟斌慕容垂南下

权翼深知苻坚不会加害慕容垂，遂又施一计，密令数位壮士埋伏在黄河大桥南岸的空仓中，等慕容垂到达时实施行刺。慕容垂即将到达黄河大桥时，也生疑惑，担心有埋伏，遂准备改道从凉马台（今河南省孟津县北）北渡。慕容垂先派典军程同穿上自己的衣服，骑着自己的马，与僮仆仍从大桥过河。伏兵看到慕容垂经过，立即发起攻击，程同纵马奔驰，只一人得以逃脱。而此时的慕容垂已从凉马台乘草筏北渡黄河。

关于权翼行刺慕容垂一事，也令人生疑。苻坚既已派三千兵马护送慕容垂北上，行刺就很难实施。再说慕容垂与其族人北上，人数一定不会少，岂是程同与其僮仆能够蒙混过关的。

十二月，苻坚回到长安。他没有马上进城，而是暂居长安城东的行宫，哭吊阳平公苻融，追赠苻融为大司马、哀公。之后，苻坚才回到城内，再向太庙告罪，赦免死刑以下囚犯，文武百官进位一级，终生免除淝水之战死亡将士家人的赋税。

苻坚回到长安后，对淝水战败非常痛心。这一战不仅损兵折将，尤其是失去了得力助手苻融。苻坚心情很久不能平静。十余日后，有使者从西域来到长安，总算给苻坚带来一点值得高兴的事。原来骁骑将军吕光于年初从长安出发，现已深入西域地区，横越流沙三百余里，焉耆（今新疆维吾尔自治区焉耆县）等国全部归附，只有龟兹（今新疆维吾尔自治区库车县）国王帛纯率军抵抗，坚守城池不降。吕光只好用兵将其征服。

苻坚高兴没几天，又接到鲜卑乞伏部谋反的消息。苻坚原本诏令乞伏国仁参与南征东晋，只因乞伏国仁叔父乞伏步颓起兵谋反，苻坚遂命其回师镇压。岂料乞伏国仁一回师，其叔父乞伏步颓竟然非常高兴，不仅不谋反，反而在途中迎接乞伏国仁。乞伏国仁设下酒宴，高兴地对族人说道："苻氏穷兵黩武，看样子就要灭亡了，我当与诸君共建一方之业。"后来苻坚在淝水战败，乞伏国仁威胁各部族，要求向其归附，拒绝者派兵征讨，乞伏国仁一时聚众达十万人。

却说冠军将军慕容垂一路北上，不久抵达安阳（今河南省安阳市），离邺城只有数十里之地。慕容垂修书一封，派参军田山送给邺城里的长乐公苻丕。苻丕听到慕容垂渡过黄河北上的消息，非常担心，担心慕容垂会来夺取邺城，毕竟邺城曾是前燕京都。苻丕不想让慕容垂进城，遂强作镇定，准备出城迎接慕容垂。苻丕还打算在与慕容垂相见时杀掉慕容垂，侍郎姜让劝阻道："慕容垂并无谋反之象，如将其杀掉，不是臣子所行之事。不如以礼相待，严加观察，将其所为上呈陛下，听候陛下处置。"苻丕接受。冠军行参军赵秋劝慕容垂与苻丕相见时，随即杀掉苻丕，接管邺城，恢复故国。慕容垂不接受。慕容垂与苻丕在邺城城外相见，略叙淝水战况后，苻丕让慕容垂居于邺城西边的馆舍。

慕容垂一心想恢复燕国，但不忍强夺苻丕镇守的邺城，遂继续等待时机。时机真的就来了。不久，丁零部翟斌聚众起兵，反抗前秦，攻击豫州刺史、平原公苻晖镇守的洛阳。苻晖也是苻坚的儿子，此时协同镇守洛阳的还有苻坚刚派来不久的镇军将军毛当及其四千兵马。翟斌谋反的消息传到长安，苻坚马上想到慕容垂北上就是为了镇抚谋反民众，遂下旨令慕容垂率部讨伐。苻坚的旨意传到邺城，苻丕只好准备调拨兵马给慕容垂，由其率领前往讨伐翟斌。这时刚来协防不久的骁骑将军石越对苻丕说道："王师刚在淝水遭败，民心没有安定，有罪逃亡之徒，纷纷思乱。因而翟斌振臂一呼，旬日之中，应者数千人。慕容垂是故燕国元老，常有复国之心，现在再给其兵马，就是如虎添翼。"苻丕也非常担心慕容垂，但其所担心的不是为国家，而是为邺城。苻丕说道："慕容垂在邺城，我一直有与虎蛟相伴的感觉，总担心他发动肘腋之变。现在以此为机，将慕容垂打发得远远的，不是更好吗？再说翟斌凶悍，也不会败给慕容垂，两虎相争，我可从中取利，这不是当年卞庄的谋略吗？"苻丕遂给慕容垂调拨两千老弱残兵，配备破损的兵器、盔甲。苻丕还派广武将军苻飞龙率氐族兵马一千，作为慕容垂的副手。苻丕秘密地对苻飞龙说道："慕容垂为三军之帅，而卿则是谋图慕容垂的将领，出发吧，好自为之。"

慕容垂在准备出征之前，向苻丕请求进入邺城，拜谒祖庙。苻丕不准慕容垂入城，慕容垂非常生气。慕容垂决定身着便服，悄悄入城。岗亭守兵发现后，阻止慕容垂进入。慕容垂当即大怒异常，斩杀亭吏，还放火烧掉岗亭而去。石越听闻此事，连忙见苻丕，对苻丕说道："慕容垂不把明公放在眼里，还杀吏烧亭，其谋反之迹已现，可乘机杀掉他。"苻丕不以为然地说道："天王在淝水战败，慕容垂一路护送，此功不可忘记。"石越又道："慕

第62章 别苻坚慕容垂北上 讨翟斌慕容垂南下

容垂当年不忠于燕国,今天岂能忠于秦国,今天不除掉他,必将后患无穷。"苻丕仍是不从。石越离开长乐公府,返回将军府,对亲朋说道:"长乐公父子好为小仁小义,不顾国家大计,最终一定会栽在别人手中。"

慕容垂令其子慕容农与侄慕容楷、慕容绍留在邺城,自率两千兵马与苻飞龙南下讨伐翟斌。慕容垂到达安阳的汤池(今地不详)时,将领闵亮、李毗从邺城赶来,将苻丕吩咐苻飞龙的话告知慕容垂。慕容垂听后非常震怒,对效忠自己的将士说道:"我尽心效忠于苻家,而他们却要谋害我父子,我想善罢甘休,但又怎能做得到。"慕容垂遂对外宣称兵马不足,暂驻于河内郡(今河南省沁阳市),继续招兵买马。慕容垂在河内招兵,只用了十余天,即招八千余人。

苻晖听闻讨伐丁零翟斌的慕容垂到达两百里外的河内郡驻扎不前,忙派使前来催促慕容垂进兵。慕容垂接到苻晖的急令,也不得不有所行动。慕容垂与副将苻飞龙商议进兵策略。慕容垂说道:"我部兵马与翟斌相距很近了,中间只隔一条黄河而已。我们应当白天休息,夜晚行军,可以对翟斌发起偷袭。"苻飞龙也认为此计甚好。十二月二十七日深夜,慕容垂作了如下部署:世子慕容宝率一支兵马先行进发,苻飞龙的氐族兵马每五人一伍随后出发,再令幼子慕容隆率余部兵马最后出发,慕容垂随慕容隆一同行进。兵马出发之前,慕容垂将世子慕容宝叫至跟前,如此这般地交待一番。大军出发不到半个时辰,慕容垂突然传令击鼓,行进在前的慕容宝听到鼓声,立即下令回军,与慕容隆部对苻飞龙一千氐族兵马进行前后夹击。苻飞龙原本是苻丕派来寻机谋害慕容垂的,没想到却被慕容垂施计消灭。慕容垂消灭苻飞龙及其一千兵马,还拟疏上呈天王苻坚,陈述杀掉苻飞龙的原因。

第63章　慕容垂荥阳称燕王　慕容农列人聚英豪

　　383年十二月，就在慕容垂前往讨伐丁零翟斌时，慕容垂的兄弟原宜都王慕容桓的儿子慕容凤却前来归附翟斌。慕容凤时年二十四岁，就是前秦尚书左仆射权翼当年跟苻坚说有狼子野心的那个小孩。慕容凤早有复国之志，只是一直在等时机。现在慕容凤看到翟斌起兵反叛前秦，遂与前燕旧臣之子燕国（今北京市）人王腾、辽西（今河北省迁安市）人段延等，率所统之兵前往洛阳投奔。

　　且说洛阳城里的豫州刺史、平原公苻晖一直在等待慕容垂的援兵，现在援兵迟迟没有到来，翟斌的势力反而得到了加强。苻晖只有派镇军将军毛当率部出城迎战翟斌。慕容凤向翟斌主动请求出战，朗声说道："我慕容凤今天要为先王（慕容桓）雪耻，请让我为将军斩杀毛当这个氐奴。"慕容凤说完猛击战马，长驱直入，冲向毛当阵中。翟斌率丁零族人随后杀来。慕容凤果然勇猛异常，冲到毛当面前，举枪便刺，毛当慌忙应战，但终因不敌而被杀。翟斌一见，乘势挥兵掩杀，前秦兵马大败。翟斌接着下令攻向洛阳城西边的陵云台，击破守军，缴获万余铠甲、兵器。翟斌又率部进抵洛阳城下，准备攻城。苻晖失去猛将毛当，只得下令严守城池，翟斌一时也未能攻克。此时慕容凤听闻叔父慕容垂正率部向洛阳而来，遂劝翟斌以慕容垂为盟主，共同抵抗前秦。翟斌欣然接受。

　　暂驻河内郡（今河南省荥阳市）的慕容垂在杀掉苻飞龙之后，决定正式叛离前秦，令辽东鲜卑人可足浑潭率一支兵马留守在河内郡的沙城（今地不详），再派参军田山前往邺城（今河北省临漳县西南香菜营乡邺镇村），秘密联络留在邺城的儿子慕容农，令其与慕容楷、慕容绍兄弟，聚众起兵，响应慕容垂。慕容垂作了这些部署后，决定继续前往洛阳，表示仍要援救洛阳的苻晖。

　　十二月二十八日，慕容垂率部渡过黄河，部众竟达到三万人。然而就在

第63章 慕容垂荥阳称燕王 慕容农列人聚英豪

慕容垂率部即将到达洛阳时，丁零部首领翟斌派来的使者前来求见。使者对慕容垂说翟斌愿奉其为盟主，一同反抗秦国。慕容垂当然想反抗秦国，甚至准备攻击苻晖据守的洛阳，而不是前来援救洛阳。但慕容垂担心翟斌并不真心拥护他，准备加以拒绝来试探翟斌。慕容垂对翟斌的使者说道："我率部南下，是为了援救洛阳，不是为了投奔翟斌。翟斌既已准备创建大业，成则享福，败则受祸，我不参与。"翟斌的使者一时无法应答，只好返回洛阳。

384年正月初二，慕容垂率部抵达洛阳城下。苻晖此时也听闻慕容垂已杀害了苻飞龙，知其一定谋反，遂不敢打开城门。这时，翟斌又派长史郭通前来游说慕容垂，慕容垂仍不接受。郭通又说道："将军之所以一直不愿接受翟斌的拥戴，莫非认为翟斌兄弟乃是山野异类？没有奇才没有谋略，一定不能成就大业？那么将军有没有想过，将军只有依靠翟斌兄弟方能成就大业呢？"慕容垂听罢，欣然接纳。此时翟斌也率所部兵马与慕容垂会师一处。翟斌见到慕容垂，劝说慕容垂称帝，慕容垂说道："新兴侯（慕容暐）才是我的主人，应当迎接他重回帝位。"慕容垂没有接受翟斌的劝进，翟斌也只好暂且作罢。

慕容垂认为，洛阳地处中原，四面受敌，无险可守，不打算夺取洛阳。慕容垂决定重返邺城，先夺取邺城，再向四方征战。慕容垂遂与翟斌、慕容凤等率部从洛阳向邺城方向推进。一日后，慕容垂所部抵达洛阳以东一百余里外的荥阳郡（今河南省荥阳市）。时前秦荥阳郡太守是故夫馀王馀蔚。馀蔚听闻慕容垂起兵反秦，竟不战而降。这时鲜卑人卫驹也率众向慕容垂投降。慕容垂进入荥阳城暂驻，部众一致认为慕容垂应当称尊。慕容垂决定效仿东晋首位皇帝司马睿在西晋末帝司马邺被俘后先称晋王的做法，自称大将军、大都督、燕王。慕容垂虽然只称燕王，没有称帝，但承制行事，部下全部称臣，文表奏疏，拜官封爵，与皇帝一样。慕容垂任兄弟慕容德为车骑大将军、封范阳王，侄慕容楷为征西大将军、封太原王，翟斌为建义大将军、封河南王，馀蔚为征东将军、统府左司马、封夫馀王，卫驹为鹰扬将军，慕容凤为建策将军。慕容垂此时所部兵马已达二十余万，数日后即从石门（今河南省荥阳市境内）北渡黄河，兵锋直指邺城。

不说慕容垂率部向邺城进发，且说慕容垂的参军田山到达邺城后，将慕容垂的计划告诉慕容农，慕容农听到这个盼望已久的消息甚为高兴。当天晚上，慕容农与慕容楷、慕容绍密谈，三人计划设法逃出邺城，前往邺城之北数十里外的列人（今河北省肥乡县东北）聚众起兵。慕容农等认为在邺城之北起兵响应慕容垂，可给邺城造成围攻之势。三人还决定由慕容绍先行出城，到邺城郊外的蒲池盗取战马，然后在城外隐匿等待。为防苻丕发觉，慕容农、慕容楷当晚仍在邺城，不动声色。383年十二月二十九日，慕容农、慕容楷带领数十骑兵，微服出城，会合了慕容绍，直奔列人而去。第二日，即正月初一，苻丕在邺城宫殿之中大宴宾客。苻丕在宴会之上没有看到慕容农，连忙问慕容农为何不来赴宴。与会官员皆不知慕容农何在。苻丕遂派人四处找寻，三天之后才知慕容农已在列人，因为那时慕容农已聚众起兵。

且说慕容农到达列人时，先来到乌桓人鲁利的家中。鲁利知道慕容农尊贵的身份，连忙为慕容农准备饭菜。慕容农面对饭菜，笑而不吃。鲁利认为饭菜太差，因而慕容农不吃。鲁利连忙将饭菜端走，还对妻子说道："恶奴，郎君是贵人，但家里太穷，拿不出像样的饭菜，怎么办？"鲁利的妻子倒有些见识，并不为此而感到为难，回道："郎君是贵人，突然来到我们家，必有大事要做，不是为了来吃一顿饭。你赶紧到外边看看，以防不测。"鲁利连忙到门外查看，没有发现异样，方才回到室内来见慕容农。慕容农对鲁利说道："我准备在列人起兵复国，卿能跟随我吗？"鲁利听后非常激动地说道："无论生死，追随郎君。"慕容农于是再去拜访另一个乌桓人张骧，对张骧说道："我家大王已举大事，翟斌等都愿拥戴，远近响应者甚多，我今天特来相告。"张骧再拜道："能再次侍奉旧主人，一定至死相从。"慕容农于是胁迫列人百姓为士卒，砍下桑树、榆树的枝干作为兵器，撕破衣裳作为旗帜，正式聚众起兵。慕容农又派赵秋前往游说匈奴屠各人毕聪，毕聪联同屠各部的卜胜、张延、李白、郭超及东夷人馀和、敕勃、乌桓人刘大各率部众数千前来归附。慕容农任张骧为辅国将军、刘大为安远将军、鲁利为建威将军。

慕容农在列人起兵之后，随即率部向东攻打数十里外的馆陶（今山东省馆陶县）。馆陶小县不堪一击，很快就被手无寸铁的慕容农部攻克。慕容农在馆陶县得到了不少兵器，兵力有所增强。慕容农又派兰汗、段赞、赵秋，慕舆悌等率兵北上攻打康台（今河北省曲周县东南）。兰汗等不辱使命，又

第63章　慕容垂荥阳称燕王　慕容农列人聚英豪

将康台攻克，还得到牧马数千匹。此时的慕容农部步骑兵已达数万。张骧等一致推举慕容农为使持节、都督河北诸军事、骠骑大将军。慕容农统领众将，量才使用，上下一片严整。赵秋等请慕容农对各将论功行赏，慕容农认为燕王慕容垂不在此，不能自行封赏。赵秋说道："军队之中没有封赏，将士不会用力征战。现在来到这里的将士，都是为了建一时之功，得万世之利。将军应当代燕王封赏，以扩大中兴之基业。"慕容农接纳。不久，前来投奔归附慕容农的人前后相继。慕容垂听闻此事，也非常赞赏慕容农。

慕容农封赏各将后，兵力再次得到加强。慕容农又派人向西到上党郡（今山西省长治市）招纳库傉官伟，向东到东阿（今山东省阳谷县东北）招降乞特归，向北到燕国（今北京市）征召光烈将军平睿及其兄长平幼。库傉官伟等都愿响应慕容农，慕容农的声势更加壮大。慕容农又派兰汗率一支兵马南下攻克了顿丘郡（今河南省浚县北）。慕容农号令严明，将士不敢抢掠，百姓都非常欢迎。慕容农以列人为据点，一连攻克了馆陶、康台、顿丘各城，还东西北三处招降纳叛，可以说在邺城周边不断用兵。镇守邺城的前秦长乐公苻丕终于坐不住了，决定派出兵马前往征讨。

第64章　慕容农列人斩石越　慕容垂邺城建后燕

　　384年正月初，燕王慕容垂之子慕容农以列人（今河北省肥乡县东北）为据点，一连攻克三处城池，四处招揽兵马，数日之内，竟达数万人。前秦镇守邺城（今河北省临漳县西南香菜营乡邺镇村）的长乐公苻丕获报这一消息当然不会坐视不管。却说当初慕容农留在邺城，可以说是慕容垂交给苻丕的人质，但苻丕并没有严加监视。后来苻丕大宴百官时，才发现慕容农不知去向。苻丕派人寻找慕容农，一直也没有找到。最后还是慕容农在列人起事时，苻丕才知慕容农到了列人。苻丕一直担心慕容垂谋反而不让慕容垂进入邺城，现在竟让这个人质悄悄溜走，可见苻丕乃是庸碌之辈。现在，慕容农在列人有数万兵马，与邺城只有数十里，不仅如此，慕容农还到处用兵，攻城略地，苻丕更是感到坐卧不安。苻丕决定派骁骑将军石越率步骑兵一万人前往列人讨伐慕容农。石越是雍州始平郡（今陕西省兴平市）人，与苻丕一样，都是氐族人，也是前秦名将。378年四月，石越参与了苻丕攻占荆州襄阳（今湖北省襄阳市）之战。380年，石越还横渡渤海，参与了平定行唐公苻洛之战。382年十月，石越曾劝谏苻坚不要攻打东晋，后来苻坚还是举重兵征东晋，石越也因此参加了淝水之战。淝水战后，石越受天王苻坚所派，到邺城帮助苻丕镇守邺城。现在石越接到苻丕讨伐慕容农的命令后，当即率一万步骑兵从邺城出发了。

　　石越率部前来讨伐的消息传到列人，慕容农召集众将领商议对策。面对前秦名将石越，慕容农却很有信心，对众将说道："石越有勇有谋，闻名于世。然而石越没有南下迎战父王，却北上来欺负我。这就表明石越害怕父王，也一定认为攻击我非常容易。这也同时可以看出，石越此来一定会骄傲而疏于防备。我们可以用计取胜。"将士们还是不太放心，都劝慕容农加强列人城池的防御。慕容农从容说道："自古善于用兵的将领，都是给士兵以信心，而不是依靠城墙这类的物事。再说我们是复国的义兵，应当四方寻求

第64章　慕容农列人斩石越　慕容垂邺城建后燕

敌人作战，当以山河为城池，岂止是坚守一个小小的列人城。"众将听后，都意气风发，准备迎战石越。

正月初七，石越率部抵达列人城西。慕容农早已派赵秋与参军綦毋滕率一支兵马向石越的前锋兵马发起突袭。石越的前锋兵马尚未立住阵脚即被赵秋等击败。慕容农实现了首战告捷。接着慕容农又与参军赵谦商讨下一步作战策略。赵谦建言道："我听说石越所部兵马的铠甲与兵器都非常精良，但军心已经涣散，我部当以首战告捷之气势，迅速向石越所部发起全面进攻，可一举而击败之。"慕容农知道所部兵马虽多，但铠甲兵器不仅不全而且不够精良。慕容农不想鲁莽行动，对赵谦说道："他们的铠甲在身上，而我们的铠甲在心中。如若白天与石越作战，我部士兵看到石越的阵势，一定会有所退却。我以为可等到黄昏时再与石越作战，必将一举而胜之。"慕容农接着传令所部将士，严密戒备，等候命令，不得轻举妄动。这时探马来报，说石越在列人城西构筑栅栏，看样子要固守。慕容农听后笑道："石越的兵马都是精锐，应当在刚刚抵达时，利用旺盛的士气向我部发起攻击。现在石越筑栅自守，可见其是多么无能。"慕容农传令继续等待时机。

不久黄昏到来，慕容农传令所部在列人城西排开阵势，擂起战鼓，开始迎战石越。面对石越构筑的栅栏，牙门将刘木向慕容农请战，要向石越营垒攻去。慕容农赞赏道："人只要见到美食，都想吃掉。但也不能让你一个人去吃。然而你的勇气可嘉，我任你为先锋。"慕容农遂命刘木为先锋，带领四百人，跳过栅栏，向石越阵地攻去。刘木等非常英勇，个个以一当十，前秦兵马竟被杀败。这时慕容农又率主力兵马随后杀至，石越所部大败。乱军之中，石越亦被斩杀。慕容农派人将石越首级呈送燕王慕容垂，奏报战功。

且说石越被斩的消息传到了邺城，也传到了长安，苻坚大为震动。一月前毛当在洛阳被杀，苻坚已非常痛心，现在又闻石越被杀，自然更加悲痛。毛当、石越都是氐族名将，因而苻坚才派他们到洛阳、邺城来帮助两个儿子。现在二将却相继败亡，各地人心不稳，盗贼四起。

正月二十六日，五十九岁的燕王慕容垂率部到达邺城郊外，决定正式宣布废除前秦年号，起用新的年号，当年即为燕王元年。慕容垂的百官朝服颜色与上朝的仪式全部与前燕时相同。慕容垂正式起用自己的年号，已正式表明一个新的国家的建立，史称后燕。后燕王慕容垂开始任命百官：前岷山公库傉官伟为左长史，前尚书段崇为右长史，郑豁为从事中郎。这时慕容农也率部来到邺城与其会合。慕容垂对慕容农在列人所任官员同样加授。慕容垂又册立世子慕容宝为太子，封堂弟慕容拔等十七人及外甥宇文输、舅父之子兰审为王，其余宗族及功臣三十七人为公，八十九人分别为侯、伯、子、男。不久，可足浑潭集结士兵两万余人攻克了野王（今河南省沁阳市），率兵来到邺城。平幼及其兄弟平睿、平规也率众数万人来到邺城。慕容垂的势力一时大为增强。

邺城里的长乐公苻丕当然知道慕容垂已会合多路兵马，齐集邺城，准备夺取邺城。苻丕此时不准备出城迎战慕容垂，而想劝降慕容垂。苻丕派姜让出城，来到慕容垂大营。姜让对慕容垂说道："有了过错，如若能改，就为时不晚。"慕容垂说道："孤受主上（苻坚）不世之恩，一定会保全长乐公，让其与部众平安返回长安。之后，孤当恢复故国，与秦国永结盟好。为何仍要违背天意，坚守邺城拒不归还呢？如若继续执迷不悟，孤当下令大举攻击，到那时，你等就是单枪匹马，也难已逃出。"姜让脸色严肃地说道："将军当年在自己国内不能容身，投命圣朝之时，燕国哪寸土地是将军的？主上与将军风俗不同、种族相异，却一见如故，亲如宗戚，宠过旧臣。自古君臣相遇，有这么深厚之情谊吗？现在王师只不过遇到小败，你竟生此叛逆之心。长乐公，是主上的长子，担当陕城（今河南省三门峡市）以东之大任，岂能束手就擒还将百城之地相送呢？将军如若裂冠毁冕，一意孤行，当然可以发兵攻击，还要多说什么呢。只可惜将军年已七十（其实慕容垂当时年近六十），人头快要挂在白旗之上了，竟将盖世之忠诚变为叛逆之鬼。"姜让所言，句句直逼慕容垂内心，慕容垂一时无言以对。左右都劝慕容垂将姜让杀掉，慕容垂这才说道："他也是各为其主，何罪之有？"慕容垂以礼将姜让送回邺城，同时还给苻丕修书一封，并给前秦天王苻坚上表，陈述利害，希望由其将苻丕送回长安。苻坚、苻丕阅书大怒，都复信重责慕容垂。

正月二十八日，慕容垂决定向邺城发起攻击，很快攻取了外城。长乐公苻丕只得退守中城。这时关东六州各郡县，很多人给慕容垂送来人质，请求归降。二十九日，慕容垂又任陈留王慕容绍为行冀州刺史，驻屯广阿（今河北省隆尧县东）。慕容垂一时不能攻克邺城，决定休整再攻。一个月后，慕

第64章　慕容农列人斩石越　慕容垂邺城建后燕

容垂率丁零人、乌桓人共二十万人，上架云梯，下挖地道，对邺城再次进行猛烈攻击。一天下来，慕容垂仍不能攻克邺城。慕容垂看到邺城如此坚固，决定改变战术，不打算强行攻城。慕容垂认为自己兵马众多，完全可以采用长期围困的策略。慕容垂于是下令在邺城四周，构筑长长的围墙。慕容垂还将军中老弱士兵送至列人，在列人新建一座城池，命名为新兴城，用以放置辎重。

邺城里的苻丕无力出城迎战，只得凭借城坚而固守。其参军高泰曾是慕容垂的从事中郎，众人都怀疑其有二心。高泰非常恐惧，遂与同在邺城任虞曹从事的同乡人吴韶一起返回家乡渤海郡（今河北省南皮县东北）。吴韶劝高泰道："你曾是燕王的旧属，现在燕王就在邺城郊外，为何不前往投效？"高泰说道："我之所以逃走，是为了躲避祸害，不是为了叛离。我已离开过一个君主，现在再让我离开一个君主，我所不为也。"申绍听闻高泰之言，叹道："无论离开还是投奔，都有道义，这就是君子啊。"此时的后燕王慕容垂一边围困邺城，一边派兵四处征战，以图在邺城外围扩大领地。

第65章　慕容楷威德服王晏　慕容泓起兵入关中

到二月底，后燕王慕容垂仍在围困邺城（今河北省临漳县西南香菜营乡邺镇村），但其已决定派兵四处出击，以图扩大领地。他先派兄弟范阳王慕容德率一支兵马南下，攻打枋头（今河南省浚县东南淇门渡）。慕容德不辱使命，兵马一到即发起攻击，一战而克。慕容德留下一部兵马守城，然后班师回邺城向慕容垂复命。慕容垂接报大喜，正要再派兵马出击，这时获报馆陶（今河北省馆陶县）有人聚众叛离。原来，东胡人王晏组织一部人马，在馆陶起兵，宣称效忠前秦，与邺城的长乐公苻丕遥相呼应。由于王晏的反叛，馆陶境内的乌桓人、汉人，甚至包括一些鲜卑人，都结堡自卫，不接受慕容垂的统辖。慕容垂对王晏的反叛非常不悦，决定派兄长慕容恪之子太原王慕容楷，会同其弟镇南将军、陈留王慕容绍一同前往讨伐。

且说陈留王慕容绍时为后燕行冀州刺史，正驻屯在广阿（今河北省隆尧县东）。数日后，慕容楷率一支兵马来到广阿，与兄弟慕容绍会合。慕容楷不想通过武力征服王晏及这些反叛的族人。慕容楷与慕容绍商议道："这些鲜卑人、乌桓人及汉人，原本都是我燕国臣民，我等复国大业才刚刚开始，人心不可能很快统一，出现这样的反叛也属正常之事。对待这些人，不应当用武力解决，应当以德感之。我决定选取一处作为据点，将兵马驻在那里，作为后盾。你作为冀州刺史，可前往安抚这些人，用大义让其归服，他们一定会听从。"慕容绍也认同此言。慕容楷遂以广阿以东两百里外的辟阳（今河北省枣强县东南辟阳城）为据点，由慕容绍只率骑兵数百人前往游说王晏等人。王晏看到慕容绍只有数百人前来，并不设防，便迎其入城，听其所言祸福与利害，又想到慕容楷大军屯于辟阳，深知兄弟二人此来，只是以德服人，遂决定诚心归附。王晏还决定单骑与慕容绍一同前往慕容楷大营，以示归降。而那些一同谋反的鲜卑人、乌桓人、汉人纷纷派使向慕容楷归降，一时竟有数十万人。慕容楷将这些人中的老弱留在原地，委派太守、县令妥加

第65章　慕容楷威德服王晏　慕容泓起兵入关中

管理，而将他们中的青壮年征召入伍，与王晏一起来到邺城。慕容垂看到慕容楷不战而收复馆陶，还带来众多兵马，甚为高兴，赞叹道："你兄弟有文有武，可以继承先王（慕容恪）之业了。"

三月，又一个春天到来之际，慕容垂一边围困邺城，一边准备整顿兵马继续四处用兵，这时竟收到被任命为冀州刺史、封为吴王的诏书。这又是怎么回事呢？此事还得分开话头说起。

却说慕容垂兄长慕容儁之子、前燕末帝慕容暐的兄弟慕容泓，在前秦是北地郡（今陕西省铜川市耀州区）长史。慕容泓听闻叔父慕容垂在关东起兵，正在攻打邺城，决定也起兵反抗前秦。慕容泓离开北地郡，前往关东，聚集了数千名鲜卑人。慕容泓有了此数千人的兵马，并不前往与叔父慕容垂会合，而是率部重返关中，准备夺取长安。慕容泓所部入关后，不久到达华阴（今陕西省华阴市）。前秦华阴守将强永率部迎击慕容泓。慕容泓一战而胜，声势开始壮大，兵马也为之增多。慕容泓决定自称都督陕西诸军事、大将军、雍州刺史、济北王。济北王原本就是慕容泓在前燕时的爵号，其自称济北王已公开表明与前秦的叛离。慕容泓仍以慕容暐为皇帝，并推举叔父慕容垂为丞相、都督陕东诸军事、大司马、冀州刺史、吴王。慕容泓希望与慕容垂以陕城（今河南省三门峡市）为界，分别夺取关东、关西。慕容泓的这一做法，史家认为一个新的政权已经建立，五胡十六国之外的一个国家——西燕成立了。从慕容泓的做法来看，他所建立的这个政权与慕容垂的不一样，是高于慕容垂的。也就是说慕容泓、慕容垂都自称是前燕政权的延续，但最终却又都是不同于前燕的政权，因而史家分别称为西燕、后燕。西燕与后燕虽都力求复国，但之间水火不容，这仍是慕容鲜卑兄弟相残、无法团结的老毛病。

这时慕容泓的兄弟，时在平阳郡（今山西省临汾市）任太守的慕容冲，也聚众起兵，竟有两万余人。慕容冲时年二十六岁，也是慕容儁之子，曾被苻坚收为男宠，后来因王猛劝阻而外放为官。慕容冲起兵后，率部攻打蒲坂（今山西省永济市），大有入关之势。

慕容垂、慕容泓、慕容冲起兵，并在邺城、华阴、蒲坂攻打前秦城池的消息传达长安，苻坚非常恼怒。其实令苻坚恼怒的不仅仅是慕容鲜卑三处起兵，东晋将领也乘乱向前秦用兵，夺取边关城池。还是在384年正月，东晋三处向前秦用兵：谢玄派鹰扬将军刘牢之率部进攻前秦的谯城（今安徽省亳州市），桓冲派上庸郡太守郭宝攻打前秦的魏兴郡（今陕西省安康市）、上庸郡（今湖北省竹山县西南）、新城郡（今湖北省房县），东晋梁州刺史杨亮之子杨铨期前往成固（今陕西省城固县）攻击前秦梁州刺史潘猛。前秦上述城池均被东晋将领攻克。说到这里，不妨交代一下东晋几位重要人物的情况：二月，荆州的桓冲对谢安在淝水获胜大感意外，对自己所言甚感惭愧，竟一病而亡。东晋朝廷遂任桓石民为荆州刺史、桓石虔为豫州刺史、桓伊为江州刺史，长江下游的扬州刺史仍为谢安、徐兖二州刺仍为谢玄。时谢石已为尚书令。三月，东晋朝廷又任谢安为太保。桓谢二家族仍是东晋的支撑。

淝水战败之后，苻坚对东晋可能仍存余悸，一时没有应对之策。但苻坚对慕容鲜卑三处起兵还是很痛心的，毕竟苻坚对慕容鲜卑不薄。苻坚也很痛心地对尚书左仆射权翼说道："不用卿言，竟让鲜卑人各地起兵，乱成今天之势。关东六州原本就是燕国领地，朕可不争，但那个慕容泓竟逼到关中来了，如之奈何？"君臣二人最后商定，命苻坚之子、广平公苻熙为雍州刺史，镇守蒲坂，再将另一子、原雍州牧钜鹿公苻睿调回，任都督中外诸军事、卫大将军、录尚书事。苻坚再给苻睿五万兵马，以左将军窦冲为长史，龙骧将军姚苌为司马，前往讨伐慕容泓、慕容冲。苻坚还特令窦冲前往讨伐慕容冲。

四月，进驻华阴的西燕济北王慕容泓，获报苻坚派兵大举来伐，也甚为恐惧，决定率部退出关中，前往关东。不过苻睿是个粗鲁的人，还很轻敌，听闻慕容泓东撤，决定半路阻截，以图沉重打击慕容泓。随征的龙骧将军姚苌有不同看法，劝说道："这群鲜卑人原来都想回到关东老家，因而才起兵作乱。将军应当把他们赶出函谷关，千万不要强行阻截。一只小老鼠被抓住尾巴，还回头咬人一口，何况这是一支思乡心切的鲜卑兵马？如若他们一旦身处绝境，很可能会与我们同归于尽。假如我等遭到失败，将悔之莫及。将军只要下令，擂起战鼓，慕容泓必当立刻奔跑，什么都不顾了。"苻睿根本不把慕容泓放在眼里，认为慕容泓一定不堪一击，何必把他们留给关东的长乐公苻丕呢，再说苻丕现在也正被慕容垂围困在邺城呢。苻睿传令在华阴与慕容泓决一死战。慕容泓自知无法撤离关中，只得下令拼死迎战。苻睿的五万兵马与慕容泓的数千兵马在华阴一战，竟遭到惨败，苻睿被杀。

第65章 慕容楷威德服王晏 慕容泓起兵入关中

姚苌收拾残兵暂且撤离华阴，稳住阵脚。由于主帅苻睿战死，姚苌非常害怕受到天王苻坚的责罚，遂派其长史赵都、参军姜协前往长安，向苻坚呈报战况，并向苻坚主动请求责罚。苻坚接报，大怒异常，毕竟自己的儿子苻睿阵亡了。苻坚无法控制自己的情绪，怒不可遏，竟下令将赵都、姜协也杀了，还声称要给姚苌治罪。

再说左将军窦冲率部前往河东（今山西省夏县）攻打慕容冲。慕容冲一战而败，遂率部八千骑兵一路西撤，前往华阴投奔兄长慕容泓。此时的慕容泓人马越聚越多，竟达十万人。慕容泓修书一封，派人前往长安城，送给苻坚。苻坚拆信览阅，大意是："吴王慕容垂已经平定关东，你应当速备大驾，让皇兄（慕容暐）离开长安，我慕容泓当率关中燕人护卫大驾，回到邺城。从此，燕国与秦国以虎牢关为界，永为邻好。"苻坚阅罢，大怒，并将书信交给慕容暐阅看。苻坚还对慕容暐说道："慕容泓的书信在此，卿如欲离去，朕当备好车驾。卿之族人，真可谓人面兽心，不可以当做国士。"时年三十五岁的慕容暐听后，非常害怕，连忙跪下，不停叩头，前额都流出血来。慕容暐泪流满面，请求宽恕。苻坚似有感动，一直没有说话。很久之后，苻坚怒气似消，说道："这是三个竖子所为，不是卿的过错。"苻坚对待慕容暐一如从前。苻坚还让慕容暐给慕容泓、慕容冲、慕容垂写信，劝他们放弃抵抗，不要谋反。岂料胆小的慕容暐竟在给慕容泓的信中写道："我已是笼中之人，自无生还之理。我也是燕国的罪人，不值得挂念。你应当建功立业，以吴王（慕容垂）为相国，中山王（慕容冲）为太宰、大司马，你可以任大将军、司徒，代替我任官封爵。一旦听到我的死讯，你即可登基称帝。"慕容泓接到此信，遂传令继续向长安推进，并改年号为"燕兴"。

第66章　略冀州慕容麟建功　建后秦姚景茂称王

384年三月，西燕济北王慕容泓虽然封慕容垂为吴王，但慕容垂此时已经不会满足吴王这个爵位了，因为他已是燕王了。三月底，围困邺城（今河北省临漳县西南香菜营乡邺镇村）多日的慕容垂决定继续向邺城以外的冀州各地用兵。

却说前秦在冀州境内有五位苻氏家族的王公，分别镇守各郡，以帮助邺城的长乐公苻丕一同固守关东。这五位苻氏王公是：驻守信都（今河北省冀州市）的冀州刺史、阜城侯苻定，驻守高城国（今河北省盐山县）的高城男苻绍、高邑侯苻亮，驻守常山郡（今河北省正定县）的重合侯苻谟，驻守中山郡（今河北省定州市）的固安侯苻鉴。苻定、苻鉴是苻坚祖父苻洪的兄弟苻安的儿子，也就是苻坚的堂叔，苻绍、苻谟是苻坚的堂兄弟，苻亮是苻坚的侄儿。

面对冀州境内的五位苻氏守将，慕容垂先派兄长慕容儁之子乐浪王慕容温率军攻打信都的苻定，但未能攻克。四月三日，慕容垂决定再派自己的儿子抚军大将军慕容麟前往增援慕容温。却说慕容垂的儿子慕容麟，当初在慕容垂率家人从邺城逃往前秦时，曾折回邺城向前燕朝廷告密。370年慕容垂随前秦大军攻进邺城时，慕容垂将慕容麟的生母杀掉，但没有杀掉慕容麟。后来慕容垂复国回到邺城时，慕容麟不断进献策略，多被采用，慕容垂遂待之如前，还任其为抚军大将军。

五月，后燕抚军大将军慕容麟率部到达信都，与乐浪王慕容温会合。也许是二人会合，兵力增强，信都城里的前秦冀州刺史苻定开始无心守城，最后竟决定向后燕投降。苻定向后燕投降的消息传到高城，守城的高城男苻绍也放弃抵抗，向后燕投降。慕容麟接着率部由信都西进，前往常山郡攻打重合侯苻谟。六月，慕容麟又攻陷常山郡，守城的苻谟投降。不久高邑侯苻亮也主动放弃城池，向后燕投降。慕容麟最后率部攻打冀州境内的最后一位苻

第66章　略冀州慕容麟建功　建后秦姚景茂称王

氏守将：中山郡的苻鉴。七月，慕容麟又攻克中山，苻鉴被俘。自此，慕容麟威名大振，慕容垂获报后大喜，传令慕容麟镇守中山。至此，冀州境内基本被后燕平定。

苻坚听报其子钜鹿公苻睿战死，大怒异常，声称将给龙骧将军姚苌（字景茂）治罪。姚苌获报，非常恐惧，竟决定放弃抵挡慕容泓，率自己的羌族兵马逃往渭北的牧马场。这时天水（今甘肃省天水市）人尹纬、尹详及南安（今甘肃省陇西县东北）人庞演等，率领羌族中豪门大户，及他们的百姓，一同投奔姚苌。姚苌人马一时达到五万余家。这些羌族人都推举姚苌为盟主。384年四月，姚苌自称大将军、大单于、万年秦王，改年号为白雀，大赦。姚苌任尹详、庞演为左右长史，南安人姚晃、尹纬为左右司马，天水人狄伯支等为从事中郎，王据等为参军，王钦卢、姚方成等为将领。姚苌所建立的后秦，此时只有年号，而没有国号，也没有都城。五月，后秦万年秦王姚苌率部由渭北牧马场前往北地郡（今陕西省铜川市耀州区）。这时前秦的华阴、北地、新平（今陕西省彬县）、安定（今甘肃省泾川县）等地的羌人、匈奴人，纷纷聚众前往北地，向姚苌归附。姚苌一时又增加部众十余万人。

姚苌称王据守北地的消息传到长安，苻坚怒火中烧。因为此时不仅是后秦姚苌在长安之北谋反，也不仅是后燕慕容垂在邺城、冀州谋反，也不仅是西燕慕容泓在长安之东的华阴谋反，而且还不断传来东晋边境守将向前秦夺取领地的消息。且不说当年正月，东晋三支兵马（谢玄派刘牢之攻谯城，桓冲派郭宝攻魏兴，杨铨期攻成固）向前秦用兵，就说四月时，东晋竟陵郡（今湖北省钟祥市）太守赵统攻襄阳（今湖北省襄阳市），前秦守将、荆州刺史都贵竟放弃城池，北撤鲁阳（今河南省鲁山县）。还有，五月，前秦洛州刺史张五虎竟不战而献出驻守之地丰阳（今陕西省山阳县），向东晋投降。紧接着，东晋梁州刺史杨亮率兵马五万，进攻前秦所属的巴蜀地区。杨亮还派巴西郡（今四川省阆中市）太守费统率水陆兵马三万为先锋，攻入巴郡（今重庆市），前秦益州刺史王广连忙派巴西郡太守康回率部抵抗。这些军情不断报入长安，苻坚早已非常心烦，现在又闻姚苌也称王与自己分庭抗礼了，自然怒不可遏。苻坚决定御驾亲征姚苌。

六月，苻坚亲率步骑兵两万人，北上两百里，在赵氏坞（今陕西省铜川市耀州区境内）与后秦兵马击战。姚苌与兄弟姚尹买率部迎战。苻坚派护军将军杨壁、右将军徐成、镇军将军毛盛等率兵马数路进击姚苌所部。杨壁等节节胜利，姚尹买被杀。这时天气非常炎热，苻坚得知后秦兵马没有水井，决定设法切断后秦兵马的水源，以渴死后秦兵马。苻坚派出人马，用土堵住安公山谷，再用堤防阻断同官河（安公山、同官河都在陕西省铜川市耀州区境内）。后秦将士听闻前秦大军切断水源，非常恐惧。不久，后秦军中确实出现缺水而有士兵渴死的情况。苻坚听闻后秦士兵有人渴死，非常高兴，感觉马上就要战败姚苌而获胜。突然，后秦大营上空阴云密布，雷声轰鸣，降起大雨。不到半个时辰，后秦军营前积水三尺，而军营四周百步之外，雨量不过一寸。后秦将士死里逃生，声势再度振作。苻坚获报，感叹道："难道上天也保佑盗贼吗？"

姚苌所部渡过难关，再度振作，重列阵势准备与前秦兵马再战。姚苌此时也听闻慕容泓正在步步逼向长安，为了联合西燕慕容泓，共同对抗前秦，姚苌派人将其子姚嵩送到慕容泓那里为质。姚苌本来是为前秦而与慕容泓作战的，现在主动和解，声势也为之壮大。前秦天王苻坚听闻姚苌与慕容泓联合，也非常担心。这时姚苌又重整兵马七万，攻打苻坚。苻坚再派护军将军杨壁、右将军徐成、镇军将军毛盛等前秦名将率部迎战姚苌。岂料这三位名震一时的将领竟被姚苌俘虏，姚苌曾与他们同朝为将，也不忍将他们杀害，派人非常恭敬地将他们送回大营。此时苻坚又获报西燕新任首领慕容冲率部进逼长安，遂放弃征讨姚苌，传令回师长安。

且说姚苌也听闻西燕兵马进逼长安城，遂在北地郡召集众将商讨对策。众将说道："大王应当夺取长安，以长安为都，然后再向四方开拓。现在不能让鲜卑人夺了长安。"姚苌却有不同看法，姚苌说道："不然，鲜卑人思乡心切，因而起兵，如若他们一旦心满意足，必定不会留在关中。我等当在岭（今陕西省礼泉县境内的九宗山岭）北积蓄粮秣，等秦国灭亡及鲜卑人离去后，再取长安。"众将也认为有理。姚苌还认为在等待果实的同时，仍要出击，多占一些长安城以外的领地。姚苌遂留世子姚兴镇守北地郡，自率大部兵马进攻新平郡（今陕西省彬县）。

姚苌为何要去夺取新平？姚苌当然有所考虑。原来新平境内的百姓曾聚

第66章 略冀州慕容麟建功 建后秦姚景茂称王

众诛杀太守，苻坚获报非常生气，决定处罚新平百姓，但又不能派兵杀戮百姓，遂派人将新平城削去一角，以示羞辱。新平的士人豪族都一直以此为辱，也试图寻机洗刷此辱。姚苌认为夺取新平将会非常容易，甚至可能不须交战。当姚苌率部到达新平城下时，新平郡太守苟辅就准备向姚苌投降。莲勺县令冯羽、尚书郎赵义、汶山郡太守冯苗都劝苟辅道："从前田单固守一个城池，能够保存整个齐国，如今秦国州郡相连，仍有一百多个城池，太守为何如此急切地去当叛臣？"苟辅听后非常高兴地说道："这其实正是我的志向，只是担心守城时间一长，外无援兵，郡民受苦。你等既然如此，我岂能爱惜生命。"苟辅遂传令郡民固守新平城。姚苌命将士堆土成山，来与苟辅兵马作战。姚苌还深挖地道，以图攻入新平城内。苟辅针锋相对，或战土山，或战地道，姚苌就是不能取胜，反而死亡一万余人。姚苌一时无计可施，这时苟辅又向姚苌诈降，姚苌竟信以为真，率一支兵马入城，以接管新平城。快要进入城中，姚苌也觉有诈，遂传令撤退，这时苟辅伏兵出击，又杀姚苌一万余人。

第67章　慕容冲进驻阿房宫　慕容垂追杀丁零部

384年六月，前秦天王苻坚在北地郡（今陕西省铜川市耀州区）与后秦万年秦王姚苌激战时，在华阴（今陕西省华阴市）的西燕内部发生了政变。西燕济北王慕容泓的谋臣高盖等认为，慕容泓的恩德和威望不如其弟中山王慕容冲。再有，慕容泓为人严厉、苛刻，高盖等难以与其相处。高盖等遂寻机诛杀了慕容泓，拥立慕容冲为皇太弟，代替皇帝慕容暐行使职权。慕容冲遂任高盖为尚书令。不久，后秦万年秦王姚苌送子姚嵩前来为质，请求和解，共同对抗前秦。自此，西燕与后秦化敌为友。慕容冲就任皇太弟后，即率部西进，不久逼近长安。

苻坚获报慕容冲率部逼近长安，也非常担心长安有失。此时，苻坚又败于后秦姚苌，三位名将被俘，苻坚遂放弃征讨姚苌，回防长安。到了长安城，苻坚发现还有两个人也回到了长安。一个是荆州刺史都贵。都贵自被东晋竟陵郡（今湖北省钟祥市）太守赵统攻陷襄阳后，即北退鲁阳（今河南省鲁山县）。后来东晋将领刘春又进攻鲁阳，都贵再败，竟一路逃回长安。至此，前秦丢掉了曾经占领的荆州数个城池。另一个撤回长安的是苻坚的儿子、平原公苻晖。苻晖本是豫州刺史，镇守洛阳，在慕容垂、翟斌撤围后，竟率部众七万人一路西撤，回到长安。都贵回到长安，应当是战败逃回，苻晖回到长安，应当是苻坚的调遣，因为苻晖回到长安后，即被苻坚任命为都督中外诸军事、车骑大将军、录尚书事。从苻晖的任职来看，苻晖已掌握了前秦的兵马大权，可惜此时的苻晖却不能在长安指挥兵马，只能率部出征了。苻坚随即又给苻晖五万兵马，命其东出长安，抵御慕容冲。

苻晖率部东进，而慕容冲正一路西来，两支兵马在郑县（今陕西省渭南市华州区）西郊相遇。这一战苻晖大败，死伤无数。慕容冲率部继续向西挺进。消息传到长安，苻坚非常担忧，连忙又派前将军姜宇与最小的儿子、河间公苻琳率三万兵马在灞上阻截。慕容冲的鲜卑兵马气势正盛，一举又在

第67章　慕容冲进驻阿房宫　慕容垂追杀丁零部

灞上击败苻琳、姜宇的三万兵马，连苻琳、姜宇都被斩杀。慕容冲率部进驻阿房城（阿房宫），与长安城近在咫尺。

长安城里的苻坚面对步步逼近的西燕皇太弟慕容冲，只得下令坚守长安城。慕容冲所部在这个夏天也未能向长安城发起攻击，但不利的消息接连传到长安，确实令苻坚大为痛心。第一个是巴蜀的战事。由于东晋巴西郡（今四川省阆中市）太守费统攻击前秦巴西郡太守康回。康回又屡战屡败，最后只得退回成都。这时前秦梓潼郡（今四川省梓潼县）太守垒袭又不战而献出涪城（今四川省绵阳市），向东晋投降。第二个是荆州边境的战事。随着前秦荆州刺史都贵退回长安，东晋荆州刺史桓石民一路北上进驻鲁阳（今河南省鲁山县）。桓石民当然不满足于得到一个完整的荆州，他还派河南郡（今河南省洛阳市）太守高茂率一支兵马，继续北上，进驻洛阳。苻坚对巴蜀、荆洛一带的战事甚为心烦，尤其对洛阳被东晋将领占领更为心痛。但苻坚此时毫无办法，毕竟自己所在的长安也正被西燕慕容冲的兵马围困。

然而在是年七月，仍有好消息从西边传到长安，苻坚听后还有一点安慰。这个好消息来自遥远的西域。原来是骁骑将军吕光攻打龟兹王国（今新疆维吾尔自治区库车县）的事。吕光攻打了半年，龟兹王帛纯终于陷入绝境。但帛纯仍不愿投降，派人以重金向西边的狯胡国请求援救。狯胡王派其弟呐龙与侯将馗率骑兵二十万，并与温宿、尉头等诸国兵马共计七十余万来救龟兹。吕光率部与呐龙数十万大军战于龟兹城西。吕光大获全胜，龟兹王帛纯逃走，有三十余国投降。吕光率部入城，只见龟兹国宫室金碧辉煌，城内街市繁盛，如同长安。吕光安抚西域，恩威甚著，远方诸国，从来不曾归附，现在都来归附。有很多国家，还将汉朝所赐符节呈给吕光，吕光上表前秦朝廷，都更换为秦国符节。吕光令帛纯之弟帛震为龟兹王。

苻坚得到吕光完全平定西域的消息，颁诏升吕光为都督玉门以西诸军事、西域校尉，但此时各地战火纷飞，诏书无法送达。说到各地战火，东晋朝廷此时又颁诏，决定向前秦北伐。八月，东晋太保谢安向孝武帝司马昌明上疏，请求利用前秦内部瓦解之机，向前秦用兵，以收复中原。朝廷准奏，任徐兖二州刺史谢玄为前锋都督，与豫州刺史桓石虔一起北伐前秦。谢玄率部北上，进驻下邳（今江苏省睢宁县西北），前秦驻守彭城（今江苏省徐州市）的徐州刺史赵迁不战而放弃彭城。谢玄北上进驻彭城，至此，东晋在东部地区收复了徐州。谢玄任刘牢之为彭城郡太守。九月，谢玄派刘牢之继续北上攻打前秦兖州刺史张崇驻守的鄄城（今山东省鄄城县北），以图再收复兖州，以做个名副其实的徐兖二州刺史。九月十一日，张崇放弃鄄城，投奔后燕慕容垂。刘牢之进驻鄄城，黄河以南各城池均向东晋归降。此时的太保谢安对北伐甚有信心，上疏请求亲统大军北伐。皇帝司马昌明遂任谢安为都督扬江等十五州诸军事，加黄钺。

我们再来看看后燕王慕容垂围困邺城（今河北省临漳县西南香菜营乡邺镇村）。384年四月，在慕容垂派慕容麟出征冀州境内五位苻氏王公时，慕容垂也召集众将商讨攻取邺城的计策。右司马封衡进献一计，认为可以掘开漳河之水，使其灌入邺城城中，可一举攻破城池。慕容垂认为可行，便传令一部人马前往开掘漳河，自己则到各围城阵地巡查。慕容垂巡查完毕，自以为很快就能攻取邺城，竟然放松警惕，命在邺城外的华林园设宴饮酒。就在慕容垂饮酒正酣之时，邺城城内的前秦长乐公苻丕传令一支兵马偷袭华林园，一时华林园内箭如雨下。慕容垂被漫天而来的箭羽困住而不能离开。后来还是慕容垂的儿子、冠军大将军慕容隆率一支骑兵冲杀进来，才将慕容垂救出。

七月，慕容垂仍在围困邺城，前方探得消息，说前秦幽州、平州的守将派兵南下增援坚守邺城的苻丕。却说前秦当时幽州刺史是王永，平州刺史是苻冲，一个是前秦丞相王猛的儿子，一个是苻氏族人。王永、苻冲听闻慕容垂在冀州境内不断夺取城池，还一直围困邺城的苻丕，二人决定派兵南下攻打慕容垂。慕容垂得到消息，连忙派宁朔将军平规率一支兵马北上迎战。平规不久便与王永所派的昌黎郡太守宋敞在范阳郡（今河北省涿州市）遭遇，随即发生激战。平规击败宋敞，继续向前推进，一直占领蓟城（今北京市）以南地区。

就在慕容垂一边围困邺城一边关注平规迎战宋敞之时，后燕内部出现了分裂。却说丁零部首领翟斌在慕容垂称王后，被封为建义大将军、河南王，自认为功高，开始骄傲，而且贪得无厌。不仅如此，翟斌看到慕容垂围困邺城这么久，都不能攻克，也开始对慕容垂失去信心，渐生二心。太子慕容宝劝其父慕容垂将翟斌除掉，以绝后患。慕容垂并不赞同，说道："黄河之南

第67章 慕容冲进驻阿房宫 慕容垂追杀丁零部

的盟誓不可违背，如若他先发难，责任在他。现在其谋反迹象并不明显，如若孤将其杀害，世人都会认为孤嫉贤妒能。现在孤正要招揽天下英雄以恢复燕国，不能让世人说孤心胸狭窄，而让世人失望。就算他要谋反，孤以智防之，他也没有什么作为。"范阳王慕容德、陈留王慕容绍、骠骑大将军慕容农众口一词，都来劝慕容垂道："翟斌兄弟依仗当初拥戴之功，骄横无比，一定会成为燕国之患。"慕容垂道："如此骄横，只能败得更快。翟斌兄弟确实立有大功，我们当待其自毙。"慕容垂从此对翟斌兄弟更加敬重，以使其更加骄横。

翟斌看到慕容垂越发对其礼遇，遂更加不可一世。翟斌想当尚书令，暗示其族人与亲信，到慕容垂那里为其请求。慕容垂对来人说道："翟王之功，确实该当此任，只是现今朝廷尚未建立，尚书令一职，不可匆匆设置。"来人返回，将慕容垂之言告知翟斌，翟斌大怒，当即决定联合邺城城内的长乐公苻丕，一同对抗慕容垂。翟斌派人密与苻丕联系，由其丁零人掘开漳河之堤，解除邺城威胁。岂料此事败露，被慕容垂知晓。慕容垂终于下令杀掉翟斌及其兄翟檀、翟敏。慕容垂赦免其他参与谋反之人。

翟斌之子翟真得知其父被杀，非常恐惧，深夜率众逃往邯郸（今河北省邯郸市），又从邯郸返回邺城郊外，准备与苻丕里应外合。后燕太子慕容宝、冠军大将军慕容隆率军击败翟真，翟真又率部北撤至邯郸。太原王慕容楷、陈留王慕容绍认为不可再紧逼翟真所率的丁零族人，遂劝慕容垂道："丁零族人并无大志，只是被宠坏了而生乱。如若大王对他们穷追猛打，他们必将奋起反抗。大王应当对其稍加放松，使其四散逃亡，然后再攻打，一定能够获胜。"慕容垂认为有理。

八月，翟真率部从邯郸继续向北逃走，慕容垂派慕容楷、慕容农率兵追击。八月三日，慕容楷、慕容农在下邑（今地不详）追上翟真。慕容楷决定下令攻击，慕容农阻止道："我部兵马既饥且疲，已无战斗力，而观翟真所部，只见老弱，不见壮年，定有埋伏。"慕容楷不以为然，仍然攻击，最后惨遭失败。翟真率部继续北上，直指中山，最后暂驻中山之南的承营。

第68章　慕容垂撤兵离邺城　慕容冲率部逼长安

384年八月，后燕骠骑大将军慕容农暂且放弃追击丁零部翟真，南返邺城（今河北省临漳县西南香菜营乡邺镇村）。此时邺城内前秦将士被困已半年多了，粮草已快耗尽，只能砍削松木喂马。后燕王慕容垂获知这一消息，却认为苻丕并不会因此而向其投降，反而一定会更加坚守城池。慕容垂此时倒想放弃围困邺城，毕竟慕容垂围困邺城半年多，可能也难以支撑了。慕容垂对众将说道："苻丕粮草虽完，但一定不会投降，孤不打算再在此困守。孤准备北撤至新兴城（今河北省肥乡县），把城西通道打开，让苻丕可以返回关中。这样可以报答天王当初对孤之厚恩，同时也可保存实力，对付翟真。"

八月十五月圆之夜，慕容垂下令撤去邺城之围，率部北上新城。此时正值秋收，慕容垂又派骠骑大将军慕容农到清河（今河北省临清市）、平原（今山东省平原县）各县巡视，以督促征收秋粮。慕容农到达清河、平原等地，首先公布法令，公平公正，贫富均有相应的征收标准，百姓甚为欢迎。慕容农还整肃军纪，不得抢掠，百姓更愿完粮纳税。百姓纷纷向慕容农交纳谷帛，军粮道路相接，后燕一时粮草丰裕。

八月底，已经撤离邺城的慕容垂获报其所派的宁朔将军平规在蓟城兵败，已经南撤。这又是怎么回事呢？却说前秦幽州刺史王永获报宋敞被平规击败，已经一路北撤至蓟南（今北京市南）。王永认为后燕兵马强盛，单凭其幽州之兵难以抵敌。王永此时想到了河套地区的匈奴首领刘库仁。王永决定请刘库仁派兵前来攻打慕容垂。刘库仁自代国被前秦消灭后，一直为前秦分守原代国之地，还被前秦任命为振威将军。当刘库仁接到王永的请求后，当即欣然同意，忙派妻兄公孙希率骑兵三千前往相助。公孙希不久到达蓟城，与王永的将领宋敞会合。公孙希、宋敞随即向驻扎此处的后燕宁朔将军平规发起攻击。平规不敌公孙希，只得率部南撤，一直撤至蓟城以南四五百

第68章　慕容垂撤兵离邺城　慕容冲率部逼长安

里外的唐城（今河北省唐县）。

　　令慕容垂没有料到的是，平规这一败退，却给翟真与苻丕带来了机会。十月，后燕的叛将、丁零部首领翟真，仍驻守在承营（今河北省定州市南）。翟真听闻公孙希率匈奴兵马来援宋敞，已击败后燕平规，遂派人与公孙希、宋敞联络，遥相呼应。这时邺城里的前秦长乐公苻丕获得这一消息，也决定采取一些行动。苻丕先派冗从仆射光祚率数百人到达中山郡（今河北省定州市），与翟真联络结好，最后再前往襄国（今河北省邢台市）。苻丕接着又派阳平郡太守邵兴，率骑兵数千人，到冀州各郡县召集旧部，一齐到襄国集结。赵郡（今河北省赵县）人赵粟等就在柏乡（今河北省柏乡县）聚众起兵，响应邵兴。此时由于后燕将士一直不能攻克邺城，冀州境内一些郡守县令开始左右摇摆，前秦苻丕的声势再度振作。

　　暂驻新城（今河北省肥乡县）的慕容垂获报苻丕派人出城召集兵马，马上也采取了行动，派冠军大将军慕容隆与前秦刚投奔过来的龙骧将军张崇，率兵阻截邵兴。慕容垂还派骠骑大将军慕容农，从清河赶来与慕容隆会师，一同攻打苻丕所派将领。此时的邵兴已按计划到达襄国，慕容隆、张崇也率兵赶至。慕容隆部击败邵兴，邵兴一路逃往广阿（今河北省隆尧县东）。此时慕容农正率部朝襄国赶来，正好遭遇邵兴，邵兴不敌被俘。冗从仆射光祚此时也正率部向襄国而来，听闻邵兴已被俘，遂不敢再前往襄国，而是沿太行山一路南下，回到了邺城。慕容隆、慕容农遂又率部到柏乡攻打赵粟。赵粟不敌被击败。冀州各郡县的太守县令原本观望，现又宣称归附后燕。

　　不久又有好消息传到慕容垂那里，原来是增援王永的公孙希部兵马不战而溃。这又是怎么回事呢？却说前秦振威将军刘库仁听报公孙希帮助王永击败平规，非常高兴，准备亲率大军前往冀州，援救苻丕。刘库仁下令调集雁门（今山西省代县）、上谷（今河北省怀来县）、代郡（今河北省蔚县）等地兵马，要求齐集繁畤（今山西省浑源县西南）。就在刘库仁大举召集兵马准备南下攻打后燕慕容垂时，其大营内的慕容鲜卑已将魔爪伸向他了。这竟然是刘库仁所没有料到的。原来刘库仁的大营中有两位慕容家族中人，一位是前燕太子太保慕舆句的儿子慕舆文，一位是前燕零陵公慕舆虔的儿子慕舆常。这二人得知刘库仁要率重兵前往攻打慕容垂，遂起叛变之心。慕舆文、慕舆常二人于夜间趁刘库仁毫无设防之时，将刘库仁杀害。二人还盗得匈奴良马，连夜逃奔后燕。刘库仁被杀的消息传到公孙希那里，公孙希的部众霎时溃散，公孙希则投奔翟真。

九月，进驻阿房宫的慕容冲再次率部向长安城逼近。苻坚登上城楼，远望这群慕容鲜卑，无奈地感叹道："这些贼虏是从什么地方出来的？"的确，就在几个月前，前秦境内还是一片平静，在苻坚看来简直就是太平盛世。淝水战后，一年都不到，前秦境内一下出现了多支叛军。远在冀州的慕容垂就不说了，离得不算远的雍州境内的姚苌也不必说了，现在西燕的慕容冲竟逼到长安城下了。苻坚感觉这些人是一夜之间冒出来的。苻坚看到慕容冲正在长安城下，大声对慕容冲喊道："你这个家奴，何苦前来送死。"慕容冲答道："奴厌奴苦，是故前来取代你。"苻坚想到早年时曾以慕容冲为男宠，仍觉有恩于他，决定送慕容冲一件锦袍，希望感化慕容冲。慕容冲看到锦袍，忙派詹事入城以皇太弟名义对苻坚说道："孤今心系天下，岂能接受一件锦袍之小恩。如若知晓天命，当君臣束手，将孤之皇兄（慕容暐）送出城来。孤对苻氏家人，当会宽大处理，以报先前之恩。"苻坚听后，大怒道："朕不用王景略（王猛）、阳平公（苻融）之言，才使这些白虏如此胆大妄为。"

慕容冲虽紧逼长安，但一时并不能攻克长安。苻坚固守城池，也没有派兵出击。到十月，苻坚又接到远方战报，东晋徐兖二州刺史谢玄在攻占徐兖二州之后，又派阴陵郡（今安徽省定远县西北）太守高素一路北上，开始攻打青州。青州刺史是苻坚的堂侄苻朗。当高素率部抵达琅琊（今山东省诸城市）时，苻朗竟不战而降。消息传到长安，苻坚甚为懊恼。不久，谢玄又派龙骧将军刘牢之进驻碻磝津（今山东省茌平县西南古黄河南岸），派济阳郡（今河南省兰考县东北）太守郭满占领滑台（今河南省滑县东），将领颜肱、刘袭北渡黄河攻占黎阳（今河南省浚县）。谢玄后来又派晋陵郡（今江苏省镇江市）太守滕恬之，驻防黎阳。东晋因兖青豫司四州全部收复，遂加授谢玄都督徐兖青司冀幽并七州诸军事。

苻坚对前秦境内四处战乱非常痛心，但一时又无能为力。苻坚竟开始相信异人奇士。在前秦陇西（今甘肃省陇西县）境内有一个人名叫王嘉，一直隐居在倒虎山（今陕西省临潼区境内）。据传此人能够知晓未来，百姓将其奉若神灵。苻坚听闻此事，派人前往请王嘉出山相助，而后秦的万年秦王姚

第68章　慕容垂撤兵离邺城　慕容冲率部逼长安

苌、西燕皇太弟慕容冲也都派人相请。十一月，王嘉终于接受苻坚之请，走出倒虎山，来到长安城。百姓听闻王嘉去了长安，认为苻坚仍然洪福齐天，不然王嘉不会前往。一时四方部族宣称归降前秦的有四万多人。苻坚非常恭敬地将王嘉与道安安居于皇宫外殿，大小事宜都向王嘉咨询。

尽管王嘉来到长安，让长安城的百姓对苻坚又寄予期望，但长安城内的鲜卑族人仍在阴谋叛乱。当时长安城内慕容鲜卑仍有一千余人，后燕陈留王慕容绍的兄长慕容肃密与慕容暐商议，准备叛乱谋反。二人商议用计杀掉苻坚。十二月，慕容暐邀请天王苻坚到其府中，参加其子婚宴。苻坚欣然答应。慕容暐准备就在宴席之上，派刺客刺杀苻坚。婚宴那天，天降大雨，苻坚未能前往。岂料慕容暐准备暗杀苻坚的密谋却传了出去，苻坚获知大怒，连忙召见慕容暐与慕容肃。慕容肃对慕容暐说道："事已泄露，入宫一定被杀。如今长安城内鲜卑人已经备战，我等不如杀掉来使，纵马冲出，我族兵马一定会马上集结。"慕容暐不肯，仍要进宫。苻坚见到慕容暐说道："朕待卿等如何，卿竟要谋害朕。"慕容暐含糊其辞，不承认密谋。一旁的慕容肃却道："家国事重，谈何意气？"苻坚遂下令先斩慕容肃，再斩慕容暐及长安城中所有慕容鲜卑。后燕王慕容垂的小儿子慕容柔早就被宦官宋牙收养，因而得以幸免。慕容柔与后燕太子慕容宝之子慕容盛竟乘乱逃出长安，投奔城外的慕容冲。

第69章 求援兵苻永叔派使 讨丁零慕容垂用兵

　　384年十月，后燕王慕容垂撤围邺城（今河北省临漳县西南香菜营乡邺镇村）已快两个月，但邺城里的前秦长乐公苻丕并不想离开邺城。苻丕仍想坚守邺城继续与慕容垂周旋。不久，光祚回到邺城时，苻丕才知道自己所采取的反击行动已经失败。尽管如此，苻丕仍没有离开邺城前往长安（今陕西省西安市）的打算。苻丕这时又想到太行山西边的并州。前秦当时的并州刺史是王腾，骠骑将军张蚝也在并州协防。苻丕准备向一山之隔的并州刺史王腾求援。苻丕于是再派光祚与参军封孚前往晋阳（今山西省太原市），请王腾派兵援救邺城。十数日后，光祚、封孚返回邺城。令苻丕大失所望的是，王腾、张蚝认为并州兵马太少，无法分兵援救邺城。

　　苻丕一时无计可施，遂召集僚属商议对策。司马杨膺向苻丕提了一个大胆的建议：向东晋投降，请求东晋将领率兵来援邺城。杨膺也是苻丕的妻兄，因而敢在苻丕面前提出这样的建议。但苻丕认为其是秦国王公，不可向敌国借兵，更不能向敌国投降，最终没有接受杨膺的建议。杨膺认为此时的东晋兵马已经一路北上，攻占了徐州、兖州、青州，很快就要逼近邺城，此时不与东晋联络议降，恐无机会。苻丕仍不为所动。

　　杨膺说得没错，就在这时，东晋徐兖二州刺史谢玄又派龙骧将军刘牢之进驻碻磝津（今山东省茌平县西南古黄河南岸），派济阳郡（今河南省兰考县东北）太守郭满占领滑台（今河南省滑县东），而其将领颜肱、刘袭已北渡黄河攻占了黎阳（今河南省浚县），离邺城不到两百里。苻丕接报后，大怒，声称要夺回黎阳。苻丕派将领桑据前往黎阳抵挡颜肱、刘袭。桑据到达黎阳时，遭到颜肱、刘袭的偷袭。桑据大败而走，颜肱、刘袭仍占领黎阳。苻丕获报桑据败走，也感到非常害怕。这时苻丕终于萌发向东晋将领求援的想法。苻丕遂修书一封，令堂弟苻就与参军焦逵南下，向东晋前锋都督谢玄求救。

第69章　求援兵苻永叔派使　讨丁零慕容垂用兵

焦逵在出发之前，看了书信内容，大意为："请求借道并支援粮草以西赴国难。一旦援兵到来，就当以邺城相让。如若西路不通，长安陷落，也请率所部兵马防守邺城。"焦逵看出苻丕书信之中并无投降之意，觉得不够诚心，担心东晋谢玄不会发兵相救。焦逵于是与另一位参军姜让，一同去见苻丕的妻兄杨膺。焦逵对杨膺说道："如今我等如此惨状，而长安音讯不通，是存是亡，无人知晓。向晋兵屈膝以求粮秣与援兵，仍担忧难以得到。而长乐公豪气不减，将对方平等相待，事情一定不能成功。应当将书信改写成，晋朝王师到来之时，就当随军南归。到那时，如若长乐公拒绝，我等可将长乐公绑缚，交与晋军。"杨膺认为他完全可以将苻丕控制，遂赞同修改书信。

就在焦逵等带着修改后的书信前往拜见谢玄时，谢玄又派晋陵郡（今江苏省镇江市）太守滕恬之驻防黎阳。焦逵等一路南下，不日来到东晋前锋都督谢玄的大营，将书信交与谢玄。谢玄阅罢书信，得知苻丕求粮借道，并愿意归降。然而谢玄不同意派兵援救邺城。谢玄认为苻丕只凭一封书信，诚意不足，须送子为质。焦逵向谢玄再三说明苻丕之诚心，并将杨膺的打算也一并说出。谢玄听后终于同意派兵援救邺城。谢玄传令刘牢之、滕恬之率兵马两万北上援救邺城。谢玄还派人水陆两路给邺城送来谷米两千斛。

385年二月，龙骧将军刘牢之率领的一支兵马北上，已到达枋头（今河南省浚县东南淇门渡）。这时，出人意料的事发生了，这位淝水之战的英雄突然接到一个消息，竟然驻足而不敢前行了。原来是邺城里的前秦长乐公苻丕获知了杨膺、姜让向东晋投降的密谋，大怒异常，当即下令将二人诛杀。消息传到枋头，刘牢之犹豫不决，不敢继续北上。

此时慕容垂也在不断用兵。前面说过，慕容垂已经得知刘库仁被杀，其所派的公孙希兵马也不战自溃，公孙希本人投奔了丁零部翟真。慕容垂得知这一消息，决定再度派兵征讨丁零部。当时在冀州境内，共有两支丁零部叛军，一支是据守承营（今河北省定州市南）的翟真，还有一支是翟真的堂兄翟辽，正驻屯在鲁口（今河北省饶阳县）。384年十一月，慕容垂先派骠骑大将军慕容农从信都（今河北省冀州市）前往鲁口，攻击翟辽。慕容农大破翟辽，翟辽一路向西撤退到无极（今河北省无极县），与翟真据守的承营只有一百余里之地。慕容农紧追不舍，直到藁城（今河北省藁城市）。十二月，慕容垂又派抚军大将军慕容麟率部与慕容农会合，一同攻打据守无极的翟辽。翟辽不敌两支兵马的联合攻击，惨遭失败，单枪匹马向北逃到翟真所据守的承营。慕容农、慕容麟决定继续攻打翟真、翟辽所据守的承营。

当时的冀州大地早已寒风凛冽，据守新城（今河北省肥乡县）的慕容垂也在关注慕容农、慕容麟攻打丁零的战况。慕容垂此时还作了一个重要决定，那就是再度率兵南下围困邺城，同时派带方王慕容佐与宁朔将军平规攻打据守幽州蓟城（今北京市）的前秦刺史王永。让慕容垂苦恼的是，慕容农、慕容麟联手，也未能平定丁零部的翟真，其本人再度围困邺城也是毫无战果。然而慕容佐与平规此次攻打王永，倒给慕容垂带来一个大好消息。且让笔者慢慢道来。

385年正月，慕容佐与平规率部北上抵达蓟城。王永派兵出城迎战，连遭败绩。王永准备放弃幽州前往并州。二月，王永命昌黎郡（今辽宁省朝阳市）太守宋敞纵火焚烧和龙（今辽宁省朝阳市）及蓟城的宫殿，然后率军三万离开幽州，前往并州的壶关（今山西省长治市北）。慕容佐遂进入蓟城，占领幽州。

再说慕容农、慕容麟攻打丁零部的翟真。兄弟二人商议先率数千骑兵到城南的承营察看敌营。翟真远远地看到慕容农兄弟，当即传令发起攻击。后燕的将领感到兵马不足，准备撤退，慕容农却有不同看法，对众将说道："丁零部并非不勇猛，但翟真这个人却很懦弱。我们当选派一支精锐兵马直冲翟真大营，翟真胆怯一定会撤退。一旦翟真撤退，其部众必定一哄而散，我部只要堵住城门，定能将其全部消灭。"众将认为有理。慕容农遂命骁骑将军慕容国率百余骑兵直冲翟真大营。翟真果然撤退，其部众看到主帅撤退，都纷纷向城内奔去。丁零部众一时争相拥挤，互相践踏，死亡半数以上。慕容农传令乘势进击，很快将承营外城攻占。

三月，慕容垂在邺城再度围困苻丕已快三个月了，但苻丕仍无撤离之意。慕容垂此时决定前往冀州。关于慕容垂此时前往冀州的原因，史书记载不详。慕容垂还传令正在承营攻打丁零翟真的骠骑大将军慕容农、抚军大将军慕容麟暂停攻击，而将慕容农调至邺城围攻苻丕，慕容麟则前往信都（今河北省冀州市）镇守。当时慕容农、慕容麟攻打翟真正不断取得胜利，而慕容垂临阵换将，确实让人难以理解。当然慕容垂这一调整，也立即产生了不

第69章　求援兵苻永叔派使　讨丁零慕容垂用兵

好的影响,暂且不提。

慕容垂放弃攻打承营,但并没有放弃中山(今河北省定州市)。慕容垂当时就派乐浪王慕容温前往中山郡镇守。却说慕容温镇守之地与翟真的据守之地相距甚近,慕容垂这一部署,也有防范翟真的意图,只是目的不是针对翟真。从慕容温来到中山后的所作所为,我们可以看出慕容垂的这一调整是为了定都中山。我们知道,后燕建立已经一年多了,至今仍然没有都城。邺城是前燕的都城,一心复国的慕容垂当然想尽快得到这个重要城池。慕容垂可能认为邺城难以很快夺取,因而萌发了在冀州境内建都的想法。

且说乐浪王慕容温到了中山郡,感到自己兵力不足,而丁零部人马众多,一时不敢进击。慕容温还对部将说道:"以我们现在的兵马数量,不能向翟真发起攻击。但我们的兵马如若用来固守的话,一定绰绰有余。骠骑大将军(慕容农)在邺城,而抚军大将军(慕容麟)在信都,首尾相接,很快就会消灭贼军(苻丕)。我部不要出击,只需厉兵秣马,等待时机。"慕容温遂安抚旧部,劝课农桑,百姓前来归附之人甚多,那些坞主堡主也纷纷前来纳粮。慕容温的中山郡府库一时粮草充足。丁零部首领翟真看到慕容温不敢向其进击,竟率部夜袭中山城,反被慕容温击退,从此也不敢再来袭击慕容温。慕容温又派一万人的强大兵马,护送粮草,供应给后燕王慕容垂。史书记载,慕容温还在中山郡为后燕王慕容垂兴建宫室。

第70章　苻永固出战慕容冲　姚景茂屠杀新平城

384年十二月，前秦梁州刺史潘猛回到长安。潘猛返回不是援救长安，而是打了败仗丢了梁州。此时的长安城仍未摆脱慕容冲的进逼，苻坚再听到这个消息，可谓更加痛心。当然苻坚并未因此而加罪潘猛。

385年正月，长安城仍在寒冬之中，大街上一片萧条，百姓出现饥荒，发生了人吃人的惨象。就是苻坚的朝堂之中，群臣诸将也常是吃不饱饭，朝会上苻坚如赏赐将领们吃饭，将领们都暗把肉食含在口中，回到家中再吐出来给妻子儿女们吃。前秦一片繁荣富强的景象已经成为过去。此时的苻坚面对长安城外的慕容冲，一定是气不打一处来，因而准备再次领兵出城亲征。

慕容冲听闻慕容暐已被苻坚杀害，遂在阿房宫登基称帝，改年号为更始，成为西燕的第二任帝王。时年二十七岁的慕容冲称帝之后，洋洋得意，随意赏罚。刚从长安城逃出来的慕容盛才十三岁，就对叔父慕容柔说道："当十个人的首领，才能一定要超过九人，这才能够胜任。现在中山王（慕容冲）才能平平，更没有建功立业，却骄傲无比，不可一世。我担心其难以获得成功。"

就在慕容冲得意忘形之时，苻坚率兵从长安城里杀了出来。苻坚在长安城西边的仇班渠一带与慕容冲兵马交战。西燕兵马大败，向北撤出。苻坚下令追击，又在雀桑（今陕西省泾阳县西北）与慕容冲激战。西燕兵马又遭大败，继续撤退。苻坚继续追击，又在白渠激战。岂料第三次激战时，西燕兵马拼死还击，反而将前秦兵马击败，将苻坚包围。前秦殿中将军邓迈奋力交战，才将苻坚救出。苻坚一路逃回长安城内，准备寻机再征。

数日后，慕容冲派尚书令高盖夜袭长安城，攻占了南城。苻坚获报，派左将军窦冲、前禁将军李辩率兵迎战，击败了高盖并杀死鲜卑兵马八百余人。此时，仇恨加上饥饿，前秦将士竟将鲜卑人马分而食之。数日后，高盖重整兵马，攻打渭河北岸的前秦营垒，苻坚再派太子苻宏领兵出战。苻宏在

第70章　苻永固出战慕容冲　姚景茂屠杀新平城

贰壁（今陕西省西安市高陵区境内）与高盖交战。苻宏再胜高盖，杀高盖三万兵马，取得大胜。

二月，苻坚对攻打慕容冲再树信心，决定再次亲率兵马出城征讨慕容冲。苻坚与慕容冲两部又在长安城西交战，苻坚大胜。慕容冲率西燕兵马往阿房宫一带撤退，苻坚下令追击，直到阿城（阿房宫）。诸军请求乘胜进击阿城，岂料苻坚此时却担心有埋伏，不敢攻打阿城。苻坚命平原公苻晖继续率兵寻机攻打慕容冲，自己先返回长安城内。

苻坚回到长安，又有坏的消息传来。这回是益州刺史王广放弃成都，回到陇西。自从梁州被东晋收复后，前秦的益州一直被孤立，刺史王广无心固守益州。王广遂任江阳郡（今四川省泸州市）太守李丕为益州刺史，镇守成都，自率一部兵马北上陇西，投奔兄长秦州刺史王统。成都一带追随王广北上的，有三万余人，前秦益州一时难保。远在益州发生的事，苻坚虽然非常恼怒，但一时无力顾及。其实当时，在前秦境内，这样的事已不止一件，各地早已战火纷飞，领地不断丢失。苻坚此时更加关注的当是身边的战事。

苻坚回到长安城后，就不断接到苻晖被慕容冲战败的消息。苻坚派人责备苻晖道："你是朕最有才干的儿子，率大军与白虏作战，却屡遭战败，活着还有什么用呢？"三月，苻晖听到苻坚的责备，非常愤恨，竟挥刀自杀。苻晖死后，前秦一时没有主帅，前禁将军李辩、都水使者彭和正都是陇西之人，认为长安一定难以固守，便集结陇西人士，屯于长安城西的韭园。苻坚传令二人率部进击，二人为保存实力，拒不听从苻坚的号令。但此时的长安却暂得一片安宁，因为西燕皇帝慕容冲决定率部到骊山一带作战。

却说当时在骊山一带设防的是前秦抚军大将军、高阳公苻方。苻方是前秦第一任君王苻健的儿子，于384年七月慕容冲快要逼近长安时，受苻坚所派前往骊山设防。现在慕容冲一直不能攻克长安，也许想先将长安四周的秦兵消灭，然后再专心来攻长安。慕容冲与苻方在骊山一战，果然大获全胜，阵斩苻方，俘获前秦尚书韦钟及其子韦谦。慕容冲任韦谦为冯翊郡（今陕西省大荔县）太守，并让韦谦招抚三辅百姓。韦谦便从冯翊郡开始招抚，岂料冯翊郡垒主邵安民等反对招抚，还责备韦谦道："君也是雍州的望族，现今却向贼寇投降，做此不忠不义之事，还有什么脸面活于世上。"韦谦听后也觉得无脸见人，并将此事说与父亲韦钟，韦钟听后当场自杀，韦谦则南投东晋。不久，苻方的旧部、左将军苟池与右将军俱石子重整兵马，再与慕容冲在骊山交战。慕容冲又大获全胜，西燕将领慕容永还阵斩苟池。俱石子一路向东，投奔邺城（今河北省临漳县西南香菜营乡邺镇村）长乐公苻丕。

苻坚获报苻方、苟池等战死，决定再派将军杨定率一支兵马来战慕容冲。杨定出马，终于给苻坚带来一个好消息。杨定所部战败慕容冲，一万余鲜卑兵马被俘。杨定痛恨这群鲜卑兵马，下令将他们全部活埋。

由于杨定取得胜利，慕容冲一时没有再向长安攻来。但长安城里的苻坚却又得到益州终被东晋占领的消息。385年四月，东晋蜀郡（今四川省成都市）太守任权攻克成都，斩前秦益州刺史李丕。至此，梁益二州均被东晋收复。却说苻坚自淝水战败，到现在一个年头过去了，他的秦国一连丢失了荆州、徐州、兖州、豫州、司州、青州、梁州、益州。前秦当前尚有雍州、秦州、凉州、并州、幽州、平州、冀州。西晋时期的十九州原本有十四个州属前秦，一年左右，丢掉了一半，大部分是被东晋收复。就是还在前秦境内的七个州，冀州已被后燕慕容垂乱得支离破碎，前秦所能拥有的也只有邺城一个城池。而前秦都城所在的雍州，也被西燕、后秦打得遍体鳞伤。西燕的慕容冲紧逼长安自不必说，而那个后秦的万年秦王姚苌一直在围攻雍州的新平郡（今陕西省彬县），同时在等待慕容冲与苻坚作战以图从中获利。

且说姚苌自384年十月开始围攻新平城，不仅一直不能攻克，还被守城的前秦新平郡太守苟辅击斩一万余人。在385年正月时，姚苌仍没有攻克新平。姚苌决定派将继续围困新平，自率一部兵马到西北一百余里外，攻打安定郡（今陕西泾川县）。姚苌攻克安定，生擒守将安西将军、渤海公苻珍，岭北（九宗山之北）各城也全部归降后秦。姚苌又率部一同围困新平。四月，围困新平半年之久的姚苌不敢强攻，苟辅也不敢出城迎战。姚苌等待的时间终于到来了，那就是城内粮草耗尽、箭矢用光。姚苌派人对苟辅说道："孤正以义取天下，岂能仇恨忠臣？卿只管带领人马返回长安，孤只想得到这座城池。"苟辅此时也实在无力坚守，毕竟他知道前秦的援兵不会到来，因为长安城的苻坚也正被困着呢。苟辅也担心城中百姓无法生存，遂相信姚苌之言，决定带领城中忠于秦国的百姓五千人出城，南返长安。姚苌看到苟辅带领百姓出城后，马上下令将苟辅及所有百姓全部包围，挖坑活埋，无论男女老少，不留一个活口。苟辅带领百姓拼死抵抗，最终只有一个叫冯终的

第70章 苻永固出战慕容冲　姚景茂屠杀新平城

人逃了出去，回到了长安。苻坚听到此事，甚为痛心，追赠苟辅为节愍侯，任冯终为新平郡太守。

385年五月，苻坚正为姚苌攻占新平郡而恼怒之时，外面报西燕皇帝慕容冲又率兵向长安攻来了。苻坚再次亲自出城督战，身中多支流箭，鲜血直流。慕容冲在攻往长安的途中，任由其将士四处抢掠，关中百姓四散而逃，不绝于路，千里无烟。关中自卫坞堡三十余处，公推赵敖为盟主。这些堡主相互盟誓，冒着战火给长安城中的天王苻坚送粮。这些送粮之车，在半途都被西燕兵马所获。苻坚听闻后，叹道："朕听说这些送粮的车子，一路上危机四伏，大都不能到达长安。但这些人才是真正的忠臣啊。现在贼势正盛，不是个人能够抵抗的，如此送粮，只能进入虎口，于国无益。他们应当为了国家，爱惜自己，厉兵秣马，等待时机。"

那些被慕容冲俘获的关中兵民，秘密派人前往长安，请苻坚派兵出击，他们在内纵火相应。苻坚听后甚为感动，但不赞同这种冒险行为。苻坚说道："众卿之忠诚，令朕感激而悲痛，可是朕的猛将如虎，兵器亮似霜雪，仍被这群乌合之众困住，岂非天意？这样做，只会令卿等全家白白受到杀戮，朕于心不忍。"这些使节坚持要做内应，恳请苻坚派兵。苻坚最后只得派骑兵七百，跟随其后。岂料那些纵火之人，却因风势反扑而被烧死，逃出来的十不过一二。苻坚在长安城内听报后，为这些死去的人设祭痛哭。

第71章　邺城北燕军胜晋兵　五将山吴忠俘苻坚

385年三月，慕容垂重新调整部署的消息传了出去，后燕的将士及冀州的百姓纷纷议论，认为后燕王慕容垂没有能力得到邺城（今河北省临漳县西南香菜营乡邺镇村）这个象征燕国都城的城池，所以才作此调整。将士、百姓大都认为后燕实力在衰退，很多人开始产生叛离之心。慕容农率部南下到达高邑（今河北省柏乡县北）时，就发现从事中郎眭邃外出公干，到期仍然没有返回。长史张攀担心眭邃一定已生叛心不会回来了，对慕容农建言道："眭邃是将军身边的参佐，竟敢到期不还，请将军派兵征讨。"慕容农没有答应，而是以后燕王的名义，给眭邃颁诏，任眭邃为高阳郡（今河北省博野县东南）太守。慕容农还对参佐中家在北方的，一律委任官职，准许返乡任职。慕容农一共委派太守三人，县令二十人。慕容农还很自信地对张攀说道："你的看法非常错误，今天我等岂能自相残杀？等本将军再回北方时，眭邃一定会在道旁相迎，你就等着瞧吧。"

就在形势对后燕不利之时，慕容垂又获报东晋龙骧将军刘牢之北上攻打其黎阳郡太守刘抚驻守的孙就栅。慕容垂当时应当与其子慕容农一同围困邺城。慕容垂决定亲自会会这位东晋的将领刘牢之，遂命慕容农留守邺城郊外，自率一支兵马南下援救刘抚。慕容垂离开邺城的消息自然也被邺城里的苻丕探得，苻丕知道东晋谢玄所派的援兵已快到来。苻丕还认为邺城郊外的慕容农兵马一定有所减弱，遂决定率领城中兵马，在深夜突袭慕容农。然而，慕容农不是等闲之辈，其防守甚密，苻丕未能攻破，反被击退。而此时的慕容垂到达孙就栅时，与刘抚合兵一处，向东晋龙骧将军刘牢之发起还击。这位能征善战的北府兵将领，却被慕容垂击败，向南一直撤退至黎阳（今河南省浚县）。慕容垂无意与东晋争战，见刘牢之撤退，遂也北返邺城，继续围困苻丕。

四月，刘牢之在休整之后，再次率部北上，一直进逼邺城。后燕王慕容

第71章　邺城北燕军胜晋兵　五将山吴忠俘苻坚

垂看到刘牢之抵达邺城，忙又率部迎战。也许是上次交战获胜，此次有些轻敌，被刘牢之击败。慕容垂不敢与刘牢之再战，遂放弃对邺城的围困，率部北上至列人的新城（今河北省肥乡县）。刘牢之并没有进入邺城与苻丕会面，而是率部一路北上追击慕容垂。慕容垂非常害怕，于四月八日，放弃新城，继续北撤。刘牢之仍然紧追不舍。邺城里的苻丕得知刘牢之经过邺城，北上追击慕容垂，遂也率一支兵马跟随其后。四月十三日，刘牢之在董唐渊（今地不详）追上慕容垂部。慕容垂不打算再撤，准备反击，但又担心将士们没有信心。慕容垂遂对众将士说道："秦、晋瓦合，相恃为强，一胜则俱豪，一失则俱溃，非同心也。今两军相继，势既未合，宜急击之。"慕容垂认为前秦、东晋的兵马合在一起如同两块瓦片，不可能同心，现在两军相继而来，趁其没有整合而突袭，一定能够取胜。

再说刘牢之听报慕容垂的辎重在一个叫五泽桥（邺城北）的地方，准备先夺取辎重。刘牢之眼看就要追上慕容垂，并没有下令进击，而是下令一口气急行军两百里，赶到五泽桥。慕容垂率部拦腰反击，大破刘牢之，杀东晋兵数千。刘牢之根本没有想到慕容垂会反击，才遭此惨败，单人匹马向南逃去。这时苻丕的兵马刚好到来，救了刘牢之。刘牢之这才免于一死。后燕王慕容垂看到这一战中英勇奋战的冠军将军、宜都王慕容凤，非常爱惜。慕容垂知道慕容凤自跟随其起兵以来，大小二百五十七战，没有一次不立战功，没有一次不拼死杀敌。慕容垂告诫这个二十五岁的侄儿道："如今大业尚未建成，你要保重自己啊。"慕容垂还任慕容凤为车骑将军，命其为范阳王慕容德的副手，以抑其锐气。

邺城里的苻丕因严重缺粮，实在无法支撑，终于决定放弃邺城，南下枋头（今河南省浚县东南淇门渡），接受东晋的粮草。东晋龙骧将军刘牢之遂率部进入邺城，集结旧将，声势稍振。然而就在这时，刘牢之接到东晋朝廷来旨，说其作战失败，调其回朝。

从384年底到385年四月，后燕与前秦在冀州及幽州一带不断争战，民不聊生，境内饥荒严重。无论城市还是乡村，一片萧条，百姓中出现人吃人的惨象。就是后燕将士中，也有不少人活活饿死。慕容垂传令百姓不得养蚕，而将桑椹留作军粮。慕容垂此时也决定放弃夺取邺城，北上中山郡（今河北省定州市），并命其子骠骑大将军慕容农为前锋。慕容农率部北上时，以前

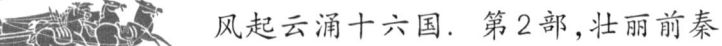

的从事中郎眭邃果然在道旁相迎，长史张攀看到后，不得不佩服慕容农的智慧与才识。

五月，苻坚获知慕容冲率领的兵马快要到达长安城下了，决定派卫将军杨定率兵在城西迎战。杨定此时可以说是苻坚最后依靠的将领了。然而令苻坚伤心的是，长安城西一战，杨定竟然被擒。苻坚这时非常恐惧，一时不知所措。苻坚此时能够想到的只有谶言了。谶言上有句话是："帝出五将久长得。"苻坚认为他应当离开长安，到一个叫五将的地方，秦国方能长久。苻坚想到了长安城西三百里外的五将山（今陕西省岐山县东北），他只有到了那里，秦国才能躲过此劫。苻坚决定留太子苻宏镇守长安，并对苻宏说道："上天或许教朕出走，汝可用心守城，不要与贼寇交战。朕当前往陇西一带，招兵买马，并给汝送来粮草。"苻坚说完就与苻宏分别。苻坚率骑兵数百人，带着张夫人、皇子中山公苻诜、公主苻宝、苻锦，西出长安前往五将山。苻坚还传令各州郡，本年初冬一同前来解救长安。苻坚经过长安城西边的韭园之时，向前禁将军李辩、都水使者彭和正发起攻击。李辩不敌，投奔西燕皇帝慕容冲，而彭正和深感惭愧，自杀而亡。

六月，留守长安的太子苻宏不堪慕容冲所逼，实在无力支撑，决定放弃长安。苻宏率骑兵数千人，带着母后、妻儿、皇室宗族，向西投奔秦州武都郡下辩县（今甘肃省成县西）的南秦州刺史杨璧。苻宏一走，前秦文武百官都逃离一空。时任司隶校尉的权翼等数百人，前往新平（今陕西省彬县），投奔后秦姚苌，毕竟权翼曾是姚氏羌族的旧部。长安城里的前秦君臣都走了，慕容冲随即率部入城，放纵鲜卑兵马在长安城内大肆烧杀抢掠，长安城里百姓死亡不计其数。

后秦姚苌听报前秦天王苻坚前往五将山，长安城已被慕容冲占领，一时不打算与慕容冲争夺长安。姚苌不是不想得到长安，而是认为慕容鲜卑迟早会撤出关中，回到关东，姚苌想不战而得到长安。但姚苌却不想放过前往五将山的前秦天王苻坚。五将山离姚苌所据守的新平不到两百里，姚苌决定派兵将五将山包围。姚苌所派的这位将军名叫吴忠，还是骁骑将军，也许是巧合吧，姚苌对苻坚的不忠不义之行为，由这个叫吴忠的人来做了。吴忠兵马将五将山团团包围后，跟随苻坚来到五将山的将士们马上一哄而散，只剩下

第71章 邺城北燕军胜晋兵　五将山吴忠俘苻坚

十几个侍卫。苻坚自知无法抵挡，更无法脱身，遂端坐于侍卫之中，神色如常。时正用膳时分，苻坚照常吩咐进食。后秦兵马虽已近前，但都不敢动手，一时竟不知所措。不久，吴忠赶到，下令将苻坚俘虏，并将苻坚押送到新平，交给姚苌。姚苌将苻坚囚于新平佛寺之中。

此时前秦太子苻宏已到达下辩，准备投奔南秦州刺史杨璧。苻宏之所以投奔杨璧，是因为杨璧的夫人是苻坚的女儿顺阳公主。但杨璧此时只求自保，不愿收留太子苻宏。顺阳公主得知后，对丈夫所为非常愤怒，竟抛弃杨璧，投往苻宏处。苻宏遂再往武都郡（今甘肃省成县），投靠此处的氐族豪强强熙，最后向强熙借道前往东晋。孝武帝接纳了苻宏的归降，还将苻宏安置在江州。苻宏在东晋官至辅国将军。后来桓玄任江州刺史，苻宏成了桓玄的部下。403年桓玄篡位称帝，苻宏被任命为梁州刺史。苻宏于405年被东晋讨灭，终年五十岁。此为后话。

第72章　慕容垂坑杀丁零部　姚景茂缢死苻永固

385年四月，慕容垂北上中山郡（今河北省定州市）的消息传到承营（今河北省定州市南）。丁零部首领翟真认为承营与中山郡近在咫尺，不利于防守，决定放弃承营，而向西前往常山郡的行唐县（今河北省行唐县）。岂料这时丁零内部出现叛变，翟真的司马鲜于乞寻机刺杀了翟真，还杀了不少翟姓的将领。翟真的堂兄翟辽得以逃脱，南下投奔东晋黎阳郡（今河南省浚县）太守滕恬之。鲜于乞据守行唐，自称赵王。丁零部族中人又联合反击，杀了鲜于乞，拥立翟真的堂兄弟翟成为首领。丁零部的势力从此衰退，不少士兵向后燕投降。

关于丁零部人鲜于乞，《资治通鉴》的记载前后出现矛盾。385年四月鲜于乞已被丁零部众诛杀，却在386年八月，鲜于乞又出现了。鲜于乞还率丁零部与后燕慕容麟发生激战，最终被慕容麟擒获。笔者在此特作说明，以免读者误会。

这年闰五月四日，后燕王慕容垂到达常山郡（今河北省正定县）。慕容垂获知丁零部已到常山境内的行唐县，遂决定暂不前往中山郡。慕容垂直接从常山派兵攻打据守行唐的丁零部翟成，因为行唐就在中山正北方向不到一百里处。慕容垂对围攻行唐丁零部可谓志在必得，毕竟这是一个绝好的时机。从闰五月到七月的两个多月中，让慕容垂不悦的消息一个接一个，但慕容垂一直没有放弃围攻丁零部。

第一个消息是平州的辽东郡（今辽宁省辽阳市）、玄菟郡（今辽宁省沈阳市）丢失。六月，高句丽派兵攻打辽东郡（今辽宁省辽阳市），时镇守和龙（今辽宁省朝阳市）后燕带方王慕容佐派司马郝景前往援救。郝景不敌而退，辽东郡被高句丽占领。高句丽兵马还乘胜追击郝景，最后又占领了玄菟郡。

第二个消息是前秦长乐公苻丕再次回到邺城（今河北省临漳县西南香菜

第72章　慕容垂坑杀丁零部　姚景茂缢死苻永固

营乡邺镇村）。七月，苻丕率三万部众从枋头（今河南省浚县东南淇门渡）北返邺城。东晋龙骧将军檀玄不希望邺城由东晋得而复失，遂率部阻截苻丕。两军在枋头西边的谷口激战，檀玄不敌苻丕，苻丕遂得以北返邺城。

第三个消息是后燕建节将军余岩在冀州安平国的武邑县（今河北省武邑县）起兵反叛。时间也是在七月，余岩率部一路北上，准备攻打幽州。慕容垂担心幽州有失，遂派人快马加鞭前往幽州的蓟城（今北京市），对镇守蓟城的平规说道："一定要坚守城池，不要出城迎战。等我部击败丁零部众，自当亲往讨伐余岩。"岂料平规没有听从慕容垂的命令，还是出城迎战余岩。平规一战而败，连蓟城也被攻陷，但余岩并没有夺取蓟城，而是掳掠千余户百姓向东而去。余岩最后占领令支（今河北省迁安市）。

七月二十八日，后燕将士包围行唐城已经两个多月了，即使进入炎热的夏天，慕容垂也没有放松对行唐的包围。行唐城中的丁零部将士被围日久，粮草不足，天气又热，实在不堪忍受，早已失去坚守之心。翟成的长史鲜于得甚至起了反叛之心，竟寻机杀掉首领翟成，打开城门向后燕将士投降。也许围攻时间太久，也许丁零部众多次反复，慕容垂当时异常恼怒，根本不接受鲜于得的投降。慕容垂下令将城中丁零部众连同百姓全部活埋。慕容垂虽在行唐坑杀了丁零部，但丁零部人没有被彻底消灭，远在黎阳的翟辽还将建立翟魏政权，此为后话。

后秦姚苌俘获苻坚后，一直将苻坚囚于新平城（今陕西省彬县）的佛寺之中。到这年八月下旬时，苻坚已被囚一个多月了。一个多月过去了，姚苌终于等不及了，派人前往佛寺，向苻坚索要传国玉玺。姚苌还让人给苻坚带话道："按照天命次序，该到姚苌做天子，请把传国玉玺交出来。"苻坚听后，大怒异常，呵斥道："小小羌胡胆敢威逼天子，五胡之中，没有你羌族。传国玉玺已送到晋国了，姚苌得不到了。"姚苌仍不死心，再派右司马尹纬前往游说苻坚，请苻坚将天王宝座禅让给姚苌。苻坚听后生气道："帝王禅让，只能让给圣贤，姚苌是个叛贼，岂可禅让？"苻坚转而心平气和地同尹纬谈论一番，还问尹纬道："卿在朕朝中任何官职？"尹纬答道："尚书令史。"苻坚知道尚书令史是个很小的官，俸禄也很少。苻坚感叹道："卿与王猛一样，有宰相之才，而朕竟然不知，难怪秦国要灭亡。"

苻坚自认为对姚苌有恩，而姚苌谋反，苻坚心里一直无比气愤。苻坚好几次都想痛骂姚苌一番，并且高声叫道只求一死。苻坚又想到自己的两个女儿正值青春年少，担心遭到羌族士兵的侮辱。苻坚对张夫人说道："不能让那些羌奴侮辱朕的女儿。"苻坚遂将两位女儿苻宝、苻锦杀死。姚苌知道苻坚不会交出传国玉玺，也不会禅让帝位给他，遂于八月二十六日，派人来到佛寺，将苻坚缢死。苻坚死时四十八岁，在位共二十九年。苻坚被缢死后，其张夫人、小儿子苻诜全部自杀而死。就连后秦的将士听闻苻坚被杀，也非常悲恸。姚苌为了掩饰自己谋杀的罪名，竟尊称苻坚为"壮烈天王"。史书还说前秦强盛之时就有童谣说道："河水清复清，苻诏死新城。"苻坚听后非常厌恶，但也有几分相信，每次出征，都要回避地名有"新"字的地方，不想最后真的死在新平城。

东晋朝廷执政的太保谢安也于八月二十二日去世，比苻坚被杀早四天。谢安与苻坚都是淝水之战的最高统帅，两位对手相继去世，确实非常巧合。东晋朝廷的实权人物谢安的去世，意味着东晋又一时代的来临。东晋朝廷的大权从此由司马家族年仅二十二岁的琅琊王司马道子掌控，东晋朝廷还任司马道子为都督中外诸军事、扬州刺史、录尚书事，任尚书令谢石为卫将军。

邺城里的苻丕听闻慕容垂占领行唐，平定丁零部，知道慕容垂下一步将会再来围攻邺城。苻丕此时已无心坚守邺城，再次决定离开邺城，准备西返长安。就在苻丕准备离开邺城时，幽州刺史王永派使者来到邺城。王永此时正与平州刺史苻冲驻守在邺城西边不到三百里的壶关（今山西省长治市），与邺城之间隔着一座长长的太行山脉。王永派使前来，是请苻丕前往壶关。苻丕遂率部众六万余人西上，不日抵达并州境内的潞川（今山西省黎城县南）。苻丕正要前往壶关，此时并州刺史王腾、骠骑将军张蚝派人把苻丕接到晋阳（今山西省太原市）。王永获知后，留下平州刺史苻冲镇守壶关，自率骑兵一万人到晋阳与苻丕会合。

到达晋阳后的苻丕才得知长安城早已陷落，其父天王苻坚已被杀害。苻丕于是就在晋阳发布天王死讯，祭祀哀悼。苻丕在王永的劝进下，登基称帝，改年号为太安。苻丕追谥苻坚为宣昭皇帝，庙号世祖。苻丕继位是在385年八月，而此时的前秦已经支离破碎，早已不是拥有十四州的北方大帝国了。此时真正还归属前秦统辖的只有并州、秦州、凉州及西域，而冀州、

第72章　慕容垂坑杀丁零部　姚景茂缢死苻永固

幽州、平州大部郡县已被后燕慕容垂占领，雍州也被西燕慕容冲与后秦姚苌分占部分郡县。由于后燕、西燕、后秦只占有少部郡县，因而前秦领地当时在北方仍是最大的。苻丕称帝后，王永向各州郡发布檄文，檄文内容如下：

> 大行皇帝弃背万国，四海无主。征东大将军、长乐公，先帝元子，圣武自天，受命荆南，威震衡海，分陕东都，道被夷夏，仁泽光于宇宙，德听侔于《下武》。永与司空蚝等谨顺天人之望，以季秋吉辰奉公绍承大统，衔哀即事，栖谷总戎，枕戈待旦，志雪大耻。慕容垂为封豕于关东，泓、冲继凶于京邑，致乘舆播越，宗社沦倾。羌贼姚苌，我之牧士，乘衅滔天，亲行大逆，有生之巨贼也。永累叶受恩，世荷将相，不与骊山之戎、荥泽之狄共戴皇天，同履厚土。诸牧伯公侯或宛沛宗臣，或四七勋旧，岂忍舍破国之丑竖，纵杀君之逆贼乎！主上飞龙九五，实协天心，灵祥休瑞，史不辍书，投戈效义之士三十余万，少康、光武之功可旬朔而成。今以卫将军俱石子为前军师，司空张蚝为中军都督。武将猛士，风烈雷震，志殄元凶，义无他顾。永谨奉乘舆，恭行天罚。君臣终始之义，在三忘躯之诚，戮力同之，以建晋、郑之美。

九月，以晋阳为都的前秦皇帝苻丕开始设置百官：任张蚝为侍中、司空、上党郡公，王永为使持节、侍中、都督中外诸军事、车骑大将军、尚书令、清河公，王腾为散骑常侍、中军大将军、司隶校尉、阳平郡公，苻冲为左光禄大夫、尚书左仆射、西平王，俱石子为卫将军、濮阳公，左长史杨辅为尚书右仆射、济阳公，右长史王亮为护军将军、彭城公，强益耳、梁畅为侍中，徐义为吏部尚书。苻丕还册立杨氏为皇后，皇子苻宁为太子，苻寿为长乐王，苻锵为平原王，苻懿为渤海王，苻昶为济北王。不久，前秦原尚书令、魏昌公苻纂率三千兵马从关中来到晋阳，苻丕遂任苻纂为太尉、封东海王。

第73章　幽平冀后燕平叛乱　勇士城国仁建西秦

　　385年八月，暂据常山郡（今河北省正定县）的后燕王慕容垂获报苻丕已离开邺城（今河北省临漳县西南香菜营乡邺镇村）前往晋阳（今山西省太原市），遂任鲁王慕容和为南中郎将，派其镇守邺城。慕容垂终于如愿以偿地得到邺城，遂开始着手考虑平定幽州、平州及冀州境内的叛将并收复被攻占的郡县城池。

　　却说此时在幽州境内有据守令支（今河北省迁安市）的叛将余岩，而平州境内的辽东（今辽宁省辽阳市）、玄菟（今辽宁省沈阳市）二郡正被高句丽占领，冀州境内的渤海（今河北省南皮县）、清河（今河北省清河县）二郡也宣称叛离后燕。慕容垂的三个儿子在这次平叛攻城中，战功赫赫，这三个儿子就是骠骑大将军慕容农、抚军大将军慕容麟及冠军大将军慕容隆。慕容垂给这三个儿子的任务是，慕容农北上讨伐幽州境内的余岩及平州境内的高句丽，而慕容麟与慕容隆则前往征讨冀州境内的渤海郡、清河郡。

　　就在八月，慕容麟与慕容隆从信都（今河北省冀州市）出发，不日抵达渤海郡。渤海郡太守封懿是封放的儿子，而封放则是前燕相国封奕的堂弟，在渤海郡也是豪门大族。351年四月，前燕收复渤海郡，慕容儁曾任封放为渤海郡太守。前燕被前秦灭亡后，渤海郡自然也成了前秦的领地。尽管慕容垂复国建立后燕，封懿仍然宣称效忠前秦。现在慕容麟与慕容隆的大军兵临城下，封懿传令坚守城池拒不投降。但封懿怎能抵挡慕容麟与慕容隆的大军，很快就城破被擒。慕容麟与慕容隆接着率部南下进驻历口（今河北省景县西南）。从慕容麟与慕容隆进驻历口来看，可能是准备前往攻打清河郡。但史书未能详细记载二人攻打清河郡的战事，只是记载二人接到转攻他处的命令。

　　慕容麟与慕容隆这回要攻打的是绎幕县（今山东省平原县西北）。原来绎幕县有一个叫蔡匡的人据守绎幕县城，宣称归附东晋。慕容垂获报这一消

第73章 幽平冀后燕平叛乱 勇士城国仁建西秦

息，连忙派慕容麟与慕容隆率部前往讨伐。十一月，慕容麟与慕容隆到达绎幕县境内，又探得东晋泰山郡（今山东省泰安市）太守任泰已悄悄率一部兵马来援蔡匡，离蔡匡所部只有八里之地。蔡匡没有攻下，东晋援兵又至，后燕将士开始担忧。然而慕容隆信心十足地说道："蔡匡依仗有援兵，一定坚守城池，我部一时难以攻克。本将粗算了任泰的兵马，不过数千人，现在当趁任泰与蔡匡没有会合之时，突袭任泰兵马。任泰一败，蔡匡必将不战而降。"众将都认为有理，遂放弃对蔡匡的包围，转而攻打任泰。任泰果然尚未站稳脚跟，突然遭到后燕兵马的袭击，被杀一千余人。蔡匡看到任泰兵败，果然无心守城，打开城门向后燕请求投降。慕容麟与慕容隆派人向慕容垂奏报，慕容垂不接受蔡匡的投降，传令将城中蔡匡部众全部屠杀。

平定蔡匡，慕容垂又传令慕容麟前往博陵（今河北省安平县）攻打前秦平州刺史王兖。这王兖本是新平郡（今陕西省彬县）氐族人，是前秦的中山郡太守，当时驻守在博陵。385年十一月，苻丕颁诏任王兖为平州刺史。当时在博陵郡与王兖一同抗拒后燕的还有前秦固安侯苻鉴。王兖不久就接报后燕抚军大将军慕容麟率部前来，王兖传令固守城池不出城迎战。前秦昌黎郡（今辽宁省朝阳市）太守宋敞得到消息，带领乌桓、鲜卑索头部前来援救长官王兖。但慕容麟大军很快就将博陵城团团包围。不久博陵城中粮草耗尽，箭矢用完。王兖的功曹张猗逾城逃出，召集人马，响应慕容麟。王兖登上城楼，看到张猗，高声斥责道："你是秦国臣民，我是你的官长，你却集结百姓，投奔盗贼，还自称什么义军，为何名实如此不符？自古忠臣必先是孝子，你母亲身在城中，你却将其抛弃。今天人们也许会记得你的一时之功，但却不能忘记你不忠不孝之事。想不到中原这个礼仪之邦，竟有你这样的汉人。"十二月，慕容麟攻陷了博陵，王兖、苻鉴被擒，均被斩首。当宋敞带领着兵马到达博陵境内时，已经晚了一步。宋敞只得放弃博陵而撤军。前秦皇帝苻丕获报后，颁诏任宋敞为平州刺史，以代替王兖。

再说慕容农前往幽平二州。385年八月，慕容农率部一路北上，从令支以北两百余里外的凡城（今河北省平泉县南）经过，直奔龙城（今辽宁省朝阳市），避开了据守令支的叛将余岩。十一月，慕容农率部到达龙城，下令休整十余日。众将领对慕容农如此用兵都不解，问慕容农道："殿下北上时，行军极为快速，为何到了龙城却驻足不前？"慕容农从容说道："我之所以快速北上，是担心余岩越过白狼山抢掠百姓。余岩才能普通，引诱饥民，也没有纲纪，不过一群乌合之众。我已扼其咽喉，日子一久，其部必散，不会有所作为。现在田间庄稼已经成熟，不收割就走，白白损失军粮。我准备在收割完庄稼之后，再攻打余岩，前后不过十余日而已。"十余日后，慕容农率部三万人，南下进逼令支。余岩的部众得知慕容农大军到达令支，非常恐慌，有人翻墙出城向慕容农投降。余岩看到部众纷纷出降，无法制止，遂也向慕容农投降。慕容农接受将士纳降，却不接受余岩纳降，下令将余岩杀掉。

慕容农平定令支余岩之后，即率部东去，前往辽东郡攻打高句丽的守将。高句丽守将又被慕容农击败，辽东郡、玄菟郡（今辽宁省沈阳市）均被收复。慕容农回军龙城，上疏请求修缮陵庙。慕容垂获报慕容农击败余岩、高句丽，收复令支、辽东、玄菟，非常高兴，颁诏任慕容农为使持节、都督幽平二州北狄诸军事、幽州刺史，镇守龙城。慕容垂还令平州刺史、带方王慕容佐镇守平郭（今辽宁省盖州市）。慕容农在龙城制定法令，政令宽松简明，司法公正清廉，轻赋税，劝课农桑，百姓富庶，四方流民前来归附者，有数万人。由于高句丽的入侵，有很多百姓流落到高句丽境内，慕容农派骠骑司马庞渊任辽东郡太守，招抚流民。

十二月，后燕王慕容垂决定从常山郡（今河北省正定县）北上，前往中山郡（今河北省定州市）。镇守中山的乐浪王慕容温迎接了慕容垂。慕容垂对慕容温在中山的做法甚为赞赏，对众将说道："乐浪王在中山招抚百姓，充实府库，对外供应粮草，对内修建宫殿，就是汉初的萧何也不能比啊。"十二月二十三日，慕容垂颁诏以中山为都。却说慕容垂自384年正月称燕王到在中山建都，已整整两年时间。这两年中，后燕一直没有首都，但在各位将领的四处征战下，已完全占领幽州、平州，基本占领冀州。

慕容垂定都中山后，决定再对冀州境内的四位苻氏族人用兵。说到这四位苻氏族人，还要交代一下。385年十月，冀州境内原本归附后燕的苻定、苻绍、苻谟与苻亮听闻苻丕在晋阳继位为帝，纷纷派使前往晋阳，向苻丕请求恕罪。十一月，苻丕颁诏任苻定为冀州牧，苻绍为冀州都督，苻谟为幽州牧，苻亮为幽平二州都督。十二月下旬，前秦冀州牧苻定还据守信都城（今河北省冀州市），抗拒后燕。慕容垂得到消息，当然不会坐视不

第73章　幽平冀后燕平叛乱　勇士城国仁建西秦

管。慕容垂任堂兄弟、北地王慕容精为冀州刺史，并令其率军前往征讨苻定，暂且不提。

后燕在幽平冀三州境内平叛之时，秦州境内的鲜卑乞伏部首领乞伏国仁正式建立西秦了。从383年八月开始，经过两年的拓展，乞伏国仁控制的领地不断增多，共设有十二个郡：武城郡、武阳郡、安固郡、武始郡、汉阳郡、天水郡、略阳郡、漒川郡、甘松郡、匡朋郡、白马郡与苑川郡。385年九月，乞伏国仁决定自称大都督、单于、秦河二州牧，改年号为建义。虽然乞伏国仁此时还没有创立国号，但一个不隶属前秦的地方小政权已经建立了，史称西秦。乞伏国仁也任命了一些文武官员：乙旃童泥为左相，屋引出支为右相，独孤匹蹄为左辅，武群勇士为右辅，兄弟乞伏乾归为上将军。乞伏国仁还以勇士城（今甘肃省榆中县东北）为都城。

第74章　晋阳城苻丕封边将　武威郡吕光杀梁熙

385年十一月，苻丕在晋阳（今山西省太原市）接到西部四位刺史、两位将军的使节，请求苻丕从并州派出兵马，与他们一起东西夹击后秦的姚苌。这四位刺史与两位将军是何人呢？第一位将军是卫将军杨定。还是在是年五月时，前秦天王苻坚曾派卫将军杨定与慕容冲在长安城西激战，杨定不敌被俘。杨定没有被慕容冲杀掉，反被西燕尚书令高盖收为义子。十月，长安城里的慕容冲不顾当初后秦姚苌送质结好，而派高盖率军五万北上攻击后秦。两国兵马在新平郡（今陕西省彬县）城南交战。高盖大败，向后秦姚苌投降。作为高盖的义子，杨定时也在军中，但杨定没有向后秦投降，而是逃往陇右（今甘肃省东部）。杨定召集旧部，仍以前秦卫将军自称。第二位将军是左将军窦冲。窦冲时正据守兹川（今陕西省渭水支流灞河），拥有兵马数万人。四位刺史是秦州刺史王统、河州刺史毛兴、益州刺史王广、南秦州刺史杨璧。王统镇守上邽（今甘肃省天水市），毛兴镇守枹罕（今甘肃省临夏市），杨璧镇守仇池（今甘肃省西和县），而王广是丢了益州前来投靠兄长王统的。晋阳城里的前秦皇帝苻丕接到陇右来使，当然非常高兴，当即颁诏任杨定为雍州牧，窦冲为梁州牧，王广为安西将军、益州牧。苻丕还加授王统为镇西大将军，毛兴为车骑大将军，杨璧为征南大将军，全部开府仪同三司。

苻丕虽然加封了这四位刺史、两位将军，但一时还不能派出兵马夹击后秦。然而让苻丕更没有料到的是，这四位刺史、两位将军于乱世之中也是各怀鬼胎，不久还发生了内讧。先说雍州牧杨定。杨定是前仇池国主杨难敌的曾孙，而前仇池国正是被前秦消灭的。杨定此时也想乘乱复国。杨定不久就率部驻屯历城（今甘肃省成县），把辎重储至百顷，即仇池，然后自称龙骧将军、仇池公。杨定还派使前往东晋，向东晋称藩。东晋孝武帝下诏，依其号加授。杨定自称仇池公，标志着后仇池国的建立。后来杨定攻取秦州的天

第74章　晋阳城苻丕封边将　武威郡吕光杀梁熙

水郡（今甘肃省天水市）、略阳郡（今甘肃省秦安县），又自称秦州刺史、陇西王。此为后话。再说王广、王统兄弟与毛兴的内讧。386年正月，流亡在秦州的益州牧王广从陇右攻击河州牧毛兴驻守的枹罕。毛兴派建节将军卫平，率家族一千七百人，夜袭王广，王广大败。二月，王广的兄长秦州牧王统率部前来协助王广，攻击毛兴，毛兴登枹罕城自守。王统兄弟一时不能攻破坚固的枹罕城。王统后来率部返回秦州上邽，王广仍在寻机攻打毛兴。四月，枹罕城里的毛兴看到王广兵马疲惫，遂率部出城攻击王广，王广大败，一路向东投奔上邽。陇西鲜卑中有一人叫匹兰，将王广擒获，交给后秦姚苌。毛兴想乘胜东进，攻打上邽的秦州牧王统。枹罕城里的氐族百姓，不堪战争之苦，寻机将毛兴杀害，推举建节将军卫平为河州刺史。卫平派人前往晋阳，向前秦皇帝苻丕请求承认。苻丕任卫平为抚军将军、河州刺史，同时还任吕光为车骑大将军、凉州牧，可惜使者为后秦将士所获，诏书无法送达河州、凉州。

从苻丕对吕光的任命来看，苻丕应当已经获知吕光东返凉州。只是苻丕也许没有想到，此时的吕光正趁中原大乱之时，在为自己打拼一方天下。关于吕光返回凉州之事，还要从头说起。

385年三月，平定西域诸国的吕光认为龟兹王国（今新疆维吾尔自治区库车县）物产丰富、社会安定，准备在此居留。天竺高僧鸠摩罗什劝吕光道："这里乃是凶险死亡之地，将军不可在此久居。将军只管返回东方，中途必有福地可居。"吕光不能决断，遂大摆宴席，宴请众将，商讨去留。众将大都思念故乡，建言东归。吕光遂用两万头骆驼，满载各地进献的金银财宝，奇珍异物，连同骏马一万匹，返回东方。

吕光东返的消息传到了高昌郡（今新疆吐鲁番市），太守杨翰非常担忧，派使到姑臧（今甘肃武威市），对其凉州刺史梁熙说道："吕光击破西域，兵马强盛，势不可挡。现在其听到中原大乱的消息，心中一定另有所图。河西地区方圆万里，带甲十万，足以自保。如若吕光走出沙漠，其势难敌。高梧谷（今新疆吐鲁番市境内）是一个险要的关口，可派大军在此防守，切断水源。吕光大军必将陷入干渴缺水境地，我等可以坐而控制他们。如若认为高梧谷太远，敦煌郡境内的伊吾关（今新疆哈密市境内）也可以封锁。如若让吕光通过这两个关口，即使张良在世，也拿他没有办法了。"梁熙不以为然，没有采纳杨翰的建言。

美水县（今地不详）令张统也非常担忧吕光东返必将经过凉州。张统对梁熙说道："如今关中大乱，京师是存是亡，尚未可知。吕光东下，其意图难以预料，刺史何以抗之？"梁熙听后也感担忧道："正在忧虑此事，但尚无应对之策。"张统说道："吕光智慧谋略过人，带领思归之士兵，其锋不可挡也。刺史世受大恩，忠诚夙著，为王室立功建勋，就在今日了。行唐公苻洛乃是天王的堂兄弟，勇冠一时。为刺史计，不如奉苻洛为盟主，以收众望。再推举忠义之士为将帅，就是吕光到来，也不敢有二心。刺史再利用吕光的兵马，向东联合毛兴，再与王统、杨璧相连，以四州之众，扫除凶逆，保卫帝室，这是齐桓公、晋文公的霸业啊。"梁熙虽然对吕光到来感到忧虑，但并没有采纳张统之计。梁熙担心苻洛谋反，不敢拥戴其为盟主，反而派人将流放在西海郡（今内蒙古自治区额济纳旗东南）的苻洛诛杀了。

再说吕光在东返途中听闻杨翰之言，非常担心，一时不敢前进。辅国将军杜进劝说道："梁熙文雅有余，机变不足，不可能采纳杨翰之策。将军宜趁其上下离心，快速前进以夺取凉州。"吕光赞同，遂传令快速行进，不日到达高昌郡。太守杨翰知道梁熙不用其计，单凭其一郡之力根本无力抵挡吕光，遂打开城门向吕光投降。

且说姑臧城里的前秦凉州刺史梁熙获报后，对吕光行为非常痛恨，遂派使带着檄文前往指责吕光。吕光到达酒泉郡玉门县（今甘肃省敦煌市西北）时，收到梁熙檄文。梁熙在檄文中指责吕光没有接到朝廷旨意，而擅自东返。梁熙还任其子梁胤为鹰扬将军，并派梁胤与振威将军姚皓、别驾卫翰率五万兵马到酒泉郡（今甘肃省酒泉市）阻截吕光。这时敦煌郡太守姚静、晋昌郡（今甘肃省安西县东南）太守李纯都向吕光献城纳降。吕光此时反而派人带着檄文前往姑臧，指责梁熙没有奔赴国难，却在阻挡回国的远征大军。吕光还命彭晃、杜进、姜飞为前锋，与梁胤在安弥（今甘肃省酒泉市东）激战，梁胤大败被擒。此处山里的胡夷族人一时都向吕光归附。时为385年九月。

吕光击败凉州五万兵马后，继续率部进入河西走廊，一路向姑臧挺进。武威郡（今甘肃省武威市）太守彭济捉拿刺史梁熙交给吕光，吕光将梁熙斩

第74章　晋阳城苻丕封边将　武威郡吕光杀梁熙

首。吕光进入姑臧城，宣称自兼凉州刺史，上表推荐杜进为武威郡太守，其他各将都有委派。凉州各郡县听闻吕光占领姑臧，都派人前来宣称归附，只有酒泉郡太守宋皓、西郡（今甘肃省永昌县西北）太守宋泮仍据守城池，拒不归降。吕光派兵攻破城池，将二人带至姑臧。吕光对二人说道："我奉天王旨令，平定西域，而梁熙断我归途，实乃朝廷罪人，你二人为何要听命于他？"宋泮神色严厉地说道："将军奉诏平定西域，并无诏要将军扰乱凉州。梁熙何罪之有，将军却将其杀害。我只恨能力不足，不能为长官报仇。岂能与氐逆彭济一样？主死臣亡，自古常理。"吕光下令将二人杀害。主簿尉祐是个阴险小人，与彭济一同捉拿梁熙，吕光对其非常宠信。尉祐又诬陷姚皓等十余位名士，凉州士民愤愤不平。吕光不仅没有杀掉尉祐，还任尉祐为金城郡（今甘肃省兰州市）太守。尉祐到达允吾（今甘肃省永靖县西北）时，突袭允吾城，叛离吕光。吕光这才派将领姜飞率兵征讨，尉祐败逃至允吾城西边的兴城据守。

几个月后，吕光还与前凉后人张大豫发生了争战。淝水之战时，前凉最后一位君王张天锡投奔了东晋，其世子张大豫被前秦长水校尉王穆藏匿。中原大乱时，王穆带着张大豫投奔凉州鲜卑秃发部首领秃发思复鞬。后来，秃发思复鞬将张大豫送到魏安（今甘肃省古浪县东），魏安人焦松、齐肃、张济等聚众数千人，拥戴张大豫为盟主。386年二月，张大豫攻打吕光所属的昌松郡（今甘肃省武威市东南）。太守王世强不敌被俘。吕光获报后，派辅国将军杜进率部进击，不料也被张大豫战败。张大豫率部进逼姑臧。王穆不赞同此时就与吕光争夺姑臧，劝说张大豫道："姑臧城坚墙固，吕光粮足兵强，我部与其激战，恐无胜算。不如先收回岭西（今甘肃省永昌县南九条岭之西）各郡，然后再招兵买马，东下与吕光争夺姑臧，不出一年，一定能够将其击败。"此时的张大豫连获胜利，正是求胜心切，恨不能马上就得到凉州。张大豫不采纳王穆之言，还自称抚军将军、凉州牧，更年号为凤凰。张大豫任王穆为长史，传檄各郡，还让王穆前往劝说岭西各郡。建康郡太守李隰、祁连都尉李纯都起兵响应，兵马一时达三万余人，据守在姑臧城西的杨坞。四月，张大豫从杨坞向姑臧城西推进，长史王穆与秃发思复鞬的儿子秃发奚于率部三万进驻姑臧城南。姑臧城里的吕光亲率兵马出城迎战，大破张大豫，杀秃发奚于等两万余人。

第75章 慕容永继位称藩臣 慕容垂称帝平叛乱

话分两头,再来看看入据关中的西燕。385年十月,占领长安(今陕西省西安市)才四个月的慕容冲决定攻打新平郡(今陕西省彬县)的万年秦王姚苌。说起后秦与西燕的关系,两年前就已经和解,当时姚苌曾送其子姚嵩到西燕为质。现在慕容冲为何要攻打姚苌,史书记载不详。慕容冲此次派出的是尚书令高盖。高盖接令后,与其义子杨定率五万兵马北上攻打新平郡。后秦姚苌探得消息,忙率部迎战。两军在新平城南发生激战,高盖大败,向姚苌投降,而杨定逃往陇右(今甘肃省东部)。杨定后来被前秦皇帝苻丕任命为雍州牧,杨定还自称仇池公,建立后仇池国(今甘肃省西和县西),此为后话。

后秦在新平战胜西燕兵马后,两国没有再发生争战,姚苌更没有派兵攻打慕容冲据守的长安城。姚苌始终认为慕容冲率领的这支鲜卑人迟早是要离开关中东返的,因而一直在等待时机。386年二月,慕容冲听闻慕容垂占领幽州、平州及冀州大部,畏惧其强大,便不打算东返。慕容冲决定就以长安为都,开始劝课农桑,以作长久打算。西燕、后燕皇家原本同宗一室,但难以相容。然而鲜卑族人一直是希望返回关东的,现在看到慕容冲并无东返之意,很多鲜卑族人心中开始生怨。自然也会有人铤而走险,西燕内部开始变乱不断。左将军韩延利用军心不稳,发起政变,斩杀慕容冲,推举将领段随为燕王,改年号为昌平。

三月,西燕尚书仆射慕容恒、尚书慕容永诛杀段随,拥戴宜都王慕容桓的儿子慕容𫖮为燕王,改年号为建明。慕容𫖮在慕容恒、慕容永的建议下,正式放弃长安,率四十万族人东下。东下途中,慕容恒的兄弟、护军将军慕容韬将西燕王慕容𫖮骗到临晋(今陕西省大荔县东南),再将其诛杀。慕容恒获知后,非常恼怒,离开兄弟慕容韬。而慕容永则跟武卫将军刁云率军讨伐慕容韬。慕容韬不敌,败投兄长慕容恒。

第75章 慕容永继位称藩臣 慕容垂称帝平叛乱

此时的西燕没有君王，慕容恒遂再立先帝慕容冲之子慕容瑶为帝，改年号为建平。慕容瑶追赠其父慕容冲为威皇帝。慕容鲜卑族人对慕容瑶继承帝位不服，非常担心其重走慕容冲留在关中的老路，慕容鲜卑族人遂纷纷投奔尚书慕容永。慕容永得到族人的拥护，竟发动政变，杀害慕容瑶。慕容永又拥戴西燕的创立者济北王慕容泓之子慕容忠为帝，改年号为建武。慕容忠任慕容永为太尉、守尚书令，晋封河东公。慕容永执法宽和公平，鲜卑族人都很安定、悦服。慕容忠即位后，带领族人继续东迁。不久，慕容忠到达河东郡闻喜县（今山西省闻喜县），听闻后燕王慕容垂已经称帝，大为震惊，不敢前进。慕容忠决定就在闻喜兴筑燕熙城而居，不打算继续东返。

六月下旬，仍在闻喜境内的西燕再次发生政变。这回是武卫将军刁云杀害了皇帝慕容忠，拥戴慕容永为使持节、都督中外诸军事、大将军、大单于、雍秦梁凉四州牧、录尚书事、河东王。慕容永即位后决定继续东迁。为了顺利东迁并与后燕共存，慕容永还派出使者前往中山（今河北省定州市），向后燕皇帝慕容垂称臣。却说西燕在一年当中，有五位帝王被杀，到慕容永，已是第七位帝王，也是在位时间最长的一位，当然也是最后一位。

386年正月，六十一岁的后燕王慕容垂在中山正式称帝。二月，后燕大赦，皇帝慕容垂改年号为建兴，设置公卿、尚书等百官，修缮宗庙、社稷。三月，慕容垂追尊生母兰氏为文昭皇后，准备将嫡母文明皇后段氏的牌位迁出皇家宗庙，在其父慕容皝牌位旁配以生母文昭皇后之牌位。慕容垂诏令百官商议此事，百官大都赞同，只有博士刘详、董谧反对道："尧帝之母为帝喾之妃，位居第三（前两位是帝喾妻姜原、妾简狄）。尧帝之母并不因为尧之尊贵而凌驾于姜原之上。明圣之道，当以至公为先。陛下应当将文昭皇后另立祭庙。"慕容垂听后非常生气，逼迫二人赞同。刘详、董谧又道："皇上如若要这么做，就不必问于臣下。臣等按经奉礼，不敢有贰。"慕容垂于是不再与诸儒商议，还是将段后迁出，以兰后代之。慕容垂还认为慕容儁的皇后可足浑氏倾覆社稷，下诏将其废黜，尊慕容儁的昭仪段氏为景德皇后，配享慕容儁。

关于慕容垂称帝后变换嫡母及废黜可足浑皇后一事，《十六国春秋》的编写者崔鸿有一段见解，收录如下：

齐桓公命诸侯无以妾为妻。夫之于妻，犹不可以妾代之，况子而易其母乎！《春秋》所称母以子贵者，君母既没，得以妾母为小君也；至于享祀宗庙，则成风终不得配庄公也。君父之所为，臣子必习而效之，犹形声之于影响也；宝之逼杀其母，由垂为之渐也。尧、舜之让，犹为之、哙之祸，况违礼而纵私者乎！昔文姜得罪于桓公，《春秋》不之废。可足浑氏虽有罪于前朝，然小君之礼成矣；垂以私憾废之，又立兄妾之无子者，皆非礼也。

四月，慕容垂颁诏封其子慕容农为辽西王，慕容麟为赵王，慕容隆为高阳王。慕容垂还任兄弟范阳王慕容德为尚书令，侄太原王慕容楷为尚书左仆射，乐浪王慕容温为司隶校尉。

六月，慕容垂决定彻底平定冀州境内的前秦冀州牧苻定、冀州都督苻绍、幽州牧苻谟及幽平二州都督苻亮。说起平定冀州四位苻氏族人，在385年十二月时，慕容垂就曾任堂兄弟、北地王慕容精为冀州刺史，并派其率军前往信都（今河北省冀州市）征讨归而复叛的苻定。半年来，苻定并没有被平定，因而慕容垂才决定再度用兵。慕容垂此次用兵，派出的是太原王慕容楷、赵王慕容麟、陈留王慕容绍、章武王慕容宙。后燕兵马尚未开拔，太原王慕容楷认为应当不战而屈人之兵。慕容楷决定先修书一封，向苻定等四人指出祸福利害。果然，当苻定等四人阅罢书信，竟全部再次向后燕归降。慕容垂对苻定等人的归降甚为欢迎，颁诏将他们全部封为侯爵，用以回报苻坚过去的厚恩。至此，冀州全部归属后燕。

平定冀州苻定等人后，后燕皇帝慕容垂决定南下夺取城池，以扩大后燕领地。386年八月，慕容垂命太子慕容宝留守中山，任赵王慕容麟为尚书右仆射、录留台，自与范阳王慕容德率兵南下。慕容垂还派高阳王慕容隆向东攻打平原郡（今山东省平原县）。

岂料就在慕容垂率部离开都城中山之时，丁零人又来侵扰。《资治通鉴》载，丁零人鲜于乞当时据守在曲阳（今河北省曲阳县）境内靠近太行山的地方。鲜于乞探得中山城里的后燕皇帝慕容垂率部南征，决定趁机攻打中山郡北部的望都县（今河北省望都县）。鲜于乞攻克望都后，大肆抢掠。却

第75章　慕容永继位称藩臣　慕容垂称帝平叛乱

说望都离中山不过数十里之地，消息很快就传到中山城。协助太子慕容宝留守中山的赵王慕容麟决定率兵征讨鲜于乞。慕容麟的部众纷纷反对，劝说慕容麟道："皇上已经率领一支兵马南下，殿下再率兵马出征鲜于乞，京城必将为之一空。如若殿下此征不能立功，定会有损殿下威名，不如派别将率部出征。"慕容麟并不认同，说道："鲜于乞听闻皇上不在中山，因而才率部攻打望都，其必将无所顾忌，更不会严加设防。我部此时出征，必将一战而胜，何忧之有？"慕容麟信心百倍，但仍不忘略施一计，以迷惑鲜于乞。慕容麟先宣称率部前往东南方向的鲁口（今河北省饶阳县），以使鲜于乞更加不会设防。慕容麟白天率部前往鲁口方向，却在深夜突然回军，直扑鲜于乞大营。天将拂晓时，慕容麟到达望都，鲜于乞果然一无所知。慕容麟当即下令对鲜于乞发起攻击，大获全胜，还擒获鲜于乞。

第76章　长安城姚景茂称帝　南安郡苻文高封王

386年三月，西燕撤出长安之后，长安城一时空虚。曾任荥阳郡（今河南省荥阳市）太守的高陵（今陕西省西安市高陵区）人赵穀招揽据守杏城（今陕西省黄陵县西南）的匈奴卢水部首领郝奴，率部众四千户进入长安，渭河以北的民众一时纷纷响应。郝奴进入长安后，任赵穀为丞相。这时扶风郡人王驎拥众数千，据守马嵬（今陕西省兴平市西），抗拒郝奴。郝奴派兄弟郝多率兵前往征讨王驎。

四月，以北地郡（今陕西省铜川市耀州区）为都，只拥有三个郡的后秦万年秦王姚苌获知西燕离开长安，认为夺取长安时机已到。姚苌从安定郡（今甘肃省泾川县）南下，也攻击王驎。王驎不敌，逃往汉中（今陕西省汉中市）。姚苌乘胜攻击郝多，郝多不敌被擒。姚苌继续向长安城进发，长安城里的郝奴获报后非常害怕，竟打开城门向姚苌投降。姚苌接受郝奴的投降，还任其为镇北将军、六谷（六谷在秦岭山脉）大都督。

姚苌夺取长安后，即宣布将都城由北地郡迁至长安。姚苌还在长安正式登基称帝，大赦，改年号为建初，定国号为大秦。姚苌追尊其父姚弋仲为景元皇帝，册立妻蚍氏为皇后，皇子姚兴为太子。姚苌还颁诏设置百官。五十七岁的羌族人姚苌终于得到关中，也正式称帝，可谓非常得意。一日，姚苌在长安大宴文武百官。饮至正酣，姚苌对群臣诸将说道："诸卿都曾与朕一同向北侍奉秦朝（前秦），今天朕与诸卿忽然变为君臣，诸卿是否感到羞辱？"赵迁答道："上天不以陛下为其子而耻，臣等何耻为臣。"姚苌听后，仰天大笑，甚为开心。六月，姚苌将安定郡五千余户百姓迁到长安居住，以增加长安一带的人口。

后燕王慕容垂、万年秦王姚苌先后称帝的消息传到了晋阳城（今山西省太原市），前秦皇帝苻丕决定采取一些行动。苻丕先任都督中外诸军事、司徒、录尚书事王永为左丞相，太尉、东海王苻纂为大司马，司空张蚝为太

第76章　长安城姚景茂称帝　南安郡苻文高封王

尉，尚书令徐义为司空，司隶校尉王腾为骠骑大将军、仪同三司。王永作为苻丕依赖的重臣，再次发出檄文，号召四方公侯、牧守、垒主、民豪，共同讨伐后秦姚苌、后燕慕容垂，传令众将率领各部，在本年十月上旬前往临晋（今陕西省大荔县）同会皇帝大驾。

王永的檄文表明苻丕将在三个月后到达临晋，也就是进入关中地区。檄文虽然要求共讨姚苌、慕容垂，但可以看出，苻丕主要还是讨伐姚苌。檄文发出后，确实也有不少人响应。天水郡（今甘肃省天水市）的姜延、冯翊郡（今陕西省大荔县）的寇明、河东郡的王昭、新平郡（今陕西省彬县）的张晏、京兆郡（今陕西省西安市）的杜敏、扶风郡（今陕西省兴平市）的马朗、建忠将军王敏等起兵响应，都有兵马数万人。姜延等人还派使前往晋阳，拜见前秦皇帝苻丕。苻丕见到姜延等人所派的使节，龙颜大悦，当即颁诏分别任姜延等人为将军、郡守，都封列侯。邓羌之子冠军将军邓景聚众五千人据守彭池（长安城西），与据守兹川（灞水）的窦冲互为首尾，夹击后秦。苻丕获报后，又颁诏任邓景为京兆尹。

王永的檄文不仅得到多处将领的响应，还真有将领率部与后秦守将发生了激战。东胡人金熙时任前秦平凉郡（今甘肃省平凉市）太守，鲜卑多兰部首领没弈干时任安定郡都尉。386年七月，金熙、没弈干率一支兵马前往攻打后秦所属的安定。后秦安定郡守将、左将军姚方成得到金熙、没弈干前来攻打的消息，连忙出城迎战。两方兵马在孙丘谷（今地不详）发生激战，姚方成不敌遭败。后秦皇帝姚苌获报有人攻击其领地安定郡，而且其守将还被击败，非常生气，遂任命其弟征虏将军姚绪为司隶校尉，镇守长安，然后亲率一支兵马前往安定。安定一战，姚苌大胜金熙、没弈干。

姚苌不久从安定郡前往秦州的天水郡，准备夺取秦州重镇上邽（今甘肃省天水市）。却说姚苌有个弟弟名叫姚硕德，还在姚苌叛离前秦建立后秦时就带领一部羌人居于陇上（今甘肃省东部），自称征西将军，在冀城（今甘肃省甘谷县西南）招兵买马，聚众响应姚苌。后来姚硕德又任堂孙姚详为安远将军，据守陇城（今甘肃省张家川县），族孙姚训为安西将军，据守南安的赤亭（今甘肃省陇西县东南），与前秦据守上邽的秦州刺史王统对峙。姚苌在安定大胜金熙、没弈干后，也想得到秦州，于是亲率兵马从安定郡前往与姚硕德会师，准备一同攻打王统。天水郡的匈奴屠各部、略阳郡（今甘肃省秦安县东南)的羌人起兵响应的有两万余家。前秦的略阳郡太守王皮也率部向后秦纳降。九月，王统不堪姚苌所逼，竟献出城池，向后秦纳降。姚苌任姚硕德为使持节、都督陇右诸军事、秦州刺史，镇守上邽。

这年七月，前秦枹罕(今甘肃临夏市)一带的氐族人士认为河州刺史卫平年龄太大，很难有所作为，准备将其废黜，重新推举年富力强的人出任刺史。然而卫平家族势力很大，大家一时不能决定。氐族中有一位名叫啖青的人对诸将说道："大事情应当及时决定，不然就会发生变乱。诸君只管请卫公前来赴会，看我的行动吧。"七月初七这日，枹罕城大摆宴席，刺史卫平及州府官员、将领都在饮酒。突然，啖青拔出佩剑直指卫平，大声说道："现今天下大乱，我等休戚与共，没有贤主不成大事。卫公年老，应当仍回原职，以让贤路。狄道县(今甘肃省临洮县)的苻登，虽是皇家远族，然其志气豪迈，智略过人，请求诸位共同拥戴其为首领，到临晋与陛下会师。诸君如有不同意见，请立即说出。"啖青说完，卷起衣袖，举起佩剑，摆出谁有不同意见，就刺向谁的样子。与会者只好听从，卫平更是不敢言语。于是众人都推举苻登为使持节、都督陇右诸军事、抚军大将军、雍河二州牧、略阳公。

苻登字文高，时年四十四岁，是前秦天王苻坚的族孙。苻登父苻敞，苻健在位时为太尉司马、陇东太守、建节将军，后被苻生杀害。苻坚即位后，追赠苻敞为右将军、凉州刺史，让苻登兄长苻同成继承其位。毛兴镇守上邽(今甘肃省天水市)时，任苻同成为长史。苻登自幼勇猛、有豪气，粗暴狠毒不注重细节，所以并未得到苻坚的器重。苻登长大后，改变以往的志行，恭谨忠厚，也读了不少书。苻登官至殿上将军，后改任为羽林监、扬武将军、长安县令，因犯事被黜为狄道长。关中大乱时，苻登离开狄道，投靠毛兴，兄长苻同成向毛兴推荐其为司马。苻登气度不凡，好用奇计。兄长苻同成告诫道："不在其位，不谋其政，千万不要干预时事，否则会遭到不满。"苻登听从兄长之言，不再随便交游。一次毛兴有事召见苻登，笑道："小司马可以坐评时事。"苻登一开口就切中肯綮，毛兴内心佩服而终不能委以重任。姚苌起兵反前秦后，派其弟姚硕德攻击毛兴。毛兴一直未能消灭姚硕德。毛兴临死时才对苻同成说道："与卿连年征战羌贼，最终没有成功，真

第76章 长安城姚景茂称帝 南安郡苻文高封王

乃人生憾事。可将后事交给卿之小弟司马，消灭姚硕德的，必是此人。"毛兴还将女儿毛氏嫁与苻登。

却说苻登取代卫平之后，就掌握了征伐大权。此时发生了饥荒，饿死的人很多，军中也严重缺粮，但苻登就很有办法。苻登率兵征战，就把与敌作战称为吃熟食。苻登对将士说道："你们早上打仗，晚上就可以吃肉，担心什么饥荒。"苻登此意是指击败敌人，将敌人作为食物。将士们跟从苻登，都抱着吃肉的想法去与敌人作战，因而勇猛异常。苻登先率五万兵马攻打秦州的南安郡（今甘肃省陇西县东南），一战而克。苻登遂派使前往晋阳，向皇帝苻丕请求承认。八月，苻丕接到苻登来使，非常高兴，当即颁诏任苻登为征西大将军、开府仪同三司，封南安王，而苻登自称的官职，也全部承认。

苻丕看到王永的檄文已得到四方将领的响应，决定也从晋阳率部向关中临晋进发。苻丕命骠骑大将军王腾与东海王苻纂留守晋阳，尚书右仆射杨辅驻守壶关（今山西省壶关县），自与王永率部四万人前往平阳（今山西省临汾市）。然而就在苻丕向西挺进以会各路将领之时，凉州又丢掉了。到达凉州姑臧（今甘肃省武威市）整整一年的前秦凉州刺史吕光，听闻天王苻坚已经去世，举军缟素，追谥苻坚为文昭皇帝。386年十月，吕光大赦，改年号为大安。吕光的年号与苻丕的年号"太安"虽只一字之差，但表明吕光没有承认也不归属苻丕，虽然此时还没有国号，但一个新的政权已算建立了，史称后凉。

第77章　攻上邽苻文高即位　救北魏慕容麟出征

386年十月，前秦皇帝苻丕正在平阳（今山西省临汾市），准备继续入关，与诸路英雄大会于临晋（今陕西省大荔县），共讨后秦。此时的前秦，只有并秦两州之地，其中并州还算完整，而秦州大部已被西秦、后秦占领。幸好有个南安王苻登还在秦州的南安郡（今甘肃省陇西县东南）坚守，秦州还没有完全丢掉。可是不久，这个完整的并州却首先丢掉，真是雪上加霜。

却说西燕河东王慕容永到达河东郡的闻喜（今山西省闻喜县）已快四个月，慕容永仍想继续东进。慕容永获报前秦皇帝苻丕正驻守在平阳，而平阳就在闻喜之北不到两百里的地方。慕容永派使晋见苻丕，请求让开一条道路，由其率部东返。苻丕与当年的兄弟苻睿一样，坚决不让这群鲜卑人东返，决定率部阻截。对待西燕这部鲜卑人，前秦的苻丕不如后秦的姚苌。姚苌始终认为这群慕容鲜卑是要东返的，可以坐收关中。如若苻丕也让这群鲜卑人东返，苻丕也许不会这么快就送命，而慕容永一旦东返，必将对后燕慕容垂形成威胁，可以造成两燕争战之局面。苻丕似乎忘记了自己离开晋阳（今山西省太原市）西进的目的是要去讨伐后秦姚苌的，现在却在中途与西燕慕容永发生争战。两军不日在一个叫襄陵（今山西省襄汾县）的地方发生激战。前秦兵马惨遭失败，左丞相王永、卫大将军俱石子全部战死，苻丕的皇后杨氏被俘。

此时的苻丕不敢北上晋阳，因为苻丕担心留守晋阳的东海王苻纂会凭手中的三千兵马谋反，毕竟自己已经损兵折将。苻丕遂率数千骑兵一路南下，前往东垣（今山西省垣曲县东南），准备南渡黄河夺取洛阳。这时驻守陕城（今河南省三门峡市）的东晋扬威将军冯该获报苻丕南下，连忙率部迎击。两军遭遇，又是一场恶战，苻丕不敌阵亡，太子苻宁、长乐王苻寿被俘。冯该将苻宁、苻寿押缚建康（今江苏省南京市），交与东晋朝廷处置。孝武帝赦免二人，还将二人送交前秦太子苻宏处。

第77章　攻上邽苻文高即位　救北魏慕容麟出征

再说晋阳城里的前秦东海王苻纂听闻苻丕战死，竟与其弟、尚书苻师奴率部众数万人放弃晋阳，向西渡过黄河，进驻杏城（今陕西省黄陵县）。西燕河东王慕容永获报这一消息，立即派一支兵马北上占领晋阳。慕容永则自率一部兵马继续东进，一直抵达并州上党郡长子县（今山西省长治市）。慕容永此时已完全占领并州，决定以长子为都，正式称帝，改年号为中兴。慕容永将苻丕的杨皇后封为上夫人，杨皇后坚决不从，还用佩剑刺杀慕容永，反被慕容永诛杀。

苻丕战死，苻纂西撤，此时的前秦可以说没有帝王，也没有都城。多亏前秦的南安王苻登已攻克了秦州南安郡，还有三万多户蛮夷、汉人归附，前秦的领地尚有秦州的部分郡县及苻纂据守的杏城等处。可叹的是，此时的前秦已经没有一个州是完整的，而且只有苻登还在奋战。当然苻登此时并不知道苻丕已经被杀。苻登决定攻打被后秦占领的秦州重镇上邽（今甘肃省天水市），以图收复整个秦州。

后秦秦州刺史姚硕德获报苻登来攻，马上派人向姚苌奏报。姚苌接报，亲自率兵来援。两秦兵马在胡奴阜（今甘肃省天水市西）遭遇，发生激战。苻登所部作战非常英勇，取得大胜，杀死后秦将士两万余人。将领啖青还一箭射中后秦皇帝姚苌。姚苌中箭后，不敢再战，退入上邽城中休养。不久，姚苌离开上邽，姚硕德率领后秦将士继续抵挡苻登。后来姚苌听闻苻登军中以敌人为肉食，遂派人对姚硕德说道："你再不回来的话，一定会被苻登吃掉。"但姚硕德仍在秦州坚守，并不离开。

苻登与后秦在秦州初战虽取得大胜，但并没有吃掉姚硕德，也没有攻克秦州的治所上邽城。但不久苻登却在陇东（今甘肃省平凉市西北）登基即位了。十一月，到达杏城的前秦尚书寇遗护送渤海王苻懿、济北王苻昶，前往南安郡，投奔苻登。时苻登正驻军陇东郡，得知前秦皇帝苻丕已经战死，遂为苻丕发丧，追谥苻丕为哀平皇帝。南安的众将都劝苻登即位称帝，苻登想拥戴苻丕之子苻懿为帝。众将都认为："苻懿虽是先帝苻丕之子，但年龄太小，无力承受大任。如今三个贼寇（后燕、后秦、西燕）虎视眈眈，国乱而立长君，此乃《春秋》之义。大王挺剑战于西州，如凤凰翔于秦陇。偏师作战就让姚苌溃败。一战之功，可谓光照天地。大王当如飞龙拯救旧都，以社稷宗庙为先，建中兴大业。如此大任，非大王不可。"苻登接受众将劝进，在陇东设坛登基，改年号为太初。

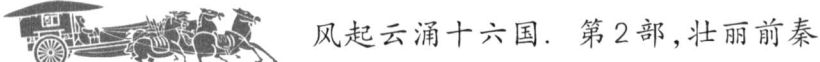

苻登即位不久，册立毛氏为皇后，勃海王苻懿为皇太弟。苻登还派使前往杏城，任东海王苻纂为使持节、都督中外诸军事、太师、领大司马、晋封鲁王，任苻纂兄弟苻师奴为抚军大将军、并州牧、封朔方公。使节来到杏城，传达皇帝苻登诏书，苻纂听后甚为不悦，对使节说道："勃海王（苻懿）是先帝之子，南安王为何不拥戴其为帝，反而自己登上宝座？"一旁的长史王旅劝道："南安王已经称帝，按理不会中途更改。现今贼寇未灭，宗室之间不可自相为敌。"苻纂这才接受任命。这时卢水胡人彭沛谷、匈奴屠各人董成、张龙世、新平羌人雷恶地都归附苻纂，部众竟达十余万人。

386年八月，后燕赵王慕容麟击败鲜于乞回到中山（今河北省定州市）时，北魏的使者安同来也来到中山。安同此来，是受北魏王拓跋珪所派，前来向后燕求救的。且让笔者将北魏的事情简述一下。

还是在376年冬天前秦消灭代国时，苻坚将代国以黄河为界一分为二，由刘库仁与刘卫辰分别管辖。代王拓跋什翼犍的孙子拓跋珪时年只有六岁，在母亲贺氏带领下投奔刘库仁，刘库仁对这位幼主甚厚。384年十月，刘库仁被杀，其弟刘头眷接替其位。385年八月，刘头眷在善于（今山西省右玉县东南）击败贺兰部，在意亲山（今内蒙古二连浩特市西南）大破柔然部。刘头眷的儿子刘罗辰对其父说道："近来四处用兵，所向无敌，然而真正的心腹之疾，当早日除之。"刘头眷问道："谁是心腹之疾？"刘罗辰说道："堂兄刘显残酷凶险，必将为乱。"刘显是刘库仁之子，刘头眷不同意杀掉刘显。不久，刘显果然杀掉刘头眷自立，还要杀掉十五岁的拓跋珪。刘显兄弟刘亢埿的妻子是拓跋珪的姑妈，她将此事告诉拓跋珪的母亲贺氏。刘显的谋主梁六眷是拓跋什翼犍的外甥，也派其部属穆崇、奚牧密告拓跋珪。贺氏设下酒宴，请刘显赴宴，将刘显灌醉。贺氏这时让儿子拓跋珪与旧臣长孙犍、元他、罗结骑马逃走。第二天早晨，贺氏故意让马厩中的马惊叫，刘显在梦中被惊醒，连忙起来察看。贺氏见到刘显大哭道："我的儿子就在这里的，现在不知去向，一定是你们当中有人杀了他。"刘显也不明情况，也就没有下令追杀拓跋珪。拓跋珪逃往舅父贺讷处，贺讷惊喜道："将来复国之后，还要想念老臣啊。"拓跋珪笑道："一定听从舅父之言，不敢忘也。"后来刘

第77章 攻上邽苻文高即位　救北魏慕容麟出征

显得知拓跋珪逃走，准备害死贺氏，贺氏逃到刘亢埿家，躲在神车之中，整整三天。刘亢埿全家求情，贺氏才免于一死。故南部大人长孙嵩带领部落七百余家，背叛刘显，也投奔拓跋珪。后来刘显内部又生叛乱，故中部大人庾和臣保护贺氏也投奔拓跋珪。

拓跋珪在舅父的贺兰部也不安全，同为其舅父的贺染干（贺讷之弟）看到拓跋珪深得民众拥戴，非常嫉妒，派亲信侯引七突谋害拓跋珪。由于走漏风声，侯引七突未能成功。贺染干决定亲自攻击拓跋珪，带领兵马将拓跋珪包围。这时贺氏挺身而出，厉声责问道："你等到底要把我怎样？为何要这样对待我的儿子？"贺染干听后也感惭愧，一时无语，只好撤走。

385年十二月，拓跋珪的曾叔祖拓跋纥罗与其弟拓跋建及各部大人一齐请求贺讷，推举拓跋珪为国主。386年正月六日，拓跋珪在牛川（今内蒙古乌兰察布锡拉木林河）举行部落大会，登上代王宝座，改年号为登国。代王拓跋珪任长孙嵩为南部大人，叔孙普洛为北部大人，分统其部。拓跋珪又任张衮为左长史，许谦为右司马，王建、和跋、叔孙建、庾岳为外朝大人，奚牧为治民长。长孙道生、贺毗等侍从拓跋珪左右。二月，拓跋珪定都定襄郡（今内蒙古和林格尔县）的盛乐城，推广农耕，与民休息，国人大悦。四月，拓跋珪改称魏王，从此其国名为魏国，史称北魏，南北朝时期的北朝也从这时算起。

386年八月，匈奴部落首领刘显获知拓跋什翼犍的小儿子拓跋窟咄在新兴郡（今山西省忻州市）任太守，遂派其弟刘亢埿前往迎接。刘显还率部向北逼近北魏的南部边界，北魏各部惊动。拓跋珪左右侍从于桓等与部众密谋，准备擒拿拓跋珪以响应拓跋窟咄。这时幢将莫题也暗与拓跋窟咄来往。于桓的舅父向拓跋珪告发，拓跋珪诛杀于桓等五人，而对莫题等七人一律赦免。十六岁的拓跋珪对内部叛乱深为恐惧，决定放弃盛乐城，向北越过阴山，仍去投靠舅父贺兰部。拓跋珪还派外朝大人安同前往中山，向后燕求救。中山城里的留守太子慕容宝接到北魏派使求救，也不敢自作决断，遂派人向慕容垂禀报。慕容垂传旨派赵王慕容麟率一支兵马北上援救拓跋珪。

且说慕容麟所部尚未到达北魏境内，拓跋什翼犍的小儿子拓跋窟咄已率部北进，不日进抵北魏南部境内。这时在阴山之北的贺兰部，拓跋珪的舅父贺染干又率一支兵马南下，入侵北魏的北部边境。贺染干与拓跋窟咄还遥相呼应，北魏各部非常惊慌。北部大人叔孙普洛就逃奔匈奴部刘卫辰。却说此时的刘卫辰正据守朔方（今内蒙古伊金霍洛旗西北），经过多年休养，早已兵强马壮。长安城里的后秦皇帝姚苌就任命刘卫辰为大将军、大单于、河西王、幽州牧，而西燕皇帝慕容永则任刘卫辰为大将军、朔州牧。

  再说慕容麟获知北魏各部慌乱，认为必须把自己前来援救的消息尽快传到北魏，这样可以稳定人心，同时对贺染干与拓跋窟咄也是一个震慑。慕容麟遂派拓跋珪的使节安同先行快速北返。当安同回到北魏时，各部听闻后燕援兵已快到来，人心稍安。十月，拓跋珪也率一支兵马南下与慕容麟会师。拓跋窟咄时正抵达高柳（今山西省阳高县），拓跋珪与慕容麟联合攻击了拓跋窟咄，拓跋窟咄大败，也逃奔刘卫辰。拓跋珪遂把拓跋窟咄的部众全部接收。拓跋珪看到北部大人叔孙普洛已逃走，遂任库狄干为北部大人。慕容麟完成使命，得到北魏王拓跋珪的重谢后，南返中山。

第78章　慕容垂东阿攻温详　慕容隆历城败张愿

　　386年八月一日，六十一岁的后燕皇帝慕容垂与范阳王慕容德、高阳王慕容隆等率部从都城中山（今河北省定州市）南下夺取城池，以扩大后燕领地。十月，慕容垂到达冀州清河国（今河北省清河县），攻打据城叛乱的宦官吴深。岂料吴深很会守城，慕容垂一时不能攻克。慕容垂与其兄长慕容恪一样，为减少伤亡，决定采取长期围困的策略。十二月十八日，慕容垂围困清河城已两个多月，时令也从秋天到了冬天。此时清河城里的吴深粮秣开始不济，军心不稳，慕容垂决定乘机发起攻击。清河城终被攻破，吴深单枪匹马逃走。慕容垂得到清河后，没有停留，而是继续南下数十里，进驻冀州平原国聊城县（今山东省聊城市）的逢关陂（今山东省聊城市境内）。

　　慕容垂传令在逢关陂稍作休整。慕容垂自是年八月从都城中山出发，至十二月到达聊城，南下已达七八百里。此时的慕容垂仍无北返回都之意，因为慕容垂准备继续攻打聊城之南一百里外的东阿（今山东省阳谷县东北）。东阿属兖州济北郡，已是东晋的领地。时驻守东阿的是东晋济北郡太守温详，曾是前燕的太子洗马。慕容垂派兄弟范阳王慕容德、儿子高阳王慕容隆率部前往攻打东阿。温详获报后燕慕容垂派兵来攻，遂派其堂弟温攀防守黄河南岸，子温楷防守碻磝津（今山东省茌平县西南古黄河南岸）。慕容垂虽在外在征战，对京都中山之事也非常关注。当时皇子赵王慕容麟援救北魏拓跋珪已经返回中山，慕容垂还颁诏任拓跋珪为西单于，晋封上谷王。拓跋珪接诏后，认为上谷王太小，与其魏王不能相比，遂不予接受，依然称魏王。

　　387年正月，慕容垂亲临前线，在黄河观兵。高阳王慕容隆对其父皇说道："温详这些人，都是白面书生，兵马是也乌合之众，完全是靠黄河才得以自保。如若我部大军渡过黄河，温详必将望风而溃，根本用不着交战。"慕容垂也认为有理，遂听从慕容隆之议。正月二十一日，慕容垂派镇北将军兰汗、护军将军平幼，在碻磝津西四十里外南渡黄河，慕容隆率部在黄河北岸戒备、掩护。后燕大军突然出现在面前，温攀、温楷叔侄果然大吃一惊，竟放弃兵马，逃回东阿城。平幼率部追击，大败晋军。温详获报后，连夜带着妻儿南下投奔彭城（今江苏省徐州市），部众三万全部向后燕投降。慕容垂任太原王慕容楷为兖州刺史，镇守东阿。

慕容垂进入东阿，有四人前来归降。这四人是光祚、封孚、封劝、朱肃。光祚曾是前秦的冗从仆射，曾对苻坚说道："陛下是不是怀疑慕容垂？慕容垂可不是一位久居人下的人啊。"苻坚当时非常信任慕容垂，甚至把慕容垂当做心腹。苻坚还把光祚所言告诉慕容垂。后来光祚随长乐公苻丕到了邺城（今河北省临漳县西南香菜营乡邺镇村）。苻丕放弃邺城，前往晋阳（今山西省太原市）时，光祚与黄门侍郎封孚、钜鹿郡太守封劝（封奕之子）南下归晋。慕容垂第二次包围邺城时，西河郡人朱肃也率部南下归晋。东晋皇帝司马昌明颁诏，任光祚等在河北诸郡就职，名义上归属济北郡太守温详。现在温详兵败南撤，光祚等遂前来向慕容垂投降。慕容垂欣然接纳光祚等前来纳降，对待他们与过去一样。

当慕容垂看到光祚时，不禁泪流满面，沾湿衣裳。慕容垂还说道："天王待朕甚厚，朕待之亦尽心尽力。但朕受到苻丕、苻晖的猜忌，才不得不做出有负天王之事。每当想到此，朕总是难以入睡。"光祚听后，也非常感动。慕容垂赏赐光祚金银绸缎，光祚不肯接受。慕容垂问道："卿今天是不是仍在怀疑朕？"光祚答道："臣过去只知道效忠臣之主人，想不到陛下今天还挂念此事。看来臣难逃罪责。"慕容垂转喜道："卿之一片忠心，正是朕所要的。方才只是戏言。"慕容垂对光祚遂更加优厚，任光祚为中常侍。

慕容垂平定东阿，接报魏郡（今河北省临漳县）太守齐涉据守新栅（今河北省清河县西）叛变，与东晋泰山郡（今山东省泰安市）太守张愿秘密联络。张愿还率一万余人北上进驻祝阿（今山东省济南市长清区）的盆口，同时与西边黎阳（今河南省浚县）的丁零部首领翟辽一同响应齐涉。慕容垂所在的东阿，正好在齐涉、张愿、翟辽的中间，到底先征讨哪一个，一时不能决断。高阳王慕容隆建言道："新栅城池坚固，攻取不易，如若再被困于城下，张愿与翟辽率部前来，将对我部极为不利。张愿的部众虽多，但大多新近归附，未能形成合力。孩儿以为当在张愿所部没有到来之前，对其发起进

第78章 慕容垂东阿攻温详 慕容隆历城败张愿

攻。听闻张愿父子十分骁勇,一定不会躲避,可一战而擒。张愿一旦被击败,齐涉难以独存。"慕容垂非常赞同。慕容垂遂派慕容隆率部前往攻打张愿。

二月,后燕皇帝慕容垂再派范阳王慕容德、陈留王慕容绍、龙骧将军张崇率兵马两万与慕容隆会合,一齐攻打张愿。大军不日抵达斗城,距盆口只有二十余里,解鞍稍息。岂料就在这时,张愿率部突然袭来,后燕兵马惊惶失措,就连范阳王慕容德都惊慌而逃,但慕容隆部岿然不动,并传令加强戒备。这时张愿之子张龟举枪杀来,慕容隆毫不慌张,从容传令身边将领王末迎战张龟。王末非常勇猛,数个回合,即将张龟斩杀。慕容隆挥军徐徐前进,张愿率部后撤。

慕容德部撤退一里多之地,看到张愿并无兵追来,又闻慕容隆已将张愿击退,遂传令重整兵马,回军与慕容隆会合。尽管慕容隆已取得一次胜利,慕容德还是劝慕容隆道:"贼势正盛,我部应当缓攻。"慕容隆并不赞同,说道:"张愿趁我部没有防备,才发起突袭,并取得胜利。但我部将士被隔在黄河渡口的南岸,没有退路,因而只有拼力死战,最终又能把敌人击退。现在情势对贼已然不利,贼寇气势也衰,有人要进,有人要退,不能合力。我部应当迅速出击。"慕容德亦觉有理,忙道:"我部完全听从你的调遣。"慕容隆遂传令向张愿发起进击,在盆口激战,大破张愿,杀张愿七千八百余人。张愿落荒而逃,向南一直逃到一百里外的三布口(今山东省肥城县东)。

后燕军遂进入历城(今山东省济南市历城区),青州、兖州、徐州多处郡县的坞堡都向后燕投降。慕容垂任慕容绍为青州刺史,镇守历城。慕容德率部回师东阿与慕容垂会合。张愿被攻破的消息传到新栅,齐涉的将士非常惊恐,纷纷担心慕容垂派兵来攻。一个叫冬鸾的人发起兵变,擒获齐涉,交给后燕慕容垂。慕容垂传令斩齐涉父子,其他人全部赦免。

四月,南下征战八个多月的慕容垂终于回到都城中山。十五日,皇子慕容柔、皇孙慕容盛、慕容会从长子(今山西省长治市)一路逃回,也到达中山。却说慕容柔、慕容盛、慕容会一直在西燕军中,于386年十月跟随慕容永到达长子。十一月,十四岁的慕容盛就对叔父慕容柔及兄弟慕容会说道:"主上(慕容垂)已在幽州、冀州中兴,然而东西并未统一,我等在此必遭猜疑。我等不管是智还是愚,都将大祸临头。不如早日东归,以免被人鱼肉。"慕容柔认为有理，三人遂一同逃离长子，历经近半年时间，终于到达中山。后来西燕皇帝慕容永得知三人逃离，在一年之内，将慕容儁、慕容垂的子孙全部诛杀。此为后话。

且说慕容垂见到皇子、皇孙返回，非常高兴，传旨大赦。慕容垂还问慕容盛道："长子的情况如何？可以夺取吗？"慕容盛道："西军骚动不安，人人都有东归之心。陛下只需修行仁政等待时机，一旦大军前往，西军必将投戈而来，如同孝子之奔慈父。"慕容垂听罢十五岁的孙儿之言，大喜。四月十八日，慕容垂封慕容柔为阳平王，慕容盛为长乐公，慕容会为清河公。

慕容垂回到中山，就接到远方上谷郡（今河北省怀来县）、代郡（今河北省蔚县）出现叛乱的消息。原来还是在一月前，上谷郡太守封戢被一个叫王敏的人杀害，代郡太守贾闰被一个叫许谦的人赶出代郡。王敏、贾闰都献出城池，向匈奴部刘显归降。慕容垂决定再派赵王慕容麟出征。

第79章 慕容垂黎阳攻翟辽 后燕国境内平叛乱

387年四月，后燕兖州高平郡（今山东省巨野县南）太守徐含远被一个叫翟畅的人擒获，翟畅还献出城池向据守黎阳（今河南省浚县）的丁零部首领翟辽纳降。

说起丁零人翟辽，还是在两年前鲜于乞杀害翟真时得以逃脱，前往东晋的黎阳。翟辽到了黎阳，投奔了东晋黎阳郡太守滕恬之，得到滕恬之的信任。滕恬之喜爱打猎，不爱惜将士，而翟辽暗中笼络将士，得到不少人的拥护。386年正月，滕恬之率部攻打鹿鸣城（今河南省滑县东北），派翟辽留守黎阳城。翟辽等滕恬之走后，即关闭城门，不准备让滕恬之返城。滕恬之只好向东投奔鄄城（今山东省鄄城县北），这时翟辽率部出城追击滕恬之，竟将滕恬之擒获。

翟辽占领并据守黎阳的消息传到建康（今江苏省南京市），东晋朝廷传令豫州刺史朱序前往征讨。朱序派将领秦膺、童斌会同淮泗各郡一同征讨翟辽。岂料就这时，东晋却有将领主动向翟辽归降。386年三月，东晋泰山郡（今山东省泰安市）太守张愿派使前往黎阳，宣称纳城归降。东晋各路征讨大军一时不敢前进。八月，翟辽反而率部南下，与东晋争夺城池。翟辽一直攻打到豫州的谯城（今河南省亳州市）。驻守谯城的豫州刺史朱序只好亲自率兵出击，将翟辽击退。387年正月，东晋朝廷任朱序为徐兖二州刺史，代替谢玄（被任命为扬州会稽郡太守）镇守彭城（今江苏徐州市）。朱序看到后燕正在向南扩张，而彭城太靠近北方，上疏请求镇守彭城以南的淮阴（今江苏省淮安市），朝廷准许。东晋守将南移，翟辽就开始南下扩张。翟辽派其子翟钊南下攻打兖州的陈留郡（今河南省开封市东）、豫州的颍川郡（今河南省许昌市东）。朱序虽驻屯淮阴，对翟辽南下并没有不管，连忙派将领秦膺率部击退翟钊。

387年正月后燕魏郡（今河北省临漳县）太守齐涉叛乱时，翟辽曾与东晋泰山郡（今山东省泰安市）太守张愿响应。二月，南下征战的慕容垂派兵击败张愿，还诛杀了齐涉。但当时的慕容垂并没有继续南下攻打黎阳的翟辽，就北返中山了。现在慕容垂决定再度南下，以征讨黎阳的翟辽。慕容垂还对众将说道："翟辽据守一个城池，竟然能够在三国之间反复，不可不除。"五月，慕容垂令太子慕容宝留守中山，并任章武王慕容宙为监中外诸军事，辅佐太子。慕容垂此次南征，以太原王慕容楷为前锋都督。却说慕容楷率前锋兵马先行到达翟辽的辖境。翟辽的部众大都是燕赵百姓，听闻慕容楷率部前来，纷纷说道："太原王（慕容恪）的儿子，就是我们的父母。"纷纷向慕容楷纳降。翟辽获报，非常惊慌，不敢抵抗，遂派使向慕容垂投降。慕容垂接受翟辽的纳降，颁诏任翟辽为徐州牧，封河南公。然而慕容垂仍然率部到达黎阳，在接受翟辽的投降后，才回师北返。

丁零人确实让慕容垂大伤脑筋，就在其南下征讨翟辽时，冀州常山郡井陉县（今河北省井陉县）的贾鲍招引北山一带的丁零人翟遥等攻打中山。翟遥率部众五千人夜袭中山，攻陷了外城。章武王慕容宙出奇兵，从翟遥身后发起攻击，太子慕容宝在中山城内擂起战鼓，大声呐喊，前后夹攻，将丁零部众全部俘虏，但翟遥、贾鲍逃脱。

六月，慕容垂从黎阳返回都城中山，就获报三个城池叛离：一个是吴深杀清河郡（今河北省清河县）太守丁国再次谋反，一个是王祖杀害章武郡（今河北省大城县）太守白钦谋反，还有一个是张申占据渤海郡的高城县（今河北省盐山县）谋反。面对三处城池的叛离，慕容垂可谓非常恼怒。其实在是年三月慕容垂南征东阿（今山东省阳谷县东北）、祝阿（今山东省济南市长清区）时，就接报上谷郡（今河北省怀来县）、代郡（今河北省蔚县）叛离，慕容垂虽已派赵王慕容麟前往征讨，但至今尚未平定。恼怒之余，慕容垂只得再派乐浪王慕容温率兵前往讨伐清河、章武、高城三处城池。当然就在慕容垂派兵平叛的过程中，叛乱仍在不断发生。

七月，赵王慕容麟率先平定了上谷郡，叛将王敏被杀。当慕容麟准备讨伐代郡时，突然接到慕容垂的圣旨，令其与太原王慕容楷一同攻打匈奴刘显。这又是怎么回事呢？原来驻屯于河套一带的匈奴部落首领刘卫辰向后燕进献马匹，以图与后燕结好。岂料刘显在中途将马匹抢走。消息传到中山，

第79章　慕容垂黎阳攻翟辽　后燕国境内平叛乱

慕容垂大怒，当即派慕容楷率部会同在上谷郡征讨王敏的慕容麟攻打刘显。二王会师后，即率部西攻刘显，刘显大败，向马邑（今山西省朔州市朔城区）西边的山里撤去。这时北魏王拓跋珪也率部前来会师，一同攻打据守弥泽（今山西省朔州市朔城区）的刘显。刘显再次遭败，南下投奔西燕。慕容麟接管了刘显的部众及大量牲畜。八月，三王联军击败刘显的消息传到中山，慕容垂传旨令刘显之弟刘可泥任乌桓王，安抚残余部众，还将其部众八千余蓬迁至中山。

北方的叛乱尚未平定，南方的丁零部首领翟辽再度叛离。387年十月，据守黎阳的翟辽派出兵马，与章武的王祖、高城的张申联合，在清河、平原二郡之间抢掠。慕容垂面对这个反复无常的翟辽再度叛离更为痛恨，但一时也未能派出兵马征讨。出人意料的是，388年二月，翟辽竟派其司马眭琼前往中山，向慕容垂道歉。慕容垂认为翟辽反复无常，不接受道歉，还下令斩杀眭琼，宣布从此与翟辽断绝关系。翟辽获报后，自称魏天王，改年号建光，设立文武百官，并于三月后迁都滑台（今河南省滑县）。翟辽所建的这个短命小政权，史称翟魏，存国四年有余。

就在翟辽叛离后燕不久，青州又传来消息，后燕青州刺史陈留王慕容绍受到东晋平原郡太守辟闾浑的逼迫，已从历城（今山东省济南市历城区）东撤至黄巾固（今山东省章丘市北）。慕容垂颁诏调任慕容绍为徐州刺史。从慕容绍东撤及慕容垂任其为徐州刺史来看，后燕不仅丢掉了青州的城池，还打算暂时放弃夺取青州。

也许是政事、战事太多，慕容垂决定只揽大纲。三月十五日，六十三岁的慕容垂任三十三岁的太子慕容宝为录尚书事，将朝政大权交予慕容宝。四月底，慕容垂又册立太子慕容宝为大单于。史书记载，慕容垂此次还册封夫人段氏为皇后。值得一提的是，段皇后是右光禄大夫段仪之女，其妹嫁给范阳王慕容德。而段仪又是太子慕容宝的舅父，也就是说慕容垂取的是妻侄女。慕容垂又追尊吴王妃段氏（于385年死于狱中）为成昭皇后。

再来看看后燕境内平叛。是年三月时，赵王慕容麟就率部前往讨伐代郡。叛将许谦不敌，南下投奔西燕，慕容麟又收复了代郡。后燕从此撤销代郡，将百姓全部迁到龙城（今辽宁省朝阳市）。

关于平定清河郡、章武郡及高城县的叛乱，须要赘述几句。早在387年六月，慕容垂曾派乐浪王慕容温前往征讨，后来没有下文。可能是乐浪王慕容温一直没有攻克清河等叛离城池，也可能是慕容温被调往他处，总之后来讨伐清河等地叛乱的是其他将领。

先说讨伐清河郡的吴深。此次负责讨伐清河郡的是护军将军平幼与章武王慕容宙。八月，平幼与慕容宙攻破清河城，叛将吴深向东撤往绎幕（今山东省平原县西北）固守。直到389年五月，清河人孔金杀掉吴深，将首级送至中山，吴深才被平定。

再说讨伐章武郡的王祖及高城县的张申。388年九月，原本据守高城县的张申攻击广平（今河北省鸡泽县东南），原本据守章武郡的王祖攻击乐陵（今山东省乐陵县东南）。九月二十五日，后燕皇帝慕容垂再派高阳王慕容隆率部前往讨伐。十二月，慕容垂又派出征归来的太原王慕容楷与赵王慕容麟参与平叛。二王遂到达合中（今河北省沧州市西南），与慕容隆会师。三王合兵，首先攻打张申。这时王祖竟率部前来援救张申，夜袭后燕兵马。后燕兵马将张申击退。慕容隆决定率部追击，以图彻底消灭张申。慕容楷、慕容麟阻止道："王祖那个老贼，可能有诈，会设下埋伏，不如等到天明再战。"慕容隆道："他们不过是一群穷盗匪，乌合之众，只图侥幸能一战而胜。其实他们根本没有约束，更不能进退自如。现其遭败逃走，士兵一定不愿再为其而战，我等乘胜追赶，用不了几里路，必能将其一网打尽。那个张申所依靠的只有王祖，王祖一旦失败，张申必将投降。"慕容隆说罢，命慕容楷、慕容麟留守大营，自与平幼率部分道追击。天明之时，慕容隆得胜而回，把斩下的敌将首级送给城内的张申。十二月二十九日，张申开门纳降。不久，王祖也前来投降。

至此，后燕用了一年时间，基本平定了境内的王敏、许谦、吴深、王祖、张申之乱。

第80章　攻后秦苻文高东进　夺新平姚景茂鞭尸

386年十一月前秦皇帝苻登在陇东（今甘肃省平凉市西北）继位后，准备东进与后秦争夺领地，以图收复前秦故土。苻登在军中供奉苻坚的牌位，载以车辆，上竖黄旗，还派虎贲士兵三百人护卫。军中大事，苻登总是先向苻坚牌位禀告，然后执行。大军出发前，苻登即向苻坚牌位禀告道："维曾孙皇帝臣登，以太皇帝之灵恭践宝位。昔五将之难，贼羌肆害于圣躬，实登之罪也。今合义旅，众馀五万，精甲劲兵，足以立功，年谷丰穰，足以资赡。即日星言电迈，直造贼庭，奋不顾命，陨越为期，庶上报皇帝酷冤，下雪臣子大耻。惟帝之灵，降监厥诚。"苻登说完，抽泣流涕，将士无不悲痛恸哭。苻登所率的五万将士，长矛和铠甲上都写着"死、休"字样。大军每次作战，都以剑矛组成方圆大阵，随机而动，将士所向无敌。

十二月，苻登收复了雍州新平郡（今陕西省彬县）境内的两个坞堡。却说前秦长安陷落时，前秦中垒将军徐嵩、屯骑校尉胡空，聚众五千，在新平郡结堡（分别叫徐嵩堡、胡空堡）自卫。后秦入主长安后，二人投降后秦并接受后秦官职。姚苌后来还将苻坚葬于二人坞堡之间。当苻登大军向东逼近时，徐嵩、胡空二人又向苻登投降。苻登任徐嵩为雍州刺史、胡空为京兆尹。苻登得知天王苻坚就葬在两堡之间，遂下旨将苻坚以天子之礼改葬。

苻登不仅亲率兵马东进与后秦作战，还加封一些将领，以图扩大前秦的领地并增强作战的兵马。387年三月，苻登颁诏任窦冲为南秦州牧，杨定为益州牧，杨壁为司空、梁州牧，乞伏国仁为大将军、大单于、苑川王。尽管苻登加封的这些将领都有拥兵自立的想法，但多少还是增加了对后秦的作战力。四月，后秦的征西将军姚硕德就不堪杨定的逼迫，一度撤退到泾阳（今陕西省泾阳县）。杨定还与鲁王苻纂联合，在泾阳攻打姚硕德，姚硕德大败。姚苌得到消息，连忙从安定郡的阴密县（今甘肃省灵台县）出军援救。苻纂不敌，退至敷陆（今陕西省洛川县）。

苻登当然也没有忘记给自家人加官晋爵。387年五月，苻登颁诏任其兄苻同成为司徒、守尚书令、封颍川王，任其弟苻广为中书监、封安成王，任其子苻崇为尚书左仆射、封东平王。此时的苻登最想讨伐的仍是后秦的姚苌，一个原因是姚苌杀了苻坚，还占领了前秦的都城长安，再一个原因是苻登是从秦州起兵的，还没有实力到关东与后燕作战。七月，苻登率部一度推进到瓦亭（今宁夏泾源县瓦亭村），逼近后秦的重镇安定。却说此时的后秦皇帝姚苌正在贰城（今陕西省黄陵县西北）攻打卢水胡人彭沛谷的坞堡。彭沛谷不敌姚苌，一路逃奔据守杏城（今陕西省黄陵县）的前秦鲁王苻纂。也许是姚苌听闻苻登率部东进，姚苌决定不再攻打苻纂，而命太子姚兴镇守长安，自率一部兵西进安定郡，继续驻屯阴密县。

八月，由于姚苌的兵力被苻登吸引到西边的阴密，长安城一时空虚。前秦冯翊郡太守兰椟率兵两万，从频阳（今陕西省富平县东北）进驻和宁（今陕西省黄陵县东南），与前秦鲁王苻纂谋划攻击长安。苻纂准备响应兰椟，乘机南下夺取长安。可是长安还没有夺取，内部却发生变乱。苻纂的弟弟苻师奴劝兄长苻纂称帝，然后以前秦皇帝的身份攻取长安，苻纂不肯。苻师奴竟杀了兄长苻纂，夺其兵马，自称秦公。兰椟获知后，非常生气，宣布与苻师奴断绝来往，一场谋划夺取长安的计划也就此落空。

却说进驻阴密的姚苌听报兰椟、苻纂、苻师奴之事，决定乘机东进，将兰椟、苻师奴一起收拾了。尚书令姚旻、尚书左仆射尹纬认为大军不能东进，劝阻道："苻登就在不远处的瓦亭，如若陛下率部东进，苻登一定袭我之背。"姚苌不以为然，认为："苻登兵马强于兰椟、苻师奴，朕一时也难以将其消灭。朕观苻登反应迟钝，优柔寡断，一定不敢孤军深入。朕率部东进，最多两个月，必能将兰椟、苻师奴击败而班师，到那时，就是苻登率部抵达阴密，也将无所作为。"姚苌遂率部离开阴密。九月，姚苌进驻泥源（今陕西省铜川市耀州区东南），苻师奴率部前来迎战，两军发生了激战。苻师奴不敌逃走，部众均被姚苌接收。

就在姚苌与苻师奴激战之时，苻登率部一路东进，抵达新平郡境内的胡空堡（今陕西省彬县境内），胡人、汉人响应都很多。姚苌志在先消灭兰椟，然后再与苻登交战，因而没有把苻登东进放在心上。十二月，姚苌终于擒获兰椟，最后率部进入杏城。姚苌此时开始考虑迎战苻登。姚苌派将领姚

第80章　攻后秦苻文高东进　夺新平姚景茂鞭尸

方成率一支兵马前往新平郡境内，攻打徐嵩堡。也许徐嵩堡与胡空堡相距很远，因为姚方成攻打徐嵩堡时，未见苻登来援。当然也许苻登当时已经不在胡空堡。

却说姚方成攻打徐嵩堡，徐嵩不敌，堡垒被攻破。姚方成擒获徐嵩，大骂徐嵩反复无常，原本已经归降后秦，现又投降前秦。徐嵩毫无畏惧，厉声反骂道："你们的姚苌才是罪该万死。当初苻黄眉就打算将其杀掉，是先帝（苻坚）阻止而救了他。先帝不仅救了他，还任其为朝廷、地方官员，荣宠至极。犬马尚知报恩，而姚苌连犬马都不如。姚苌亲下毒手，做出大逆不道之事。你等羌辈，岂可当人看待？为何不快点杀掉我？"姚方成听后大怒异常，将徐嵩分三次斩杀，非常残忍。姚方成还下令将徐嵩的将士全部挖坑活埋，并将徐嵩妻女赏赐给将士。

不久，姚苌率部到来，听闻葬于徐嵩堡、胡空堡之间的苻坚已在一年前被苻登以天子之礼改葬，更是怒不可遏。姚苌下令将苻坚尸体挖出，用鞭子抽打无数次。最后，姚苌再令人将苻坚衣服剥掉，用荆棘包起来，重挖一个土坑埋掉。姚苌虽攻占徐嵩堡，并没有就此攻破胡空堡，而率部西进去与苻登交战。至此，新平郡仍有胡空堡归属前秦。

388年二月，苻登已进驻安定郡的朝那县（今宁夏固原县东南）。姚苌进驻武都（今甘肃省成县）与其对峙。两方兵马多次发生交战，互有胜负。苻登与姚苌前后对峙长达八个月。八个月中，由于苻懿去世，苻登还册立其子苻崇为太子。由于两国对峙时间很长，后秦一直没有取得最终胜利，关西豪杰对后秦开始失望，认为后秦难以取代前秦，不少人又开始归降前秦。

十月，两国兵马的对峙局面终于结束。姚苌由武都返回安定郡（今甘肃省泾川县），苻登也因缺粮，而重返产粮地新平郡，再次来到胡空堡。此时的新平郡正好粮食丰收，苻登所部一时粮草充足。得到补给的苻登决定再次攻打姚苌。苻登率一万余骑兵前往安定包围姚苌的大营。非常奇怪的是，苻登并没有向姚苌发起攻击。史书记载，苻登率部来到姚苌大营外，命将士放声大哭。姚苌也没有下令进击，而是令将士在营内也放声大哭，作为回应，苻登这才率部撤退。

十二月底，苻登任兄长苻同成为太尉。正月，苻登仍在新平郡，而姚苌仍在安定郡，两部相距不足两百里。姚苌看到苻登作战胜多败少，而且不断夺取后秦的领地，认为天王苻坚的神灵一定在暗中相助。姚苌决定与苻登一样，也在军中供奉苻坚牌位，还向苻坚神像祷告道："天王陛下，臣兄长（姚襄）命臣为其报仇，新平之祸（指在新平佛寺缢杀苻坚），不是臣的罪。苻登不过是陛下的一个远亲，尚且为陛下报仇，何况臣乃是为兄长报仇。再者，陛下命臣以龙骧将军建功立业，臣岂敢有违？今天臣为陛下立牌位，陛下千万不要怪罪臣下了。"后来此事也传到了苻登军中，苻登又率部前来攻打。苻登还登上军营指挥台，远远地大声对姚苌道："臣子弑君，而立像求福，有何用处？"苻登还高声骂道："弑君的贼姚苌，为何不出来迎战，吾将与汝决一死战。"姚苌就是不应答，也不能战胜苻登，大营还多次发生夜惊。姚苌以为苻坚仍在作怪，遂砍下苻坚神像之首，派人送给苻登。

关于苻登即位后东进的路线，史书记述让人感到非常费解。苻登即位不久即于386年十二月向东到达新平郡，收降了徐嵩堡与胡空堡。387年七月，苻登又向西三百余里到达瓦亭，不知是何原因。387年九月，苻登第二次到达新平郡的胡空堡，这又是东进，却不见援救徐嵩堡。388年二月，苻登又到达安定郡的朝那，姚苌则到达武都与其对峙。且不说前往朝那又是从新平向西三百余里，就说朝那与武都相距五百里，两军如何对峙？史书还说，两军交战非常频繁，试想相距如此之远，交战岂能频繁？十月，苻登第三次到达新平郡的胡空堡。总之苻登向东前往新平郡可以理解为东进与后秦争夺领地，但一次向西到瓦亭，一次向西到朝那，不知是何原因？

第81章 吕世明凉州平叛乱 慕容麟阴山破贺兰

话说吕光（字世明）于386年十月建立后凉，两个月后自称使持节、侍中、中外大都督、督陇右河西诸军事、大将军、凉州牧、酒泉公。387年七月，吕光派将领彭晃、徐炅攻打据守临洮（今甘肃省岷县）的凉州牧张大豫。张大豫兵败，向北投奔广武（今甘肃省永登县东南），其长史王穆投奔建康（今甘肃省高台县西南）。八月，广武人擒获张大豫，送往姑臧（今甘肃省武威市），交给吕光。吕光下令将张大豫斩首。吕光终于平定企图复国的前凉后人张大豫，但王穆又夺取酒泉（今甘肃省酒泉市），自称大将军、凉州牧。

这年十二月，后凉境内出现饥荒，谷米每斗值五百钱。百姓中出现人吃人现象，死亡人口过半。这时后凉西平郡（今青海省西宁市）太守康宁自称匈奴王，杀害湟河郡（今青海省化隆县）太守强禧，公然背叛吕光。不久，张掖郡（今甘肃省张掖市）太守彭晃也叛变，东边联合康宁，西边联合占据酒泉的王穆。吕光决定亲征彭晃，众将认为应当先攻康宁，纷纷劝道："现康宁在南，伺机而动，如若明公出征不能消灭彭晃、王穆，而康宁再发动袭击，明公将进退两难，危险大矣。"吕光说道："诸位所言极是，可是如若我部不主动出击，就会坐等贼寇前来。一旦三寇联兵，东西夹击，则姑臧城外都将丢失，大事去矣。现彭晃刚刚背叛，与康宁、王穆并不甚密，我部出其不意，定能取胜。"众将也认为有理。吕光遂亲率三万骑兵，倍道兼行，抵达张掖。吕光攻城二十日，终将张掖城池攻破，斩杀彭晃。

吕光攻克张掖后，决定向西继续攻打据守酒泉的王穆。吕光为何连续作战？只因吕光获知王穆内部出现不和，互相攻击，认为正是攻打王穆的好机会。却说王穆刚到酒泉时，听闻敦煌（今甘肃省敦煌市）有个隐士叫郭瑀，遂派使请其出山相助。郭瑀作为汉人，并不希望氐族人吕光占领并统治凉州，叹息道："百姓就要改穿左边开襟的衣服了，我岂能忍心不救？"遂接受王穆之邀，与同郡人索暇聚众起兵，响应酒泉的王穆，还给王穆送粮三万石。王穆大喜，任郭瑀为太府左长史，索暇为敦煌郡太守。可是好景不长，有人从中挑拨，王穆对索暇恨之入骨，竟率兵前往敦煌讨伐索暇。郭瑀极力劝阻，王穆就是不听。郭瑀非常失望也非常痛心，决定离开王穆，请辞回乡。郭瑀还对王穆说道："我恐怕再也看不到你了。"郭瑀回到家，用被蒙面，绝食而死。吕光听闻这一消息，认为王穆必将不堪一击，遂率两万骑兵攻打酒泉。吕光真的一战而克，接着乘胜西进，攻打王穆所在的敦煌。王穆获报后，从敦煌撤走，可是刚到半途，兵马一哄而散。王穆只好一人骑马逃奔。驿马（今甘肃省玉门市东北）县令郭文捉住王穆，斩其首级送与吕光。

吕光平定彭晃、王穆，回师姑臧，凉州一时无事。三个月后，即388年三月，吕光的外甥石聪从关中前来投奔。吕光问石聪道："中州人对孤为政评价如何？"石聪说道："中州之人只听说凉州有个杜进，不曾听说有舅父。"吕光听后甚为不悦。吕光夺取凉州时，杜进立下汗马功劳，被吕光任命为武威郡太守，辅国将军。武威郡可以说是凉州各郡中最重要的一个，杜进也是尊贵无比，而且吕光对其也是言听计从。杜进居位都尹，权重一时，其出入仪式也与吕光差不多。吕光从未听闻杜进名声在外，现听说其名声远扬中州，非常猜忌。吕光不久找了一个借口，将杜进杀了。

吕光治理凉州，刑法太严，但也能听取臣下之言，勇于纳谏。一次吕光宴请群僚，谈到为政情况。参军段业说道："明公用法太严。"吕光开始不以为然，反驳道："吴起刻薄寡恩，但能够使楚国强大；商鞅严刑，却使秦国兴盛。"段业说道："吴起丧其身，商鞅亡其家，都是残酷所致。明公受命于天，刚刚君临四海，效法尧、舜，仍担心不能成功，却去羡慕吴起、商鞅，这岂是凉州百姓所期望的。"吕光听后，脸色变得庄重，并向段业表示歉意。吕光还下诏自责，开始崇尚宽简之政，凉州一时无事。一年后的389年二月，酒泉公吕光自称三河王，大赦境内，改年号为麟嘉，设立文武百官。当初长安陷落时，吕光的家人投奔仇池（今甘肃省西和县）杨家，这时吕光的妻子石氏、儿子吕绍、兄弟吕德世才从仇池来到姑臧。吕光册立石氏为王妃，吕绍为世子。

我们再来看看后燕与北魏的故事。前面讲过，386年八月北魏有难时，

第81章 吕世明凉州平叛乱 慕容麟阴山破贺兰

后燕曾派赵王慕容麟前往援救。然而时隔整整两年，十八岁的北魏王拓跋珪竟萌发谋图后燕的想法。拓跋珪当然也担心后燕仍很强大，便于388年八月，派兄弟拓跋翰之子、九原公拓跋仪为使，前往后燕探察。拓跋仪来到后燕都城中山（今河北省定州市），拜见皇帝慕容垂。慕容垂诘问道："魏王为何不亲自前来？"拓跋仪不慌不忙答道："魏国先王与燕国祖先曾一同侍奉晋朝，世世代代情同兄弟，臣今天奉命前来晋见陛下，并不失礼。"慕容垂道："朕今天威加四海，岂能与昔日相比。"拓跋仪答道："燕国如若不修政德，而想以兵威逞强，此乃将帅之事，不是使臣所能知晓的。"慕容垂遂不再多言。后来拓跋仪回到北魏，对拓跋珪说道："燕主慕容垂已经衰老，而太子慕容宝十分暗弱，范阳王慕容德又自负才气，决不会诚心臣服少主。一旦慕容垂去世，其国必将内乱，到那时大王再图不迟，现在还不能谋取。"拓跋珪遂决定继续等待时机。

慕容垂没有想到拓跋珪会生异心，仍一如既往地帮助北魏。389年五月，慕容垂又派范阳王慕容德、赵王慕容麟讨伐阴山之北的贺兰部。二王追击贺讷一直到勿根山（今地不详），贺讷走投无路，向后燕纳降。二王将贺讷部众迁至上谷郡（今河北省怀来县）。贺讷还将其弟贺染干送到后燕都城中山为质。不久，慕容麟又接到与北魏王拓跋珪会合，一同征讨贺兰（应当不是贺讷那支）、纥突邻、纥奚三部的命令。390年四月，赵王慕容麟与北魏王拓跋珪在意辛山（今内蒙古二连浩特市西南）会师，一同攻打贺兰、纥突邻、纥奚三部。三部被击破，都向北魏投降。七月，匈奴部首领刘卫辰派其子刘直力鞮攻打阴山之北的贺兰部。贺讷无力抵挡，遂又派使向北魏归降，并请求北魏出兵相助。拓跋珪率部援救贺讷，把刘直力鞮击败。拓跋珪还把贺兰部迁到北魏的东部境内。391年正月，贺兰部发生内乱，贺染干阴谋杀害兄长贺讷，兄弟二人相互攻击。拓跋珪获知这一消息，派使前往中山，向后燕皇帝慕容垂请求一同征讨贺兰部，魏国愿为向导。二月，慕容垂派赵王慕容麟率兵攻打贺讷，镇北将军兰汗攻打贺染干。四月，兰汗在牛都（今山西省大同市西北）击破贺染干。六月三日，慕容麟在赤城（今河北省赤城县）击破贺讷。贺讷被擒，部众数万投降。后燕皇帝慕容垂传旨，命慕容麟把贺讷送回其部，把贺染干部迁至中山。慕容麟班师返回中山，对其父皇说道："儿臣看到拓跋珪的一举一动，将来必成我国之患。儿臣以为可以将拓跋珪召至京城中山，由其弟统领其部。"慕容垂没有采纳。

也许慕容垂不相信拓跋珪会谋反，因而没有采纳慕容麟的建言，然而慕容垂的皇子们却惹怒拓跋珪。七月二日，慕容垂前往范阳郡（今河北省涿州市）巡视。就在这月，拓跋珪派其弟拓跋觚来到中山，向后燕进贡。太子慕容宝等扣留拓跋觚，以此向拓跋珪索要良马。拓跋珪接报不答应，并决定与后燕断绝关系，还派长史张衮南下长子（今山西省长治市），与西燕皇帝慕容永结好。拓跋觚寻机逃走，慕容宝派兵将其追回。十月，慕容垂从范阳返回中山，得知此事，并没有责怪慕容宝等，而对拓跋觚仍如以前。

最后再说说北魏王拓跋珪独自征讨其它部落的事。早在388年六月，拓跋珪就曾率兵在弱落水（饶乐水：内蒙古的西拉木伦河）之南击败宇文部首领库莫奚。七月，库莫奚再整兵马袭击拓跋珪大营，又被拓跋珪击败。389年正月，拓跋珪又率部击败漠北高车部。二月九日，拓跋珪又在女水（今内蒙古武川县）大破吐突邻部。391年七月拓跋珪与后燕断交后，便开始考虑征讨柔然与刘卫辰两部强敌了。

先说征讨柔然。柔然是漠北的游牧民族，曾世代臣服代国。大人郁久闾地粟袁去世后，柔然分为两部：长子郁久闾匹候跋继承父位，居于东方；次子郁久闾缊纥提居于西方。前秦天王苻坚消灭代国后，柔然部归附于刘卫辰。后来拓跋珪征服高车部，其它部大都臣服，只有柔然不臣服，拓跋珪决定征讨柔然部。391年十月，拓跋珪率部向柔然发起攻击，柔然不敌北逃，拓跋珪率部一连追赶六百里。众将担心粮草将尽，不能再深入追击，请长史张衮对拓跋珪说道："贼已逃远，粮草将尽，不如早还。"拓跋珪问众将道："如若宰杀副马，作为三天肉食，够不够？"众将道："足够。"拓跋珪遂下令继续快速追击柔然，一直追到南床山（今蒙古国南部戈壁阿尔泰山）下，才追上柔然部。拓跋珪再次大破柔然，俘虏柔然半部人马。郁久闾匹候跋与另一支部落首领屋击集结残兵继续逃亡。拓跋珪派长孙嵩、长孙肥率兵追击。拓跋珪这时问众将道："卿等知道孤之前问三日粮草的用意吗？"众将回道："不知。"拓跋珪说道："柔然部带着牲畜奔走已经数日，遇到水草一定停留，孤用轻骑追赶，至多三日。"众将惭愧道："臣等不及也。"不久，长孙嵩追到平望川（今地不详），斩屋击。长孙肥追到涿邪山（今蒙古国满达勒戈壁以南一带），郁久闾匹候跋率部投降。郁久闾缊纥提之子郁久闾曷多

第81章　吕世明凉州平叛乱　慕容麟阴山破贺兰

汗、侄郁久间社仑、郁久间斛律等及其族人均被俘。郁久间缊纥提准备投奔刘卫辰，这时拓跋珪率部赶到，郁久间缊纥提遂也投降。拓跋珪下令将柔然部全部迁到云中（今内蒙古托克托县）境内。

再说拓跋珪铲除匈奴刘卫辰部。就在拓跋珪征讨柔然班师不久，即获报据守朔方（河套地区）的刘卫辰派其子刘直力鞮率部众八九万人入侵其南部领地。391年十一月十日，拓跋珪只率五六千兵马迎战。十一月十三日，拓跋珪在铁岐山（今地不详）大破刘直力鞮，刘直力鞮单骑逃走。拓跋珪传令乘胜追击。十一月十九日，拓跋珪在五原郡（今内蒙古包头市）金津渡口南渡黄河，进入刘卫辰领地，直指刘卫辰首府悦拔城（今内蒙古伊金霍洛旗西北）。刘卫辰获报非常惊恐，部众也一片混乱。十一月二十二日，拓跋珪率部抵达悦拔城，刘卫辰父子仓皇逃走。十一月二十三日，拓跋珪派众将分头追击刘卫辰父子。将军伊谓在木根山（今内蒙古鄂托克前旗南）擒获刘直力鞮，刘卫辰被其部众所杀。十二月，拓跋珪驻军盐池（今内蒙古鄂托克前旗东南），下令屠杀刘卫辰宗党五千余人，并投尸于河。自此，黄河以南诸部全部投降北魏。拓跋珪消灭刘卫辰一战，俘获骏马三十余万匹，牛羊四百余万头，其国因此而丰饶。

刘卫辰虽然被灭，但其小儿子刘勃勃却得以逃脱，投奔薛干部。拓跋珪得知后，派人前往薛干部，要求其首领太悉伏将刘勃勃交出。太悉伏对拓跋珪的使者说道："刘勃勃国破家亡，穷途末路前来投靠，我宁可与其一起逃亡，怎能忍心将其交出。"太悉伏最后又将刘勃勃送到没弈干那里，没弈干看到刘勃勃仪表堂堂，认为刘勃勃一定会有所作为，不仅收留了刘勃勃，还将女儿嫁给他。刘勃勃就是后来的赫连勃勃，但没弈干却因此而付出代价，此为后话。393年七月，拓跋珪派兵征讨薛干部，并于八月攻破薛干部，还对薛干部进行了屠杀，首领太悉伏投奔前秦。

第82章　苻文高血战姚景茂　慕容农阻截翟魏兵

388年六月，西秦苑川王乞伏国仁在勇士城（今甘肃省榆中县）去世，因其子乞伏公府年龄尚幼，文武官员都推举乞伏国仁之弟乞伏乾归继位。乞伏乾归遂自称大都督、大将军、大单于、河南王，改年号为太初，大赦境内。乞伏乾归册封其妻边氏为王后。乞伏乾归还仿照汉人官制，任南川侯出连乞都为丞相，梁州刺史莫侯悌眷为御史大夫，边芮为左长史，东秦州刺史祕宜为右长史，翟勃为左司马，王松寿为主簿，堂弟乞伏轲弹为梁州牧，兄弟乞伏益州为秦州牧，乞伏屈眷为河州牧。九月，乞伏乾归下令将都城由勇士城迁至金城郡（今甘肃兰州市）。389年正月，在雍州新平郡（今陕西省彬县）境内与后秦姚苌争战的前秦皇帝苻登听闻乞伏乾归继位并迁都金城，颁诏加封乞伏乾归为金城王。苻登此举仍是为了笼络乞伏乾归，但并不能改变乞伏乾归脱离前秦的实质。

389年二月，苻登决定向驻屯安定郡（今甘肃省泾川县）的姚苌再次发起进攻。苻登此次采取轻骑前往攻击，将粮草、兵器、辎重都留在一个叫大界（今陕西省彬县、甘肃省泾川县之间）的地方，亲率轻骑一万攻击安定境内的密造堡。苻登攻克密造堡后，兵临安定郡境内，姚苌非常着急，连忙派中军将军姚崇突袭大界，以图攻击苻登的后方粮草。苻登获报后，率轻骑在安丘（今甘肃省灵台县境内）拦截姚崇，姚崇惨败。苻登听闻当初在五将山擒获苻坚的后秦右将军吴忠正在平凉郡（今甘肃省平凉市），决定率部先攻打吴忠，最后再攻打据守安定城的姚苌。七月，苻登率部抵达平凉，攻破城池，吴忠不敌而逃。

苻登击败吴忠后，决定攻打姚苌。389年八月，苻登进抵苟头原（今甘肃省泾川县西北），进逼安定城。姚苌看到半年来，苻登作战不断取胜，先克密造堡、再败姚崇、吴忠，遂也不敢小看苻登，连忙召集众将商议对策。众将都建言姚苌率部与苻登决一死战。姚苌却有不同计策，对众将说道：

第82章 苻文高血战姚景茂 慕容农阻截翟魏兵

"与穷寇争夺胜负，此乃兵家大忌，朕将用计取胜。"姚苌仍想攻击苻登粮草所在地大界，以图重演一百八十九年前的曹操与袁绍的乌巢之战。姚苌命尚书令姚旻留守安定，亲率三万精兵，于深夜向大界发动奇袭。

此时的苻登没有想到姚苌会再次偷袭大界，认为其部与姚苌近在咫尺，姚苌只会加强防守或者准备应战。岂料姚苌已于夜间东出安定城，直奔大界而去。当时苻登留在大界的是其子南安王苻尚及部分将领，毛皇后也在大界军中。姚苌三万大军到达大界时，仍是夜间，姚苌随即传令向苻尚发起进攻。苻尚及众将毫无防备，惨遭失败。苻尚被杀，很多将领被俘。当姚苌大军杀进御营时，美丽勇敢的毛皇后早已披挂上马，弯弓搭箭，率武士数百人出营激战。终因寡不敌众，毛皇后被俘。姚苌决定纳毛皇后为妾，毛皇后边哭边骂道："姚苌，你先杀天子，后辱皇后，上天岂能容你！"姚苌听罢大怒，举剑斩杀毛皇后。这时前秦营地一片混乱，后秦将领都劝姚苌全面进击，姚苌却说道："苻登部众虽一时之乱，但怒气仍在，不可轻敌。"姚苌偷袭大界之战取得大胜，共俘虏五万余百姓而还。

苻登听闻大界被袭，损失惨重，遂放弃对安定的进逼，率部东返新平郡的胡空堡（今陕西省彬县境内）。苻登撤离安定后，姚苌命其弟姚硕德镇守安定，还将安定一千余户百姓迁至安定郡阴密县（今甘肃省灵台县西南），并派其弟姚靖镇守阴密。姚苌看到苻登东进胡空堡，想到秦州一带空虚，遂命姚硕德选派秦州各郡守县令，以图接管秦州。姚硕德命堂弟姚常镇守陇城（今甘肃省张家川县）、邢奴镇守天水郡的冀城（今甘肃省甘谷县西南）、姚详镇守略阳（今甘肃省秦安县东南），紧逼秦州州城上邽（今甘肃省天水市）。389年九月，据守仇池（今甘肃省西和县）的前秦益州牧杨定率兵从仇池北上，攻打陇城、冀城。杨定攻克二城，斩姚常、擒邢奴。姚详获报，非常害怕，遂放弃略阳，逃往安定。杨定遂自称秦州牧、陇西王，前秦皇帝苻登颁诏予以承认。

十月，仍在新平郡境内的苻登颁诏任窦冲为大司马、都督陇东诸军事、雍州牧，杨定为左丞相、都督中外诸军事、秦梁二州牧，命二人率部一同攻击后秦都城长安。苻登还传令河东郡（今山西省夏县）境内的杨政、杨楷也一同率部到长安会师。却说杨政、杨楷都是河东郡人，在先帝苻丕战败时，召集流民数万户，一个据守在河西（今陕西省北部），一个据守在湖县（今河南省灵宝市西北）与陕城（今河南省三门峡市陕州区）之间。杨政自称监河西诸军事、并州刺史，杨楷自称都督河东诸军事、冀州刺史。二人都派人晋见苻登请求任命，苻登均按其自称委以官职。

　　腊月，苻登仍在胡空堡，各路大军尚未集结长安城。这时姚苌却等不及了，施了一计。姚苌派其东门将军任瓮，前往苻登大营，请求投降，并承诺可到安定城内里应外合，等到苻登率部兵临城下时，将打开城门。苻登大喜，令任瓮先回安定，并准备率部随后出发。前秦征东将军雷恶地，虽是羌人，但早已投奔前秦，听闻苻登与任瓮商议攻安定，认为当中一定有诈。雷恶地遂飞马来见苻登，对苻登说道："姚苌这个人诡计多端，任瓮之言也不可相信。"苻登最终没有上当。后来姚苌听闻雷恶地去见苻登，对众将说道："雷恶地这个老羌去见苻登，朕之计将不能成功。"可惜雷恶地有勇有谋，最终却不能为苻登所容，后来还是投奔了后秦。姚苌任雷恶地为镇军将军。

　　389年正月，后燕辽西王慕容农镇守龙城已经五年了。当初前来龙城是平定余岩叛乱的，不想一来就是五年。慕容农在龙城的五年很有政绩。但慕容农认为国家正是用人之际，他应当再回战场。慕容农遂向其父慕容垂上疏道："臣因征讨余岩而镇守龙城，所统将士已经安逸多年。然而青州、徐州、荆州、雍州一带残寇仍然很多，但愿回到战场，展竭微效。生无余力，死无遗恨，这是臣的心愿。"慕容垂接疏后，于正月五日传旨召慕容农返京，同时派慕容隆前往镇守龙城。慕容垂还任慕容农为侍中、司隶校尉，同时任慕容隆为都督幽平二州诸军事、征北大将军、幽州牧。慕容垂还颁诏在龙城设立留台，任慕容隆为录留台尚书事，再任护军将军平幼为征北长史，散骑常侍封孚为司马、兼留台尚书。顺便说一下的是，慕容垂在是年正月还派其子、阳平王慕容柔镇守襄国（今河北省邢台市），四月又派太子慕容宝之子、长乐公慕容盛镇守蓟城（今北京市），修整旧时宫殿。

　　却说慕容隆到达龙城后，在慕容农颁布的法令上扩充、修改，辽碣（今河北省北部及辽宁省）一带遂告安定。高阳王慕容隆到了龙城一年多后，也曾平定境内的一次叛乱。390年九月，北平郡（今河北省遵化市）人吴柱聚众一千余人，拥立和尚法长为皇帝。吴柱、法长率部攻陷了北平郡，接着又

第82章 苻文高血战姚景茂　慕容农阻截翟魏兵

向东攻打广都，一直攻入白狼城（今辽宁喀喇沁左翼蒙古族自治县）。消息传到龙城，慕容隆正在安葬其夫人，郡县守宰都在场吊丧。众人听闻吴柱背叛并攻陷北平，纷纷请求慕容隆快速回城，派大军讨伐。慕容隆并不慌张，对众官说道："如今家家户户安居乐业，民不思乱。吴柱、法长不过以诈术煽惑愚昧的百姓，能有何为？"说完继续安葬，直到结束，才派北平郡太守与广都县令先返。最后，慕容隆再派安昌侯慕容进率百余骑兵前往白狼城。吴柱、法长的部众听闻慕容隆派兵来攻，也不知多寡，竟一哄而散。慕容进全力追捕，终将吴柱抓获斩首。

慕容农回京后，389年十月，丁零部翟辽又来扰乱后燕。翟辽此时已建立翟魏、自称天王一年有余，听闻后燕任乐浪王慕容温为冀州刺史，驻守信都（今河北省冀州市），决定派故堤前往冀州向慕容温诈降。慕容温信以为真，接纳了故堤的投降。十月十四日，故堤趁慕容温不备，将慕容温杀害，还杀了慕容温的长史司马驱。故堤也不敢在冀州久留，率两百余户百姓向西投奔西燕。消息传到中山（今河北省定州市），慕容垂大怒，立即派辽西王慕容农率兵前往阻截。慕容农率领一支兵马在襄国一带与故堤遭遇。慕容农将故堤所率人马全部俘虏，但故堤本人还是逃走了。

第83章　姚景茂杏城败秦将　苻文高安定战姚苌

两秦仍在不断争战。390年三月，姚苌率部攻打前秦扶风郡太守齐益男据守的新罗堡（今陕西省眉县东南），齐益男不敌而逃。与此针锋相对，苻登率部攻打后秦天水郡太守张业生据守的陇东（今陕西省陇县）。苻登尚未攻克陇东，姚苌就率部赶来援救，苻登率部撤退。然而不久，后秦镇军将军雷恶地背叛，姚苌不得不率部离开陇东。

四月，前秦镇东将军魏褐飞自称冲天王，率氐人、胡人攻打后秦安北将军姚当成镇守的杏城（今陕西省黄陵县）。就在这时，投降后秦才四个月的雷恶地背叛后秦，响应魏褐飞，率部攻打后秦镇东将军姚汉得镇守的李润（今陕西省蒲城县东北）。消息传到陇东，姚苌准备前往攻打魏褐飞、雷恶地。众文武劝道："陛下不担忧六十里外的苻登，却去担忧六百里外的魏褐飞，这是为何？"姚苌用兵自有其见解，对众将说道："朕不能立刻消灭苻登，苻登也不能立刻击败朕。而那个雷恶地智谋不同寻常，如若其向北联络魏褐飞，向西结盟据守北地（今陕西省铜川市耀州区）的董成，而占领杏城、李润以据守，那长安就不是朕的了。"姚苌最后率精锐兵马一千六百悄悄前往杏城。时魏褐飞、雷恶地已有数万人，但每天前往投效的胡人、氐人仍然前后相继。姚苌每看到一支兵马前往投效魏褐飞、雷恶地，就非常高兴。群臣对此甚感奇怪，遂问姚苌为何如此。姚苌道："魏褐飞煽动诱惑百姓，其族种类繁多。朕虽能够克其魁帅，然余党难以很快平定。现在看来，其部也不过是乌合之众，朕将乘胜攻取，一网打尽。"

却说魏褐飞也得知姚苌率部前来，而且只有一千余兵马，遂决定率领全部兵马攻打姚苌，以图一战而消灭姚苌。姚苌当然不会与魏褐飞硬拼，毕竟他只有一千六百人。姚苌坚守堡垒，示之以弱，就是不接战。但姚苌已派其子、中军将军姚崇率骑兵数百悄悄绕到魏褐飞的背后。魏褐飞所部不明情况，一时慌乱。这时姚苌又派镇远将军王超等率部攻击魏褐飞。魏褐飞部大

第83章 姚景茂杏城败秦将 符文高安定战姚苌

败，将士万余人被杀，魏曷飞亦阵亡。

再说攻打李润的雷恶地听闻魏曷飞兵败身亡，甚感恐惧，连忙派使向姚苌请降。姚苌接受雷恶地纳降，待之如初。雷恶地非常感动，对属下说道："我自认为智慧、勇猛算是一时之杰，可是每次遇到姚翁总是失败，这就是天意啊。"

姚苌每次出征，总命姚当成在营地的栅孔中树一木牌，以记录战功。一年有余，姚苌问姚当成木牌情况。姚当成答道："营地太小，已经加大才能放置木牌。"姚苌听后甚喜，说道："朕自结发以来，与人作战，从未有如此痛快。朕以千骑之兵竟破敌人三万之众，营地小才稀奇，岂能以大为贵。"

姚苌虽然平定魏曷飞，收降雷恶地，但境内仍有人聚众起兵，响应前秦苻登。390年七月，冯翊郡（今陕西省大荔县）人郭质在广乡（今陕西省渭南市华州区西）起兵，宣称归附前秦。郭质向三辅（大长安地区）兵马发出檄文道："姚苌凶虐，毒被神人。吾属世蒙先帝尧、舜之仁，非常伯、纳言之子，即卿校、牧守之孙也。与其含耻而存，孰若蹈道而死。"三辅地区百姓纷纷响应，结堡自守，以抗后秦。但郑县（今陕西省渭南市华州区）人苟耀集结数千人仍效忠后秦。前秦皇帝苻登获知后，颁诏任郭质为冯翊郡太守，而姚苌则颁诏任苟耀为豫州刺史。郭质自此与苟耀不断发生激战。半年后的十二月，郭质又与苟耀在郑县交战，郭质不敌，向东逃往东晋所属的洛阳。

391年三月，苻登前往雍城（今陕西省凤翔县）攻击后秦安东将军金荣据守的范氏堡，一战而克。苻登乘胜渡渭水南下，攻击后秦京兆太守韦范据守的段氏堡，未能攻克。苻登继续进占曲牢（今陕西省西安市东南），逼近长安。就在这时，据守郑县的后秦豫州刺史苟耀悄悄派使来见苻登，向前秦归降，并承诺作为内应。苻登接受，并率部进驻马头原（当在长安城东）。五月，姚苌率兄弟姚硕德、右将军吴忠出战苻登。马头原一战，苻登大胜，还杀了右将军吴忠，终将这个俘虏天王苻坚的凶手斩杀。姚苌重整兵马，准备再度迎战，其弟姚硕德说道："陛下一向谨慎，从不轻易出击，每次都用谋略取胜。现在失利反而更要全力与贼作战，这是为何？"姚苌说道："苻登作战，一向迟缓，从不探查敌人虚实。现在苻登却不顾一切轻装前进，而且扼住我部东方，一定是苟耀这个竖子与其联合。我部攻势一旦缓慢，苻登、苟耀就将会师。朕要在他们会师之前，破坏他们的阴谋。"姚苌遂率部快速前进，向苻登发起进击，大获全胜。苻登西撤到郿县（今陕西省眉县）。

苻登西撤不久，新平郡（今陕西省彬县）也丢失了。当时前秦任命的兖州刺史强金槌就镇守在新平。强金槌虽是氐族人，但却决定向后秦姚苌投降，还派其子强逵到后秦为质。姚苌欣然接纳强金槌纳降，还亲率数百骑兵来到强金槌大营受降。众将都劝姚苌以防不测。姚苌说道："强金槌已经背叛苻登，如若又要害朕，那他将到何处安身呢？强金槌刚刚前来投靠，朕应当推心置腹待之，岂能乱起疑心？"姚苌遂来到强金槌大营，营中氐族人果然要杀姚苌，但强金槌不准。姚苌得到新平后，就班师回朝了。七月，苻登率部又抵新平，准备攻取新平。姚苌获报后，又率部前来援救，苻登只得再次撤退。

这年十二月，前秦皇帝苻登又整兵马前往攻打后秦的安定郡（今甘肃泾川县）。后秦皇帝姚苌率部前往安定郡的阴密县（今甘肃省灵台县西南）抵御。姚苌出征前对太子姚兴说道："苟耀在郑县，听闻朕西征，一定会到长安来见你。你可乘机将其抓获并杀了他。"姚苌离开长安后，苟耀果然来到长安。姚兴将苟耀抓获后，命尹纬宣读其罪状，最后将苟耀处死。这时姚苌在安定城东击败苻登，大摆宴席。诸将席间对姚苌说道："如若魏武王（姚苌封其兄姚襄为魏武王）在世，绝不会让苻登这个老贼活到今天。陛下未免谨慎过度了。"说到兄长姚襄，姚苌并不生气，毕竟自知不如姚襄。姚苌还坦然大笑道："吾不如亡兄有四：身长八尺五寸，臂垂过膝，人望而畏之，一也；将十万之众，与天下争衡，望麾而进，前无横陈，二也；温古知今，讲论道艺，收罗英隽，三也；董帅大众，上下咸悦，人尽死力，四也。所以得建立功业、驱策群贤者，正望算略中有片长耳。"群臣皆呼万岁。

这月苻登与姚苌在安定郡（今甘肃泾川县）交战，苻登兵败撤退。转年正月，苻登册立昭仪李氏为皇后。二月，前秦骠骑将军没弈干率部投降后秦，后秦皇帝姚苌任其为车骑将军，封高平公。

就在苻登出战不利之时，安定城里的后秦皇帝姚苌也生重病，一时卧床不起。姚苌传旨，令其弟姚硕德镇守李润（今陕西省大荔县北），尚书仆射尹纬镇守长安，召太子姚兴从长安前往安定。姚兴接旨正要前往安定，征南将军姚方成建言道："现今敌寇未灭，陛下又龙体不适。归降而来的王统、

第83章　姚景茂杏城败秦将　符文高安定战姚苌

王广、符胤、徐成、毛盛等人都有部曲,迟早会带来祸患,不如早除。"姚兴认为有理,遂在离开长安之前将王统等缉拿问斩。消息传到安定,姚苌大怒道:"王统兄弟乃是朕之同乡,对朕绝无二心,徐成等更是前朝名将,朕正要用他们,岂能说杀就杀。"其实从前秦归降而来的王统等五将在后秦一直没有得到重用,姚苌此言不过是做做样子。

七月,姚苌病重的消息被符登获知,符登非常惊喜。符登连忙焚香向符坚牌位祷告,还大赦境内,对文武百官均官升二级。符登传令厉兵秣马,准备向姚苌发起新一轮进击。八月,符登大军再次逼近安定,离安定城九十余里。岂料这时姚苌病有好转,竟能登城观战。符登听闻姚苌出战,顿感失望。这时姚苌已派安南将军姚熙隆攻打前秦另一处营地,符登顿生恐惧,率部撤退。姚苌率部在符登侧翼迂回,紧跟符登大军之后。天明之时,前秦探马向符登禀报:"姚苌营地空虚,兵马不知去向。"符登听报,非常惊骇道:"姚苌到底是什么人?去时朕不知道,来时朕也不知道。都说他快要死了,怎么还在指挥作战?朕与这个羌奴同生在世,真是倒霉。"符登遂下令南撤至雍城(今陕西省凤翔县),姚苌也返回安定城中。

第84章　慕容垂黎阳灭翟魏　姚子略胡空救窦冲

前秦后秦征战之时，后燕慕容垂再次南下，准备彻底消灭丁零部。让慕容垂下定决心的原因，不仅因为丁零部多次反复，还因为丁零部主动派兵攻打后燕。

说起丁零人翟辽，388年三月曾向后燕皇帝慕容垂请降。慕容垂拒绝接受翟辽的请降，翟辽便自称魏天王，改年号为建光，史称翟魏。翟辽开始以黎阳（今河南省浚县）为都，当年五月又迁至滑台（今河南省滑县）。翟辽建立翟魏政权后，不断南下攻击东晋，北上攻击后燕。389年四月，翟辽率兵南下攻打东晋的荥阳郡（今河南省荥阳市），俘虏太守张卓。十月，后燕任乐浪王慕容温为冀州刺史，镇守信都（今河北省冀州市）。翟辽派故堤前往冀州诈降，还刺死了慕容温。390年正月，西燕皇帝慕容永率部攻打东晋的洛阳，东晋雍州刺史朱序从河阴（今河南省孟津县东）渡黄河北上迎击慕容永。慕容永兵败撤退，朱序率部追击，一直追到白水，离西燕都城长子（今山西省长子县）不到两百里。翟魏天王翟辽获报，认为洛阳空虚，决定率部夺取洛阳。朱序获得消息，连忙回师将翟辽击退。八月，东晋龙骧将军刘牢之率部攻打了翟辽之子翟钊据守的鄄城（今山东省鄄城县北），翟钊不敌，逃往黄河北岸。刘牢之向西追击，逼近翟魏都城滑台，翟辽连忙率部出击，在滑台郊外与刘牢之激战。翟辽不敌刘牢之，率部退入城中固守。这时响应翟辽的东晋叛将张愿又归降刘牢之。翟魏遭此重创后，国力开始衰退。391年十月，翟魏天王翟辽去世，其子翟钊继位，改年号为定鼎。

翟钊继位后，不自量力，竟向后燕邺城（今河北省临漳县西南香菜营乡邺镇村）发起进击，最终引来了灭国之祸。翟钊攻打邺城时，后燕先派辽西王慕容农率部击退了翟钊。后燕皇帝慕容垂还决定亲自南下巡视冀州各郡，同时准备攻打翟钊。十二月十日，慕容垂由都城中山（今河北省定州市）前往鲁口（今河北省饶阳县）。392年二月五日，慕容垂再从鲁口前往河间（今

第84章 慕容垂黎阳灭翟魏 姚子略胡空救窦冲

河北省献县)、渤海(今河北省南皮县)直到平原郡(今山东省平原县)。这时,翟魏天王翟钊派将领翟都攻打馆陶(今山东省馆陶县),进驻苏康堡。三月,慕容垂继续南下,准备攻打进驻苏康堡的翟都。三月底,慕容垂率部逼近苏康堡。

驻守苏康堡的翟都听闻慕容垂亲自来攻,也非常害怕,决定放弃苏康堡,南撤至都城滑台。翟魏天王翟钊面对慕容垂御驾亲征,也担心不是对手,遂派使前往长子,向西燕皇帝慕容永求救。西燕虽与后燕势同水火,但未曾交战,皇帝慕容永一时也不能决断,遂召集群臣诸将商议。尚书郎鲍遵建言道:"让两贼寇相斗以致疲弊,然后再承其后,这是当年卞庄之策。"中书侍郎张腾有不同看法,说道:"慕容垂强而翟钊弱,哪里有弊可承?不如迅速出兵相救,使得三方形成鼎足之势。陛下只要派兵前往中山,昼多疑兵,夜多火炬,慕容垂一定害怕而回救。到那时,我国兵马冲在前,翟钊兵马断其后,这真是天赐良机,不可失啊。"纵观当时后燕、西燕与翟魏,确是一强两弱,三足鼎立才能保全,可以说张腾之策乃是上策,但皇帝慕容永没有采纳,其结果可想而知。

392年六月,慕容垂一路南下,直抵黄河北岸的黎阳,与翟魏都城滑台仅一河之隔。这时的翟魏天王翟钊也早已在黄河南岸严密设防。六月十六日,慕容垂向西移动,前往黎阳以西四十里外的西津渡口,准备南渡黄河。慕容垂下令制作牛皮筏百余艘,假装载有士兵与兵器,溯流而上。翟钊获报,连忙率部从黄河南岸赶至西津渡。可是当翟钊离开营地时,慕容垂即命中垒将军、桂林王慕容镇等在夜色掩护下,从黎阳南渡黄河。慕容镇等强渡黄河后,立即在南岸构造营垒,天明时,营垒全部建成。这时翟钊获得消息,又率部从西津渡赶回,攻击慕容镇。而慕容镇谨遵慕容垂旨意,坚守营垒,拒不出战。翟钊一夜之间,东西往返,兵疲将累,一时又无法攻克慕容镇的营垒,遂生逃亡之心。这时慕容镇率部冲出营垒,向翟钊发起进击,而辽西王慕容农已从西津渡南渡黄河,也已赶到,东西夹击翟钊。翟钊兵马全部崩溃。翟钊奔回滑台,带着妻儿,集结残兵,北渡黄河,逃往白鹿山(今河南省辉县市西),以险固守。慕容农率部一路追击翟钊,但不能攻克白鹿山。慕容农认为翟钊没有粮草,无法长久坚守白鹿山。慕容农于是下令班师,只留骑兵在此侦察。不久翟钊果然下山寻求粮草,慕容农获报立即回师攻打。翟钊不敌，部众被俘，但翟钊只身逃往长子，投奔西燕。西燕皇帝慕容永任翟钊为车骑大将军、兖州牧、东郡王。一年后，翟钊又背叛慕容永，最终被慕容永诛杀。

翟魏既灭，有六人向后燕归降，这六人是：郝晷、清河郡人崔逞、崔宏、新兴郡人张卓、辽东人夔腾和阳平郡人路纂。这六人都曾在前秦为官，后于前秦大乱时投奔东晋，东晋孝武帝任六人为冀州各郡太守，各率部曲据守于黄河以南地区。后来，这六人又归附翟辽，接受翟魏官职。翟魏被灭，六人又向后燕投降，慕容垂纳降，并因才而用，翟魏七郡三万余户百姓因此都安然如故。慕容垂又颁诏任章武王慕容宙为兖豫二州刺史，镇守滑台，任崔荫为慕容宙的司马；任侄彭城王慕容脱为徐州刺史，镇守黎阳。慕容垂还将徐州境内七千余户百姓迁至黎阳，然后率部北返。这里再交代一下崔荫的为官情况。崔荫曾辅佐过太原王慕容楷、陈留王慕容绍、乐浪王慕容温，为人正直，德才兼备，四位亲王都很怕他。崔荫为官一方，减轻赋役，流民归附，百姓称颂。

392年十月，流落在关中的一些巴蜀人宣称脱离后秦，向前秦皇帝苻登归附，苻登获报甚感欣慰，决定利用这个有利时机，派时在关中境内据守的窦冲对前秦作一次攻击。苻登还特地颁诏任窦冲为左丞相。窦冲遂率部移驻华阴（今陕西省华阴市）。岂料窦冲东移，却引起了东晋新任雍州刺史郗恢的注意。郗恢是郗昙之子，于是年十月刚刚接替朱序出任雍州刺史，镇守襄阳（今湖北省襄阳市）。郗恢获报前秦窦冲率部东进，以为窦冲要夺取东晋所属的洛阳。郗恢遂令将军赵睦驻守金墉（今河南省洛阳城西北），再令河南郡太守杨佺期进驻湖城（今河南省灵宝市西北），并向窦冲发起进击，将窦冲击退。窦冲最后驻屯野人堡（今陕西省蒲城县西北）。

之后半年内前秦、后秦无战事。到393年五月，前秦左丞相窦冲突然谋反，背叛苻登。窦冲是个恃才傲物之人，曾上疏请求苻登封其为天水王，苻登不肯。窦冲一怒，背叛苻登，于是年六月自称秦王，改年号为元光，公然与前秦对抗。窦冲的国号为秦，与苻登的国号一样，明显有取代前秦的用意。苻登获报也非常生气，决定暂不攻打后秦，而去攻打窦冲。七月，苻登率部抵达野人堡。窦冲自知无力抵敌苻登，遂派使前往长安（今陕西省西安

第84章 慕容垂黎阳灭翟魏　姚子略胡空救窦冲

市）向后秦求救。

却说窦冲的使者到达长安，时姚苌与太子姚兴均不在，而留守长安的是尚书仆射尹纬。尹纬派人前往安定（今甘肃省临泾县），姚苌说："太子仁厚，远近闻名，可是其英略尚未显现。臣以为可以派太子率兵援救窦冲，一旦击败苻登，必将树立英名。"姚苌赞同，遂令太子姚兴东返，率部援救窦冲。

姚兴，字子略，时年二十八岁，前秦时曾任太子舍人。姚苌在外征战，姚兴常常留守长安。姚兴喜爱经典史籍，从不因战乱而荒废。姚兴仁爱而有威信，时人很受其影响。姚兴接到援救窦冲的命令后，并没有直接前往野人堡攻打苻登，而是率部前往苻登在新平郡（今陕西省彬县）的重要基地——胡空堡，以图围魏救赵。从安定到达野人堡远达四百余里，而从安定到达胡空堡不过一百余里之地，因而姚兴很快就抵达胡空堡。当苻登获报姚兴攻其关中要地胡空堡，一时非常惊恐，连忙放弃攻打窦冲，回军胡空堡。姚兴解救窦冲成功后，并不与回军的苻登交战，而又向西北攻打前秦另一领地平凉郡（今甘肃省华亭县），大肆抢掠而归。不久，姚苌仍命姚兴回镇长安。

第85章　中山城后燕谋西燕　马毛山姚兴杀苻登

话说后燕于392年六月消灭翟魏后，一年多境内无战事。在这一年多的时间内，慕容垂任命一些官职、晋封一些爵位。392年七月，慕容垂从黎阳（今河南省浚县）北返中山（今河北省定州市）途经邺城（今河北省临漳县西南香菜营乡邺镇村）时，即颁诏任太原王慕容楷为冀州牧，右光禄大夫徐蔚为尚书左仆射。十二月，慕容垂返回都城中山，又颁诏任辽西王慕容农为都督兖豫荆徐雍五州诸军事，镇守邺城。393年四月九日，慕容垂加授太子慕容宝为大单于，安定王库傉官伟为太尉，范阳王慕容德为司徒，太原王慕容楷为司空，陈留王慕容绍为尚书右仆射。五月，慕容垂晋封皇子慕容熙为河间王，慕容朗为渤海王，慕容鉴为博陵王。

十月，慕容垂在都城中山召集群臣诸将议征西燕慕容永。诸将认为："慕容永到达并州，定都长子（今山西省长子县）已经七年，并未向我国发起挑衅。我国将士连年征战，将疲兵累，不可再对外用兵。"司徒、范阳王慕容德并不赞同这个看法，说道："慕容永不过是慕容皇族的一个枝叶，却僭号称帝，迷惑百姓视听，应当先行除去，让百姓一心归向我国。将士虽然疲惫，又岂能就此停战？"慕容垂也说道："司徒之见正与朕同，朕虽年老，但囊底智慧，足可取之，绝不能将此贼留给子孙。"众将不再多言，慕容垂遂传旨备战。

十一月，慕容垂调集步骑兵七万，准备兵分南北两路出征。北路派镇西将军、丹阳王慕容瓒与龙骧将军张崇从井陉关（今河北省井陉县西北）穿过太行山，攻打西燕武乡公慕容友据守的晋阳（今山西省太原市），南路派征东将军平规攻打西燕镇东将军段平据守的沙亭（今河北省临漳县西南）。慕容垂随南路军出征。

却说西燕太尉慕容永于386年六月在闻喜（今山西省闻喜县）被武卫将军刁云等拥立为河东王，曾派使向后燕称藩，但并未得到慕容垂的承认。是

第85章 中山城后燕谋西燕 马毛山姚兴杀苻登

年十月，慕容永在襄陵（今山西省临汾市东南）击败前秦皇帝苻丕，并夺取整个并州，最后定都长子，登基称帝。慕容永称帝，表明与后燕分属别国。十一月，慕容垂的幼子慕容柔及孙子慕容盛、慕容会逃离长子，回到中山。一年后，慕容永一怒之下，将留在长子的慕容儁、慕容垂的子孙全部诛杀，公然与后燕为敌。此时的后燕忙于南下向东晋夺取领地，还忙于境内平叛，特别是征讨翟辽，使得西燕在并州得到多年的安宁。慕容永在这个时间内，也试图向东晋夺取领地。390年正月，慕容永率部向洛阳进发，时东晋雍州刺史朱序从河阴（今河南省洛阳北）北渡黄河，击败西燕兵马，慕容永撤退，朱序一直追到白水（今山西省晋城县境内）。391年六月，慕容永再次攻击洛阳，东晋河南郡（今河南省洛阳市）太守杨佺期又将其击退。

慕容永在并州七年并无大的作为，两次南征东晋，并未夺得一城一池。慕容永在并州还曾收留后燕敌人翟钊及与北魏拓跋珪结好。慕容永虽然没有主动向后燕开战，但其已成为慕容垂的眼中钉。393年十一月，当慕容永获报后燕来攻的消息，连忙派尚书令刁云、车骑将军慕容钟率大军五万把守潞川（今山西省黎城县境内）。

393年十二月，慕容垂抵达邺城。慕容垂没有马上率部西进，而是在邺城暂驻一个多月。394年二月，慕容垂终于开始作攻取西燕的部署。慕容垂命清河公慕容会留守邺城，征调司冀青兖四州兵马，兵分三路向西燕都城长子进发：太原王慕容楷率部穿过太行八陉之滏口陉（今河北省磁县西北），辽西王慕容农率部穿过壶关（今山西省黎城县），慕容垂则亲率一部兵马穿过沙亭。西燕皇帝慕容永得到消息，连忙也作相应部署：侄征东将军慕容逸豆归（小逸豆归）、镇东将军王次多、右将军勒马驹率兵一万，驻守台壁（今山西省襄垣县东北），阻截后燕兵马。慕容永还命在台壁大量集结粮草。尽管双方都作了部署，但后燕慕容垂却迟迟不下作战的命令。

393年十月，后秦皇帝姚苌病情再次加重，遂传旨从安定郡（今甘肃省泾川县）回驾长安。十二月，姚苌自知时日不多，召集太尉姚旻、尚书仆射尹纬、姚晃、将军姚大目、尚书狄伯支进入后宫，接受遗诏。太子姚兴也在一旁。姚苌对姚兴说道："有人诋毁这几位先生，汝千万不能相信。"姚苌还要姚兴"抚骨肉以恩，接大臣以礼，待物以信，遇民以仁"。姚苌最后还对

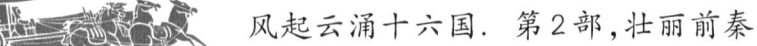

姚兴说道："汝能做到这四者，朕无忧矣。"一旁的尚书仆射姚晃哭着问姚苌消灭苻登之策，姚苌说道："大业就要完成，子略（姚兴字子略）的才能与智慧能够担当，何必多问。"十二月庚子日，姚苌去世，年六十四岁。姚苌于384年二月建立后秦，十年来东征西讨，已经基本占领雍州及秦州部分郡县。

姚苌去世后，太子姚兴并没有马上登基即位，而是先封锁姚苌死讯，密不发布。姚兴命叔父姚绪镇守安定，姚硕德镇守阴密（今甘肃省灵台县），其弟姚崇留守长安。消息传到安定，姚硕德决定前往长安晋见姚兴。有人对姚硕德说道："公威望最高，兵马最强，新君即位之际，很容易受到猜忌。公不如前往秦州，以观事局。"姚硕德并不在意，说道："太子宽宏大量，绝不会胡乱猜忌。苻登还没有消灭，我等骨肉间岂能自相残杀？吾宁可去送死，也绝不去秦州躲避。"姚硕德来到长安，晋见姚兴，姚兴待其非常尊敬，并将其送至安定郡之阴密镇守。姚兴之所以命其弟姚崇留守长安，是与其父姚苌一样，准备亲自率兵征讨苻登。姚兴遂自称大将军，命尹纬为长史，狄伯支为司马，率部前往讨伐苻登。

394年正月，姚苌去世的消息还是传到前秦皇帝苻登那里，苻登欣喜若狂，对众将说道："姚兴这个小东西，朕折一根树枝就可以打他一顿。"为此，苻登还下旨大赦。接着苻登命司徒、安成王苻广留守雍城（今陕西省凤翔县），太子苻崇留守胡空堡（今陕西省彬县），自率兵马东下，准备征战后秦姚兴。苻登为了稳固后方，还颁诏任西秦金城王乞伏乾归为左丞相、封河南王、兼秦梁益凉沙五州牧，加授九锡。

二月，苻登在东进的途中，攻克了匈奴屠各部据守的姚奴堡、帛蒲堡。四月，苻登从六陌（今陕西省乾县西北）进军废桥（今陕西省兴平市东南），后秦始平郡（今陕西省兴平市东南）太守姚详据守马嵬堡（今陕西省兴平市西）抵抗。后秦太子姚兴获报，派尚书仆射尹纬率军前往援救姚详。姚详在废桥构筑营垒，阻挡前秦兵马。前秦兵马此时非常缺水，但又无法占领河道，渴死者十之二三。苻登于是下令猛烈攻击后秦营垒。姚兴获报，又派尚书狄伯支飞马传令尹纬道："苻登已成穷寇，必将拼死相争。仆射应当小心谨慎，不可轻敌。"尹纬却有不同看法，说道："先帝已经仙去，人心开始不稳，今天如若不能奋勇反击，克敌制胜，大事去矣。"尹纬遂传令向苻

第85章　中山城后燕谋西燕　马毛山姚兴杀符登

登发起攻击，符登大败。符登传令后撤扎营，寻机再战。当天夜间，前秦兵马忽然四散而溃，符登无力召集，只得单骑向西逃回两百里外的雍城。岂料前秦留守雍城的司徒符广与驻守胡空堡的太子符崇听闻皇帝符登战败，竟立刻放弃城池向西逃去。当符登到达雍城时，竟无处可投，遂只得再向西北逃到平凉（今属甘肃）。符登集结残兵，退入平凉城西边的马毛山中。

394年五月，后秦太子姚兴到达槐里（今陕西省兴平市东南），终于发布先帝姚苌死讯，并在槐里登基即位，大赦，改年号皇初。姚兴追谥其父姚苌为武昭皇帝，庙号太祖。姚兴听报符登逃往平凉的马毛山，遂率部前往安定，追击符登。

六月，逃入马毛山的符登听闻姚兴率部前来，非常担忧，决定向西秦求救。符登派其子汝阴王符宗前往西秦都城金城郡（今甘肃省兰州市）为质，请河南王乞伏乾归出兵。符登还晋封乞伏乾归为梁王，并把皇妹嫁给乞伏乾归，封为梁王后。乞伏乾归同意援救符登，派前军将军乞伏益州率骑兵一万前往助战。七月，符登率残部走出马毛山，准备迎接乞伏益州的援兵。就在这时，姚兴获报这一消息，连忙率部从安定前往马毛山。两军在马毛山南麓遭遇，发生激战。马毛山一战，前秦兵马大败，符登被擒。姚兴下令斩杀符登，并将前秦兵马遣散回乡务农。姚兴还传令将阴密县三万户百姓迁到长安，还将符登的皇后李氏赏给尚书仆射姚晃。前来援救的西秦前军将军乞伏益州听闻符登兵败身亡，遂传令撤退。

第86章　围长子后燕亡西燕　战平川西秦灭前秦

　　再说后燕攻打西燕。394年四月，后燕皇帝慕容垂大军进抵邺城（今河北省临漳县西南香菜营乡邺镇村）已经四个月，虽已作了进军部署，但迟迟没有下达作战命令。西燕皇帝慕容永甚感奇怪。慕容永认为慕容垂大军会从太行八陉之太行陉（今河南省沁阳市西北）穿过太行山，因为太行陉道路较宽。而从太行陉须从南边绕道，因而须要一定时日。慕容永遂传令将少部兵马驻防台壁（今山西省襄垣县东北），而将大部兵马调到太行陉驻防。慕容永连不远处的轵关陉（今河南省济源市西北）也一同分兵防守。此时的慕容垂终于出兵了。四月二十八日，慕容垂率部从太行八陉之滏口陉（今河北省磁县西北）穿过太行山，进入天井关（今山西省潞城市西北）。五月一日，后燕大军进抵台壁。西燕慕容永忙派太尉、堂兄慕容逸豆归（大逸豆归）率兵援救台壁。后燕宁朔将军平规将慕容逸豆归击败。西燕征东将军慕容逸豆归（小逸豆归）也率部出战，被后燕辽西王慕容农击败。慕容农还斩西燕右将军勒马驹、擒镇东将军王次多。后燕大军遂将台壁包围。

　　大小逸豆归的接连遭败，台壁眼看就要被后燕攻破，慕容永一时无将可派，遂传令将驻防太行陉、轵关陉的兵马调回，并亲率精锐五万前来迎战。岂料此时驻守潞川（今山西省黎城县）的西燕尚书令刁云、车骑将军慕容钟惊骇过度，已向后燕投降。慕容永一怒之下，将二人妻儿全部诛杀。后燕皇帝慕容垂传令在台壁之南筑营，并派骁骑将军慕容国率骑兵一千人，埋伏于山涧之中。五月十六日，慕容永率部抵达台壁，与慕容垂发生激战。慕容垂边战边撤，一直撤至山涧之中。慕容永追了数里之地，就见慕容国的伏兵突然从山涧之中冲出，切断慕容永兵马退路。这时后燕大军四面杀至，西燕兵马被杀八千余人。不久台壁也被攻破，慕容永死战逃回长子（今山西省长子县）城中。慕容永兵败的消息传到晋阳（今山西省太原市），西燕守将、慕容永之弟慕容友竟放弃晋阳而逃走，后燕丹阳王慕容瓒等遂占领晋阳。

第86章 围长子后燕亡西燕 战平川西秦灭前秦

394年六月，慕容垂率部包围西燕都城长子。长子城里的慕容永一时无计可施，准备投奔后秦。侍中兰英劝道："当年石虎攻打龙城（今辽宁省朝阳市），太祖（慕容皝）坚守城池，一直不放弃，终于奠定燕国基业。而现在的慕容垂不过是一个七十岁（本年慕容垂六十九岁）的老翁。长年征战，慕容垂也一定非常厌倦，因而不可能长期围困长子。陛下只需坚守城池，等其疲惫。"慕容永接纳兰英之建议，下令坚守长子。

八月，慕容垂围困长子整整一个炎热的夏天，仍无撤退之意，而慕容永终于无力坚守了。慕容永决定派其子慕容弘前往洛阳，向东晋雍州刺史郗恢求救，并送呈一颗玉玺。郗恢不敢决定，上疏请示东晋朝廷道："如若慕容垂消灭慕容永，后果将会更加严重，不如让二者并存，我国才可使其双毙。"孝武帝司马昌明认为有理，传令青兖二州刺史王恭、豫州刺史庾楷率兵援救慕容永。慕容永看东晋一直没有回应，以为东晋不肯发兵，遂又派太子慕容亮前往东晋为质，途中竟被后燕征东将军平规生擒。慕容永又派使北上，前往盛乐城（内蒙古和林格尔县），向北魏王拓跋珪求救。拓跋珪派陈留公拓跋虔、将军庾岳率骑兵五万前往秀容（今山西省朔州市西北），遥作支援。可是，就在东晋、北魏大军尚未赶到之时，西燕太尉慕容逸豆归（大逸豆归）的部将伐勤等叛乱，打开城门迎接后燕兵马入城，西燕皇帝慕容永被擒。慕容垂下旨将慕容永、刁云、大逸豆归及众公卿共三十余人全部诛杀。西燕被灭，后燕得其八郡七万余户百姓。后燕还得到西燕乘舆、服饰、伎乐、珍宝，不计其数。慕容垂既得并州，任丹阳王慕容瓒为并州刺史、镇守晋阳，宜都王慕容凤为雍州刺史、镇守长子。西燕尚书仆射屈遵、尚书王德、秘书监李先、太子詹事封则、黄门郎胡母亮、中书郎张腾、尚书郎公孙表等，都依才录用。

慕容垂消灭西燕之后，并没有马上返回都城中山（今河北省定州市）。慕容垂想乘机向东晋夺取黄河以南领地。394年九月，慕容垂抵达邺城。十月，慕容垂继续向东巡视阳平、平原等郡，命辽西王慕容农东渡黄河，与安南将军尹国进入东晋所属的青州、兖州境内夺取领地。东渡黄河后慕容农攻打廪丘（今山东省鄄城县西北），尹国攻打阳城（今山东省茌平县南），都攻克。东晋东平郡太守韦简战死，高平、泰山、琅琊等郡都放弃城池奔溃。慕容农率军一路向东，打到海边，所占之地均设置郡守县令。十一月，慕容农在青州的龙水击败辟闾浑，进入临淄城（今山东省淄博市东北）。至此，后燕领地向南拓展到兖州、青州一带。十二月，慕容垂召慕容农回京。到394年底，后燕经过十一年的奋战，领地达到极盛，完全拥有平州、幽州、并州、冀州、兖州、青州，名义上还控制着北魏。但后燕达到极盛时竟很快转衰，被其多年援助的北魏重创而丢失幽并冀三州，其国也因此分为南北，此为后话。

394年七月，前秦皇帝苻登于马毛山（今甘肃省平凉市西）兵败被杀，二十五岁的太子苻崇逃往湟中（今青海省湟水一带），继承帝位，改元延初。苻崇追谥苻登为高皇帝，庙号太宗。而此时的后秦皇帝姚兴正忙于平叛，并没有率部追击苻崇。后秦安南将军强熙、镇远将军强多推举窦冲为盟主，背叛后秦。姚兴决定亲自讨伐，大军一直进抵武功（今陕西省武功县）。岂料姚兴还没有下令攻击，强多的侄儿强良国就杀死强多向姚兴投降。强熙、窦冲看到情势不妙而各自逃散。强熙逃奔秦州，窦冲逃往汧川（渭水支流）。汧川的氐族人仇高擒获窦冲，交给后秦。两年后，强熙在上邽（今甘肃省天水市）被姚硕德击败，先投仇池，再投东晋，此为后话。

394年十月，无处立足的前秦皇帝苻崇又被西秦梁王乞伏乾归追击。说到乞伏乾归，其梁王之爵还是前秦皇帝苻登所封，其王后更是苻登之妹。苻登在马毛山之时，还曾请乞伏乾归出兵相救。现在苻登刚死，苻崇穷途末路，乞伏乾归则马上想到要取而代之，也想继承前秦江山。九年来，西秦只有年号而无国号，征战区域也一直在秦凉二州之间，并没有与前秦为敌，可能是担心前秦仍然强大，似乎保持着进退两便的打算，同时也在等待时机。

这里不妨回顾一下西秦自385年九月改元以来的一些情况。386年正月，前秦南安郡（今甘肃省陇西县东南）人秘宜攻打勇士城（今甘肃省榆中县北），被乞伏国仁击败，后来秘宜又归降乞伏国仁。387年三月，苻登封乞伏国仁为苑川王。六月，乞伏国仁率兵攻打鲜卑大人密贵、裕苟、提伦等三部，前秦平凉太守没弈干、安定都尉金熙则率部袭击乞伏国仁。七月，乞伏国仁大败没弈干、金熙，密贵、裕苟、提伦三部遂降。388年四月，乞伏国仁在平襄（今甘肃省通渭县西）击败鲜卑越质部首领越质叱黎，擒获其子越质诘归。六月，乞伏国仁在勇士城去世，其弟乞伏乾归继位。乞伏乾归仿照汉人官制设立百官。九月，乞伏乾归迁都金城郡（今甘肃省兰州市）。389年

第86章 围长子后燕亡西燕 战平川西秦灭前秦

正月，前秦皇帝苻登封乞伏乾归为金城王。五月，乞伏乾归率兵攻打侯年部获胜，秦凉一带的鲜卑人、羌人、匈奴人大都归附西秦。十一月，枹罕（今甘肃省临夏市）的羌人首领彭奚念归降乞伏乾归，乞伏乾归任其为北河州刺史。390年四月，吐谷浑可汗慕容视连派使前往金城郡，晋见乞伏乾归，乞伏乾归任慕容视连为沙州牧，封白兰王。几个月后慕容视连去世，其子慕容视罴即位。慕容视罴认为其先辈太过仁慈，多年受到外敌欺侮，决定强国练兵，而此时乞伏乾归又任慕容视罴为沙州牧、白兰王，慕容视罴拒不接受。十二月，越质诘归在平襄又起叛乱。391年正月，乞伏乾归率兵攻打越质诘归，越质诘归不敌再度归降。乞伏乾归为安抚越质诘归，将本族一女嫁给他。七月，已任前秦骠骑将军的没弈干送二子到西秦为质，请乞伏乾归出兵一同攻打鲜卑首领大兜据守的鸣蝉堡（今甘肃省秦安县境内）。乞伏乾归攻克鸣蝉堡，大兜逃走，部众被俘。乞伏乾归为结好没弈干，而将二子送回，可是不久没弈干还是背叛西秦，与匈奴刘卫辰结好。八月，乞伏乾归率兵攻打没弈干，没弈干逃到他楼城（今宁夏同心县东南），乞伏乾归怒射没弈干，一箭正中没弈干眼珠。半年后，没弈干再降后秦。十月，后凉三河王吕光趁西秦国内空虚，发兵攻打金城。乞伏乾归接报快速回军，后凉兵马撤退。392年十月，后凉吕光再派其弟吕宝等率兵攻打西秦。乞伏乾归率部迎头痛击，阵斩吕宝，杀后凉将士一万余人。吕光再派其子、虎贲中郎将吕纂攻打西秦北河州刺史彭奚念，结果大败而回。吕光遂亲率兵马攻打枹罕，终于击败彭奚念，彭奚念逃往甘松（今甘肃省宕昌县西南）。393年六月，乞伏乾归册立其子乞伏炽磐为太子，乞伏炽磐智勇果断，超过其父。

再说乞伏乾归派兵追杀苻崇。394年十月，苻崇逃往前秦最后一块领地秦州上邽（今甘肃省天水市），投奔据守在此的陇西王杨定。杨定还算义气，没有趁火打劫，决定营救苻崇。杨定命其司马邵强留守上邽，亲率兵马两万与苻崇联合。乞伏乾归派梁州牧乞伏轲弹、秦州牧乞伏益州、立义将军越质诘归率骑兵三万迎击杨定。乞伏益州与杨定在平川（今甘肃省礼县北）发生激战，乞伏益州大败。乞伏轲弹、越质诘归获报竟不敢前进，传令准备撤退。乞伏轲弹的司马翟瑥拔出宝剑大怒道："主上以雄武开基，所向无敌，威震秦蜀。将军以宗室居元帅之任，当竭力致命以佐国家。今秦州虽败，二军尚全，奈何望风而退，将以何面去见主上？我虽没有身居要职，紧急情势下难道就不能斩杀将军吗？"乞伏轲弹听后，甚感歉意，说道："之前我不明众人之意，既然都是赤胆忠心，我岂能怕死。"说完，挥兵冲杀，乞伏益州、越质诘归也率部进击。西秦将士齐心合力，终将杨定击败，前秦一万七千人被杀，杨定、苻崇全部阵亡。前秦太子苻宣没有继位称帝，而是投奔镇守仇池（今甘肃省西和县西）的杨盛，并将其统辖的氐、羌族人分为二十部护军，各为镇戍，不置郡县，前秦自此而亡。杨定无子，其侄杨盛遂自称征西将军、秦州刺史、仇池公，追尊杨定为武王。杨盛还向东晋称藩，后仇池国从此仍存。

西秦经过九年的奋战，终于拥有秦州大部郡县（上邽被天水人姜乳乘乱占领）。394年十二月，梁王乞伏乾归在都城金城正式创立国号为秦，史称西秦。乞伏乾归从此自称秦王。从西秦九年来只有年号没有国号，而前秦一亡即创立国号来看，西秦也是希望能够继承前秦的。

其实只有年号没有国号的还有一个偏安凉州的后凉。后凉在前秦没有灭亡之前也是只有年号没有国号，可能是吕光尚未公然背叛前秦。这里再将后凉自386年九月改元后的战事作一些介绍。吕光开始自称酒泉公，先消灭了企图复国的前凉后人张大豫，后平定了内部的叛乱，不久又自称三河王。多年来，后凉对外用兵主要针对西秦。391年十月及392年十月，吕光两次攻打西秦，败多胜少。395年七月，吕光再率十万大军攻打西秦。乞伏乾归不敌，向吕光称藩并送子为质，吕光撤退。396年六月，六十岁的吕光定国号为大凉，自称天王，改元龙飞。

到394年底，因前秦淝水战败而引发的北方再次大分裂终于告一段落。原本统一的北方由最初分裂成的后燕、西燕、西秦、后秦、后凉、北魏，及前秦在内的七国，经过十一年的混战，西燕、前秦灭亡，北方形成了后燕、后秦、西秦、后凉与北魏五国并列的局面。后燕最强领地最多共有六州：平州、幽州、并州、冀州、青州、兖州，后秦占据关中拥有雍州一州，西秦占领秦州大部，后凉偏安凉州一州，北魏雄居草原大漠，对中原虎视眈眈。而此时的东晋最大，共拥有十州：扬州、荆州、广州、交州、宁州、梁州、益州、洛州、豫州、徐州。然而北方的混乱远没有结束，分裂还将继续，尚有六国将会登上历史舞台：后燕分为南北（南燕、北燕）、凉州裂成四凉（后凉、南凉、北凉、西凉）、后秦分出胡夏。十六国最后四十五年的故事在第三部中呈现。

附录：本书中的国家及主要人物

本书讲述350年至394年共45年的十六国故事，书中位列十六国的国家共有七个：前凉、前燕、前秦、后燕、后秦、西秦、后凉，不在十六国之列的国家有：东晋、冉魏、仇池、代国、吐谷浑、西燕、北魏、翟魏、高句丽等。

前燕、前凉在第一部《后赵称雄》中就已经出现。本书中，前燕趁冉魏消灭后赵之机南下逐鹿中原，最终消灭冉魏，尽占关东六州。前凉据守凉州，历经十年内乱，最终被兴起的前秦消灭。前秦在后赵末年大乱之时先抢占关中并建国，后在苻坚、王猛的治理下，日趋强盛，最终消灭前燕、前凉、仇池及代国，并使得吐谷浑称藩，实现北方一统，与南方的东晋对峙。383年十一月，前秦天王苻坚惨败于淝水，其国从此四分五裂，在很短的时间内出现了后燕、西燕、后秦、西秦、北魏、后凉等国。六国不断蚕食前秦，也发生局部混战，最终瓜分了前秦，同时后燕也消灭了西燕，北方出现了后燕、后秦、西秦、后凉、北魏五国并立的局面。

本书中列入十六国的国家及主要人物：

前凉（公元320年六月—376年八月），都城姑臧（今甘肃省武威市），创建者为汉族人张茂，前后共七位君王：张茂、张骏、张重华、张曜灵、张祚、张玄靓、张天锡。本书中提到的君王为后五位。张重华于346年五月继位，353年十一月病逝。张重华即位之初，任谢艾为将抵挡后赵进攻，守住国土，但后期有过不改，不听劝谏，没有作为。张重华病逝后，前凉进入长达十年之久的内乱之中。张曜灵（张重华子）于353年十一月继位，次月被其伯父张祚（张重华庶长兄）夺位。张祚于353年十二月夺位，355年闰九月被杀。张祚在位期间，公开放弃西晋末帝司马邺（其时西晋早已灭亡）的年号"建兴"，直接使用自己的年号"和平"，还正式称帝。张祚荒淫无道，最终被杀。张玄靓（张重华子）于355年闰九月即位，363年闰八月被其叔父张天锡（张重华弟）杀害。

张玄靓在位 8 年间，再度使用司马邺的年号，先后由张瓘、宋混、宋澄、张邕、张天锡等辅政。张瓘辅政不得人心。宋混辅政得到内外赞赏，可惜早逝。宋混弟宋澄辅政数月就被右司马张邕杀害。张邕先与张天锡一同辅政，但大权在张邕手中。张邕骄矜淫纵，结党营私，随意诛杀，最终被张天锡杀害。张天锡辅政后，开始使用东晋当时的年号"升平"，充分表明其忠于东晋的诚心。张天锡于 363 年闰八月夺位，到 376 年八月其国被灭，在位十三年整。张天锡即位后，结束了十年内乱，没有了宫廷杀戮，朝政基本稳定，农牧生产得到恢复，国力有所增强，但张天锡不久便开始注重享乐，朝政颇被荒废。

王擢（？—355），匈奴屠各人，本为后赵将领，官至西中郎将、秦州刺史、尚书。352 年七月，其时后赵已经灭亡，王擢投靠东晋，拜为秦州刺史，盘踞在陇西郡（今甘肃省陇西县）。十月，王擢又投靠前燕，受封益州刺史，威胁前秦的安全。十一月，王擢被前秦丞相苻雄击败后转投前凉，前凉王张重华任命这位老敌手为征虏将军、秦州刺史。353 年二月，张重华派王擢率大军攻打前秦，王擢惨败于龙黎（今陕西省千阳县南），一万余人战死。张重华决定报仇，升王擢为征东大将军，派王擢于当年五月再攻打前秦的秦州，终于取得胜利。张重华为此还派使前往建康（今江苏省南京市），请东晋一同派兵攻打前秦。354 年三月，东晋征西大将军桓温北伐前秦，到达青泥（今陕西省蓝田县东南），离长安不足百里，王擢则率部向东进逼陈仓（今陕西省宝鸡市），以响应桓温。五月，王擢攻陷陈仓，斩杀前秦扶风郡（今陕西省泾阳县西北）太守毛难。岂料其时前凉皇帝张祚却非常担心王擢背叛自己而投向桓温，竟派人行刺王擢。六月，前秦苻雄攻打陈仓，王擢兵败逃往略阳（今甘肃省秦安县）。后来张祚派新任秦州刺史牛霸前往攻打王擢，王擢战败，率部于十一月向前秦投降，被任命为尚书。乱世之中，短命国家迭出，王擢在后赵灭亡后，又投了四个国家：东晋、前燕、前凉、前秦，最后在前秦去世，由于在本书中，其在前凉故事为主，故而将其列入前凉。

张瓘（？—359），雍州安定郡人，官至河州刺史、凉州刺史、尚书令。张骏在位时，张瓘任河州刺史。张祚夺位后，忌惮张瓘，准备削弱张瓘的势力，于 355 年七月派兵攻打张瓘。张瓘得到消息，起兵杀掉张祚，立张玄靓为凉王。张玄靓任张瓘为都督中外诸军事、使持节、尚书令、凉州刺史，封张掖公。张瓘辅政期间，在前秦使者的劝说下，于356年二月向前秦称藩。张瓘为人刚愎自用，为政猜忌苛虐，赏罚不明，纲纪不立，民心不附。359年六月，张瓘猜忌与其一同起兵杀掉张祚的尚书仆射、辅国将军宋混，还准备自立为王。宋混得到消息，起兵攻打张瓘，张瓘兵败自杀。

宋混（？—361），凉州敦煌郡人，官至都督中外诸军事、骠骑大将军，酒泉郡侯。由于宋混的兄长宋修冒犯了前凉皇帝张祚，宋混担心遭到杀害，于355年八月向西逃走，准备到家乡敦煌郡。宋混、宋修一路上集结了一万多兵马，听闻张瓘正率部前往姑臧讨伐张祚，宋混、宋修遂也率部返回姑臧，以响应张瓘。最后宋混与张瓘讨灭张祚。后来张瓘主政欲废主自立，还猜忌宋混，宋混与兄弟宋澄于359年六月率兵攻打张瓘，张瓘兵败自杀。此后，宋混辅佐年幼的前凉王张玄靓。361年四月，宋混病重，推荐其弟宋澄辅政并严令诸子以忠贞侍国。宋混辅政深得民心，死后百姓为之落泪。九月，宋澄辅政才五个月，被右司马张邕杀害，还被屠灭三族。

张邕（？—361），张瓘之弟，前凉右司马、中护军、大司马。宋澄辅政时，张邕一直不满。361年九月，张邕发动政变，将宋澄杀害，还屠灭宋澄三族。自此，张邕独揽朝政。张邕自认为功劳巨大，骄矜淫纵，结党营私，随意诛杀，臣民非常惊恐、忧虑。张邕还与张玄靓的祖母马太后私通，影响甚坏。十一月，张天锡派人刺杀张邕未果，反被张邕带兵追杀。张天锡没有退路，爬到房顶之上，以其王族身份，对着士兵大声劝说，竟将士兵劝得放下兵器，一哄而散。张邕看到无人为其卖命，遂拔剑自刎。

前燕（公元337年十月—370年十一月），创建者为鲜卑人慕容皝，前后共三位君王：慕容皝、慕容儁、慕容暐。本书中提到的君王为后两位。慕容儁于348年九月继位，360年正月病逝。慕容儁于350年二月开始率兵从龙城入关，先夺取幽州，继而多次南下夺取冀州、消灭冉魏，四处开疆拓土。十年中，慕容儁两次迁都，先由龙城（今辽宁省朝阳

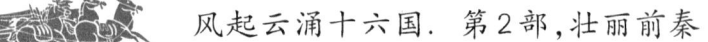

市）迁至蓟城（今北京市），再由蓟城迁至邺城（今河北省临漳县西南香菜营乡邺镇村），前燕国土向南到达黄河以南淮河以北的广大地区，向西到达许昌，逼近洛阳。慕容儁以平州一州之地，谋取幽并冀青四州及兖豫司三州大部，为前燕立下卓著功勋。慕容暐（慕容儁子）于360年正月继位，370年十一月国灭投降。慕容暐在位期间，先由太宰慕容恪辅政，前燕达到鼎盛，后由太傅慕容评辅政，国力日衰，直至灭亡。

慕容恪（公元321—367），慕容皝第四子，太原王，官至太宰，被后世称为十六国第一名将。338年五月，慕容皝称王建前燕才半年多，后赵天王石虎亲率大军在灭亡辽西段氏鲜卑后，乘胜进攻前燕。后来石虎久攻不下，决定撤退，十八岁的小将慕容恪率兵追击。慕容恪杀死并俘获后赵三万兵马，后赵各将均遭惨败，只有游击将军石闵（冉闵）一部完整。338年十二月，后赵派将领麻秋到密云山（今北京市密云县南）迎接段氏鲜卑首领段辽归降，前燕派慕容恪设伏密云山，大败麻秋，后赵三万兵马被杀两万余人。339年十月，慕容恪与慕容霸攻打宇文鲜卑别部，宇文鲜卑别部大败。346年正月，慕容皝派世子慕容儁率兵攻打夫馀国，并令慕容恪一同参战。这场征战，名义上统帅为慕容儁，但实际上军事指挥全为慕容恪。348年九月，慕容儁继位，慕容恪与慕容评、阳骛位列"三辅"。350年二月，慕容儁兵分三路南下攻打后赵，慕容恪随慕容儁中路军行动。后来慕容恪大多独自领兵出征：中山（今河北省定州市）降侯龛，魏昌（今河北省无极县东北）擒冉闵，鲁口（今河北省饶阳县）围吕护，无极（今河北省无极县）杀苏林，常山（今河北省正定县）伐李犊，广固（今山东省青州市）擒段龛，武阳（今山东省莘县西南）败诸葛攸，野王（今河南省沁阳市）围吕护，直至365年三月攻克洛阳。此后，慕容恪回邺城辅政。慕容恪处事谨慎，作为首辅大臣，每件事都会与另两位辅臣慕容评、阳骛商议。尽管慕容评年老辈高且多猜疑，对慕容恪所为也不得不敬佩。慕容恪辅政，前燕朝廷政风甚好，群臣都接受教化、崇尚道德，违反律令者甚少。366年四月，慕容恪还政未果继续辅政，到367年五月病逝的一年中，慕容恪仍在积极考虑为前燕开疆拓土。

慕容垂（公元326—396），慕容皝第五子，原名慕容霸，吴王。慕容

附录：本书中的国家及主要人物

皝非常器重慕容霸，因而为其取此霸气之名。慕容皝对慕容霸的宠爱超过世子慕容儁，本想将世子之位传于慕容霸，被文武百官劝阻。慕容皝在位时，慕容霸就有不凡的表现。慕容儁继位后不久，后赵内乱，慕容霸力劝慕容儁趁机南下夺取中原。350年二月，慕容儁兵分三路南下逐鹿中原，东路军两万就由前锋都督慕容霸率领。这一战，慕容霸作战英勇，不仅占领乐安（今河北省乐亭县），吓走后赵守将邓恒，还在清梁（今河北省清苑县南）抵挡了邓恒部将鹿勃早的偷袭。352年四月，慕容霸奉命前往绎幕（今山东省平原县西北）攻打自称赵帝的段勤，段勤出城投降。尽管慕容霸屡立战功，但慕容儁却对其心存嫉妒。354年四月，慕容儁虽然也封慕容霸为吴王，但不久竟令其改名为慕容垂。357年五月，慕容垂与慕容虔、平熙率步骑兵八万远出漠北，攻打敕勒部，敕勒部遭此重创，一时不能南顾。358年十二月，慕容儁与皇后可足浑氏逼死了慕容垂的王妃。慕容恪辅政期间，任慕容垂为都督十州诸军事、征南大将军、荆州刺史，镇守前燕南部边陲鲁阳（今河南省鲁山县）。慕容恪病逝前，极力向皇帝慕容暐推荐重用慕容垂，但在慕容恪病逝后，慕容暐仍没有重用慕容垂，辅政的太傅慕容评还排斥慕容垂。369年七月，东晋大司马桓温北伐抵达枋头（今河南省浚县东南淇门渡），离前燕都城只有一百余里。在此危急关头，慕容垂请求出战，大胜桓温，让前燕渡过难关。慕容垂从此威名大震，慕容评更为忌惮，准备谋害慕容垂。十一月，慕容垂出走前秦避难，得到前秦天王苻坚的赏识，被任命为冠军将军。前秦淝水战败后，慕容垂复国建后燕。

慕容评（？—？），慕容皝之弟，官至太傅，上庸王。慕容儁即位不久，任慕容评为辅弼将军，位列"三辅"。350年九月，慕容评擒获渤海郡人贾坚，不久被任命为章武太守。351年七月，慕容评南下鲁口攻打归附冉魏的王午，斩王午部将郑生。352年四月，慕容评等率兵攻打冉魏都城邺城，八月，冉魏太子冉智出降，冉魏灭亡。354年三月，慕容评被任命为镇南将军、都督十州诸军事，镇守洛水。四月，慕容儁任慕容评为司徒、骠骑将军，封上庸王。358年二月，慕容评奉命前往并州上党郡讨伐冯鸯，三月，攻克上党，冯鸯逃走。九月，慕容评攻打并州张平，张平乞降。359年九月，慕容评南下兖州，在东阿县（今山东省阳谷县东北）大败东晋泰山郡太守诸葛攸。慕容儁病逝后，慕容评与慕容恪一同辅政。慕容恪病逝后，慕容评独辅朝政，前燕逐渐衰落。慕容评还与可足浑太后排挤慕容垂，使得慕容垂出走前秦。370年十月，慕容评率前燕大军与前秦王猛大军对峙，大战在即，竟然忙着敛财。潞川之战，王猛以少胜多，大胜慕容评。十一月，前燕灭亡，慕容评逃奔高句丽，被高句丽抓获绑缚送至前秦。慕容评在前秦被任命为范阳太守，直到老死。

阳骛（？—367），右北平郡无终县人，东夷校尉阳耽之子，历任平州别驾、辽东太守、左长史、司隶、郎中令、辅义将军、尚书令、司空、太保，建宁公，位列"三辅"。阳骛自小好学，卓识不凡。慕容皝时，阳骛出谋划策、屡立战功。慕容儁逐鹿中原，阳骛多次随慕容恪出征。352年八月，阳骛随慕容恪、封奕等攻打王午。十一月，慕容儁称帝，任阳骛为尚书令。354年四月，阳骛任司空，兼任尚书令。355年十一月，阳骛为副都督，随大都督慕容恪攻打段龛。358年九月，阳骛奉命前往东燕讨伐高昌。十月，阳骛随慕容恪、慕容臧前往武阳攻打东晋泰山太守诸葛攸，诸葛攸兵败而逃。慕容暐继位后，慕容恪任太宰，总揽朝政，慕容评任太傅、阳骛任太保、慕舆根任太师，参辅朝政。365年四月，太尉封奕去世，阳骛接替封奕担任太尉。367年十二月，阳骛去世。阳骛历任四朝，德高望重，然生活简朴，常乘旧车瘦马。

皇甫真（？—？），字楚季，安定郡朝那县人，先后辅佐慕容庞、慕容皝、慕容儁、慕容暐四位君主，历任典书令、右司马、尚书左仆射、秘书监、冠军将军、司空、中书监、侍中、太尉。350年二月，慕容儁南下逐鹿中原，令世子慕容晔留守龙城，皇甫真与大司农刘斌共同辅佐慕容晔。352年五月，皇甫真与广威将军慕容军、殿中将军慕舆根等率两万步骑兵协助慕容评攻打邺城。360年正月，慕容儁病逝，慕容暐继位，太师慕舆根以图谋害慕容恪，皇甫真劝慕容恪杀掉慕舆根，慕容恪顾全大局未能接受。后来慕舆根反迹显现，被慕容恪杀掉。慕容恪还对皇甫真说，不听你言，差点酿成大祸。361年三月，皇甫真随慕容恪讨伐据守野王的吕护。吕护被围数月，派兵从皇甫真围城处突围，由于皇甫真部署有方，吕护突围没有成功。367年五月，慕容恪病逝，前秦准备谋图前燕，先派使前往前燕探察。由于皇甫真的兄长皇甫腆时在前秦担任散骑常侍，前秦使者以图联络皇甫真，遭到皇甫真的严词拒绝。前秦天王苻坚认为有皇甫真这个贤能之人，前燕暂不可图。370年前秦灭亡前燕，皇甫真入前秦，官任奉车都尉，数年后去世。

封奕（？—365），渤海郡蓨县（今河北省景县）人，历仕慕容廆、慕容皝、慕容儁及慕容暐四朝，官至太尉。337年，慕容皝称燕王时，任封奕为国相。338年，后赵进攻前燕，慕容皝十分恐惧，封奕的一通言论终于安定了慕容皝的心。慕容儁继位后，趁后赵内乱夺取中原，封奕于351年四月，前往故乡渤海郡，智取依附冉魏的逄约。352年四月，慕容儁派慕容恪率部攻打冉闵，慕容霸攻打段勤，令左长史阳骛、相国封奕等留守蓟城，自己亲到中山郡声援慕容恪、慕容霸。十一月，慕容儁称帝，任封奕为太尉。365年四月，封奕去世。

慕容厉（？—？），慕容皝子，抚军将军，散骑常侍，354年四月被封为下邳王。366年十月，慕容厉统兵攻打东晋所属的兖州，攻陷鲁郡、高平郡。367年二月，慕容厉与镇北将军、宜都王慕容桓前往塞外攻打敕勒部，七月，击破敕勒部，俘获马牛数万头。369年，东晋大司马桓温北伐攻打前燕，前燕皇帝慕容暐任慕容厉为征讨大都督。慕容厉在黄墟迎战桓温，惨遭失败，全军覆没，单骑逃回。

慕容桓（？—373），慕容皝子，354年四月被封为宜都王。370年八月，慕容暐命慕容评率三十万大军援壶关、晋阳（今山西省太原市），抵御前秦，同时遣慕容桓率军万余屯沙亭（今河北省大名县东）为后继。潞川之战，慕容评大败，慕容桓率军撤至内黄（今河南省内黄县）。十一月，慕容桓由内黄退守龙城，不久前燕灭亡。慕容桓到达龙城后，诛杀了龙城守将渤海王慕容亮，吞并了慕容亮的兵马，准备据守龙城。后来前秦游击将军郭庆追至龙城，慕容桓又逃往辽东郡，被郭庆将领朱嶷擒获。慕容桓子慕容凤在后燕创建之初，作战勇猛，仍封为宜都王，另一子慕容颢为西燕皇帝。

慕容德（公元336—405），慕容皝子，354年四月被封为梁公。慕容暐继位后，封慕容德为范阳王，官至魏尹、散骑常侍。368年二月，前秦天王苻坚讨伐苻廋等四公，苻廋向前燕投降，并请求派兵。慕容德极力劝谏慕容暐趁机攻打前秦，慕容暐没有采纳。369年，慕容德与兄长慕容垂抵挡了东晋桓温的北伐。慕容垂出走前秦后，慕容德受到牵连而被免职。前燕灭亡后，慕容德投降前秦，被任命为张掖郡太守。后有慕容德助兄长慕容垂复国建后燕及自建南燕之事。

慕容臧（？—？），慕容儁子，慕容暐庶兄，354年四月被封为乐安王。367年五月，辅政的大司马慕容恪担心其病逝后，大司马一职将会由慕容臧或慕容冲出任，慕容恪希望慕容臧能够推荐慕容垂担任大司马，慕容臧最后并未促成此事。369年，东晋大司马桓温北伐前燕，慕容厉奉命迎战，惨遭失败，皇帝慕容暐只好派出了兄长慕容臧，并任慕容臧为使持节、南讨大都督。这时东晋各路大军势如破竹，慕容臧根本无能为力，所率各路兵马均遭失败。七月，慕容暐只得下旨，由慕容垂接替慕容臧之职，与范阳王慕容德等率五万兵马，南下抵御桓温。370年正月，前秦派王猛攻打前燕，慕容臧率军援救金墉，在石门击破前秦兵马，进屯荥阳，又被前秦将领梁成击败。潞川之战后，慕容臧与慕容暐逃离邺城，最终被俘。

可足浑太后（？—？），慕容儁皇后，慕容暐之母。358年十二月，时为皇后的可足浑氏害死吴王慕容垂妃子段氏。慕容暐继位后，可足浑氏以太后之尊多次乱政，逼走慕容垂。前燕灭亡后，可足浑太后成为亡国奴。慕容垂复国建立后燕，将已经去世的可足浑太后追废为庶人。

前秦（公元351年正月—394年十月），都城长安（今陕西省西安市）、晋阳，创建者为氐族人苻健，前后共六位君王：苻健、苻生、苻坚、苻丕、苻登、苻崇。苻健于351年正月称王建前秦，355年六月病逝。苻健趁后赵末年天下大乱之机，于350年八月离开枋头西进关中，十一月进入长安。苻健在关中的四年多，逐步平定关中诸部势力，击退东晋桓温的北伐，为前秦开基创业。苻健勤于政务，关心百姓疾苦，深得关中百姓爱戴。苻生（苻健子）于355年六月继位，357年六月被杀。苻生在位期间，除派使劝降前凉、派兵抗击东晋及前燕的两处小规模进攻、消灭姚襄并收降其部族外，干的全是凶暴残虐之事。苻坚（苻健侄）于

357年六月夺位，385年八月被杀。苻坚在位期间，重用王猛，励精图治、勤政爱民，让前秦得到大治，最后统一北方，与南方东晋对峙。383年十一月，苻坚兵败淝水，其国四分五裂，最终被姚苌杀害。苻丕（苻坚子）于385年八月在晋阳继位，386年十月战死，在位一年多，其国已经支离破碎，纵有雄心，也无能为力。苻登（苻坚族孙）于386年十一月在陇东（今甘肃省平凉市西北）继位，394年六月在马毛山被杀。苻登在位八年，多次击败后秦，以图恢复前秦国土，可惜前秦已经日薄西山，最终败于后秦姚兴。苻崇（苻登子）于394年七月在湟中（今青海省湟水一带）继位，十月在平川（今甘肃省礼县北）被西秦兵马杀死，前秦正式灭亡。

苻雄（公元319—354），字元才，苻洪子，苻坚父，熟读兵法，有谋略、擅骑射，为前秦的创建立下汗马功劳，官至丞相。350年正月，苻雄俘获东归的后赵将领麻秋。八月，苻健西进夺取关中，在盟津（今河南省孟津县东黄河渡口）兵分两路西进，辅国将军苻雄为南路，苻健随南路军行进。十二月，苻雄西进秦州重镇上邽（今甘肃省天水市），攻打后赵凉州刺史石宁，斩石宁、占秦州。351年正月，苻健称王建前秦，任苻雄为都督中外诸军事、丞相、领车骑大将军、雍州牧，封东海公，不久封东海王。352年五月，东晋谢尚、姚襄在许昌攻打张遇，苻健派苻雄与苻菁率两万步骑兵前去援救张遇，双方在颍水的诫桥交战，谢尚等大败，死亡一万五千人。十一月，苻雄在陇西攻打王擢，王擢败投前凉。353年十一月，苻雄攻克池阳，平定叛将孔持。354年正月，苻雄攻克司竹，叛将胡阳赤逃走。三月，苻雄与太子苻苌、淮南王苻生、平昌王苻菁、北平王苻硕等率领五万兵马驻扎在峣柳，阻击东晋桓温的北伐。四月，苻雄又率领七千骑兵在子午谷袭击并打败东晋将领司马勋。五月，苻雄等再次与桓温在白鹿原交战，桓温失利，死亡一万多人。六月，苻雄在陈仓攻击司马勋、王擢，司马勋逃奔汉中，王擢逃奔略阳。当月，苻雄在雍县攻打叛将乔秉时去世。苻雄身为辅国元勋，权势上比君王，但苻雄谦逊仁爱，遵奉法度，一直被苻健视作周公。苻雄不仅得到苻健的器重，也得到群臣诸将的敬重。

苻菁（？—355），苻健兄长之子。350年八月，苻健西进夺取关中，在盟津兵分两路，扬武将军苻菁为北路。九月底，固守长安的杜洪派征虏将军张先率兵北出长安，在渭水北岸迎战苻菁，苻菁生擒张先。351年正月，苻健称王建前秦，任苻菁为左卫将军，封平昌公，不久封平昌王。352年五月，苻菁与苻雄前往许昌援救张遇，在诚桥交战，大败东晋谢尚等。353年九月，苻健派苻菁夺取上洛（今陕西省洛南县东南）。354年三月，苻健派苻雄与太子苻苌、淮南王苻生、平昌王苻菁、北平王苻硕等率领五万兵马驻扎在峣柳，以阻击东晋桓温的北伐。八月，苻健对抵抗桓温各将论功行赏，苻菁被任命为司空。355年四月，苻菁被任命为太尉。六月，苻健患病，苻菁谋反被杀。

苻苌（？—354），苻健子，前秦太子。354年二月，东晋征西大将军桓温北伐前秦，四月，苻健派太子苻苌率东海王苻雄、淮南王苻生、平昌王苻菁、北平王苻硕等领兵五万到峣关集结，以迎战桓温。五月，桓温南撤，苻健派苻苌追击，苻苌身先士卒，身中流箭仍勇猛作战，桓温所部连遭败绩。八月，苻健派苻苌攻打雍城的乔秉，苻苌斩杀乔秉，关中自此完全平定。十月，苻苌箭伤复发，不治去世，谥号为献哀太子。

苻黄眉（？—357），苻健兄长之子，卫大将军，起初与苻生十分交好。355年八月，苻黄眉被苻生封为广平王。356年四月，苻生要杀舅舅强平，苻黄眉与苻飞、邓羌劝谏，苻生怒将苻黄眉外任冯翊郡（今陕西省大荔县）太守。357年四月，姚襄在雍州北部招降纳叛，以图谋取关中，苻生派苻黄眉、苻道、苻坚、邓羌等率步骑兵一万五千攻打姚襄。五月，苻黄眉等击败姚襄回师长安，苻生对众将都有赏赐，只有苻黄眉不赏，还常侮辱苻黄眉。苻黄眉后来策动将士谋反，由于走漏风声而被杀害。

苻法（公元335—357），苻雄庶长子，清河王。353年九月，苻法与左卫将军苻飞前往鄠县讨伐刘珍与夏侯显，十二月，斩刘珍与夏侯显。357年六月，苻法与苻坚、吕婆楼等起兵废杀苻生，将帝位让与苻坚。苻坚任苻法为侍中、都督中外诸军事、丞相、录尚书事，封东海公。十一月，苻坚母亲苟太后到宣明台游玩，看到苻法门前车水马龙，担心苻法权势过大，会对苻坚不利。苟太后回宫后，召尚书左仆射李威商议，最后将苻法赐死。苻坚得知后悲痛哀号，口吐鲜血，数日无心进食。苻法死后，苻坚封苻法的儿子苻阳为东海公，苻敷为清河公。

附录：本书中的国家及主要人物

王猛（公元325—375），字景略，北海郡剧县（今山东省昌乐县）人，其家后来迁往魏郡（今河北省临漳县），著名政治家、军事家，官至前秦丞相。354年五月，东晋征西大将军桓温北伐前秦，驻军灞上，王猛前来拜见。王猛本想追随桓温，桓温亦想重用王猛，结果王猛没有选择桓温。357年六月，苻坚得遇王猛，自认为是刘备遇到诸葛亮。苻坚夺位后，任王猛为中书侍郎。从357年六月到366年六月的十年间，苻坚高度信任王猛，王猛以法治国的思想得到充分发挥，无论州郡琐事，还是朝堂政事，王猛都治理得井井有条。苻坚不断加升王猛官职，出现一年中五连升之事，官至尚书左仆射。从366年七月到375年七月的十年中，王猛在治理国政的同时，还为前秦四处征战，立下赫赫战功。366年七月，王猛以辅国将军身份率军进攻东晋荆州北部的顺阳郡南乡县（河南省淅川县），初战告捷，掠取一万余户北返。367三月，王猛讨平羌族叛乱头目敛歧。四月，王猛大破前凉国主张天锡兵马，斩首一万七千人，继而兵不血刃，智擒原前凉部将李俨，夺占重镇枹罕（今甘肃省临夏市）。十月，苻柳、苻双、苻廋及苻武四公起兵反苻坚。368年正月，王猛与建节将军邓羌讨伐并击败蒲坂的苻柳。370年正月，王猛统兵攻占前燕所属的洛阳。六月，王猛再率十位将领、六万兵马攻打前燕。九月，王猛攻克晋阳。十月，王猛与前燕三十万大军决战潞川，以少胜多。十一月，王猛占领前燕都城邺城，前燕灭亡。370年十一月至372年六月，王猛镇守邺城，治理前燕故地。这一期间，前秦消灭仇池，使得吐谷浑、前凉称藩。372年八月，王猛返回长安出任丞相，直至375年七月病逝。这一期间，前秦夺取东晋的梁益二州。王猛去世一年后，前秦消灭前凉与代国，实现北方一统。

李威（？—374），苻坚母亲苟太后姑妈的儿子，与苻坚的父亲苻雄十分友善，官至前秦太尉，建宁公。李威对苻坚非常爱护，苻生多次要杀苻坚，都是李威从中化解。李威看重王猛的才能，常劝苻坚把大事交给王猛处理，王猛也把李威当兄长看待。李威深得苟太后的宠爱（苟太后年轻守寡，李威有辟阳之宠），苻坚也像父亲一样对待李威。357年六月，苻坚夺位后，任李威为尚书左仆射。十一月，李威与苟太后密谋杀害苻坚的庶兄苻法。李威是苻坚朝中重臣，多次在苻坚外出时辅佐太子留守长安。359年十二月，李威兼护军。365年十月，苻坚在北方巡视，驻守杏城的汝南公苻幼谋反，时为卫大将军的李威奉命讨伐苻幼，苻幼兵败被斩。十一月底，苻坚返回长安，任李威为守太尉、加授侍中，后来又任太尉。374年三月，李威在长安去世。

苻融（公元340—383），苻坚胞弟。357年六月，苻坚夺位后，封苻融为阳平公。苻融聪慧明辨，下笔成章，擅长谈玄论道。苻融记忆力甚强，听过一遍就能背诵，而且过目不忘。苻融善于文采，曾著《浮图赋》，文辞壮丽清新丰富。苻融力气雄勇，善于骑射击刺，是百夫之敌。在内外政务、整顿刑法政令、进用贤才、处理繁杂事务方面，苻融也是王猛之流。苻融尤其善于断案，奸邪无所逃避。359年十二月，在王猛的推荐下，苻坚任苻融为侍中、中书监、尚书右仆射。372年六月，苻坚调王猛回长安任丞相，派苻融前往邺城接替王猛，任苻融为使持节、都督六州诸军事、镇东大将军、冀州牧。379年正月，苻丕久攻襄阳不下，苻坚准备让苻融率关东六州兵马到寿春（今安徽省寿县）会师，被苻融劝止。380年四月，苻洛、苻重兄弟谋反，苻坚派苻融节制两路大军平定叛乱。六月，苻坚调苻融回长安，任苻融为侍中、中书监、都督中外诸军事、车骑大将军、司隶校尉、守尚书令，可以说是王猛之后，前秦第一重臣。383年八月，苻坚大举南征，苻融力劝未果，被任命为征南大将军，统领前锋兵马。十月，苻融攻克寿阳而轻敌，最终兵败淝水，命丧淝水河畔。

苟苌（？—？），屯骑校尉、武卫将军。370年六月至十一月，王猛攻灭前燕，苟苌是十位将领之一。376年八月，苟苌统领左将军毛盛、中书令梁熙、步兵校尉姚苌等消灭前凉。378年二月，苻坚派长乐公苻丕攻打东晋所属的襄阳，苟苌随军出征。苟苌还建议苻丕断绝敌军粮道以围困襄阳。

苻雅（？—？），西县侯，初为秦州刺史，后为秦州牧。371年二月，苻坚任苻雅为使持节、都督秦晋凉雍州诸军事、秦州牧。三月，苻坚命苻雅统领姚苌、杨安、王统、徐成及羽林左监朱彤等攻打仇池。四月，苻雅收降杨纂，消灭仇池。

苻洛（？—385），苻健兄长之子，苻菁、苻重之弟，官至幽州刺史、大司马，行唐公。苻洛力大无穷，能够射穿铁犁，坐着都能将奔牛制止。376 年十月，苻坚任镇守和龙（今辽宁省朝阳市）的幽州刺史苻洛为北讨大都督，率幽州、冀州兵马十万攻打代国，最终消灭代国。苻洛多次以灭代之功要苻坚任其为开府仪同三司，苻坚一直没有接受。380 年三月，苻坚任苻洛为使持节、都督益宁西南夷诸军事、征南大将军、益州牧，改镇成都。苻洛不接受，联合兄长苻重谋反，最终兵败被擒。苻坚赦免苻洛，将苻洛放逐到凉州西海郡（今内蒙古额济纳旗东南）。385 年三月，征讨西域的吕光东返攻打凉州，美水县令张统劝前秦凉州刺史梁熙拥戴苻洛为盟主，以抗吕光。梁熙担心苻洛谋反，派人将苻洛杀害。苻洛兄苻重初为豫州刺史，镇守洛阳。378 年十月，苻重谋反，苻坚派吕光将其擒获。苻坚赦免苻重死罪，保留北海公爵位。380 年初，苻坚再次起用苻重，任苻重为镇北大将军，镇守蓟城。三月，苻重与兄弟苻洛谋反。五月，苻重兵败被吕光杀死。

邓羌（？—？），雍州安定郡人，建节将军、骁骑将军、建武将军、征虏将军、镇军将军，特进，官任咸阳太守、洛州刺史。邓羌有勇有谋精通兵法，曾奉命教授苻坚庶长子苻丕兵法。357 年五月，邓羌计败羌族首领姚襄。358 年二月，苻坚亲征并州张平，邓羌为前锋督护。三月，邓羌生擒并州猛将张蚝。359 年四月，邓羌前往略阳击败叛变的平羌护军高离。七月，苻坚任邓羌为御史中丞，参与朝政管理。邓羌在朝中疾恶如仇，对犯法之人严惩不贷。365 年七月，邓羌随苻坚征讨匈奴刘卫辰部，生擒刘卫辰。367 年九月，四公谋反，苻坚派王猛、邓羌平定蒲坂的苻柳。369 年七月，东晋大司马桓温北伐前燕，前燕向前秦求救，苻坚派邓羌率部援燕。十一月，苻坚派王猛与邓羌率步骑兵三万攻打前燕，一举占领重镇洛阳。370 年十月，邓羌参与消灭前燕的潞川之战。苻坚论功行赏，任邓羌为使持节、征虏将军，封真定郡侯。374 年五月，邓羌率部五万前往平定益州叛乱。376 年十月，苻坚派邓羌参与苻洛的消灭代国之战。灭代之后，苻坚任邓羌为并州刺史，镇守晋阳。此后史书中未见邓羌记载。

吕光（公元 337—399），字世明，氐族，秦州略阳郡人，吕婆楼之子。吕婆楼在苻健时期任散骑常侍，苻生时期任侍中、左大将军。357

年，吕婆楼向苻坚推荐王猛。苻坚夺位后，任吕婆楼为司隶校尉。吕光在前秦时期，战功赫赫：并州战张蚝，参与平定公四之乱，参与消灭前燕的潞川之战，参与平定苻重、苻洛之乱。淝水之战前，吕光奉命征讨西域，降焉耆、破龟兹，威震西域。385 年，吕光东归占据凉州。386年十月，吕光听闻天王苻坚去世，改元大安，正式建立后凉，并于两月后自称使持节、侍中、中外大都督、督陇右河西诸军事、大将军、凉州牧、酒泉公。

张蚝（？—？），本姓弓，并州上党郡人，广武将军、虎牙将军、前将军、前禁将军、骠骑将军，并州刺史。张蚝勇猛矫健，力大无比，能将一头牛倒拖而走，无论多高的城墙，都能一跃而过，与邓羌并称"万人敌"。张蚝初为后赵将领张平的养子，358 年三月，苻坚亲征张平时降秦。苻坚任张蚝为虎贲中郎将，作为卫士，带在身边。368 年，四公叛乱时，张蚝与前将军杨安讨伐陕城的苻廋。370 年四月，张蚝随王猛攻前燕。九月，张蚝随王猛先克晋阳，十一月，参加潞川之战。371 年正月，张蚝与卫将军王鉴率兵援救东晋叛臣袁瑾，败于桓温所派兵马。376 年十一月，张蚝随苻洛消灭代国。379 年二月，张蚝出任并州刺史。383 年八月，张蚝作为前锋兵马参与淝水之战。淝水战败后，苻坚派张蚝率五千羽林军前往加强并州防卫。385 年八月，张蚝迎接苻丕在晋阳称帝，被任命侍中、司空，封上党郡公。386 年六月，张蚝升任太尉。此后史书中未见张蚝记载。

杨安（？—？），秦州略阳郡清水县人，氐族。杨安的祖父杨初、父亲杨国都是仇池国君主。356 年十二月，仇池公杨国被杀，其子杨安投奔前秦。366 年七月，前将军杨安随王猛攻打东晋荆州北部的顺阳郡南乡县。367 年，王猛讨伐剑岐，四月，前凉张天锡率兵威逼李俨，苻坚派杨安与建威将军王抚率骑兵两万，跟王猛会师，援救李俨。368 年，四公叛乱时，杨安与广武将军张蚝讨伐陕城的苻廋。370 年四月，杨安作为镇南将军随王猛攻打前燕。九月，杨安随王猛先攻克晋阳。十一月，杨安参与消灭前燕的潞川决战。苻坚论功行赏时，封杨安为博平县侯，又任杨安为吏部尚书。371 年二月，苻坚任杨安为使持节、都督益梁州诸军事、梁州刺史。四月，杨安参与消灭仇池之战，被任命为都督南秦州诸军事，率部镇守仇池。373年十一月，杨安攻克东晋的梓潼，前秦各路大军很快夺取梁益二州。最后，杨安被任命为右大将军、益州牧，镇守成都。374年，杨安攻打占据蜀地谋反的张育、杨光、张重，益州又归前秦所有。378年二月，苻坚派苻丕攻东晋襄阳，命时为荆州刺史的杨安率樊城、邓县兵民担任先锋，随军合攻襄阳。此后史书中未见杨安记载。

徐成（？—392），射声校尉、鹰扬将军。370年，徐成随王猛攻打前燕，参与攻灭前燕的潞川之战。371年二月，徐成被任命为并州刺史。四月，徐成参与消灭仇池之战。373年，徐成参与夺取东晋梁益二州之战。384年六月，徐成与后秦交战时被俘。392年二月，徐成被后秦太子姚兴杀害。

石越（？—384），雍州始平郡人，征虏将军、骁骑将军，官至黄门郎、屯骑校尉、太子左卫率。369年，前燕吴王慕容垂投奔前秦，苻坚派黄门郎石越出使前燕，慕容评示之以奢，以夸燕之富盛，石越回国后进言燕国可攻。378年二月，苻丕攻打东晋襄阳，征虏将军石越率一万精骑从鲁阳关（今河南省鲁山县西南）南下参与攻打襄阳之战。380年三月，苻洛谋反，镇守邺城的苻融派屯骑校尉石越率一万骑兵，从东莱郡（今山东省龙口市）渡渤海突袭和龙，斩杀平规及其党羽100多人。382年十月，苻坚谋攻东晋，石越劝谏未果。383年十一月，苻坚败于淝水，派骁骑将军石越率三千精锐前往增援邺城苻丕。慕容垂复国建后燕，石越多次献计苻丕不被采纳。384年正月，石越与慕容垂子慕容农战于列人（今河北省肥乡县东北），兵败被杀。

郭庆（？—？），并州太原郡阳曲县人，游击将军、右禁将军。370年十月，潞川之战时，王猛派郭庆率领五千骑兵乘夜沿着小路到达前燕慕容评军营之后，焚烧前燕大军辎重装备，火光远在邺城都能看到。十一月，前燕皇帝慕容暐逃离邺城，郭庆奉命追击。郭庆在高阳追上并擒获慕容暐。郭庆继续追击慕容评、慕容桓等，一直抵达龙城，最终俘虏慕容评、慕容桓。苻坚论功行赏，任命郭庆为持节、都督幽州诸军事、幽州刺史，镇守蓟城，封襄城侯。376年十月，郭庆参与消灭代国之战。

毛当（？—383年），秦州武都郡人，前将军、右将军、镇军将军。

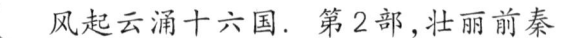

370 年，毛当随王猛攻打前燕。九月，王猛攻克晋阳后，留毛当镇守晋阳。373 年，毛当奉命与鹰扬将军徐成、益州刺史王统等夺取东晋梁益二州，后任梁州刺史，镇守汉中。378 年二月，毛当参与苻丕攻打襄阳之战。379 年四月，毛当与强弩将军王显率军东进，与俱难等会合，攻打淮河以南地区。七月，苻坚任毛当为徐州刺史，镇守彭城。380 年十二月，前秦设东豫州，毛当任东豫州刺史，镇守许昌。383 年十一月，苻坚兵败淝水，派镇军将军毛当率四千兵马协助豫州刺史、平原公苻晖镇守洛阳。不久，丁零部翟斌聚众起兵，反抗前秦，攻击洛阳。苻晖命毛当讨伐翟斌，慕容凤大败前秦军队，斩杀毛当。

梁成（？—383），梁平老之子，建威将军、中垒将军、卫将军。苻生在位时，梁平老担任御史中丞，与苻坚交好。苻坚继位之后，任梁平老为尚书右仆射。359 年十二月，苻坚任梁平老为使持节、都督北垂诸军事、镇北大将军，驻防朔方（黄河河套一带）西部。372 年十一月，梁平老去世。梁平老镇守北地十余年，匈奴、鲜卑等族惮而爱之。梁成身为将门之后，通晓兵法。370 年，王猛攻前燕洛阳，派梁成与邓羌攻打荥阳，击退前燕乐安王慕容臧。371 年二月，苻坚任梁成为兖州刺史。379 年二月，苻丕攻克襄阳后，苻坚任梁成为荆州刺史，镇守襄阳，以防东晋。383 年八月，苻坚南征东晋，梁成随苻融为先锋。十一月，淝水之战中，梁成阵亡。

后燕（公元 384 年正月—407 年七月），前期都城中山（今河北省定州市），创建者为鲜卑人慕容垂，前后共四位君王：慕容垂、慕容宝、慕容盛、慕容熙。本书中提到的君王是慕容垂。慕容垂于 384 年正月称燕王建后燕，到 394 年底，经过十一年的奋战，不断蚕食前秦领地，平定内部叛乱，消灭同族人建立的西燕，领地达到极盛，完全拥有平州、幽州、并州、冀州、兖州、青州，名义上还控制着北魏。

慕容宝（公元 355—398），慕容垂子，初为太子，396 年四月继位。383 年十二月，慕容垂令慕容宝、慕容隆前后夹击消灭苻飞龙。384 年七月，慕容宝、慕容隆攻打丁零人翟真，翟真败走。后燕创建之初，慕容垂亲率兵马四处出战，慕容宝常留守后方。

附录：本书中的国家及主要人物

慕容农（？—398），慕容垂子，辽西王。383年十二月，慕容垂令慕容农与慕容楷、慕容绍留在邺城，自率两千兵马与苻飞龙南下讨伐翟斌。后来慕容农等逃出邺城，前往列人聚众起兵，响应慕容垂。384年正月，慕容农以列人为据点，一连攻克了馆陶、康台、顿丘等城，还多处招降纳叛。邺城内的苻丕派石越到列人攻打慕容农，慕容农击败并斩杀石越。八月，慕容农与慕容楷追击翟真遭败。十月，苻丕派邵兴在冀州召集旧部，慕容农与慕容隆奉命击败邵兴。十一月，慕容农奉命攻打鲁口的翟辽，翟辽败撤无极（今河北省无极县）。十二月，慕容农与慕容麟一起攻打翟辽，翟辽败逃至翟真据守的承营（今河北省定州市南）。385年二月，慕容农、慕容麟攻克承营外城。三月，慕容农、慕容麟奉命停攻承营而撤退。十一月，慕容农击败叛将余岩，收复令支，还击败高句丽守将，收复辽东、玄菟二郡。此后慕容农一直镇守龙城，直到389年正月请求重返战场。389年十月，慕容农率兵阻截故堤。392年十二月，慕容垂任慕容农为都督兖豫荆徐雍五州诸军事，镇守邺城。394年，慕容农随慕容垂攻灭西燕。

慕容隆（？—397），慕容垂子，高阳王。383年十二月，慕容垂令慕容宝、慕容隆前后夹击消灭苻飞龙。384年四月，围攻邺城的慕容垂遇险，被慕容隆救出。七月，慕容宝、慕容隆攻打翟辽，翟辽败走。十月，邺城内的苻丕派邵兴在冀州招集旧部，慕容隆与慕容农奉命击败邵兴。385年八月至十一月，慕容隆与慕容麟平定渤海郡、清河郡及绛幕县的叛乱。387年正月，慕容垂在东阿击败温详，慕容隆随军出征。二月，慕容隆又在历城击败张愿。388年十二月，慕容隆与慕容楷、慕容麟平定张申、王祖叛乱。389年正月，慕容隆接替慕容农镇守龙城。390年九月，慕容隆平定吴柱、法长之乱。

慕容麟（？—398），慕容垂子，赵王。慕容麟起初不为慕容垂所喜爱，慕容垂逃奔前秦时，慕容麟还向慕容评告密。慕容垂复国建后燕时，慕容麟不断贡献计策，深得慕容垂赏识。384年五月至七月，慕容麟奉命征讨冀州境内五位苻氏王公，一举平定苻定、苻绍、苻谟、苻亮与苻鉴，威名大震。十二月，慕容麟奉命与慕容农一起攻打翟辽，翟辽败逃至翟真据守的承营。385年八月至十一月，慕容麟与慕容隆平定渤海郡、清河郡及绛幕县的叛乱。十二月，慕容麟又攻陷了博陵，擒王兖、苻鉴。386年八月，慕容麟攻克曲阳（今河北省曲阳县）境内以鲜于乞为首领的丁零人。387年七月，慕容麟平定上谷郡叛将王敏。388年三月，慕容麟平定代郡叛将许谦。十二月，慕容麟与慕容楷、慕容隆平定张申、王祖叛乱。北魏建立初期，慕容麟多次出兵帮助北魏平叛。

慕容楷（？—395），慕容恪子，官至尚书左仆射、冀州牧、司空，封太原王。383年十二月，慕容楷、慕容绍兄弟与慕容农留在邺城，后随慕容农逃出邺城，前往列人聚众起兵，响应慕容垂。384年二月，慕容楷与慕容绍讨伐馆陶的王晏，最终以威德收服王晏。八月，慕容楷攻打丁零部翟真遭败。386年六月，慕容垂派慕容楷、慕容麟、慕容绍、慕容宙等讨伐冀州境内的四位苻氏族人，慕容楷修书收降苻定等人。387年正月，慕容垂在东阿击败温详，任慕容楷为兖州刺史，镇守东阿。五月，慕容垂南下黎阳征讨翟辽，以慕容楷为前锋都督，翟辽部众纷纷向慕容楷纳降。七月，慕容楷与慕容麟一起攻打匈奴刘显。十二月，慕容楷与慕容麟、慕容隆平定张申、王祖叛乱。394年，慕容楷随慕容垂攻灭西燕。

后秦（公元384年四月—417年八月），都城长安，创建者为羌族人姚苌，前后共三位君王：姚苌、姚兴、姚泓。本书中提到的君王为姚苌、姚兴。姚苌于384年四月建立后秦，393年十二月病逝。十年中姚苌东征西讨，基本占领雍州及秦州部分郡县。姚兴（姚苌子）于394年五月即位，416年二月病逝，在位二十二年，前十一年注重内政，对外积极开拓，夺取东晋洛阳，消灭西秦、后凉，使后秦达到极盛；后十一年开始敬尊佛教，不久其国分裂，内乱不断，国力迅速衰退。

姚硕德（？—？），姚苌弟，陇西王。姚苌起兵建后秦时，姚硕德自称征西将军，在冀城聚众响应姚苌。386年九月，王统献出秦州投降后秦，姚苌任姚硕德为使持节、都督陇右诸军事、秦州刺史，镇守上邽。十月，前秦南安王苻登攻打秦州，姚苌亲自前往救援。此战苻登大胜，姚苌受伤，姚硕德代统部众。387年四月，姚硕德受到前秦益州牧杨定的逼迫，撤退到泾阳据守。389年八月，姚苌派姚硕德镇守安定。391

年四月，姚硕德进逼苻登军，将苻登打得大败。392年二月，姚苌在安定患病，令姚硕德镇守李润（今陕西省大荔县北），尚书仆射尹纬镇守长安，召太子姚兴从长安前往安定。姚兴即位后，非常敬重姚硕德。

姚绪（？—？），姚苌弟，晋王。姚苌在位时，姚绪为征虏将军，司隶校尉。姚苌出征时，姚绪常留守长安辅佐姚兴。姚绪与姚硕德一样德高望重，深得姚兴敬重。

尹纬（？—？），字景亮，陇右天水羌族人，身长八尺，腰带十围，官至后秦辅国将军、司隶校尉、尚书仆射，封清河侯。尹纬在前秦只担任尚书令史这样的小官。384年四月，姚苌建后秦时，任尹纬为右司马。385年八月，姚苌派尹纬向苻坚索要玉玺，苻坚感叹尹纬有王猛一样的才能而不能知晓。姚苌称帝后，尹纬任尚书左仆射。392年二月，姚苌在安定患病，令姚硕德镇守李润，尹纬镇守长安，召太子姚兴从长安前往安定。393年七月，苻登攻打窦冲，窦冲派使前往长安向后秦求救，其时姚苌、姚兴均不在长安。尹纬派人前往安定，劝姚苌派姚兴率兵援救窦冲，以树立英名。十二月，姚苌病逝，尹纬等接受遗诏辅佐姚兴。394年七月，在尹纬的运筹下，姚兴击败并杀死苻登，前秦不久灭亡。

西秦（公元385年九月—400年七月，公元409年七月—431年正月），创建者为鲜卑人乞伏国仁，前后共四位君王：乞伏国仁、乞伏乾归、乞伏炽磐、乞伏暮末。西秦都城开始在勇士城（今甘肃省榆中县北），388年九月迁到金城（今甘肃省兰州市），395年六月迁到西城（今甘肃省靖远县西），400年正月迁到苑川（今甘肃省榆中县东北），412年二月迁到谭郊（今甘肃省临夏市西北），412年六月迁到枹罕（今甘肃省临夏市）。本书中提到的君王为乞伏国仁、乞伏乾归。乞伏国仁趁前秦淝水战败时，威逼各部族向其归附。经过两年的拓展，乞伏国仁拥有十二郡，于385年九月改元建国。388年六月，乞伏国仁在勇士城去世，其弟乞伏乾归继位。394年十二月，乞伏乾归正式定国号为秦。西秦经过乞伏国仁、乞伏乾归前后九年的奋战，终于拥有秦州大部郡县。

乞伏益州（？—？），乞伏国仁弟，前军将军、秦州牧。乞伏乾归评价乞伏益州"骁勇，善御众，诸将莫有及之者"，但乞伏益州"常有骄

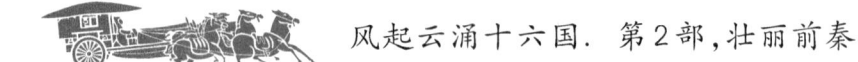

色"。394年六月，后秦攻打前秦皇帝苻登，乞伏益州率一万骑兵前往援救。七月，姚兴在马毛山擒获苻登，乞伏益州获得消息，率部回返。十月，乞伏益州与乞伏轲弹等攻打陇西王杨定及投奔杨定的前秦最后一位皇帝苻崇。平川（今甘肃省礼县北）一战，前秦一万七千人被杀，杨定、苻崇全部阵亡。395年正月，乞伏益州攻打上邽姜乳，兵败而回。396年十月，乞伏益州与堂兄弟乞伏轲弹发生冲突，乞伏轲弹投奔后凉。398年正月，乞伏益州攻打后凉支阳、鹯武、允吾三城。398年十月，乞伏益州攻打吐谷浑，吐谷浑可汗慕容视罴兵败乞和。

乞伏轲弹（？—？），乞伏国仁堂弟，梁州牧。394年十月，乞伏轲弹与乞伏益州等攻打杨定、苻崇。平川一战，前秦一万七千人被杀，杨定、苻崇全部阵亡。396年十月，乞伏益州与堂兄弟乞伏轲弹发生冲突，乞伏轲弹投奔后凉，致使后凉出兵攻打西秦。

后凉（公元386年十月—403年八月），都城姑臧，创建者为氐族人吕光，前后共四位君王：吕光、吕绍、吕纂、吕隆。本书提到的君王为吕光。385年三月，吕光从西域东返，不久击败前秦凉州刺史梁熙夺取凉州。386年十月，吕光正式建立后凉。吕光先后消灭企图复国的前凉后人张大豫，平定内部叛乱，基本拥有凉州。吕光还多次与西秦交战，败多胜少。399年十二月，吕光病逝。

杜进（？—388），辅国将军、武威郡太守。382年九月，杜进随吕光出征西域。385年三月，吕光从西域东返。途中，吕光担心凉州刺史梁熙在高昌郡阻截而不前，杜进一通言论劝说吕光继续前行。九月，梁熙派其子梁胤与振威将军姚皓、别驾卫翰率五万兵马到酒泉郡阻截吕光。吕光命彭晃、杜进、姜飞为前锋，与梁胤在安弥（今甘肃省酒泉市东）激战，梁胤大败被擒。吕光进入姑臧后，宣称自兼凉州刺史，上表推荐杜进为武威郡太守。386年二月，吕光派杜进攻打前凉后人张大豫遭败。杜进居位都尹，权重一时，其出入仪式与吕光差不多。388年三月，吕光将杜进杀害。

彭晃（？—387），轻车将军、张掖郡太守。382年九月，彭晃随吕光出征西域。385年三月，吕光从西域东返。九月，吕光命彭晃、杜进、

附录：本书中的国家及主要人物

姜飞为前锋，与梁胤激战安弥，梁胤大败被擒。387年七月，吕光派彭晃、徐炅攻打据守临洮（今甘肃省岷县）的凉州牧张大豫，张大豫兵败逃走。十二月，彭晃背叛吕光，吕光亲征彭晃，彭晃兵败被杀。

姜飞（？—？），凌江将军。382年九月，姜飞随吕光出征西域。385年三月，吕光从西域东返。九月，吕光命彭晃、杜进、姜飞为前锋，与梁胤激战安弥，梁胤大败被擒。不久金城郡太守尉祐突袭允吾城而背叛，吕光派将领姜飞率兵征讨，尉祐败逃。

本书中未列入十六国的政权：

东晋（公元317年三月—420年六月），都城建康，创建者为晋元帝司马睿，本书中提到的五位帝王是：晋穆帝司马聃（公元344年九月—361年五月在位）、晋哀帝司马丕（公元361年五月—365年二月在位）、晋废帝司马奕（公元365年二月—371年十一月在位）、晋简文帝司马昱（371年十一月—372年七月在位）、晋孝武帝司马昌明（公元372年七月—396年九月在位）。这段时间的东晋先后由司马昱、桓温、谢安、司马道子等辅政。会稽王司马昱（公元320—372）辅政期间有殷浩北伐。桓温（公元312—373）有三次北伐（一伐前秦，二伐姚襄，三伐前燕），一度掌控朝政，官至大司马。谢安（公元320—385）辅政期间发生淝水之战，官至太保。

冉魏（公元350年闰正月—352年八月），都城邺城，创建者为汉人冉闵，只有一位帝王。冉闵趁后赵末年内乱消灭后赵，建立冉魏。352年四月，冉闵被前燕慕容恪擒获，不久其国被前燕消灭。冉魏起初领地只有邺城一城，实际拥有的领地最多不过邺城之外的冀州部分郡县。

仇池（公元296年十二月—371年四月），创建者为氐族人杨茂搜，前后共八位君王：杨茂搜、杨难敌、杨毅、杨初、杨国、杨俊、杨世、杨纂。仇池国位于秦州境内，首领大多向晋朝称藩，也有接受汉赵、前秦加封的，杨世就向前秦归附。杨纂在位时，仇池被前秦消灭。

代国（公元338年十一月—376年十二月），都城盛乐城（今内蒙古和林格尔县），年号建国，创建者为鲜卑人拓跋什翼犍，只有一位君王。386年正月，拓跋什翼犍孙拓跋珪复国，即代王位，改元登国。四月，拓跋珪改称魏王，从此其国名为魏国，史称北魏。

吐谷浑（公元313年—663年），创建者为鲜卑人慕容吐谷浑（慕容廆庶长兄）。285年，因慕容廆不容，吐谷浑率部一千七百户西迁。吐谷浑去世后，长子慕容吐延继位。慕容吐延被杀后，其子慕容叶延继位，在沙州（今青海省贵南县境内）建立政权，设置百官，并以祖父之名为族名。351年底，慕容叶延去世，其子慕容辟奚继位。慕容辟奚虽然好学，但仁厚，缺乏威严，不够果断。371年五月，慕容辟奚听闻仇池被灭，非常惊恐，主动向前秦称藩，并进贡战马五千匹，金银五百斤。苻坚授慕容辟奚为安远将军，封漒川侯。慕容视罴于390—400年在位，其后略。

西燕（公元384年三月—394年八月），创建者为鲜卑人慕容泓，前后共七位君王：慕容泓、慕容冲、段随、慕容𫖮、慕容瑶、慕容忠、慕容永。慕容泓、慕容冲都是前燕末帝慕容暐的兄弟。从386年二月慕容冲被杀，到六月慕容永继位，短短四个月中，五位君王被杀。慕容永继位后，继续东迁，最后以长子（今山西省长子县）为都，还向后燕慕容垂称臣，但不久便称帝。西燕前期曾夺取关中，后来基本拥有并州。394年八月，后燕攻西燕，慕容永被擒杀，西燕灭亡。

北魏（公元386年正月—534年闰十二月），创建者为鲜卑人拓跋珪，本书中提到的帝王是拓跋珪（公元386年—409年在位）。北魏建立初期，向后燕称藩，后燕多次派兵帮助北魏平定内部叛乱。

翟魏（公元388年二月—392年六月），都城滑台（今河南省滑县），创建者为丁零人翟辽，前后共两位君王：翟辽、翟钊。383年十二月，丁零人翟斌起兵反前秦。384年正月，翟斌率部投奔慕容垂。慕容垂在荥阳称燕王时，任翟斌为建义大将军，封河南王。七月，翟斌居功自傲，想当尚书令不成而谋反，被慕容垂杀掉。翟斌之子翟真逃走被追杀，最后据守承营。十一月，慕容农奉命攻打鲁口的翟辽（翟真堂兄），翟辽败撤无极。十二月，慕容麟与慕容农攻打翟辽，翟辽败投翟真。385年四月，翟真放弃承营前往行唐（今河北省行唐县），内部出现叛乱，翟真被杀，翟辽逃往黎阳。翟真的堂兄弟翟成在行唐被拥立为首领。闰五月至七月，慕容垂派兵围攻行唐，丁零人杀害翟成投降被坑杀。386年正月,翟辽占领并据守黎阳。五月,慕容垂南下亲征翟辽,翟辽投降。387年十月,翟辽叛离后燕。388年二月,翟辽称魏天王,建立翟魏。391年十月,翟辽去世,其子翟钊继位。392年六月,慕容垂再次南下,消灭翟魏。

高句丽(公元前37年—668年),创建者为夫余人高朱蒙,本书中提到的君王有:故国原王高钊(331年—371年在位)、小兽林王高邱夫(公元371年—384年在位)、故国壤王高伊连(公元384年—391年在位)、好太王高谈德(391年—412年在位)。高钊在位前期被前燕征服。370年十一月,前秦消灭前燕,慕容评逃往高句丽,高钊派人将慕容评抓获送至前秦。淝水战后,慕容垂复国建后燕,高句丽国王高伊连也趁机于385年六月派兵侵占平州辽东郡、玄菟郡。后燕镇守和龙的带方王慕容佐派司马郝景前往援救,不敌而退。十一月,慕容农前往辽东,击败高句丽守将,收复辽东、玄菟二郡。后来慕容农、慕容隆先后镇守和龙,高句丽未敢犯边。

后　记

　　说句心里话，我也和许多喜爱历史的朋友一样，喜爱那些已经被人讲烂了的历史故事。然而长时间下来，大家都对那些有兴趣的历史阶段反复讲，甚至反复演义，不同时间不同作者似乎给读者呈现了不同的历史。有时我会去想，为什么不换个话题，讲讲那些大家讲得少的历史阶段，讲讲那些鲜为人知的历史人物与事件呢？当然，这可能会有风险，因为担心读者没有兴趣，也担心讲得不好，提不起读者的兴趣。于是，很多人继续把那些读者原本熟透了的故事左讲右讲。不同的讲述者当然会有不同的见解，而且见解越来越新颖。所以有人戏称，所有历史，最后都成了"现代史"。

　　创作者要去引导读者，让读者能够比较全面地了解一些历史。创作者应当有义务把丰富的史料以平和的面目客观地呈现给读者，让读者能够更为全面地了解历史。现在有很多创作者，为了市场效益，一直在试图创作读者喜欢的书。基于这个考虑，一些创作者往往一直在某些家喻户晓的历史故事中不断挖掘，不断提出新奇特的见解。一些创作者还用非常通俗、幽默甚至是无厘头的语言来吸引读者。这些做法，原本无可厚非，毕竟读者的阅读习惯与特点也在发生改变。但创作者还得要考虑自己创作的目的不应只是追求市场效益。创作者要把历史知识性作为重点介绍给读者，让读者在了解知识的同时能够有自己的见解，而不是总在同一历史事件中向读者不断地介绍不同的观点与见解。如果创作者能够这样考虑，就一定会拓展话题，不会只在某些历史故事上反复咀嚼。有人说历史就那么长，故事就那么多，讲完了也就没有了，反复阐述不同的观点也是对历史教训的反复总结。如果真是这样，也没话可说。然而历史上的人物、事件，真的被人都反复讲到了吗？

　　读者根据喜好，当然会对历史的阅读有所选择，那些已经被讲烂了的历史故事，往往还是不少读者的首选。一段历史，当然也可以多看几个人的作品，这有时也是有必要的，毕竟不同人有不同的讲述水平，只看一个人的作

后 记

品，未必能够完整、全面或者达到某种深度。但读者也应当考虑适当多了解一点历史，也就是在追求深度的同时，增加一定的广度，毕竟我们的历史非常丰富。和很多读者一样，我也会沉醉在某些历史阶段的英雄人物、精彩故事的反复回味之中。同样作为读者，我有时会静下来想，当我们看了几本讲述同样历史阶段的书之后，又看了同样历史阶段不同版本的影视剧之后，我们还应当再看些什么？那些被讲得少甚至还有点鲜为人知的历史阶段、历史人物和事件，我们是不是也应当了解一些呢？

我是在八年前开始研读十六国的历史史料的。说实在的，我当时也激发不起兴趣来，一个是这方面的史料真的不多，也很凌乱。当然还有一个最重要的原因，那就是当你阅读十六国史料的时候，你会困惑地发现，这个阶段的历史不仅时间长，而且国家多、人物多，可以说是纷繁复杂，你在很短的时间内根本看不出一个头绪来，在阅读的过程中，你总会有放弃的想法。我最后还是坚持了下来，我一有时间就反复阅读。我整整看了五年，当然这当中也有断断续续。看了这些史料，我终于有了不少头绪，也看出了兴趣，也从中找到英雄和精彩的故事。我在阅读中还惊讶地发现，正史中还记载了不少历史的细节，一点都不比艺术再现后的演义和小说差。

这时你就会有一种想法，那就是把这些杂乱的史料整理、创作出来，让更多的读者更为方便地了解这段历史。如何才能比较好地将这段历史以书的形式介绍给读者？有人以帝王为对象一个一个人物来讲述，有人以时间为顺序，一段故事一段故事来讲述，也有人以国家为线索一个国家一个国家来介绍，更有人干脆以重要事件为内容，着重介绍几个主要的历史事件。我不想机械地把那些史料罗列出来，准备适当采用一点小说的手法，但绝没有小说的虚构手法。为了忠于史料，不存在的人和事绝不杜撰，甚至连对白也要引用于史料。我在对这段长达135年、主要有十六个国家的历史阶段进行了认真分析，结合小说手法，找到了书的主角与线索。我惊奇地发现，如果把这135年平均划分为三个阶段，每个阶段45年的故事就符合一本书的特点。不仅如此，这三个阶段似乎还有一个渐进的过程，使得这三本书又有了某种联系。

第一部《后赵称雄》讲述公元304年至公元349年的十六国故事。这一阶段位列十六国的国家有五个：成汉、汉赵、后赵、前凉、前燕。汉赵作为始

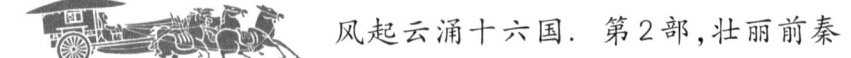

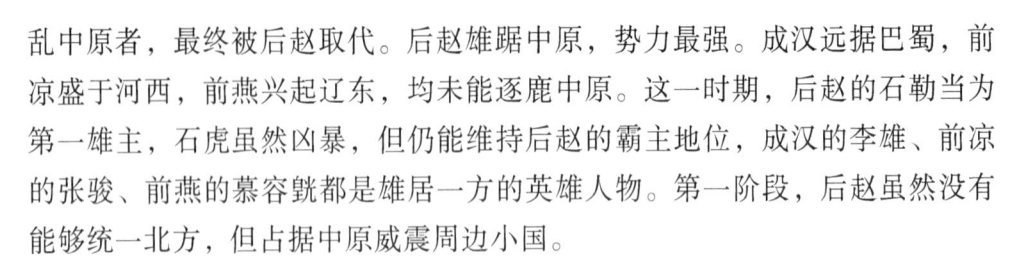

乱中原者,最终被后赵取代。后赵雄踞中原,势力最强。成汉远据巴蜀,前凉盛于河西,前燕兴起辽东,均未能逐鹿中原。这一时期,后赵的石勒当为第一雄主,石虎虽然凶暴,但仍能维持后赵的霸主地位,成汉的李雄、前凉的张骏、前燕的慕容皝都是雄居一方的英雄人物。第一阶段,后赵虽然没有能够统一北方,但占据中原威震周边小国。

第二部《壮丽前秦》讲述公元350年至公元394年的十六国故事。书中位列十六国的国家有七个:前凉、前燕、前秦、后燕、后秦、西秦、后凉。前燕趁冉魏消灭后赵之机南下逐鹿中原,最终消灭冉魏,尽占关东六州。前凉据守凉州,历经十年内乱,最终被兴起的前秦消灭。前秦在后赵末年大乱之时先抢占关中并建国,后在苻坚、王猛的治理下,日趋强盛,最终消灭前燕、前凉、仇池以及代国,并使得吐谷浑称藩,实现北方一统,与南方的东晋对峙。公元383年十一月,前秦天王苻坚南攻东晋惨败于肥水,其国从此四分五裂,在很短的时间内出现了后燕、西燕、后秦、西秦、北魏、后凉等国。六国不断蚕食前秦,也发生局部混战,最终瓜分了前秦,同时后燕也消灭了西燕,北方出现了后燕、后秦、西秦、后凉、北魏五国并立的局面。第二阶段,前秦虽然统一北方,但是时间很短,很快就四分五裂。

第三部讲述公元395年至公元439年的十六国故事。这一阶段历史更为杂乱,位列十六国的国家多到十个:后燕、后秦、西秦、后凉、南凉、北凉、南燕、西凉、胡夏、北燕。从开始时的五国并列北方,继而后燕、后秦、后凉进一步分裂形成:南燕、北燕,胡夏,南凉、北凉、西凉。且不说人物,就是国家多得足以让读者眼花缭乱。遗憾的是,在这些国家中,几乎找不到所谓的主角,因为这些国家大都昙花一现,也没有一个像前秦那样曾统一北方,连像后赵占据中原威震周边小国的都没有。这一阶段的初期,后燕、后秦曾强于一方,后来南凉、北凉、西秦、胡夏也曾先后崛起,但也只是在更小的范围。当然在这一阶段,有一个国家可以担任主角,那就是北魏,因为北魏不仅从开始到最后都存在,而且经过45年的混战,大浪淘沙,最终统一了十六国曾经登场的北方。由于北魏不属十六国,所以没有把北魏作为主线。第三阶段,北魏最终统一北方,结束北方一百多年以来长期混乱的历史。

以清晰的脉络把纷繁复杂的十六国国家、人物、故事讲清楚,是我创作

后 记

的目标。我还力求把历史事件发生的地点与时间讲清楚。传统历史小说过多地强调故事性，淡化地点、时间，甚至相距甚远的两地故事能够放在一起讲述，或者时间跨度很长的故事也能连在一起讲述，让读者以为两件事很有联系，常常让读者产生误解。我将十六国时期的地理区划融入历史故事之中，对于每一个历史故事发生的地点，都让读者明确在当时的何处，地名严格采用当时的州、郡、县名称，并注明今天的地名。历史故事发生的时间，基本精确到月，重要事件精确到日。

我在创作过程中，注重给读者带来一定的知识性，不仅让读者清楚历史人物与事件，更要有知识性的收获。比如前面所说的十六国时期的行政地理区划，就反复呈现在事件的讲述之中。而对于十六国时期的官制、将军级别，我也力图给读者交代清楚。从八公八座这样的朝中官职，到州牧、刺史、太守、县令（长）这样的地方官职，再如从"平、安、镇、征"将军到卫大将军、车骑大将军、骠骑大将军、大将军，都有详细标明。本书考虑到十六国国家多，各国同名官职、同级将军的不同人物可能同时出现，所以不厌其烦地在书中加上人物的国名、官名、将军名称，以让读者不会混淆。此外，在创作的过程中，我还注重收集十六国时期的文学作品，甚至史书中一些经典的记载也不忘呈现给读者。

我还注重挖掘史书中的历史细节，以增加故事性。我在讲述十六国历史时，特别强调要忠于正史，不存在的人物、事件绝不虚构，就是人物对话，也引用于正史。本书对历史的讲述，不带作者好恶，只对史书中有疑点之处加以分析，更没有像小说那样，为了增加故事性而加以虚构及描写。当然，没有细节的历史会变得像教科书，失去故事性，也会让读者不愿意阅读下去。我发现，看似严肃的正史中，也有精彩的细节与描写。我于是从正史中精心挖掘，在不须艺术再现的情况下，将史书上的细节呈现给读者。

有人说，十六国时期，是历史的悲剧时代，没有一个国家能够历时整个时期，也没有哪个人物能够击败对手建立一个较长的国家。历史的悲剧时代，宇宙黯淡，星月无光，似乎不见英雄？在此漫漫长夜之中，人们在期待英雄，期待统一乱世的英雄，希望战争不再持续。然而，十六国中似乎没有这样的英雄，尽管也曾出现一点星光，那也是昙花一现。也许我们对英雄的要求过高，希望他们能够影响千年万代，哪怕几百年。然而这样的英雄没有出现。也许是英雄原本太多，强手如云。然而，只要你愿意去找，英雄一定是有的。三国时期其实也是一个悲剧时代，它们的创立者打拼了数十年，也不过建立一个存在数十年的国家，然而给人的感觉是遍地英雄。十六国时期这样的人、这样的国比比皆是，然而似乎已被历史遗忘。我们不该忘记这些英雄，更不该忘记这段历史！

王平客

2017年1月3日